■ 부가가치세, 원천세제 실무서 ■

# 부가가치세 및 근로소득세
# 원천세 & 지출증빙 세무실무

경영정보사

## 머리말

이 책은 중소기업의 경리 세무담당자 및 세무사사무소 직원을 위한 실무 사례집입니다. 따라서 가능한 서술적인 설명은 생략하고, 사례중심으로 편집을 하였습니다.

세무에 대한 전문교육을 이수하고 기업에서 막상 경리실무를 담당하다 보면 교육을 통하여 배우지 못하였던 여러 가지 복잡한 세무사례를 접하게 되며, 특정 사안에 대하여 그 처리방법을 찾지 못하여 많은 시간을 낭비할 수도 있을 것입니다.

또한 방대한 세법 규정을 모두 이해하기도 어려울 뿐만 아니라 관련 도서를 검색하여 필요한 내용을 제 때에 찾아보기가 쉽지 않을 수도 있습니다.

저자는 이와 같은 애로사항을 답변해드리는 세무상담 전문사이트인 이지분개를 관리하면서 가장 상담 횟수가 많고, 실무상 중요한 내용들을 수집·분류하여 부가가치세 및 원천세 관련 내용을 이 책에 수록하였으며, 경리업무 초보자의 경우에도 조세체계를 쉽게 이해할 수 있도록 하였습니다.

이 책은 부가가치세 및 원천세 신고와 관련한 복잡한 세법의 내용을 체계적으로 정리하였고, 세무상 유의하여야 할 사항들을 같이 수록하여 실무에서 편리하게 활용할 수 있도록 각고의 노력을 기울여 편집하였습니다. 또한 세무신고와 관련한 회계처리 및 배당소득편에서 법인의 배당절차에 관련한 내용을 같이 수록하여 실무에 많은 도움이 될 것으로 믿습니다.

그리고 전자세금계산서 수정발급과 가산세에 관한 내용을 사례별로 예시를 들어 설명하여 실무에서 바로 적용할 수 있도록 하였습니다.

끝으로 기업의 경리업무를 담당하시는 분들에게 본서가 유익한 참고자료가 되기를 바랍니다.

2021년 1월
저자 이 진 규
경영정보사

# 부가가치세 및 근로소득세
# 원천세 & 지출증빙 세무실무

## 제1부　　조세체계 및 분류, 법인·개인기업의 세금

조세체계 및 분류 및 법인과 개인기업의 세금 신고납부에 대한 주요 차이점인 개인사업자의 사업소득에서 제외하는 소득, 소득세 세율, 법인세 세율 등에 대한 기본적인 내용을 수록하였습니다.

## 제2부　　부가가치세 세무 및 신고실무

부가가치세의 전반적인 내용 및 신고실무, 전자세금계산서 및 세금계산서 발행과 관련하여 주의할 점, 전자세금계산서 수정발급과 관련한 가산세 적용, 영세율과 수출회계처리 및 면세에 관한 내용, 부가세 신고시 유의하여야 할 사항 및 신용카드매출전표에 의한 매입세액공제, 대손세액공제, 의제매입세액, 재활용폐자원등에 대한 의제매입세액공제와 매입세액의 안분계산, 매입세액불공제, 철 또는 구리스크랩 매입자 납부제도, 폐업자 및 휴업자와의 거래에 대한 세무 문제, 재화의 수입에 대한 부가가치세 납부 유예 등에 대한 실무 사례 등을 상세히 수록하였습니다.

## 제3부　　원천징수 실무

원천세제와 관련한 신고실무 전반적인 내용을 사례 중심으로 제시하였으며, 퇴직소득세의 징수 및 신고납부, 퇴직연금계좌 이체와 과세이연, 임원퇴직금, 일용근로자의 세무실무, 법인의 이익배당 및 세무실무 등에 대한 내용을 수록하였습니다.

## 제4부　　정규영수증 및 지출증빙

지출증빙 및 정규영수증(세금계산서, 계산서, 신용카드매출전표, 현금영수증)제도가 왜 필요한 지를 설명하였으며, 정규영수증 수취대상 거래 및 정규영수증 수취 예외 거래에 대한 구체적인 내용을 제시하고, 사례별 지출증빙에 대하여 구체적인 예시를 들어 실무에 도움이 되도록 하였습니다.

# 도서 활용과 관련한 공지사항

## 2021년도 시행 개정 세법 등 : 경영정보사 홈페이지

[1] 도서 내용 중 수정 사항 및 개정세법 등은 경영정보사 홈페이지를 통하여(공지사항 및 최신 개정세법) 확인할 수 있으며, 홈페이지에 수정 내용 등을 수록하여 두었음에도 이를 확인하지 아니하는 경우 중대한 세무적 문제가 발생할 수도 있으므로 경영정보사 홈페이지 내용을 확인하여 주시기를 간곡히 당부드립니다.

[2] 지면관계상 본 서에 수록하지 못한 내용은 경영정보사 홈페이지에 올려 두었습니다.

◈ 도서 관련 세법 개정 내용
◈ 세법 관련 자료 및 인사노무 등 실무 사례

[3] 경영정보사에서 발간한 도서를 구입하신 분은 경영정보사 홈페이지의 다양한 자료를 무료로 사용할 수 있습니다.

▶ 경영정보사 홈페이지 이용방법
1. (네이버 검색창) 경영정보사 또는 www.ruddud.co.kr 입력
2. 지정 아이디 및 비밀번호 입력

(지정) 아이디 sun100   비밀번호 kkk100

### 목 차

## 부가가치세 및 근로소득세 원천세 & 지출증빙 세무실무

# CONTENTS .....

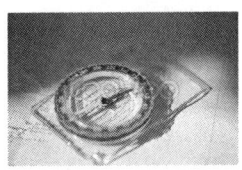

## 제1부  조세 체계, 법인·개인기업의 세금

### [제1장]  조세 체계 및 분류, 법령 검색

**1  조세 관련 근거 법령**     3

❶ 헌법(제38조)     3
❷ 법률     3
❸ 대통령령     3
❹ 총리령·부령     4
❺ 기본통칙 및 예규, 세법집행기준     4
❻ 고시, 훈령     5

**2  법령 자료**     6

❶ 세법(국세청 법령정보시스템)     6
❷ 세법외의 법률(법제처 홈페이지)     6

**3  조세의 분류**     7

❶ 국세와 지방세     7
❷ 직접세와 간접세     7
❸ 보통세와 목적세     7

## [제2장] 법인과 개인기업의 세금

**1 법인사업자와 개인사업자**     9

❶ 개요     9
❷ 법인세 신고 및 납부     10
❸ 소득세 신고 및 납부     10

**2 법인세와 소득세 비교**     11

❶ 과세소득 개념 차이     11
❷ 법인과 개인사업자의 소득 구분     11
❸ 개인사업자의 사업소득에 포함하지 않는 소득     12
❹ 개인사업자의 소득에 포함하여야 하는 소득     13
❺ 대표자 인건비 및 업무 무관 자금 인출     13
❻ 법인세 및 소득세 기본세율     14

# 제2부 부가가치세 실무

## [제1장] 부가가치세 개념, 납세의무자, 사업자등록 등

**1 부가가치세 개념**     17

❶ 최종소비자가 부담하는 간접세이며, 일반소비세다.     17
❷ 부가가치세는 일정 기간 단위(과세기간)로 신고·납부하여야 한다.     18
❸ 과세사업자는 매입단계에서 부담한 매입세액을 공제받을 수 있다.     18

**2 부가가치세 납세의무자 및 사업자등록**     19

❶ 사업자 개념     19
❷ 사업장 및 사업자등록     19
❸ 사업자 분류     20
❹ 사업자등록사항의 변경 및 정정신고     20

**3 납세지**     21

❶ 납세지 개념     21

| | | |
|---|---|---|
| ❷ | 주사업장 총괄납부 | 21 |
| ❸ | 사업자 단위 과세사업자 | 22 |
| ◈ | 총괄납부제도와 사업자 단위 과세제도의 차이 | 22 |

## [제2장] 과세거래, 공급시기, 간주공급

### 1 과세거래     23

| | | |
|---|---|---|
| ❶ | 개요 | 23 |
| ❷ | 재화의 공급 | 23 |
| ❸ | 용역의 공급 | 24 |

### 2 공급시기     25

| | | |
|---|---|---|
| ❶ | 개요 | 25 |
| ❷ | 재화의 공급시기 | 25 |
| ❸ | 용역의 공급시기 | 26 |

### 3 간주공급     27

| | | |
|---|---|---|
| ❶ | 개요 | 27 |
| ❷ | 자가공급 | 27 |
| ❸ | 개인적 공급 | 28 |
| ❹ | 사업상증여 | 29 |
| ❺ | 폐업시 잔존재화 | 29 |

### 4 사업의 포괄양도양수     30

| | | |
|---|---|---|
| ❶ | 개요 | 30 |
| ❷ | 영업권 양도와 부가가치세 및 기타소득세 거래징수 | 31 |
| ❸ | 사업양도와 사업을 양수받는 자의 대리납부(법52④) | 32 |
| ◈ | 포괄양도양수 회계처리 사례 | 33 |

## [제3장] 세금계산서 발급 및 작성일자

### 1 세금계산서 발급     34

| | | |
|---|---|---|
| ❶ | 세금계산서 발급의무자 | 34 |
| ❷ | 세금계산서 발급시기 | 36 |
| ◈ | 월합계 세금계산서 발급 | 36 |

| | | |
|---|---|---|
| ◆ | 장기할부판매, 완성도기준지급조건부, 중간지급조건부 공급 | 36 |
| ◆ | 공급시기 도래 전 세금계산서 발급 | 37 |

## 2　세금계산서 작성방법 및 공급시기, 발급 특례　　40

| | | |
|---|---|---|
| ❶ | 세금계산서 작성 | 40 |
| ❷ | 세금계산서 기재사항 | 41 |
| ❸ | 사업자등록번호 구성 | 42 |
| ❹ | 세금계산서의 공급가액 및 세액 | 42 |
| ❺ | 세금계산서 발급 특례 | 43 |
| ◆ | 위탁판매 및 수탁판매 | 43 |
| ◆ | 공동도급 세금계산서 발급 | 43 |
| ◆ | 본점과 지점간 세금계산서 발급 | 44 |
| ◆ | 단가인하, 잠정가액 등에 의한 세금계산서 발급 | 45 |
| ❻ | 건설 용역 등의 공급시기 | 47 |
| ◆ | 거래 형태별 공급시기 | 48 |
| ◆ | 중간지급조건부 및 완성도기준지급조건부 용역의 공급 | 49 |
| ◆ | 상가분양과 부동산임대 관련 공급시기 | 56 |
| ◆ | 기타 거래 공급시기 | 59 |

## [제4장]　전자세금계산서 발급 및 수정발급

## 1　전자세금계산서 의무발급 사업자　　62

| | | |
|---|---|---|
| ❶ | 법인 | 62 |
| ❷ | 직전연도 공급가액이 3억원 이상인 개인사업자 | 62 |
| ◆ | 면세사업자 전자계산서 발급 및 미발급 가산세 | 63 |

## 2　전자세금계산서 발급과 국세청 전송기한　　64

| | | |
|---|---|---|
| ❶ | 전자세금계산서 발급 및 발급일자 | 64 |
| ❷ | 전자세금계산서 국세청 전송기한 | 65 |
| ❸ | 지연전송가산세 및 미전송가산세 | 65 |
| ❹ | 전자세금계산서 수정 발급 및 전송기한 | 66 |
| ❺ | 전자세금계산서 발급과 관련한 기타 유의사항 | 66 |

## 3　전자세금계산서 수정발급과 가산세 적용　　67

| | | |
|---|---|---|
| ❶ | 전자세금계산서 작성일자를 잘못하여 발급한 경우 | 67 |
| ❷ | 계약 해제 또는 반품과 관련한 수정세금계산서 발급방법 | 69 |

| | | |
|---|---|---|
| ❸ | 필요적 기재사항을 잘못 입력한 경우 | 71 |
| ❹ | 기타 수정 전자세금계산서 발급 | 71 |
| ❺ | 내국신용장 또는 구매확인서가 거래시기 이후 발급된 경우 | 74 |
| ❻ | 전자세금계산서 의무발급자가 종이세금계산서를 수수한 경우 | 75 |
| **4** | **전자세금계산서 발급방법 등** | **76** |
| **5** | **매입 전자세금계산서** | **78** |
| ❶ | 매입분 전자세금계산서 수취 및 부가가치세 신고 | 78 |
| ❷ | 매입분 전자세금계산서 관리 | 78 |

## [제5장] 영수증 발급 및 현금영수증

| | | |
|---|---|---|
| **1** | **영수증 발급** | **79** |
| ❶ | 영수증 | 79 |
| ❷ | 영수증 발급대상사업자 | 79 |
| ❸ | 영수증 발급의무 면제 대상 | 80 |
| **2** | **현금영수증** | **81** |
| ❶ | 개요 | 81 |
| ❷ | 현금영수증가맹점 가입의무대상 사업자 | 81 |
| ❸ | 현금영수증 의무발행 사업자 및 미발행시 가산세 등 | 84 |
| ❹ | 현금영수증가맹점 미가입 및 미발행 등에 대한 가산세 | 84 |
| ❺ | 부가가치세 신고시 현금매출명세서 제출의무 | 85 |

## [제6장] 신용카드매출 부가가치세 신고

| | | |
|---|---|---|
| **1** | **신용카드 매출** | **87** |
| ❶ | 개요 | 87 |
| ❷ | 신용카드 매출 부가가치세 신고 | 87 |
| ❸ | 신용카드매출전표등 발행세액공제 [개인] | 88 |
| **2** | **신용카드 매출 회계처리** | **90** |
| ❶ | 매출과 동시에 신용카드로 결제받은 경우 회계처리 | 90 |
| ❷ | 외상매출 후 그 대금을 신용카드로 결제받은 경우 | 90 |

## 제7장 영세율 및 면세

### 1 영세율   91

❶ 개요   91
❷ 영세율과 면세의 차이점   92
❸ 영세율이 적용되는 재화 또는 용역   93

### 2 면세제도 및 면세대상   100

❶ 개요   100
❷ 면세 대상   101

## [제8장] 부가가치세 과세표준

### 1 과세표준   104

❶ 개요   104
❷ 과세표준 계산 방법   104

### 2 과세표준에서 차감하여야 하는 것   108

❶ 에누리액   108
❷ 환입된 재화의 가액
❸ 매출할인액   108
❹ 매입자에게 도달하기 전 파손·훼손 또는 멸실된 재화의 가액   108

### 3 세금계산서 발급대상이 아닌 것   109

❶ 개요   109
❷ 연체이자   109
❸ 판매장려금   109
❹ 손해배상금   110
❺ 채무를 면제받은 경우   110

### 4 간주공급시 과세표준 계산   111

❶ 개요   111
❷ 과세표준 계산   111

| ❸ | 취득가액 | 112 |
| ❹ | 경과된 과세기간 수 계산 | 112 |

| 5 | **토지와 건물 일괄 공급시 과세표준 안분계산** | **113** |

| ❶ | 개요 | 113 |
| ❷ | 과세표준 안분계산 | 113 |
| ❸ | 과세되는 건물 등의 과세표준 (기준시가에 의하는 경우) | 114 |
| ❹ | 과세 및 면세사업에 사용하던 재화 공급시 과세표준 | 115 |
| ❺ | 건물 및 토지 매각의 경우 계산서 발급의무 면제 | 115 |

## [제9장] 세금계산서, 현금영수증, 신용카드전표 매입세액공제

| 1 | **세금계산서에 의한 매입세액공제** | **116** |

| ❶ | 개요 | 116 |
| ❷ | 세금계산서에 의한 매입세액공제 | 117 |
| ❸ | 매입자발행세금계산서 | 117 |
| ❹ | 부가가치세 예정신고누락분 매입세액 | 117 |
| ❺ | 전기 이전 신고누락한 매입세금계산서의 매입세액공제 | 117 |

| 2 | **신용카드매출전표·현금영수증에 의한 매입세액공제** | **118** |

| ❶ | 사업자명의 신용카드 또는 사업자명의로 발급받은 현금영수증 | 118 |
| ❷ | 신용카드매출전표등에 공급가액과 세액이 구분되어 있을 것 | 119 |
| ❸ | 신용카드가맹사업자가 일반과세자로서 다음 요건에 해당할 것 | 119 |
| ❹ | 매입세액이 불공제되는 접대비 등 지출금액이 아닐 것 | 120 |
| ❺ | 부가가치세 신고시 신용카드매출전표등수령금액합계표 제출 | 123 |
| ◆ | 개인명의 신용카드 또는 현금영수증의 비용 처리 | 124 |

## [제10장] 면세 농·축·수산물 의제매입세액공제 등

| 1 | **면세재화 매입에 대한 의제매입세액공제** | **125** |

| ❶ | 개요 | 125 |
| ❷ | 의제매입세액공제대상 사업자 | 125 |
| ❸ | 의제매입세액공제를 받을 수 있는 면세물품 | 125 |
| ❹ | 원재료 가액 | 126 |
| ❺ | 의제매입세액공제율 및 공제한도 | 126 |
| ❻ | 의제매입세액 공제 시기 | 128 |

## 2  재활용폐자원 등에 대한 매입세액공제 특례   129

❶ 개요   129
❷ 공제대상 사업자   129
❸ 공제대상 거래   129
❹ 매입세액공제를 받을 수 있는 재활용폐자원등의 범위   130
❺ 매입세액공제 특례   130

## [제11장]  대손세액공제, 대손세액공제 사례

### 1  대손세액공제 및 공제 사례   131

❶ 개요   131
❷ 대손세액공제 사유   131
❸ 대손세액공제 사례   132

### 2  대손세액공제 신청 및 회계처리 사례   134

❶ 대손세액공제금액   134
❷ 대손세액공제신청   134
❸ 대손세액공제 경정청구   134
❹ 대손세액공제 회계처리 사례   135

## [제12장]  매입세액불공제, 면세사업 관련 매입세액불공제

### 1  매입세액불공제   136

❶ 개요   136
❷ 매입세액을 공제받을 수 없는 것   137
◆ 비영업용소형승용차의 구입 및 유지와 관련한 매입세액   137
◆ 접대비 및 이와 유사한 비용의 지출과 관련한 매입세액   137
◆ 면세사업 및 토지 관련 매입세액   138
◆ 사업자등록을 하기 전의 매입세액   139

### 2  공통매입세액 중 면세사업분   141

❶ 공통매입세액 및 공통매입세액 안분계산   141
❷ 공통매입세액 안분계산방법   141
❸ 공통매입세액 정산   142

| | | |
|---|---|---|
| ❹ | 공통매입세액 안분계산 생략 | 145 |
| ❺ | 공통매입세액의 납부세액 또는 환급세액 재계산 | 145 |

## [제13장] 부가가치세 신고 및 납부

### 1 부가가치세 납부(또는 환급)세액 계산　　147

| | | |
|---|---|---|
| ❶ | 예정신고·납부 및 확정신고·납부 대상자 | 147 |
| ❷ | [개인] 예정납부 및 확정신고·납부 | 148 |

### 2 부가가치세 신고서 작성 방법　　149

| | | |
|---|---|---|
| ❶ | 과세표준 및 매출세액 | 149 |
| ❷ | 매입세액 및 경감·공제세액 | 153 |
| ❸ | 예정신고미환급세액, 예정고지세액 등 | 156 |
| ❹ | 과세표준 명세 | 157 |

### 3 기타 부가가치세 신고 및 실무 유의사항　　164

| | | |
|---|---|---|
| ❶ | [면세] 계산서합계표 제출 | 164 |
| ❷ | 매입세금계산서 제출을 누락한 경우 | 164 |
| ❸ | 거래처 폐업 및 간이과세자 여부 확인 | 164 |
| ❹ | 부가가치율 검토 및 일반매입 및 고정자산 매입 구분 | 166 |
| ❺ | 사업자등록이 없는 개인에게 매출 | 166 |
| ❻ | 매입세액불공제 여부 확인 | 166 |
| ❼ | 업종별 명세서 등 제출 의무 | 167 |

## [제14장] 부가가치세 납부 및 환급 회계처리

### 1 일반적인 부가가치세 납부 회계처리　　170

### 2 부가가치세 납부·환급 회계처리　　171

| | | |
|---|---|---|
| ❶ | 전자신고세액공제 회계처리 | 171 |
| ❷ | 공통매입세액 면세사업분 회계처리 | 171 |
| ❸ | [개인] 예정고지세액 납부, 확정신고 및 부가세 납부 | 172 |
| ❹ | 의제매입세액공제 회계처리 | 172 |
| ❺ | 부가가치세 환급 관련 회계처리 | 173 |
| ◈ | 세액공제액의 최저한세 적용 및 수입금액 산입 여부 | 173 |

## [제15장] 간이과세자 부가가치세 신고·납부

| | | |
|---|---|---|
| 1 | 간이과세자 | 174 |
| 2 | 간이과세자 부가가치세 신고 및 납부 등 | 179 |
| 3 | 간이과세자 기준금액 인상 등 제도 정비 | 181 |

## [제16장] 과세유형 전환과 재고납부(매입)세액

| | | |
|---|---|---|
| 1 | 과세유형전환 [간이과세자 → 일반과세자] | 188 |
| 2 | 과세유형전환 [일반과세자 → 간이과세자] | 194 |

## [제17장] 기타 주요 실무 적용 사례

| | | |
|---|---|---|
| 1 | 가산세 적용 사례 및 경정청구 | 197 |
| ❶ | 부가가치세 예정분 매출세금계산서 누락시 가산세 | 197 |
| ❷ | 매입세금계산서 세액 과다 신고시 가산세 | 198 |
| ❸ | 매입세액불공제분을 공제받은 경우 가산세 | 199 |
| ❹ | 부가가치세 예정고지세액 미납부 가산세 [개인] | 200 |
| ❺ | 부가가치세법에 의한 가산세 | 200 |
| ❻ | 국세기본법에 의한 가산세 | 205 |
| ❼ | 경정청구 | 209 |
| 2 | 폐업자 및 휴업자와의 거래 세무 문제 | 210 |
| ❶ | 폐업자에게 세금계산서를 발급한 경우 | 210 |
| ❷ | 폐업한 자로부터 세금계산서를 발급받은 경우 | 211 |
| ❸ | 폐업한 거래처의 매출채권에 대한 대손세액공제 | 212 |
| ❹ | 폐업한 사업자 관련 유의할 사항 | 213 |
| 3 | 철 또는 구리스크랩 매입자 납부제도 | 214 |
| 4 | 재화의 수입에 대한 부가가치세 납부 유예 | 223 |
| 5 | 보세구역과 부가가치세 | 228 |

# 제3부 원천세제 실무

## [제1장] 종합소득세 개요

| | | |
|---|---|---|
| 1 | 거주자별 1년간 소득금액 신고·납부 | 233 |
| 2 | 종합소득세 신고시 합산하는 소득 등 | 234 |
| 3 | 종합소득금액 및 과세표준 계산 | 237 |

## [제2장] 원천징수 및 원천징수 유형

| | | |
|---|---|---|
| 1 | 원천징수 대상소득 | 244 |
| 2 | 완납적 원천징수 및 예납적 원천징수 | 246 |

## [제3장] 근로소득 및 비과세소득, 근로소득세 신고 및 납부

| | | |
|---|---|---|
| 1 | 근로소득 및 비과세소득 | 249 |
| 2 | 근로소득세 징수·납부 | 258 |
| 3 | 연말정산 | 268 |
| 4 | 지방소득세 및 지방세 신고 및 납부 | 272 |
| ❶ | 원천징수대상 소득세에 대한 지방소득세 징수 및 납부 | 272 |
| ❷ | 주민세 종업원분 신고·납부 | 272 |
| ❸ | 주민세 재산분 신고·납부(사업소 연면적 330제곱미터 초과사업장) | 277 |

## [제4장] 일용근로자 근로소득세, 노무 및 4대보험 실무

| | | |
|---|---|---|
| 1 | 일용근로자 근로소득세 징수·납부 | 278 |
| ❶ | 개요 | 278 |
| ❷ | 일용근로자 근로소득세 및 지방소득세 원천징수 | 278 |

| ❸ | 일용근로자와 일반근로자의 세무신고 | 279 |
| ❹ | 일용근로자 세무신고 및 증빙 | 280 |

**2  일용근로자 노무 및 4대보험 실무** — **282**

| ❶ | 일용근로자의 법정수당 및 퇴직금 | 282 |
| ❷ | 일용근로자 4대보험 신고대상 여부 | 283 |

## [제5장] 이자소득세 원천징수

**1  이자소득** — **284**

**2  이자소득세 원천징수 및 지급명세서 제출** — **287**

| ❶ | 개요 | 287 |
| ❷ | 금융기관 등이 예금이자를 지급하는 경우 | 287 |
| ❸ | 금융기관이 아닌 자에게 이자지급시 원천징수 | 288 |

## [제6장] 배당소득세 원천징수

**1  배당소득** — **291**

| ❶ | 개요 | 291 |
| ❷ | 소득세법에 의한 배당소득 | 291 |
| ❸ | 법인세법에 의한 배당소득 | 292 |

**2  배당소득세 원천징수 등** — **293**

| ❶ | 배당소득 원천징수세율 | 293 |
| ❷ | 배당소득에 대한 배당소득세 원천징수시기 | 293 |
| ❸ | 배당소득 원천징수영수증 교부 및 제출 | 294 |
| ❹ | 배당소득 분리과세 및 종합과세 | 294 |

**3  법인의 이익 배당 및 세무실무** — **297**

| ❶ | 주주 및 주주에 대한 이익 배당 | 297 |
| ◆ | 결산배당 및 중간배당 | 298 |
| ❷ | 배당금 지급 회계처리 사례 | 300 |
| ❸ | 배당과 관련한 세무실무 | 303 |

## [제7장] 퇴직금 및 퇴직소득세 원천징수, 퇴직금 중간정산

**1 퇴직소득 및 퇴직소득 지급시기 의제** — 306

❶ 퇴직소득 — 306
❷ 퇴직소득 해당 여부 — 307
❸ 현실적인 퇴직 — 307
❹ 퇴직금 중간정산 — 308
❺ 법인의 임원 퇴직금 — 310
❻ 퇴직소득 지급시기 의제 등 — 313

**2 퇴직소득세 계산** — 314

❶ 개요 — 314
❷ 퇴직소득 — 314
❸ 퇴직소득공제 — 314
❹ 퇴직소득세 계산 방법 — 315

**3 퇴직소득세 과세이연** — 316

❶ 개요 — 316
❷ 확정급여형퇴직연금 과세이연 — 316
❸ 확정기여형퇴직연금 과세이연 — 317
❹ 기존의 퇴직금 지급방법 — 319

## [제8장] 기타소득세 원천징수

**1 기타소득** — 320

❶ 개요 — 320
❷ 원천징수대상 기타소득 — 320

**2 기타소득세 원천징수 및 지급명세서 제출** — 322

❶ 기타소득세 원천징수 — 322
❷ 기타소득 필요경비 — 322
❸ 원천징수할 세액(지급받는 자가 개인인 경우에만 징수) — 324
❹ 기타소득 원천징수영수증 교부 및 제출 — 324
❺ 기타소득자의 종합소득세 신고 — 324

## [제9장] 사업소득세 원천징수

**1  사업소득세 원천징수대상 사업소득**    **325**

❶ 개요    325
❷ 원천징수대상 사업소득    325
❸ 원천징수대상 사업소득자 사업자등록 및 종합소득세 신고    326

**2  사업소득세 원천징수 및 지급명세서 제출**    **328**

❶ 사업소득세 원천징수    328
❷ 사업소득에 대한 원천징수세율    329
❸ 사업소득세 원천징수납부 및 원천징수영수증 제출    330
❹ 사업소득을 지급받는 자의 종합소득세 신고    330
❺ 사업소득 지급 및 원천징수에 대한 회계처리 사례    330

**3  비거주자에 대한 원천징수**    **331**

❶ 국내원천소득에 대해서만 과세함    331
❷ 비거주자에게 지급하는 사용료소득 등 원천징수    331

## [제10장] 원천세 신고 및 납부, 수정신고 및 가산세

**1  원천징수대상소득의 납세지 및 신고·납부**    **333**

**2  지급명세서 제출 및 원천세 가산세**    **338**

**3. 근로소득간이지급명세서 제출의무 [신설]**    **341**

## [제11장] 반기별 신고 및 납부

**1  반기별 신고·납부**    **342**

**2  반기별 신고납부자 연말정산**    **345**

❶ 반기별 신고·납부자 연말정산 관련 신고 기한    345
❷ 반기별 신고·납부자 연말정산 환급금 발생과 업무처리    346

# 제4부  정규영수증 및 지출증빙

## [제1장]  정규영수증 및 영수증, 영수증 관리 및 보관

**1  정규영수증**   **349**

❶ 개요   349
❷ 정규영수증 종류   350
❸ 지출증명서류 합계표 작성 및 보관의무   352
❹ 정규영수증 과소 수취에 대한 해명 요구   352

**2  정규영수증 수취대상 및 수취대상이 아닌 경우**   **354**

❶ 정규영수증 수취대상 거래   354
❷ 정규영수증 수취대상이 아닌 경우   355
❸ 정규영수증을 수취하지 않아도 되는 거래   356

**3  정규영수증 미수취에 대한 가산세 등**   **360**

❶ 정규영수증 미수취에 대한 가산세   360
❷ 정규영수증 수취시 사업자 주의사항   361

## [제2장] 정규영수증 관리 및 보관, 장부보관기한 및 전자장부

**1  정규영수증 관리 및 보관**   **363**

❶ 매출 및 매입 세금계산서 관리 및 보관   363
❷ 면세 계산서 관리 및 보관   364
❸ 신용카드매출전표 및 현금영수증 관리 및 보관   366
❹ 기타 영수증 관리 및 보관방법   367

**2  장부 및 증빙의 보관기한 및 전자장부**   **368**

❶ 개요   368
❷ 장부 또는 지출증빙의 보존연한   368
❸ 장부 및 증빙 보존에 대한 규정   369

# 제1부

## 조세체계 및 분류
## 법인·개인기업의 세금

# 1 조세 체계 및 분류, 법령 검색

## 1 조세 관련 근거 법령

### ❶ 헌법(제38조)

모든 국민은 법률이 정하는 바에 의하여 납세의 의무를 진다.

### ❷ 법률

국회의원과 정부는 법률안을 제출할 수 있으며, 법률은 국회에서 의결하며, 국회에서 재적의원 과반수의 출석과 출석의원 과반수의 찬성으로 의결된 법률안은 정부에 이송되어 15일 이내에 대통령이 공포한다. 법률안에 이의(異議)가 있을 때에는 대통령은 15일 이내에 이의서를 붙여 국회로 환부(還付)하고, 그 재의(再議)를 요구할 수 있다.

국세기본법, 국세징수법, 소득세법, 법인세법, 부가가치세법, 상속세 및 증여세법 개별소비세법, 주세법, 조세특례제한법, 지방세기본법, 지방세법 등

### ❸ 대통령령

대통령은 법률에서 구체적으로 범위를 정하여 위임받은 사항과 법률을 집행하기 위

하여 필요한 사항에 관하여 대통령령을 발하며, 대통령령은 국무회의의 심의를 거쳐 대통령이 발한다.

국세기본법 시행령, 소득세법 시행령, 법인세법 시행령, 부가가치세법 시행령, 조세특례제한법 시행령, 지방세법 시행령 등

### ❹ 총리령·부령

국무총리 또는 행정각부의 장은 소관사무에 관하여 법률이나 대통령령의 위임 또는 직권으로 총리령 또는 부령을 발할 수 있으며, 국세의 경우 기획재정부장관이 발하는 명령으로써 기획재정부령이라고 한다.

소득세법 시행규칙, 법인세법 시행규칙, 부가가치세법 시행규칙 등

### ❺ 기본통칙, 세법집행기준, 예규

#### 1 기본통칙

기본통칙은 예규·통첩의 일종이다. 예규·통첩이란 상급행정관청이 행정의 통일을 도모하기 위하여 하부기관의 직무운영에 관한 세부적 사항이나 법령해석 등을 구체적 또는 개별적으로 시달하는 것을 말한다. 세법령의 해석기준을 제시, 세무공무원의 재량권을 규제하고 사업자와의 마찰요인을 제거하여 객관적 기준과 절차에 따른 합리세정과 신뢰세제를 실현하고자 예규·통첩·국세심판례를 법령체계에 맞추어 정리해 놓은 것을 기본통칙이라 한다.

하급행정청은 기본통칙에 따라 세법을 해석·운용하고 있으므로 그 효력은 실질적으로 법령과 다름이 없으나, 대외적으로는 그 효력을 주장할 수 없고, 사법부의 판결에 있어서는 구속력을 갖지 못한다.

□ 법인세법 기본통칙 4-0…8 【타인명의 차입금에 대한 취급】
① 차입금의 명의인과 실질적인 차용인이 다른 경우에는 실질적인 차용인의 차입금으로 한다.
② 제1항의 실질적인 차용인은 금전대차계약의 체결, 담보의 제공, 차입금의 수령, 각종 비용의 부담 등 차입에 관한 업무의 실질적인 행위내용과 차입한 금액의 용도 등을 기준으로 판단한다. 이 경우 차입금을 분할한 경우에는 차입한 금액의 전부 또는 일부를 타인에게 다시 대여한 것으로 인정되는 경우에 한하여 당해 차입금 총액을 당초 차용인의 차입금으로 한다.

## 2  세법집행기준

국세청은 어려운 세법규정을 납세자가 쉽고 명확하게 이해할 수 있도록 주요 세법에 대해 과세기준을 체계적으로 정리하고 구체화한 「세법집행기준」을 마련하고 있다.

□ 법인세법 집행기준 22-0-1 【고정자산 평가차손의 처리】
① 고정자산의 장부가액을 「부동산 가격공시 및 감정평가에 관한 법률」에 따라 감정한 가액으로 감액한 경우에도 그 차손은 손금에 산입하지 아니한다.

## 3  예규

예규는 상급행정관청이 하급행정관청에 대하여 그 지휘권 내지 감독권으로서 발하는 명령 내지 지시로서 행정규칙(行政規則)의 한 형식이다. 예규통첩(例規通牒)이라는 말과도 비슷하게 쓰이고 있는데, 예규(例規)는 기본적이고 일반적인 사항을 명령할 때 취하는 형식이고, 통첩(通牒)은 세부적인 사항 및 구체적이고 개별적인 사항을 시달할 때 쓰이는 것이나, 엄격한 구분을 필요로 하는 것은 아니다.

□ 법인은 1만원 초과 접대비를 신용카드로 결제하지 경우 손금산입할 수 없는 것임
(법인-975, 2008.08.12.) 법인이 지출한 접대비로서 1회의 접대에 지출한 금액이 3만원(2009년부터 1만원)을 초과하는 접대비에 대하여 당해 법인명의 외의 신용카드를 사용한 경우에는 각 사업연도 소득금액계산상 이를 손금에 산입하지 아니하는 것임.

## ❻ 고시, 훈령

고시란 행정기관이 국민 일반에게 널리 알리기 위하여 일정한 사항을 공고하는 일종의 공고(公告)형식을 말한다. 고시는 관보, 공보로서 행해지는 것이 일반적이다. 따라서 국세청장이 조세부담에 관련된 사항을 공시하여 조세행정에 적용되도록 공고하는 것도 고시이다.

훈령이란 상급기관이 하급기관(보조기관 포함)에 대하여 상당히 장기간에 걸쳐서 그 권한의 행사를 일반적으로 지시하기 위하여 발하는 명령을 말한다. 훈령과 구별할 개념으로서 지시는 상급기관이 직권 또는 하급기관의 문의에 의하여 하급기관에 개별적·구체적으로 발하는 명령이며, 예규는 행정사무의 통일을 기하기 위하여 반복적 행정사무의 처리기준을 제시하는 것이며, 고시는 법령이 정하는 바에 따라 일정한 사항을 일반에게 알리기 위한 것이라고 구분하고 있다.

## ◾ 법령 자료

### 1  세법(국세청 법령정보시스템)

세법에 관한 법률 및 대통령령, 시행규칙, 기본통칙, 세법집행기준, 개정세법해설 등은 '국세청법령정보시스템'에서 모든 내용을 확인할 수 있다. 단, 예규의 경우 '국세청법령정보시스템'에서 일괄하여 제공하고 있지 않으므로 문서번호를 알아야 검색을 할 수 있다.

### 2  세법외의 법률(법제처 홈페이지)

법제처 홈페이지에서 대한민국의 모든 법률 및 대통령령, 시행규칙을 찾아 볼 수 있으며, 한글문서로 다운로드 받을 수 있다.

## 2 조세의 분류

### ❶ 국세와 지방세

국세는 국가가 과세권을 가진 조세로서 소득세, 법인세, 상속세, 증여세, 부가가치세, 개별소비세 등이 있다.

지방세란 지방자치단체가 과세권을 가진 조세로서 취득세, 재산세, 자동차세, 소득분 지방소득세 등이 있다.

### ❷ 직접세와 간접세

직접세란 소득이 있는 자 등이 직접 부담하여야 하는 조세로서 법인의 소득에 대한 법인세, 개인의 소득에 대한 소득세 등이 있다.

간접세란 소득의 유무 등과 관계없이 소비행위에 대하여 과세하는 조세로 부가가치세법, 개별소비세법 등에 의하여 재화 또는 용역을 계속·반복적으로 공급하는 자(매출자)는 재화 또는 용역을 공급받는 자(소비자 등)로부터 각 세법에서 정한 세율을 적용하여 조세를 징수하여 납부하여야 하는 세금으로 부가가치세, 개별소비세 등이 있다.

### ❸ 보통세와 목적세

조세수입의 용도를 미리 정하지 않은 세금을 보통세라 하며, 조세수입의 용도를 미리 정한 세금을 목적세라 한다.

## 조세의 분류

| 구 분 | 조세의 분류 | | 해당 세목 | 세 법 |
|---|---|---|---|---|
| 국세 | 보통세 | 직접세 | 법인세 | 법인세법 |
| | | | 소득세 | 소득세법 |
| | | | 상속세 | 상속세및증여세법 |
| | | | 증여세 | 상속세및증여세법 |
| | | | 종합부동산세 | 종합부동산세법 |
| | | 간접세 | 부가가치세 | 부가가치세법 |
| | | | 개별소비세 | 개별소비세법 |
| | | | 주세 | 주세법 |
| | | | 증권거래세 | 증권거래세법 |
| | | | 인지세 | 인지세법 |
| | 목적세 | | 농어촌특별세 | 농어촌특별세법 |
| | | | 교통·에너지·환경세 | 교통·에너지·환경세법 |
| | | | 교육세 | 교육세법 |
| 지방세 | 보통세 | | 취득세 | 지방세법 |
| | | | 등록면허세 | |
| | | | 재산세 | |
| | | | 자동차세 | |
| | | | 주민세 균등분 | |
| | | | 주민세 재산분 | |
| | | | 주민세 종업원분 | |
| | | | 지방소득세 | |
| | 목적세 | | 도시계획세 | |
| | | | 지방교육세 | |

# ② 법인과 개인기업의 세금

## ① 법인사업자와 개인사업자

### ❶ 개요

개인사업자는 개인 사업주 본인이 사업의 주체인 경우를 말하며, 법인사업자란 사업의 주체가 대표자 개인이 아니라 상법상 등록된 법인이 법률상 모든 권리.의무의 주체가 된다. 영리를 목적으로 하는 법인사업자의 경우 사업을 하기 위하여 자본금이 필요하며, 이 때 자본금을 출자하는 자가 주주(자본주)인 것이다. 그러므로 주주는 경영자가 아니라 사업자금을 출자한 자에 불과한 것으로 법적인 절차에 의하여 경영자로 선임된 경우를 제외하고는 사업에 참여할 수 없다. 다만, 출자자(주주)는 법인이 사업을 잘 운영하여 이익이 발생할 시 법인의 이익 중 일부를 배당이라는 형태로 출자에 대한 이익을 얻게 되는 것이다.

그러나 우리나라 대다수 중소기업의 경우 위와 같은 형태로 법인을 운영하는 경우는 드물며, 현실은 법인이라는 형태만 갖추고 있을 뿐이며 개인기업과 같이 법인을 설립한 자가 경영자이며, 사실상 최대주주로서 개인기업과 유사한 형태로 운영되고 있는 실정이다. 그럼에도 불구하고 사업자들은 왜 법인형태의 기업을 선호하는가 하면, 다음의 사유로 법인체로 사업을 운영하고자 하는 것이다.

① 주식회사라는 상호를 사용함으로서 대외적인 공신력이 있다고 생각한다.
② 일부 업종(특히 건설업)의 경우 법인사업자로 등록되어야만 공사입찰, 납품 등에서 유리한 조건으로 작용할 수 있다.

③ 세법상 개인사업자에 비하여 상대적으로 소득에 대한 세율이 낮다.
④ 세금을 체납할 시 납부하지 못한 세금에 대하여 개인사업자의 경우 사업자 본인이 무한책임을 져야 하나 주식회사인 법인사업자의 경우에는 출자형식상(주주명부상) 최대주주와 그와 특수관계자가 보유한 주식금액(출자금액)이 **50%** 이하인 경우 대표이사의 개인재산은 강제적인 세금 징수가 불가능하다.

> **참고** **법인자금과 개인자금 구분**
>
> 상장회사가 아닌 일반 중소규모 비상장 주식회사의 경우 대부분 주주와 경영자간의 구분이 없다. 통상 법인의 설립자가 대주주이며 대표이사이고 가족들이 이사로 되어 있는 것이 일반화되어 있다. 따라서
> '법인돈은 대표이사돈'이라고 생각하여 법인의 자금을 개인 통장에 그리고 개인자금을 법인 통장에 입·출금하여 과세관청으로부터 종종 불이익을 당하게 된다. 예를 들어 법인사업과 관련이 없는 수입을 법인 명의의 통장으로 입금시키고 이를 신고하지 않은 경우로서 그 내용이 불분명하면 매출누락이 되어 세금을 추징당하게 되는 것이다. 법인은 상법상 하나의 독립된 경제주체로서 대표이사의 개인소유가 아니다. 그러므로 법인사업과 관련하여 남은 이익금은 배당이라는 적법한 절차를 거쳐 지급받아야 하며, 법인의 대표이사가 법인의 자금 또는 이익금을 임의로 사용하면 조세포탈의 문제뿐만 아니라 공금횡령죄가 적용된다.

## ❷ 법인세 신고 및 납부

법인은 1사업연도 기간 동안의 사업 활동 결과 발생한 법인소득에 대하여 법인세율을 곱하여 계산한 산출세액에서 각종 감면세액을 공제한 결정세액을 다음 해 3월 31일까지 법인의 본점소재지를 관할하는 세무서에 납부하여야 한다.

## ❸ 소득세 신고 및 납부

법인사업자를 제외한 개인사업자는 1년 기간(1. 1 ~ 12. 31) 동안의 사업활동 결과 발생한 소득에 대하여 다음해 5월 31일까지 관할세무서에 신고·납부하여야 한다. 단, 성실신고확인대상사업자가 성실신고확인서를 제출하는 경우에는 그 과세기간의 다음연도 6월 30일까지 신고·납부할 수 있다.

## 2  법인세와 소득세 비교

### ❶ 과세소득 개념 차이

법인소득은 법인에서 발생한 전 소득을 법인의 소득으로 계상하여야 하나(포괄주의 과세방식) 개인 사업자의 사업소득은 사업과 관련하여 발생한 소득(순자산 증가소득)으로 소득세법에서 열거한 소득을 사업자의 소득으로 계상하는 열거주의 방식을 채택하고 있다.

### ❷ 법인과 개인사업자의 소득 구분

[1] 법인사업자
법인소득은 소득의 종류를 구분하지 아니하고 법인에서 발생한 모든 소득을 소득에 포함하여야 한다. 예를 들어 사업목적으로 취득한 부동산을 양도한 경우 발생하는 소득에 대하여 법인은 법인의 소득에 추가하여 법인세를 납부하나 개인사업자는 양도소득으로 별도 신고 및 납부하여야 한다.

[2] 개인사업자
개인의 경우에는 각 소득의 종류별로 구분하여 소득금액을 계산한 다음 이를 합산하여 종합소득세 신고를 하여야 한다. 예를 들어 법인이 자금운용을 목적으로 금융기관에 예치한 예금에 대한 이자소득 또는 주식을 투자하여 배당금을 받는 경우 모두 법인의 소득으로 계산을 하여야 하나

개인사업자의 경우에는 소득별(이자소득, 배당소득, 사업소득, 근로소득, 기타소득, 퇴직소득, 양도소득 등)로 소득금액을 계산하여야 하므로 사업을 영위하는 자가 회사 자금을 금융기관에 예치함으로서 발생하는 이자소득 또는 주식을 투자하여 배당금을 받는 경우에도 사업소득에 합산하지 아니하고 이자소득 또는 배당소득으로 별도 계상하여야 한다.

📢 **개인사업자의 경우 부동산임대소득에서 발생한 결손금은 부동산임대소득에서만 공제를 받을 수 있음**

이월결손금이 있는 경우 법인사업자는 소득의 종류와 관계없이 사업소득에서 공제하나 개인사업자의 경우 사업소득결손금은 종합소득에서 공제되나 부동산임대소득에서 발생한 결손금은 부동산임대소득에서만 공제할 수 있다.

## ❸ 개인사업자의 사업소득에 포함하지 않는 소득

법인사업자는 사업의 관련성 여부와 관계없이 법인에서 발생한 모든 소득을 원칙적으로 법인의 소득금액으로 계상하여야 하나 개인사업자의 경우 사업과 직접 관련이 없는 아래의 것은 사업소득의 총수입금액에 산입하지 아니하거나 필요경비에 산입하지 아니한다.

### [1] 이자소득 및 배당소득

개인사업자의 이자소득 및 배당소득은 이자소득, 배당소득으로 별도 과세되므로 사업과 관련한 총수입금액에 포함하지 아니한다. 단, 이자 및 배당소득이 2천만원을 초과하는 경우 종합소득에 합산하여야 한다.

### [2] 유형자산처분손익

유형자산의 처분시 발생하는 유형자산처분손익은 사업과 직접 관련이 없는 손익이므로 총수입금액이나 필요경비에 산입하지 아니한다. 단, 유형자산 중 양도소득세 과세대상이 되는 것(토지, 건물 등)은 사업소득과 별도로 양도소득세를 신고·납부하여야 한다.

📢 **개인사업자는 유형자산처분시 처분연도 감가상각비를 계상하여야 함**

법인의 경우에는 처분시점까지의 감가상각비를 계상하지 않는 경우에도 동 감가상각비에 해당하는 금액만큼 유형자산처분손익에 반영되므로 감가상각비를 계상하지 않아도 되지만 개인사업자의 경우 감가상각비는 필요경비에 산입할 수 있지만, 유형자산처분손익은 총수입금액이나 필요경비에 산입할 수 없으므로 처분 월까지의 감가상각비를 계상하여야 한다.

[개정 세법] 2018년 이후 복식부기의무자의 사업용 유형 고정자산(부동산 제외) 처분소득은 사업소득에 포함 단, 건설기계는 2018. 1. 1. 이후 취득한 것으로서 2020.1.1. 이후 양도분부터 포함

### [3] 유형자산폐기손실

개인사업자가 유형자산을 폐기하는 경우 발생하는 유형자산폐기손실의 경우 원칙적으로 필요경비에 산입할 수 없다. 다만, 시설개체 또는 기술낙후 등으로 인하여 유형자산을 폐기하는 경우 장부가액과 처분가액의 차액은 필요경비에 산입할 수 있다.

## ❹ 개인사업자의 소득에 포함하여야 하는 소득

### [1] 자산수증이익 및 채무면제이익

사업과 관련이 있는 경우에는 총수입금액에 산입하여야 하나 사업과 관련이 없는 경우에는 증여세를 신고납부 하여야 한다.

### [2] 국고보조금 및 판매장려금 수입

사업을 영위하는 거주자가 사업과 관련한 국고보조금 또는 거래처로부터 판매장려금을 받는 경우 총수입금액에 산입하여야 한다.

## ❺ 대표자 인건비 및 업무 무관 자금 인출

### [1] 대표자에 대한 인건비

법인이 대표이사에게 지급하는 급여 등 인건비는 법인의 손금에 산입하고 대표이사는 근로를 제공하고 받은 대가에 해당하므로 근로소득세를 납부하여야 하나 개인사업자는 대표자가 사업의 주체로서 해당 사업과 관련하여 발생한 사업소득을 종합소득에 합산한 다음 종합소득세를 납부하게 되므로 필요경비에 산입하지 아니한다. 개인사업자의 대표자에게 급여 명목으로 지급한 인건비는 출자금의 인출로 처리를 하여야 한다.

[2] 업무와 관련 없는 자금 인출

법인의 경우 법인의 특수관계자에게 법인의 자금을 무상 또는 차입금의 평균이자율보다 적은 이자율로 대여하는 경우 인정이자를 계상한 다음 상여로 처분을 하여야 한다. 반면, 개인사업자의 사업주가 회사의 자금을 인출하여 가져가는 경우에는 출자금의 반환으로 보아 인정이자를 계상하지 아니한다. 다만, 차입금에 대한 지급이자가 있는 경우로서 출자금을 초과하여 인출하여 가져가는 경우 초과 인출금에 상당하는 지급이자는 필요경비에 산입하지 아니한다.

## ❻ 법인세 및 소득세 기본세율

■ 소득세 최고세율 조정(소득법 §55①)

| 2018년 ~ 2020년 기본세율 | | | 2021년 기본세율 | | |
|---|---|---|---|---|---|
| 과세표준 구간 | 세율 | 누진공제액 | 과세표준 구간 | 세율 | 누진공제액 |
| 1,200만원 이하 | 6% | | 1,200만원 이하 | 6% | |
| 1,200만원 초과 4,600만원 이하 | 15% | 108만원 | 1,200만원 초과 4,600만원 이하 | 15% | 108만원 |
| 4,600만원 초과 8,800만원 이하 | 24% | 522만원 | 4,600만원 초과 8,800만원 이하 | 24% | 522만원 |
| 8,800만원 초과 1억5천만원 이하 | 35% | 1,490만원 | 8,800만원 초과 1억5천만원 이하 | 35% | 1,490만원 |
| 1억5천만원 초과 3억원 | 38% | 1,940만원 | 1억5천만원 초과 3억원 | 38% | 1,940만원 |
| 3억원 ~ 5억원 | 40% | 2,540만원 | 3억원 ~ 5억원 | 40% | 2,540만원 |
| 5억원 초과 | 42% | 3,540만원 | 5억원 ~ 10억원 | 42% | 3,540만원 |
| | | | 10억원 초과 | 45% | 6,540만원 |

<적용시기> '21.1.1. 이후 발생하는 소득분부터 적용

▣ 법인세율

| 과세표준 | 세 율 |
|---|---|
| 2억원 이하 | 과세표준의 100분의 10 |
| 2억원 ~ 200억원 | 2천만원 + 2억원을 초과하는 금액의 100분의 20 |
| 200억원 ~ 3000억원 | 39억 8천만원 + 200억원을 초과하는 금액의 100분의 22 |
| 3000억원 초과 | 655억8천만원 + 3000억원을 초과하는 금액의 100분의 25 |

# 제2부

# 부가가치세 실무

# 부가가치세, 납세의무자 사업자등록 및 납세지 등

## 1  부가가치세 개념

### ❶ 최종소비자가 부담하는 간접세이며, 일반소비세다.

① 부가가치세란 재화 또는 용역의 소비행위에 대하여 부과되는 일반소비세로 재화 또는 용역을 공급하는 자가 공급받는 자로부터 징수·납부하는 간접세이다. 간접세란 조세를 부담하는 자(부가가치세의 경우 최종소비자)와 납부하는 자가 다른 세금을 말한다. 예를 들어 컴퓨터 대리점에서 컴퓨터를 1,100,000원에 구입하였다고 하자 이 경우 컴퓨터가격에는 반드시 부가가치세라는 세금이 포함되어 있다. 소비자는 컴퓨터 구입가격에 부가가치세가 포함되어 있는지를 모르고 컴퓨터를 구입하였지만, 컴퓨터 대리점은 컴퓨터를 판매하고자 하는 가격이 1,000,000원이면 컴퓨터 가격의 10% (100,000원)를 소비자로부터 덧붙여 받는다. 이와 같이 물품대금의 10%를 덧붙여 받는 금액이 부가가치세인 것이다. 그러면, 소비자가 물품가격의 10%를 세금(부가가치세)으로 컴퓨터대리점에 더 준 돈은 어떻게 되는가? 컴퓨터대리점 사업자는 소비자가 컴퓨터 구입시 부담한 부가가치세를 소비자를 대신하여 세법이 정하는 바에 의하여 관할 세무서에 납부하여야 한다.

② 일반소비세란 특정한 소비가 아닌 일반적인 소비에 대하여 부과하는 조세란 의미로 특정한 물품, 특정한 장소 입장행위, 특정한 장소에서의 유흥음식행위 및 특정한 장소에서의 영업행위에 대하여 부과하는 개별소비세와 구분된다.

## ❷ 부가가치세는 일정 기간 단위(과세기간)로 신고·납부한다.

많은 소비자로부터 컴퓨터 판매시마다 받는 부가가치세를 매일 납부한다면 매우 번거로운 일이므로 일정 기간(3개월 또는 6개월 단위) 동안 모아 두었다가 컴퓨터를 판매할 시 덧붙여 받은 부가가치세를 납부하는 것이다.

컴퓨터 대리점이 소비자에게 판 컴퓨터를 구입하는 과정을 살펴보면, 컴퓨터 대리점은 생산공장으로부터 컴퓨터를 880,000원(부가세 포함)에 구입하였다고 하자. 컴퓨터 생산공장은 대리점에 컴퓨터대금 800,000원에 부가가치세 80,000원을 덧붙여 880,000원에 판매하고, 컴퓨터 생산공장이 대리점으로부터 받은 부가가치세 80,000원은 컴퓨터 생산공장이 컴퓨터대리점을 대신하여 일정 기간 내 세무서에 부가가치세를 납부하여야 하는 것이다. 이와 같이 부가가치세는 물품을 구입한 자가 부담하고 물품을 판매한 자가 물품을 구입한 자로부터 부가가치세를 받아 두었다가 물품을 구입한 자를 대신하여 납부하는 세금인 것이다.

## ❸ 과세사업자는 매입시 부담한 매입세액을 공제받을 수 있다.

사업장 관할 세무서에 일반과세사업자로 사업자등록을 한 자에 한하여 사업과 관련하여 물품 구입시 물품대금의 10%를 부가가치세로 더 준 매입세액(단, 불공제로 특정한 경우 제외)은 사업자가 물품판매시 물품대금의 10%를 부가가치세로 더 받아 둔 매출세액에서 공제를 받을 수 있다.

▣ 사업자의 물품 등 매입 및 매출과 부가가치세

| 컴퓨터 제조공장 | | | 컴퓨터 대리점 | | | | 소비자 |
|---|---|---|---|---|---|---|---|
| 컴퓨터 판매 | | → | 컴퓨터 매입 | | → | 컴퓨터 매출 | → 매입가액 |
| 공급가액 | 800,000 | | 공급가액 | 800,000 | | 공급가액 1,000,000 | 1,100,000 |
| 매출세액 | 80,000 | | 매입세액 | 80,000 | | 매출세액 100,000 | |

| 보 충 | 컴퓨터대리점의 부가가치세 납부 계산 사례 |
|---|---|

① 매출 공급가액 1,000,000원 + 매출 부가가치세(부가세예수금) 100,000원
② 매입 공급가액   800,000원 + 매입 부가가치세(부가세대급금)  80,000원
③ 납부할 부가가치세 (부가세예수금 - 부가세대급금)        20,000원
 - 매출시 소비자로부터 받은 부가가치세(매출세액) 100,000원에서 매입시 컴퓨터 생산공장에 지급한 부가가치세 80,000원(매입세액)을 공제한 금액을 납부한다.

## 2  부가가치세 납세의무자 및 사업자등록

### ❶ 사업자 개념

사업자란 영리목적에 불구하고, 사업상 독립적으로 재화 또는 용역을 공급하는 자를 말하며, 부가가치세 납세의무자란 사업자로서 부가가치세가 과세되는 재화 또는 용역을 공급하는 자를 말한다. 납세의무자는 재화 또는 용역 공급시 거래상대방으로부터 부가가치세를 징수하여 일정 기간 단위로 신고·납부하여야 한다.

### ❷ 사업장 및 사업자등록

사업자는 사업개시일로부터 20일 이내에 **사업장**이 속하는 관할세무서에 사업자등록을 신청하여야 한다. 다만, 신규로 사업을 하고자 하는 자는 사업개시일 전이라도 사업자등록을 할 수 있다.

사업장은 사업자가 사업을 운영하기 위하여 거래의 전부 또는 일부를 이행하는 고정된 장소로 부가가치세 납세지는 각 사업장의 소재지로 한다. 한편, 사업장이 둘 이상인 사업자는 각 사업장마다 사업자등록을 하여야 한다.

사업자등록을 하고자 하는 사업자는 사업자등록신청서를 관할세무서장에게 제출하여야 하며, 신청서에는 다음의 서류를 첨부하여야 한다. 한편, 사업의 허가·등록전에 등록을 하는 때에는 사업허가신청서 사본, 사업등록신청서 사본, 사업신고서 사본이나 사업계획서로 이에 갈음할 수 있다.

① 사업장을 임차한 경우에는 임대차계약서 사본
② 상가건물을 임차한 경우 해당 부분의 도면
③ 법령에 의하여 허가를 받거나 등록 또는 신고를 하여야 하는 사업의 경우에는 사업허가증 사본, 사업등록증 사본 또는 신고필증 사본

## ❸ 사업자 분류

### [1] 과세사업자
과세 재화 또는 용역을 공급하는 사업자는 일반과세자와 간이과세자로 구분한다. 간이과세자란 소규모 사업자의 납세편의를 위하여 일정 요건을 충족(예를 들어 연간 매출액이 4,800만원 이하인 경우)하는 경우 간이과세자가 될 수 있으며, 간이과세자 부가가치세 신고 및 납부특례에 대한 사항은 간이과세자편을 참고한다.

### [2] 면세사업자
면세되는 재화 또는 용역(면세편 참조)을 공급하는 사업자

## ❹ 사업자등록사항의 변경 및 정정신고

사업자가 다음 각 호의 어느 하나에 해당하는 경우에는 지체 없이 사업자의 인적사항, 사업자등록의 변경 사항 및 그 밖의 필요한 사항을 적은 사업자등록 정정신고서를 세무서장에게 제출(국세정보통신망에 따른 제출을 포함한다)하여야 한다.

1. 상호를 변경하는 경우
2. 법인의 대표자를 변경하는 경우
3. 사업의 종류에 변동이 있는 경우
4. 사업장을 이전하는 경우
5. 상속으로 사업자의 명의가 변경되는 경우
6. 공동사업자의 구성원 또는 출자지분이 변경되는 경우
7. 사업자 단위 과세 사업자가 종된 사업장을 신설하거나 이전하는 경우
8. 사업자 단위 과세 사업자가 종된 사업장의 사업을 휴업하거나 폐업하는 경우

▶ **업종 추가 또는 변경에 대하여 사업자등록 정정신고를 하지 못한 경우**
사업자가 새로운 사업의 종류를 추가한 경우에는 사업자등록정정신고를 하여 업종을 추가한 사업자등록증을 교부받아야 하는 것이나 사업자등록 정정신고를 이행하지 아니하거나 지연신고한 경우에도 가산세 등 불이익은 없으며 추가되는 업종에 대한 세금계산서 및 계산서를 발급할 수도 있다.

# 3 납세지

## ❶ 납세지 개념

납세지란 납세자와 국가·지방자치단체간의 법률관계의 이행장소를 결정하는 장소적 기준이 되는 곳으로 납세지는 납세자의 신고, 신청, 청구 및 납부 등의 행위의 상대방이 되는 과세 관청을 결정할 때의 기준이 된다.

### [1] 세목별 납세지
① 종합소득세 : 주소지 관할세무서
② 법인세 : 법인 등기부상 본점 소재지 관할 세무서
③ 부가가치세, 원천세 : 사업장 소재지 관할 세무서

### [2] 부가가치세 납세지
① 사업장 관할 세무서를 납세지로 하며, 사업장은 사업자가 사업을 운영하기 위하여 거래의 전부 또는 일부를 이행하는 고정된 장소로 한다.
② 부가가치세는 각 사업장별로 사업자등록을 하고, 각 사업장별로 부가가치세를 신고 및 납부하여야 한다. 단, 2군데 이상의 사업장이 있는 거주자의 납세편의를 제공하기 위하여 주사업장 총괄 납부와 사업자 단위 신고 납부제도가 있으며, 그 내용은 다음과 같다.

## ❷ 주사업장 총괄납부

사업장이 둘 이상인 사업자가 다음에 정하는 바에 따라 주된 사업장의 관할 세무서장에게 주사업장 총괄납부를 신청한 경우에는 **납부할 세액을 주된 사업장에서 총괄하여 납부**할 수 있다.

① 주된 사업장은 법인의 본점(주사무소를 포함한다. 이하 같다) 또는 개인의 주사무소로 한다. 다만, 법인의 경우에는 지점을 주된 사업장으로 할 수 있다.

② 주된 사업장에서 총괄하여 납부하는 사업자(주사업장 총괄납부 사업자)가 되려는 자는 그 납부하려는 **과세기간 개시 20일 전**에 주사업장 총괄 납부 신청서를 주된 사업장의 관할 세무서장에게 제출(국세정보통신망에 의한 제출 포함)하여야 한다.

## ❸ 사업자 단위 과세사업자

① 사업장이 둘 이상인 과세사업자는 사업자 단위로 해당 사업자의 본점 또는 주사무소 관할 세무서장에게 등록을 신청할 수 있다. 이 경우 등록한 사업자를 사업자 단위 과세사업자라 한다.

② 사업장단위로 등록한 과세사업자가 사업자 단위 과세사업자로 변경하려면 사업자단위 과세사업자로 적용받으려는 과세기간 개시 20일 전까지 사업자의 본점 또는 주사무소 관할 세무서장에게 변경등록을 신청하여야 한다.

[개정 세법] 2019년 이후 사업장이 하나인 사업장단위 과세 사업자가 신규사업장 개설시 즉시 사업자단위 과세·주사업장 총괄 납부 신청 가능

③ 사업자 단위 과세사업자로 등록신청을 한 경우에는 사업자 단위 과세 적용 사업장에 한 개의 사업자등록번호를 부여하며, 사업자 단위 사업자로 승인을 받은 사업자는 각 사업장을 대신하여 그 사업자의 본점 또는 주사무소의 소재지를 부가가치세 납세지로 하여 부가가치세를 신고 및 납부하여야 한다.

④ 사업자 단위 과세사업자는 사업자등록번호가 하나이므로 세금계산서 수수시 세금계산서 비고란에 실제로 재화 또는 용역을 공급하거나 공급받는 종된 사업장의 소재지 및 상호를 기재하여야 하는 것이며(부가가치세법 시행령 제67조제2항제8호), 부가가치세 신고시 각 사업장별 부가가치세 과세표준 및 납부세액(환급세액) 신고명세서를 별도로 제출하여야 한다.

### ▶ 총괄납부제도와 사업자 단위 과세제도의 차이

총괄납부의 경우 **부가가치세 납부만** 주된 사업장에서 총괄하여 납부하고 기타 세금계산서 발급 및 신고 관련 업무는 사업장별로 하여야 하나 사업자 단위과세제도의 경우 세금계산서 발행 및 신고·납부를 사업자단위로 일괄하여 본점에서 관리한다.

# 2 과세거래, 공급시기, 간주공급

## 1 과세거래

### ❶ 개요

과세거래란 재화 또는 용역의 공급시 부가가치세를 거래 징수하여야 하는 거래를 말한다. 다만, 면세(면세 편 참조) 및 영세율(영세율 편 참조)로 특별히 규정한 것은 부가가치세를 징수하지 아니한다.

### ❷ 재화의 공급

재화의 공급이란 계약상 또는 법률상의 모든 원인에 의하여 재화를 인도 또는 양도하는 것을 말하며, 재화의 공급은 다음에 규정하는 것으로 한다.

① 현금판매·외상판매·할부판매·장기할부판매·조건부 및 기한부판매·위탁판매 기타 매매계약에 의하여 재화를 인도 또는 양도하는 것
② 자기가 주요자재의 전부 또는 일부를 부담하고 상대방으로부터 인도받은 재화에 공작을 가하여 새로운 재화를 만드는 가공계약에 의하여 재화를 인도하는 것
③ 재화의 인도대가로서 다른 재화를 인도받거나 용역을 제공받는 교환계약에 의하여 재화를 인도 또는 양도하는 것
④ 경매·수용·현물출자 기타 계약상 또는 법률상의 원인에 의하여 재화를 인도

또는 양도하는 것. 단, 「국세징수법」 제61조의 규정에 따른 공매 및 「민사집행법」의 규정에 따른 강제경매에 따라 재화를 인도 또는 양도하는 것은 재화의 공급으로 보지 아니한다.

▶ **재화의 공급에 해당하지 아니하는 경우**
1. 담보로 제공하는 것
2. 사업에 관한 모든 권리와 의무를 포괄적으로 승계하는 사업양도

## ❸ 용역의 공급

용역의 공급이란 계약상 또는 법률상의 모든 원인에 의하여 역무를 제공하거나 재화·시설물 또는 권리를 사용하게 하는 것을 말하며, 다음의 사업에 해당하는 모든 역무 및 그 밖의 행위로 한다. 단, 고용관계에 의한 근로의 제공은 독립된 사업자가 제공하는 용역의 공급이 아니므로 과세거래에서 제외한다.

① 건설업
② 숙박 및 음식점업
③ 운수업
④ 통신업
⑤ 금융 및 보험업
⑥ 부동산업 및 임대업
⑦ 사업서비스업, 공공행정, 국방 및 사회보장행정
⑧ 교육서비스업, 보건 및 사회복지사업
⑨ 오락, 문화 및 운동관련 서비스업
⑩ 기타 공공, 수리 및 개인서비스업, 가사서비스업

📢 **채무면제 또는 상품권 구입은 재화 또는 용역의 공급이 아님**
1. 채권을 면제하여 주거나 채무를 면제받는 거래 및 상품권을 구입하는 거래의 경우 재화 또는 용역의 공급이 아니므로 세금계산서 발급대상이 아니다.
2. 세금계산서 발급대상이 아님에도 세금계산서를 발급한 경우 매출자는 세금계산서 불성실가산세(공급가액의 2%)를 부담하여야 하며, 매입자는 매입세액을 공제를 받을 수 없다.

# 2 공급시기

## ❶ 개요

공급시기란 거래가 발생한 시점으로 **재화 또는 용역을 공급하는 때(거래시기)**에 재화 또는 용역을 공급받는 자에게 세금계산서를 발급하여야 한다. 다만, 세금계산서 발급의무가 면제되는 경우에는 발급하지 않아도 된다.

## ❷ 재화의 공급시기

### [1] 일반적인 공급시기
① 재화의 이동이 필요한 경우에는 재화가 인도되는 때
② 재화의 이동이 필요하지 아니한 경우에는 재화가 이용가능하게 되는 때
③ 제1항 및 제2항 규정을 적용할 수 없는 경우에는 재화의 공급이 확정되는 때

### [2] 거래형태별 공급시기
① 현금·외상판매 또는 할부판매의 경우 재화가 인도되거나 이용가능하게 되는 때
② 장기할부판매의 경우에는 대가의 각 부분을 받기로 한 때
장기할부판매란 재화를 공급하고 그 대가를 월부, 연부 또는 그 밖의 할부의 방법에 따라 받는 것 중 다음 각 호의 요건을 모두 갖춘 것을 말한다.
1. 2회 이상으로 분할하여 대가를 받는 것
2. 해당 재화의 인도일의 다음 날부터 최종 할부금 지급기일까지의 기간이 1년 이상인 것
③ 반환조건부판매·동의조건부판매 기타 조건부 및 기한부 판매의 경우에는 그 조건이 성취되거나 기한이 경과되어 판매가 확정되는 때
④ 완성도기준지급 또는 중간지급조건부로 재화를 공급하거나 기타 공급단위를 구획할 수 없는 재화를 계속적으로 공급하는 경우는 대가의 각 부분을 받기로 한 때 다만, 재화가 인도되거나 이용가능하게 되는 날 이후에 받기로 한 대가의 부분에 대해서는 재화가 인도되거나 이용가능하게 되는 날을 재화의 공급시기로 본다.

⑤ 재화의 공급으로 보는 **가공의 경우에는 가공된 재화를 인도하는 때**
⑥ 자가공급, 개인적공급, 사업상증여의 경우에는 재화가 사용 또는 소비되는 때
⑦ 폐업시 잔존하는 재화의 거래시기는 폐업하는 때로 하되, 폐업 전에 공급한 재화의 공급시기가 폐업일 이후에 도래하는 경우에는 그 폐업일을 공급시기로 본다.
⑧ 수출재화의 경우 내국물품을 외국으로 반출하거나 대외무역법에 의한 중계무역 방식으로 수출하는 경우에는 수출재화의 선(기)적일

## ❸ 용역의 공급시기

### [1] 일반적인 공급시기

역무가 제공되거나 재화·시설물 또는 권리가 사용되는 때로 한다. 단, 사업자가 공급시기가 도래하기 전에 재화 또는 용역에 대한 대가의 전부 또는 일부를 받고, 이와 동시에 그 받은 대가에 대하여 세금계산서 또는 영수증을 발급하는 경우 그 발급하는 때를 각각 당해 재화 또는 용역의 공급시기로 본다.

### [2] 거래형태별 공급시기

① 통상적인 공급의 경우에는 역무의 제공이 완료되는 때
② 완성도 기준지급·중간지급·장기할부 또는 기타 조건부로 용역을 공급하거나 그 공급단위를 구획할 수 없는 용역을 계속적으로 공급하는 경우에는 그 대가의 각 부분을 받기로 한 때
③ 제1항 및 제2항의 규정을 적용할 수 없는 경우에는 역무의 제공이 완료되고 그 공급가액이 확정되는 때
④ 사업자가 부동산임대용역을 공급하고 전세금 또는 보증금을 받은 경우 예정신고기간 또는 과세기간의 종료일

# ③ 간주공급

## ❶ 개요

과세대상인 재화의 공급은 원칙적으로 계약상 또는 법률상의 모든 원인에 의하여 재화를 인도 또는 양도하는 것으로 한다. 그러나 통상의 거래가 아니더라도 **재화의 공급으로 간주**하여 과세하는 경우가 있으며, 이러한 공급을 간주공급이라고 한다. 간주공급에는 자가공급, 개인적공급, 사업상증여, 폐업시 잔존재화 등이 있으며, 간주공급은 세금계산서 발급대상이 아니다.

## ❷ 자가공급

사업자가 자기의 사업과 관련하여 생산하거나 취득한 재화를 자기의 사업을 위하여 직접 사용·소비하는 경우 중 아래의 것은 재화의 공급으로 본다.

### [1] 면세전용
과세사업자가 부가가치세가 면제되는 재화 또는 용역을 공급하는 사업을 위하여 사용 소비되는 재화로서 예를 들어 과세인 우등고속버스를 면세인 일반버스로 전용하는 경우가 이에 해당한다.

### [2] 비영업용 소형승용차로 전환 및 주유소의 업무용승용자동차 주유
① 택시운수업자가 영업용으로 취득한 소형승용자동차를 임직원의 업무용으로 사용하는 경우 (당초 매입세액이 공제되지 아니한 것은 제외한다)
② 주유소가 판매목적으로 매입한 유류를 임직원의 업무용 소형승용차(경승용차 제외)에 주유한 경우

### [3] 직매장 반출
부가가치세는 사업장마다 등록을 하여야 한다. 따라서 2이상의 사업장이 있는 사

업자가 자기사업과 관련하여 생산 또는 취득한 재화를 타인에게 직접 판매할 목적으로 다른 사업장에 반출하는 것은 재화의 공급으로 본다. 이 경우 과세표준은 취득가액이 원칙이나 취득가액에 일정액을 가산하여 공급하는 경우에는 그 공급가액으로 한다. 그러나 총괄납부승인 또는 사업자 단위 신고·납부승인을 얻은 사업자가 총괄납부 또는 사업자 단위 신고·납부를 하는 과세기간에 반출하는 것은 이를 재화의 공급으로 보지 아니한다.

□ 부가가치세법 기본통칙 6-15-1 【재화의 자기공급에 해당되지 아니하는 경우】
사업자가 자기의 사업과 관련하여 생산하거나 취득한 재화를 자기의 과세사업을 위하여 다음 각 호의 예시와 같이 사용하거나 소비하는 경우에는 재화의 공급으로 보지 아니한다.
1. 자기의 다른 사업장에서 원료·자재 등으로 사용하거나 소비하기 위하여 반출하는 경우
2. 자기사업상의 기술개발을 위하여 시험용으로 사용하거나 소비하는 경우
3. 수선비 등에 대체하여 사용하거나 소비하는 경우 〈개정 2011.02.01〉
4. 사후무료 서비스제공을 위하여 사용하거나 소비하는 경우 〈개정 2011.02.01.〉

## ❸ 개인적 공급

사업과 직접 관계없이 개인적인 목적 또는 기타의 목적을 위하여 사업자가 재화를 사용·소비하거나 사용인 또는 기타의 자가 재화를 사용·소비하는 것으로서 사업자가 그 대가를 받지 아니하거나 시가보다 낮은 대가를 받는 것으로 한다. 다만, 매입세액이 공제되지 아니하는 것은 과세되는 재화의 공급으로 보지 아니한다.

### [1] 종업원 선물의 세무처리

사업자가 복리후생목적으로 선물을 구입하여 종업원에게 증정하는 경우에는 그 매입세액은 공제가 가능하다. 그러나 직원에게 주는 선물은 재화의 공급(개인적 공급)에 해당되는 것이므로 부가가치세가 과세된다. 즉, 종업원 선물용으로 물품 등을 구입할 시 부가가치세 매입세액을 공제받는 경우에는 그 선물을 종업원에게 지급할 시 부가가치세 매출세액을 계산하여 납부하여야 하는 것이다.

단, 매입세액을 공제받지 않는 경우 부가가치세를 납부하지 않아도 되므로 실무에서는 종업원 선물 구입의 경우 매입세액불공제하고, 과세대상 급여로 처리를 한다.

**[2] 취득 또는 생산한 재화를 직원에게 무상으로 증정하는 경우**

개인적공급에 해당하므로 시가를 과세표준으로 하여 부가가치세를 신고하여야 하며, 과세표준은 재화를 무상으로 증정받은 직원의 근로소득에 합산하여 근로소득세를 원천징수하여 납부하여야 한다.

[개정 세법] 2019년 이후 1인당 **연간 10만원 이내의 경조사와 관련된 재화는 개인적 공급에서 제외하므로 매입세액을 공제받는 경우에도 과세하지 않는다.**

## ❹ 사업상증여

사업자가 자기의 고객이나 불특정다수인에게 재화를 증여하는 경우에 증여하는 재화의 대가가 주된 거래인 재화공급의 대가에 포함되지 아니하는 것은 재화의 공급으로 보아 부가가치세를 과세한다. 단, 사업을 위하여 대가를 받지 아니하고 다른 사업자에게 인도 또는 양도하는 견본품과 매입세액이 공제되지 아니하는 것은 과세되는 재화의 공급으로 보지 아니한다.

### 🔖 경품을 물품으로 지급하는 경우 부가가치세가 과세됨
1. 경품을 금전이나 상품권 또는 농·축·수·임산물 등으로 지급하는 경우에는 부가가치세 과세대상이 아니나 과세물품인 경우 사업상증여로 보아 부가가치세를 징수하여 납부하여야 한다.
2. 경품의 부가가치세과세표준은 시가로 하며, 세금계산서는 발급하지 아니한다.

## ❺ 폐업시 잔존재화

사업자가 사업을 폐지하는 때에 잔존하는 재화는 자기에게 공급하는 것으로 본다. 그리고 사업자등록을 한 다음 사실상 사업을 개시하지 아니하게 되는 때에도 또한 같다. 폐업시 사업에 사용하던 재고자산 및 감가상각자산이 있는 경우 재고자산은 그 시가를, 감가상각자산은 '과세표준 감가상각자산의 간주공급시 과세표준'을 공급가액으로 간주하여 부가가치세를 납부하여야 한다. 단, **매입세액이 불공제된 재화의 경우에는 간주공급에서 제외한다.**

# 4  사업의 포괄양도양수

## ❶ 개요

포괄양도양수란 사업장별로 그 사업에 관한 모든 권리와 의무를 포괄적으로 승계시키는 것을 말한다. 포괄적인 양도양수는 재화의 공급으로 보지 아니하며, 이 경우 그 사업에 관한 권리와 의무 중 다음 각 호의 것을 포함하지 아니하고 승계시킨 경우에도 해당 사업을 포괄적으로 승계시킨 것으로 본다. 또한 양수자가 승계받은 사업 외에 새로운 사업의 종류를 추가하거나 사업의 종류를 변경한 경우를 포함한다.

1. 미수금 및 미지급금에 관한 것
2. 당해 사업과 직접 관련이 없는 토지·건물 등에 관한 것

재화의 공급으로 보지 아니하는 사업의 양도에 해당하는 경우 양도인은 부가가치세 폐업확정 신고시 사업양도신고서(별지 제19호 서식) 및 사업양도양수계약서를 작성하여 제출하여야 한다.

[서식] 사업양도신고서 : 국세청홈페이지 → 국세정책제도 → 통합자료실 → 세무서식

□ 사업양도의 구체적 범위 【부가가치세법 집행기준 6-17-1】
재화의 공급으로 보지 아니하는 사업양도란 사업장별로 사업용 자산을 비롯한 물적·인적시설 및 권리와 의무를 포괄적으로 승계시키는 것을 말하며(미수금, 미지급금, 사업과 관련없는 토지·건물 등 제외), 다음과 같은 사례가 포함된다.
1. 개인인 사업자가 법인설립을 위하여 사업장별로 그 사업에 관한 모든 권리와 의무를 포괄적으로 현물출자하는 경우
2. 과세사업과 면세사업을 겸영하는 사업자가 사업장별로 과세사업에 관한 모든 권리와 의무를 포괄적으로 양도하는 경우
3. 과세사업에 사용·소비할 목적으로 건설 중인 독립된 제조장으로서 등록되지 아니한 사업장에 관한 모든 권리와 의무를 포괄적으로 양도하는 경우
4. 사업과 관련없는 특정 권리와 의무, 사업의 일반적인 거래 이외에서 발생한 미수채권·미지급채무를 제외하고 사업에 관한 모든 권리와 의무를 승계시키는 경우

5. 사업의 포괄적 승계 이후 사업양수자가 사업자등록만을 지연하거나 사업자등록을 하지 아니한 경우
6. 사업을 포괄적으로 승계받은 자가 승계받은 사업 이외에 새로운 사업의 종류를 추가하거나 사업의 종류를 변경한 경우(2006. 2. 9. 이후 사업양도분부터 적용한다)
7. 주사업장 외에 종사업장을 가지고 있는 사업자단위과세승인사업자가 종사업장에 대한 모든 권리와 의무를 포괄적으로 승계시키는 경우
8. 2 이상의 사업장이 있는 사업자가 그 중 한 사업장에 관한 모든 권리와 의무를 포괄적으로 양도하는 경우

## ❷ 영업권 양도와 부가가치세 및 기타소득세 거래징수

사업장을 포괄적으로 사업을 양도하면서 영업권에 대한 대가를 받는 때에는 재화의 공급으로 보지 아니하여 부가가치세가 과세되지 아니한다. 즉, 영업권을 포함한 그 사업에 관한 채권, 채무 등 일체의 인적·물적 권리와 의무를 포괄적으로 양도하는 경우에 한하여 부가가치세가 과세되지 아니하는 사업 양도에 해당한다. 단, 영업권을 제외하여 양도하거나 영업권에 대하여 별도의 대가를 받는 경우에는 사업의 양도에 해당하지 않으며, 이 경우 양도인은 세금계산서를 교부하여야 하며, 양수인은 권리금 지급에 대하여 기타소득세(그 대금을 지급할 때 지급하는 금액의 60%를 필요경비로 차감한 금액의 20%) 및 지방소득세(기타소득세의 10%)를 원천징수하여 신고 및 납부하여야 한다.

**[개정 세법] 기타소득에 해당하는 영업권의 필요경비율 조정**
(2019년 이후) 60%, (2018.4월~12월) 70%, (2018년 3월 이전) 80%,

한편, 양도소득 과세대상 사업용고정자산(토지, 건물 및 부동산에 관한 권리)과 함께 양도하는 영업권은 양도소득에 해당한다.

☐ 고정자산과 같이 양도되지 않은 영업권은 기타소득에 해당함
(서면1팀-297, 2008.03.07.) 사업용 고정자산(소득세법 제94조 제1항 제1호 및 제2호의 자산을 말함.)과 함께 양도되지 않는 영업권 양도는 소득세법 제21조 제1항 제7호에 규정된 기타소득에 해당되므로, 동 기타소득에 대한 필요경비는 같은 법 제21조 제2항, 같은 법 시행령 제202조의 규정에 의하여 당해연도의 총 수입금액에 대응하는 비용의 합계액을 필요경비로 하여 계산된 기타소득금액에 대하여 같은 법 제145조 규정에 의한 원천징수의무를 이행하기 바람.

☐ 부가가치세가 과세되지 아니하는 사업의 양도 (부가46015-778, 1998.04.22.)
부가가치세법 제6조 제6항의 규정에 의하여 부가가치세가 과세되지 아니하는 사업의 양도는 양도인이 양수인에게 모든 사업시설 뿐만아니라 영업권 및 그 사업에 관한 채권, 채무 등 일체의 인적·물적 권리와 의무를 포괄적으로 양도하여 사업의 동일성을 유지하면서 경영주체만을 교체하는 것을 말하는 것이며, 다만, 사업과 직접 관련이 없거나 사업의 동일성을 상실하지 아니하는 범위내에서 일부 권리·의무를 제외하여도 사업의 양도로 보는 것임

## ❸ 사업양도와 사업을 양수받는 자의 대리납부(법52④)

① 사업의 양도에 따라 그 사업을 양수받는 자는 그 대가를 지급하는 때에 재화를 공급받는 것으로 보지 않음에도 불구하고 그 대가를 받은 자로부터 부가가치세를 징수하여 그 대가를 지급하는 날이 속하는 달의 다음 달 25일까지 사업의 양수에 따른 대가의 가액과 부가가치세액 등을 적은 부가가치세 대리납부신고서와 함께 사업장 관할 세무서장에게 납부할 수 있으며,(법52④, 영95⑤) 2018년 이후부터 포괄양도 해당여부가 불분명한 경우에도 양수자(매입자)가 부가가치세액을 대리납부한 경우 재화·용역의 공급으로 본다.
② 동 제도는 포괄 사업양도양수에 대하여 세무상 다툼이 되는 사례가 매우 빈번하여 이를 보완하기 위한 제도이다. (포괄양도양수에 해당함에도 세금계산서를 발급한 경우 매입자에게는 매입세액을 불공제하고 신고불성실가산세 적용)

◆ 대리납부 절차
1. 매수인 → 세금계산서 발급(공급자 : 매도인, 공급받는자 : 매수인)
2. 매수인 → 매도인으로부터 부가가치세를 수취하여 다음달 25일까지 '대리납부신고서' 제출 및 부가가치세 납부
3. 매도인 → 매도인이 매수인에게 지급한 부가가치세는 매도인의 부가가치세 신고시 '사업양수자의 대리납부 기납부세액'으로 공제

▶ 매수인 회계처리
매도인으로부터 부가가치세 수취
보통예금     1000 / 부가세예수금    1000
대리납부
부가세예수금  1000 / 보통예금       1000

▶ 매도인 회계처리

매수인에게 부가가치세 지급

선납세금          1000 / 보통예금          1000

◇ 부가세신고시 사업양수자의 대리납부 기납부세액(23) 기재

## ▣ 포괄적 사업양도양수를 잘못 판단하여 세금계산서를 발급 또는 미발급한 경우 세무상 문제

| 유 형 | 양도자 | 양수자 |
|---|---|---|
| 사업의 포괄양도양수에 해당함에도 세금계산서를 발급한 경우 | 1. 매출 감액 → 매출세액환급<br>2. 세금계산서합계표불성실 가산세는 적용되지 않음 | 1. 매입세액불공제<br>2. 신고불성실가산세 |
| 사업의 포괄양도양수에 해당하지 아니함에도 세금계산서를 발급하지 않은 경우 | 1. 매출누락 과세<br>2. 세금계산서 미발급가산세<br>3. 신고불성실가산세<br>4. 납부불성실가산세 | 세금계산서를 발급받지 못하였으므로 매입세액공제를 받을 수 없음 |

## ▣ 포괄양도양수와 창업중소기업 감면 여부

사업의 양수를 통하여 종전의 사업을 승계하거나, 종전의 사업에 사용되던 자산을 인수 또는 매입하여 같은 종류의 사업을 하는 경우에는 창업으로 보지 않으므로 창업중소기업에 대한 세액감면을 적용받을 수 없다.

## ▣ 포괄양도양수 회계처리 사례

[예제] 자산 3억원, 부채 1억원의 사업장을 포괄양도양수에 의하여 3억원에 인수하다. 포괄적인 양도양수 요건에 해당하여 세금계산서는 교부받지 아니하였다.

| 자산 | 300,000,000 / 부채 | 100,000,000 |
| 영업권 | 100,000,000    자본금 | 300,000,000 |

# 3  세금계산서 발급 및 작성일자

## 1  세금계산서 발급

### ❶ 세금계산서 발급의무자

① 일반과세자로 등록된 사업자로서 세금계산서를 반드시 발급하여야 하는 업종인 제조업, 도매업, 건설업 등을 영위하는 사업자로서 부가가치세가 과세되는 재화 또는 용역을 사업자에게 공급하는 경우에는 반드시 세금계산서를 발급하거나 전자세금계산서(법인 및 직전연도 수입금액이 3억원 이상인 개인사업자)를 발급하여야 한다.

② 전자세금계산서 발급의무자가 전자세금계산서를 발급하지 아니한 경우 및 전자세금계산서 발급의무자 이외의 사업자가 종이세금계산서를 발급하지 아니한 경우 세금계산서미발급가산세(공급가액의 1%)가 적용된다.

③ 제조업, 도매업, 건설업 등을 영위하는 사업자가 사업자등록이 없는 개인에게 재화 또는 용역을 공급하는 경우에는 주민등록기재분(비고란에 기재)으로 세금계산서를 발급하여야 한다. 단, 거래상대방이 물품대금을 신용카드로 결제하는 경우 거래상대방이 사업자이든 개인이든 세금계산서를 발급하지 아니할 수 있다.

④ 영수증 발행사업자(소매, 음식숙박업 등)는 세금계산서 발급의무가 없는 것이나 영수증 발행사업자 중 소매, 음식숙박업 등은 거래상대방의 요구가 있는 경우 세금계산서를 발급하여야 한다.

■ **[세무리스크] 승용차 처분시 세금계산서를 발급하지 않은 경우**
당초 매입세액을 공제받지 못한 승용자동차 등의 매각시에도 세금계산서를 발급하고 부가가치세를 납부하여야 함에도 이를 신고 누락한 법인에 대하여 부가가치세를 추징함

## ▣ 세금계산서 발급의무의 면제 [부령 제71조 ①]

1. 택시운송 사업자, 노점 또는 행상을 하는 사람, 그 밖에 기획재정부령으로 정하는 사업자가 공급하는 재화 또는 용역
2. 소매업 또는 미용, 욕탕 및 유사 서비스업을 경영하는 자가 공급하는 재화 또는 용역. 다만, 소매업의 경우에는 공급받는 자가 세금계산서 발급을 요구하지 아니하는 경우로 한정한다.
3. 자가공급, 개인적공급, 사업상증여, 폐업시 잔존재화에 해당하는 재화
4. 재화의 직수출
5. 용역의 국외공급
6. 외국항행용역의 공급(공급받는 자가 국내에 사업장이 없는 비거주자 또는 외국법인인 경우와 외국항행용역으로서 항공기의 외국항행용역 및 「항공법」에 따른 상업서류 송달용역으로 한정한다)에 따른 재화 또는 용역
7. 공급받는 자가 국내에 사업장이 없는 비거주자 또는 외국법인인 경우
외교공관등에 공급하는 재화 또는 용역
8. 부동산 임대용역 중 간주임대료가 적용되는 부분
9. 「전자서명법」 제2조제10호에 따른 공인인증기관이 같은 법 제15조에 따라 공인인증서를 발급하는 용역. 다만, 공급받는 자가 사업자로서 세금계산서 발급을 요구하는 경우는 제외한다.
10. 간편사업자등록을 한 사업자가 국내에 공급하는 전자적 용역
11. 그 밖에 국내사업장이 없는 비거주자 또는 외국법인에 공급하는 재화 또는 용역. 다만, 그 비거주자 또는 외국법인이 해당 외국의 개인사업자 또는 법인사업자임을 증명하는 서류를 제시하고 세금계산서 발급을 요구하는 경우는 제외한다.

### ☞ 신용카드매출전표 또는 현금영수증 발급시 세금계산서 발급의무 면제
일반과세사업자가 신용카드매출전표 또는 현금영수증을 발급한 경우에 세금계산서를 발급하지 아니한다. [부법 제33조 ②]

## ❷ 세금계산서 발급시기

### [1] 원칙
세금계산서는 사업자가 재화 또는 용역의 공급시기(공급시기 편 참조)에 재화 또는 용역을 공급받는 자에게 발급하여야 한다.

### [2] 월합계 세금계산서 발급
다음 각 호의 어느 하나에 해당하는 경우에는 재화 또는 용역의 공급일이 속하는 달의 다음 달 10일(그 날이 공휴일 또는 토요일인 경우에는 바로 다음 영업일을 말한다)까지 세금계산서를 발급할 수 있다.
1. 거래처별로 1역월(1曆月)의 공급가액을 합하여 해당 달의 말일을 작성 연월일로 하여 세금계산서를 발급하는 경우
2. 거래처별로 1역월 이내에서 사업자가 임의로 정한 기간의 공급가액을 합하여 그 기간의 종료일을 작성 연월일로 하여 세금계산서를 발급하는 경우
3. **관계 증명서류 등에 따라 실제거래사실이 확인되는 경우로서 해당 거래일을 작성 연월일로 하여 세금계산서를 발급하는 경우**

◆ 1역월을 초과하여 월합계 세금계산서를 발급할 수 없음
(제도46015-12172, 2001.07.16.)
사업자가 월합계 세금계산서를 교부함에 있어, 1역월의 범위를 초과하여 합계한 공급가액으로 당해 재화 또는 용역의 공급일이 속하는 과세기간 내에 세금계산서를 교부한 경우, 당해 세금계산서의 공급가액 중 1역월의 범위를 초과하여 월을 달리하여 교부한 공급가액에 대하여는 세금계산서 교부불성실 가산세를 과세하고, 당해 세금계산서의 매입세액은 공급받는 자의 매출세액에서 공제하는 것이나, 매입처별합계표불성실 가산세를 공급받는 자의 납부세액에 가산하거나 환급세액에서 공제하는 것임.

◆ 월합계 세금계산서는 임의로 정한 기간의 말일자로 발급하여야 하는 것임
(서면3팀-277, 2004.02.18.)
사업자가 고정거래처에 대하여 거래처별로 1역월의 공급가액을 합계하여 세금계산서를 교부하는 경우에는 당해 월의 말일자를 발행일자로 하는 것이나, 고정거래처와의 거래

가 아닌 일반적인 거래에 있어서는 부가가치세법 제9조에 규정된 공급시기를 발행일자로 하여 세금계산서를 교부하여야 하는 것임

## [3] 장기할부판매, 완성도기준지급조건부, 중간지급조건부 공급

대가의 각 부분을 받기로 한 때를 재화의 공급시기로 본다. 다만, 완성도기준지급조건부, 중간지급조건부의 경우 재화가 인도되거나 이용가능하게 되는 날 이후에 받기로 한 대가의 부분에 대해서는 재화가 인도되거나 이용가능하게 되는 날을 그 재화의 공급시기로 본다.
1. 장기할부판매의 경우
2. 완성도기준지급조건부로 재화를 공급하는 경우
3. 중간지급조건부로 재화를 공급하는 경우

▶ **중간지급조건부 거래 [부칙 제18조]**
계약금을 받기로 한 날의 **다음 날**부터 재화를 인도하는 날 또는 재화를 이용가능하게 하는 날까지의 기간이 6개월 이상인 경우로서 그 기간 이내에 계약금 외의 대가를 분할하여 받는 경우

▶ **완성도기준지급조건**
완성도기준지급조건이란 당해 용역의 제공이 완료되기 전에 건설공사의 완성도에 따라 그 완성비율만큼 대가를 지급하기로 한 계약에 의한 공급을 말하는 것으로서 계약금을 지급하기로 한 날로부터 잔금을 지급하기로 한 날까지의 기간이 6월 미만인 경우에도 용역의 제공이 완료되기 이전에 완성도에 따라 그 완성비율에 해당하는 대가를 받기로 하는 경우에는 완성도기준지급 조건부 공급에 해당한다.
(부가46015-217, 1998.02.06)

## [4] 공급시기 도래 전 세금계산서 발급

사업자가 공급시기가 도래하기 전에 대가의 전부 또는 일부를 받고(반드시 대가를 받은 경우에 한함) 세금계산서를 발급하는 경우에는 그 발급하는 때를 당해 재화 또는 용역의 공급시기로 한다. 한편, 사업자가 재화 또는 용역의 거래시기가 도래하기 전에 세금계산서를 발급하고 그 세금계산서 발급일로부터 **7일 이내**에 대가를 지급받는 경우에는 그 세금계산서를 발급한 때를 재화 또는 용역의 공급시기로 본다.

단, 다음 각호의 요건을 모두 충족하는 경우에는 세금계산서를 발급받은 날로부터 7일 경과 후 대가를 지급받더라도 그 발급받은 때를 재화 또는 용역의 공급시기로 본다.

1. 거래 당사자 간의 계약서.약정서 등에 대금청구시기와 지급시기가 별도로 기재될 것
2. 대금청구시기와 지급시기가 30일 이상 차이가 나지 않을 것

**[개정 세법] 선발행 세금계산서 발급 사유 확대(부가가치세법 제17조)**
세금계산서 발급 후 동일 과세기간 이내에 대가를 받는 경우
단, 조기환급을 받기 위해서는 30일 이내에 대가를 지급받아야 함
〈시행 시기〉 2018.1.1. 이후 재화 또는 용역을 공급하는 분부터 적용

■ **[세무리스크] 공급시기 이후 세금계산서를 발급한 경우**
세금계산서는 공급시기가 속하는 날의 다음달 10일까지 발급하여야 함에도 공급시기가 지난 이후 세금계산서를 발급하는 경우 공급자는 공급가액의 1%를, 공급받는자는 공급가액의 0.5%를 가산세로 부담하여야 한다. 한편, 해당 **과세기간**의 부가가치세 확정신고기한일 이후 세금계산서를 발급하는 경우에는 매출자는 세금계산서 미발급가산세(공급가액의 2%)를 부담하여야 하고, 매입자는 매입세액공제를 받을 수가 없다.
그리고 매입세액공제를 받을 수 없음에도 불구하고 매입세액을 공제받은 경우 신고불성실가산세 및 납부불성실가산세가 부과된다.

■ **[세무리스크] 세금계산서를 공급시기 이후의 날을 작성일자로 하여 발급**
세금계산서는 공급시기가 속하는 날을 작성일자로 하여 다음달 10일까지 발급하여야 함에도 공급시기 이후의 날을 작성일자로 하여 세금계산서를 발급하는 경우 공급자는 공급가액의 1%를, 공급받는자는 공급가액의 0.5%를 가산세로 부담하여야 한다.

한편, 해당 **과세기간**의 부가가치세 확정신고기한일 이후의 날을 작성일자로 하여 세금계산서를 발급하는 경우 매출자는 세금계산서 미발급가산세(공급가액의 2%)를 부담하여야 하고, 매입자는 매입세액공제를 받을 수가 없다.
단, 공급시기가 속하는 과세기간의 확정신고기한 다음날부터 6개월 이내에 발급받은 경우에도 예외적으로 공제를 받을 수 있다.

[개정 세법] 지연수취 세금계산서 매입세액공제 허용 범위 확대(부령 제75조)

| 종 전 | 개 정 |
|---|---|
| □ 부가가치세 매입세액공제가 가능한 세금계산서 수취기한<br>  ○ 원칙: 재화·용역의 공급시기<br>  ○ 예외: 해당 공급시기가 속하는 과세기간의 확정신고기한<br>    - 가산세는 부과 | □ 부가가치세 매입세액공제가 가능한 세금계산서 수취기한<br>  ○ (좌 동) |
| <추가> | 공급시기 이후 세금계산서를 발급받았으나, 실제 공급시기가 속하는 과세기간의 확정신고기한 다음날부터 6개월 이내에 발급받은 것으로서 수정신고·경정청구하거나, 거래사실을 확인하여 결정·경정 |

<적용시기> 2019.2.12. 이후 재화 또는 용역을 공급받는 분부터 적용

[개정 세법] 세금계산서 지연발급·미발급 가산세 조정(부가법 § 60)

| 현 행 | 개 정 |
|---|---|
| □ 공급자가 재화·용역의 공급시기에 세금계산서를 발급하지 않은 경우 가산세 부과<br><br>  ○ (지연발급 가산세) 공급가액의 1%<br>    - 공급시기가 속하는 과세기간 내에 발급한 경우<br><br>  ○ (미발급 가산세) 공급가액의 2%<br>    - 공급시기가 속하는 과세기간 내에 발급하지 않은 경우 | □ 공급받는자 가산세율 인하<br><br>  ○ 공급자 : 공급가액의 1%<br>    공급받는자 : 공급가액의 0.5%<br><br>  ○ (좌 동)<br>    - 공급시기가 속하는 과세기간에 대한 확정신고기한 내에 발급하지 않은 경우 |

<적용시기> 2017.1.1. 이후 공급하는 분부터 적용

## 2   세금계산서 작성방법 및 공급시기, 발급특례

### ❶ 세금계산서 작성

① 과세사업자가 과세되는 재화 또는 용역을 공급하는 경우로서 세금계산서의 발급이 면제되는 경우(영수증발행사업자가 일반소비자에게 재화 또는 용역을 공급하는 경우, 간주공급 등)를 제외하고는 세금계산서 2매를 작성하여 공급자 보관용은 발행하는 자가 보관하고, 공급받는 자 보관용은 발행자가 물품을 공급받는 자에게 발급한다.

② 세금계산서 작성일자 ~ 세금계산서의 발행은 원칙적으로 물품을 인도(판매)하는 날짜에 발행하여야 한다. 다만, 계속적인 거래가 있는 거래처의 경우 매 번의 거래시에는 거래명세서를 작성하여 발급하고, 1개월 간의 거래를 합하여 그 달의 말 일자로 월합계 세금계산서를 발행할 수 있다. (다음달 10일까지 발행하여야 함)

③ 공급자 사업자등록번호 및 공급받는 자 사업자등록번호 ~ 공급자는 거래 상대방의 사업자등록번호를 정확하게 기재하여야 한다. 착오에 의하여 잘못 기재 또는 입력한 경우 세무서에 다시 정확한 사업자등록번호를 확인하여 주어야 하는 번거로움이 있으므로 주의를 요한다.

④ 공급가액과 세액 ~ 재화 또는 용역을 공급하고, 그 대가로 받기로 한 금액을 공급가액란에 기재하여, 공급가액의 10%를 세액란에 기재한다. 재화 또는 용역을 공급하면서 부가가치세 포함가격인 공급대가로 계약한 경우 공급가액과 세액을 구분하여 기재한다. 예를 들어 거래금액을 1,000,000원으로 정하고 세금계산서를 발행하는 경우 공급가액란에는 909,091원을 세액란에는 90,909원을 기재한다. 따라서 거래시에는 반드시 '공급대가' 와 '공급가액'이란 용어를 구분하여야 한다.

⑤ 거래품목이 5가지 이상으로 세금계산서에 거래내역을 모두 기입할 수 없는 경우에는 "****외"라고 기재하고 거래명세서를 별도로 작성하여 발급한다.

⑥ 영수/청구란 ~ 세금계산서를 발행하고 그 대금을 즉시 수령한 경우 영수란에 (영수)라고 표시한다. 이 경우 (영수)표시는 입금표와 같은 효력이 있다.

⑦ 비고 ~ 공급자가 사업자가 아닌 경우 주민등록번호를 기재한다. 위탁매매인 경우 수탁자의 사업자등록번호를 기재한다.

## ❷ 세금계산서 기재사항

### [1] 필수기재사항

다음의 필수기재사항은 세금계산서를 형성하는 가장 기본적인 요소로서 그 전부 또는 일부가 기재되지 아니하거나 사실과 다르게 기재된 때에는 정당한 세금계산서로 보지 아니하여 이를 발급한 사업자에 대해서는 세금계산서불성실가산세를 부과하며 이를 수취한 사업자에 대해서는 매입세액이 불공제되거나 가산세가 적용된다.

1. 공급자의 사업자등록번호와 성명 또는 명칭
2. **공급받는 자의 사업자등록번호**
3. 작성연월일
4. 공급가액과 부가가치세

### [2] 임의기재사항

다음의 세금계산서 임의적 기재사항은 기재하지 않았거나 오류가 발생한 경우에도 가산세가 적용되거나 매입세액이 불공제 되지 않는다. 또한 세금계산서에 도장을 날인하지 아니한 경우에도 정당한 세금계산서로 인정이 된다.

1. 공급하는 자의 주소
2. 공급받는 자의 주소
3. 공급하는 자와 공급받는 자의 업태와 종목
4. 공급품목
5. 단가와 수량
6. 공급연월일
7. 거래의 종류

👉 **세금계산서의 공급받는자 상호, 대표자, 주소 등을 잘못 기재된 세금계산서의 경우에도 유효함**

세금계산서의 필수적 기재사항이 기재되었으나 임의 기재사항이 잘못 기재된 세금계산서는 유효하므로 세금계산서를 수정하여 발급할 필요는 없음

## ❸ 사업자등록번호 구성

○○○ - ○○ - ○○○○○
 ①      ②       ③

① 세무서코드 (예: 반포세무서 114)
② 사업자의 종류
- 법인본점 81, 86, 87
- 지점법인 85
- 국가 83
- 비영리법인 82
- 개인사업자 01 ~ 79
- 면세사업자 9○

③ 일련번호 ○○○ - ○○ - ○○○○●
일련번호의 마지막 숫자는 검증번호로 사업자등록번호를 전산에서 잘못 입력한 경우 오류가 발생하며, 이 경우 정확한 사업자등록번호를 다시 입력하여야 한다.

## ❹ 세금계산서의 공급가액 및 세액

공급가액에는 물품 판매가액을, 세액에는 물품 판매가액의 10%를 기재한다. 거래 관행상 부가가치세를 포함한 금액('**공급대가**' 라 한다.)을 판매금액으로 정하고 세금계산서를 발행하는 경우가 있는데 예를 들어 거래금액을 1,000,000원으로 정하고 세금계산서를 발행한다면 공급가액란에는 909,091원을 세액란에는 90,909원을 기재하며, 사업자는 물품등의 판매 또는 공급계약시 '공급대가'와 '공급가액'이란 용어를 반드시 구분하여 사용하여야 한다.

# ❺ 세금계산서 발급 특례

## 1 위탁판매 및 수탁판매

① 위탁판매란 자기의 상품을 타인에게 위탁하여 판매하고 수탁자(위탁자를 대신하여 상품을 직접 판매한 자)에게 일정액의 수수료를 지급하는 판매형태를 말한다.

② 위탁판매는 수탁자가 위탁상품을 판매하기 전까지 상품의 소유권은 위탁자가 가지고 있고, 수탁자는 단지 판매만 대행하는 것으로 위탁자는 위탁한 상품과 재고상품을 구분하기 위하여 위탁한 상품을 적송품으로 처리한다. 한편, 위탁판매를 위하여 직접 발생하는 부대비용(상품발송비 등)은 적송품에 가산한다.

③ 위탁판매 또는 대리인에 의한 판매의 경우 수탁자 또는 대리인이 재화를 인도할 때에 수탁자 또는 대리인이 위탁자 또는 본인의 명의로 세금계산서를 발급하며, 위탁자 또는 본인이 직접 재화를 인도하는 때에는 위탁자 또는 본인이 세금계산서를 발급할 수 있다. 이 경우 수탁자 또는 대리인의 등록번호를 덧붙여 적어야 한다.

④ 수탁자가 위탁자의 위탁판매에 대한 용역을 제공하고, 그에 대한 수수료를 위탁자에게 청구하는 경우 수탁자는 위탁자를 공급받는 자로 세금계산서를 발급한다.

□ 위탁판매시 세금계산서 발급 (부가46015-2394, 1998.10.23.)
위탁판매의 경우에는 부가가치세법시행령 제58조 제1항의 규정에 의하여 수탁자가 재화를 인도하는 때에 수탁자가 **위탁자를 공급자로** 하여 세금계산서를 교부하는 것이고 위탁자가 직접 재화를 인도하는 때에는 위탁자가 수탁자의 등록번호를 부기하여 세금계산서를 교부할 수 있는 것으로 위탁자가 수탁자에게 위탁판매할 재화를 위탁할 때에는 세금계산서를 교부할 수 없는 것임

## 2 공동도급 세금계산서 발급

① 공동매입에 대한 세금계산서 발급은 세금계산서발급에 있어 납세현실을 고려하여 예외적으로 정한 규정으로서 공동비용에 대하여 1개의 대표사업자가 매입세금계산서를 발급받은 경우 그 발급받은 세금계산서상 공급가액의 범위 안에서 다른

공동사용한 사업자 각각의 실지 사용한 지분에 따라 대표사업자 명의로 다른 공동사용 사업자를 공급받는 자로 하여 세금계산서를 발급할 수 있는 것이다.

② 공동경비의 배분 및 그 계산이나 공동경비를 특정법인이 총괄하여 우선 지출하고 이를 다른 법인으로부터 받는 것은 재화 또는 용역의 공급에 해당하지 않으므로 세금계산서 또는 계산서의 발행 대상에 해당하지 않은 것이 원칙이나 특정 비용을 부담하고 세금계산서를 수령한 법인이 그 비용의 수령을 위하여 그 금액의 범위내에서 세금계산서를 발급하면서 그 대가를 받는 경우 예외적으로 세금계산서 발행을 인정하여 주는 것이다.

③ 공동매입 후 주관사가 공동도급사에 원가 안분한 금액에 대하여 세금계산서를 발행하는 경우 해당 금액은 수입금액에서 제외한다. 한편, 공동매입세액은 주관사가 공제받는 것이며 원가 안분에 의하여 발행한 세금계산서의 매출세액은 공동도급사로부터 징수.납부하여야 한다.

☐ 공동도급에 대한 세금계산서 발급 (부가46015-2363,1999.08.06)
공동도급공사에 있어 공동수급체가 재화 또는 용역을 공급받고 세금계산서를 공동수급체의 대표회사가 발급받은 경우 당해 공동수급체의 대표회사는 발급받은 세금계산서의 공급가액의 범위내에서 재화 또는 용역을 실지로 사용·소비하는 공동수급체를 공급받는 자로 하여 세금계산서를 발급하고 부가가치세법시행규칙 제21조의 규정에 의하여 매출·매입처별세금계산서합계표를 작성하여 사업장 관할세무서장에게 제출하는 것임.

## ③ 본점과 지점간 세금계산서 발급

### [1] 본점이 지점에 상품 등을 이전하고 세금계산서를 발행한 경우

2이상의 사업장이 있는 사업자가 자기사업과 관련하여 생산 또는 취득한 재화를 타인에게 직접 판매할 목적으로 다른 사업장에 반출하는 것은 재화의 공급으로 보아 거래시기에 세금계산서를 발급하여야 한다. 다만, 자기의 사업과 관련하여 생산하거나 취득한 재화를 자기의 과세사업을 위하여 자기의 다른 사업장에서 원료·자재 등으로 사용·소비하기 위하여 반출하는 경우에는 재화의 공급으로 보지 아니한다.

□ 사업장이 2이상인 경우의 세금계산서 발급 [부가가치세법 기본통칙 16-58-4]
제조장과 직매장 등 2 이상의 사업장을 가진 사업자가 제조장에서 생산한 재화를 직매장 등에서 전담하여 판매함에 있어, 수송 등의 편의를 위하여 제조장에서 거래처에 직접 재화를 인도하는 경우에는 공급자를 제조장으로 하는 세금계산서를 직접 거래처에 발급하는 것이나, 이미 제조장에서 직매장 등으로 세금계산서(총괄납부승인을 받은 사업자의 경우에는 거래명세서)를 발급한 경우에는 직매장 등에서 거래처에 세금계산서를 발급하여야 한다.

## [2] 총괄납부신청을 한 사업장의 지점 매출 및 매입

총괄납부신청을 한 사업자가 자기사업과 관련하여 생산 또는 취득한 재화를 타인에게 직접 판매할 목적으로 자기의 다른 사업장에 반출하는 것은 재화의 공급으로 보지 아니하므로 세금계산서를 발급하지 아니한다. 다만, 사업자가 세금계산서를 발급하여 관할세무서장에게 신고한 경우에는 그러하지 아니한다.

□ 제조장에서 생산한 재화를 직매장 등에서 판매하는 경우 (제도46015-10469, 2001.4.9)
제조장과 직매장 등 2 이상의 사업장을 가진 사업자가 제조장에서 생산한 재화를 직매장 등에서 판매하는 전담하여 판매함에 있어, 수송 등의 편의를 위하여 제조장에서 거래처에 직접 재화를 인도하는 경우에는 공급자를 제조장으로하는 세금계산서를 직접 거래처에 교부하는 것이나, 이미 제조장에서 직매장 등으로 세금계산서(총괄납부승인을 받은 사업자의 경우에는 거래명세서)를 교부한 경우에는 직매장 등에서 거래처에 세금계산서를 교부하여야 하는 것임

## 4  단가인하, 잠정가액 등에 의한 세금계산서 발급

◆ 사전약정 없는 판매단가 인하의 부가가치세 과세표준 공제여부
(부가22601-93 , 1989.01.21.)
1. 사전약정없이 사업자가 재화를 공급한 후 일정기간의 판매실적에 따라 당초 공급단가를 인하하여 주는 경우, 단가인하로 인하여 감액된 금액은 부가가치세 과세표준에서 공제하지 아니하는 것이며,
2. 이 경우 사업자가 당초 재화를 공급하고 그 거래시기에 세금계산서를 교부 한 후 감액된 금액에 대하여 수정세금계산서를 교부한 경우에는 그 감액된 공급가액에 대하여는 세금계산서를 교부하지 아니한 것으로 보아 부가가치세법 제22조 제2항 제1호에 규정하는 세금계산서 미교부가산세를 적용하는 것임.

◆ 잠정가격으로 거래 후 추후 대금 확정시 세금계산서 교부방법

(부가 22601-1477, 1988. 8. 23.)

사업자가 거래당사자간의 대금의 정산특약에 따라 공급가액을 확정하지 아니한 상태에서 잠정합의한 가격으로 재화를 공급하고 추후 확정가격에 의거 대금을 정산한 경우, 세금계산서 교부방법은 재화가 인도되는 때에 잠정합의된 가격으로 세금계산서를 수정하여 교부하는 것이며, 추후 당해 재화의 가격이 확정되는 때에 그 확정된 금액으로 세금계산서를 수정하여 교부하는 것임.

◆ 공급가액 확정전 재화공급시 세금계산서 교부방법

(서삼46015-10406 , 2001.10.08.)

사업자가 거래당사자간의 대금정산 특약에 따라 공급가액을 확정하지 아니한 상태에서 잠정합의한 가격으로 재화를 공급시 세금계산서 교부방법은 재화가 인도되는 때에 잠정합의된 가격으로 세금계산서를 교부하는 것이며, 추후 당해 재화의 가격이 확정되는 때에 그 확정된 금액으로 세금계산서를 수정하여 교부하는 것임.

◆ 잠정가액으로 대가를 수령하는 경우 세금계산서 교부 방법

(서면인터넷방문상담3팀-236 , 2005.02.17.)

사업자가 부가가치세 과세대상인 용역을 공급하던 중에 관계 법령에서 계약상 정해진 금액 미만으로 용역대가의 최고한도가 규정된 경우에 있어서 거래당사자간에 용역대가를 확정하지 못하고 잠정가액을 수수하는 경우에는 그 잠정가액에 대하여 부가가치세법 제16조 제1항의 규정에 의한 세금계산서를 교부하고 추후 당초의 공급가액에 추가되는 금액 또는 차감되는 금액이 발생한 경우에는 같은법시행령 제59조 단서의 규정에 의하여 그 발생한 때에 세금계산서를 수정하여 교부하는 것입니다.

# ❻ 건설 용역 등의 공급시기, 건축물 취득시 매입세금계산서 작성일자와 관련한 세무상 문제

## 1 일반적인 경우

### ▶ 용역의 공급시기 일반원칙

| 구 분 | 공 급 시 기 |
|---|---|
| ① 통상적인 공급의 경우(법16①) | · 역무의 제공이 완료되는 때<br>· 시설물, 권리 등 재화가 사용되는 때 |
| ② 완성도기준지급·중간지급·장기할부 또는 그 밖의 조건부로 용역을 공급하거나 그 공급단위를 구획할 수 없는 용역을 계속적으로 공급하는 경우 (영29①) | 대가의 각 부분을 받기로 한 때<br>다만, 완성도기준지급·중간지급조건부로 용역을 공급하는 경우 역무의 제공이 완료되는 날 이후 받기로 한 대가의 부분에 대해서는 역무의 제공이 완료되는 날을 공급시기로 봄<br>또한, 장기할부조건부 또는 그 공급단위를 구획할 수 없는 용역을 계속적으로 공급하는 경우 공급시기가 되기 전에 세금계산서 또는 영수증을 발급하는 경우에는 그 발급한 때를 공급시기로 봄 (법17④, 영30조1호,3호) |
| ③ 역무의 제공이 완료되는 때 또는 대가를 받기로 한 때를 공급시기로 볼 수 없는 경우(영29②1호) | 역무의 제공이 완료되고 그 공급가액이 확정되는 때 (부가-592, 2013.06.28) (부가-1102, 2013.11.29) |

### ▶ 장기할부조건부 용역의 공급(규칙19)

용역을 공급하고 그 대가를 월부, 연부, 그 밖의 할부 방법에 따라 받는 것 중 다음 각 호의 요건을 모두 갖춘 것으로 한다.
1. 2회 이상으로 분할하여 대가를 받는 것
2. 해당 용역의 제공이 완료되는 날의 다음 날부터 최종 할부금 지급기일까지의 기간이 1년 이상인 것

## ② 거래 형태별 공급시기

### ■ 건설용역의 공급시기

#### [1] 용역의 공급시기 [부법 제16조, 부령 제29조]
① 용역이 공급되는 시기는 다음 각 호의 어느 하나에 해당하는 때로 한다.
1. 역무의 제공이 완료되는 때
2. 시설물, 권리 등 재화가 사용되는 때

② 할부 또는 조건부로 용역을 공급하는 경우 등의 용역의 공급시기는 대가의 각 부분을 받기로 한 때를 공급시기로 본다. 다만, 역무의 제공이 완료되는 날 이후 받기로 한 대가의 부분에 대해서는 **역무의 제공이 완료되는 날**을 그 용역의 공급시기로 본다.

#### [2] 관련 사례

◆ 대금지급기일에 대한 약정이 없는 경우
(서면3팀-225, 2005.02.16.)
부가가치세법 시행령 제22조 제2호의 규정에 의하여 완성도기준지급 중간지급장기할부 또는 기타 조건부로 용역을 공급하거나 그 **공급단위를 구획할 수 없는 용역**을 계속적으로 공급하는 경우에는 **그 대가의 각 부분을 받기로 한 때**를 공급시기로 하는 것이나,
건설용역을 공급함에 있어 건설공사기간에 대한 약정만 체결하고 그 대금지급기일에 관한 약정이 없는 경우에 공급시기는 아래의 각호와 같이 적용하는 것임
1) 당해 건설공사에 대한 건설용역의 제공이 완료되는 때. 다만, 당해 건설용역 제공의 완료 여부가 불분명한 경우에는 준공검사일
2) 당해 건설공사의 일부분을 완성하여 사용하는 경우에는 당해 부분에 대한 건설용역의 제공이 완료되는 때. 다만, 당해 건설용역 제공의 완료 여부가 불분명한 경우에는 그 부분에 대한 준공검사일

### ◈ 지급시기를 정하지 아니한 통상적인 건설용역의 공급시기

(부가가치세 기본통칙 16-29-3)

건설용역을 공급함에 있어 건설공사기간에 대한 약정만 체결하고 대금지급기일에 관한 약정이 없는 경우의 공급시기는 다음 각 호와 같다.

1. 해당 건설공사에 대한 **건설용역의 제공이 완료되는 때**. 다만, 해당 건설용역 제공의 완료 여부가 불분명한 경우에는 **준공검사일**
2. 해당 건설공사의 일부분을 완성하여 사용하는 경우에는 해당 부분에 대한 건설용역의 제공이 완료되는 때. 다만, 해당 건설용역 제공의 완료 여부가 불분명한 경우에는 그 부분에 대한 준공검사일

### ◈ 공사 지연으로 단기공사의 공사기간이 6월 이상이 된 경우

(법규과-662, 2006. 2.23)

당초 중간지급조건부나 완성도기준기급조건부에 해당하지 않는 용역공급 계약이 공사기간의 지연으로 계약금을 지급하기로 한 날로부터 준공일까지의 기간이 6월 이상이 된 경우 계약의 변경 없이 공사가 이루어진 경우에는 **완료일이 공급시기**가 되는 것이며, 계약 조건을 변경한 경우에는 변경계약 내용에 따라 공급시기를 결정하는 것임(상담3팀-1009,2005. 7. 1)

## ■ 중간지급조건부 및 완성도기준지급조건부 용역의 공급

### ▶ 중간지급조건부 용역의 공급(규칙20)

중간지급조건부 용역의 공급이란 계약금을 받기로 한 날의 다음 날부터 **용역의 제공을 완료하는 날**까지의 기간이 6개월 이상인 경우로서 그 기간 이내에 계약금 외의 대가를 분할하여 받는 경우를 말한다.

### ▶ 완성도기준지급조건부 용역의 공급

용역의 제공이 완료되기 전에 그 대가를 해당 용역의 **완성도에 따라 분할하여 받기로 하는 약정**에 의하여 공급하는 것을 말함[계약기간에 관계없이(6월 이내 공급계약 포함) 적용됨] (법규부가2014-265, 2014.03.25.)

▶ 중간지급조건부 또는 완성도기준지급조건 계약 요건

(1) 중간지급조건부 계약은 계약서상에 지급일, 지급금액 등이 구체적으로 명시되어야 함
(2) 공사계약기간이 6개월을 초과하더라도 대금지급일에 대한 약정이 없는 경우 중간지급조건부에 해당하지 아니하며, 이 경우 해당 건설공사에 대한 **건설용역의 제공이 완료되는 때**를 공급시기로 한다.
(2) 중간지급조건부 계약은 6개월 이상의 기간을 필요조건으로 하나 완성도기준지급조건은 공사기간이 **6개월 이내**라 하더라도 **완성도에 따른 기성청구**에 의하여 대가를 지급하는 경우 완성도지급조건에 해당함

◆ 완성도기준과 장기할부조건이 혼재된 용역의 공급시기

(서삼46015-11811,2003.11.20)
건설업을 영위하는 사업자가 건설용역을 제공하고 그 대가를 분할하여 지급받는 경우로서 대가 중 일부는 용역의 제공이 완료되기 전에 완성도지급기준에 의하여 지급받고 나머지 금액은 용역의 제공이 완료된 후에 2회 이상으로 분할하여 지급받는 것으로 당해 용역공급의 완료일이 속하는 다음날로부터 최종 부불금의 지급기일까지의 기간이 1년이상인 경우에는 그 대가의 각 부분을 받기로 한 때를 용역의 공급시기로 하는 것임

◆ 6개월 이상의 용역 제공시 공급시기

(부가46015-739, 2000.04.03)
용역의 제공이 완료되기 전에 계약금 이외의 대가를 분할하여 지급받는 경우로서 계약금을 지급받기로 한 날로부터 잔금을 지급 받기로 한 날까지의 기간이 6월 이상인 경우(중간지급조건부) 대가의 각 부분을 받기로 한 때를 용역의 공급시기로 하는 것임.
㈜ 2013.2.23.이후 재화 또는 용역의 공급 계약을 체결하는 분부터 잔금에서 재화를 인도하는 날, 재화를 이용 가능하게 하는 날 또는 **용역의 제공을 완료하는 날**로 개정

◆ **6월 미만 단기공사의 경우에도 완성도지급기준은 적용하여야 함**

(상담3팀-1003, 2005.07.01)

계약금을 지급하기로 한 날로부터 잔금을 지급하기로 한 날까지의 기간이 6월 미만인 경우에도 용역의 제공이 완료되기 이전에 완성도에 따라 그 완성비율에 해당하는 대가를 받기로 하는 경우에는 완성도기준지급조건부 공급에 해당하는 것임

◆ **검사를 거쳐야 하는 완성도기준지급 또는 중간지급조건부 건설용역의 공급시기**

(부가가치세법 기본통칙 16-29-4)

사업자가 완성도기준지급 또는 중간지급조건부 건설용역의 공급계약서상 특정내용에 따라 해당 건설용역에 대하여 검사를 거쳐 대가의 각 부분의 지급이 확정되는 경우에는 검사 후 대가의 지급이 확정되는 때를 그 공급시기로 본다.

(상담3팀-792, 2008. 4.21)

건설업을 영위하는 사업자가 완성도기준지급조건부로 건설용역을 공급함에 있어 발주자에게 기성부분에 대한 검사를 필한 후 대가의 지급을 청구하고 발주자는 기성부분에 대한 검사를 완료하여 그 대가를 지급하기로 한 경우 공급시기는 그 대가를 받기로 한 때(기성부분이 확정되어 그 대가의 지급이 확정되는 때)인 것임. 이 경우 준공검사일 이후 잔금을 지급하기로 한 경우 당해 잔금의 공급시기는 건설용역의 제공이 완료되는 때임

◆ **용역제공완료일 이후에 잔금을 받기로 한 경우에도 용역제공이 완료되는 때가 공급시기임**

(상담3팀-80, 2007.01.10)

사업자가 완성도기준지급 또는 중간지급조건부로 건설용역을 제공하는 경우 그 공급시기는 시행령 제22조 제2호 및 시행규칙 제9조 제1호의 규정에 의하여 약정된 날에 실제로 대가를 수령하였는지 여부에 관계없이 그 대가를 받기로 한 때인 것이며, 이 경우 용역제공완료일 이후에 잔금을 받기로 한 경우에는 용역제공이 완료되는 때가 공급시기임

◆ **건설용역의 제공이 완료된 이후 그 대가를 받기로 한 경우 공급시기**

(부가46015-870, 1996.05.04.)

사업자가 완성도기준지급 또는 중간지급조건부에 의해 건설용역을 제공하고 당사자의 약정에 의해 건물의 완공 이후에 잔금을 받기로 한 경우 당해 잔금에 대한 공급시기는 **건설용역의 제공이 완료되는 때**(건물의 가사용의 경우는 건물의 가사용 승인을 받은 때)인 것임.

## [실무 적용 사례] 중간지급조건부 거래 세금계산서 공급시기

한국종합건설(주)는 상가 신축과 관련하여 다음과 같이 계약을 체결하였다. 이 경우 세금계산서 공급시기(작성일자)는?

총공사금액 10억원, 건설용역의 제공이 완료된 날 2016. 08.31.

| 구 분 | 대가를 받기로 한 날 | 금 액 | 비 고 |
|---|---|---|---|
| 계약금 | 2016.01.20. | 1억원 | |
| 중도금(1차) | 2016.05.10. | 3억원 | |
| 중도금(2차) | 2016.07.31. | 4억원 | |
| 잔금 | 준공 후 | 2억원 | |

[해 설] 세금계산서 공급시기(작성일자)

2016.01.20. / 2016.05.10. / 2016.07.31. / **2016.08.31.**

◆ **신축건물의 사용승인일 후에도 실질적으로 마무리공사가 진행된 경우 실제로 공사가 완성된 때가 공급시기에 해당함**

(사전답변 법규부가2014-512)

건설업을 영위하는 사업자가 완성도기준지급조건부로 용역을 제공하면서 건축주와 합의하여 당초 계약을 변경하는 경우, 변경계약 이전에 이미 대가의 각 부분을 받기로 한 때가 도래한 경우 그 날이 공급시기가 되는 것이며 변경계약일 이후에는 변경된 계약에 따라 대가의 각 부분을 받기로 한 때가 공급시기가 되는 것임.

그리고, 신축건물에 대한 사용승인일 이후에 단순한 하자보수나 추가공사가 아닌 마무리공사가 계속되는 경우 해당 사용승인일은 부가가치세법 시행령 제29조제1항 본문후단의 역무의 제공이 완료되는 날에 해당하지 아니하는 것이고, 실제로 공사가 완성된 때가 역무의 제공이 완료되는 때임.

또한, 계약을 변경하여 공급시기가 도래하지 아니한 대가의 각부분을 감액하는 경우 감액한 후의 금액을 공급가액으로 세금계산서를 발급하는 것이며, 계약의 변경 없이 받기로 한 대가보다 적게 받는 경우 받기로 한 대가를 공급가액으로 세금계산서를 발급하는 것임

### ◆ 준공일 이후에 발급받은 세금계산서의 매입세액불공제
(국심2004중1052 , 2004.06.01 , 기각)

1. 처분개요

청구법인은 1991.5.11 골프장 서비스업으로 사업자등록신청한 법인으로, 2001.2기에 ○○○ 청구외 ○○○주식회사(이하 청구외법인 이라 한다)로부터 사면복구 및 ○○○보수공사(이하 쟁점공사 라 한다) 와 관련하여 공급가액 1,830백만원의 세금계산서 1매(이하 쟁점세금계산서 라 한다)를 수취하고 당해 과세기간에 대한 부가가치세를 신고하였다.

처분청은 ○○○지방국세청장의 청구법인에 대한 세무조사결과 쟁점세금계산서는 쟁점공사의 준공일(2001.5.29) 이후에 교부(2001.7.4)받았으므로 공급시기가 사실과 다른 세금계산서에 해당한다는 과세자료의 통보에 따라 동 매입세액을 불공제하고 매입처별세금계산서합계표 제출불성실가산세를 적용하여 2003.11.18 청구법인에게 2001.2기 부가가치세 306,159,140원을 결정고지하였다.

청구법인은 이에 불복하여 2004.2.10 이 건 심판청구를 제기하였다.

### [실무 적용 사례] 중간지급조건부 거래 세금계산서 공급시기

한국종합건설(주)는 상가 신축과 관련하여 다음과 같이 계약을 체결하였다. 이 경우 세금계산서 공급시기(작성일자)는?

총공사금액 10억원, **준공일 2016.09.30. 잔금 수령일 2016.10.20.**

| 구 분 | 대가를 받기로 한 날 | 금 액 | 비 고 |
|---|---|---|---|
| 계약금 | 2016.01.20. | 1억원 | |
| 중도금(1차) | 2016.05.10. | 3억원 | |
| 중도금(2차) | 2016.07.31. | 4억원 | |
| 잔금 | 준공 후 | 2억원 | |

[해 설] 세금계산서 공급시기(작성일자)
2016.01.20. / 2016.05.10. / 2016.07.31. / **2016.09.30.**

◆ **중간지급조건부 용역 공급 중 계약기간이 단축되는 경우**

(부가가치세과-509, 2009. 4.10)

중간지급조건부로 용역을 공급하면서 계약금 등에 대하여 세금계산서를 교부한 후, 조기준공으로 공사기간이 6월 미만이 되는 경우기 교부한 세금계산서는 정당한 것이며 나머지 용역 대가에 대하여는 **준공일을 공급시기로 세금계산서를 교부**하는 것임

◆ **계약 변경으로 중간지급조건부에 해당하는 경우 세금계산서 발급**

(서면인터넷방문상담3팀-1009 , 2005.07.01.)

당초 재화의 공급계약이 중간지급조건부에 해당하지 아니하여 계약금 지급시 세금계산서를 교부하지 아니하였으나, 당사자간에 계약조건을 변경하여 계약변경이전에 이미 지급한 계약금은 변경계약일을, 변경계약일 이후에는 변경된 계약에 의하여 대가의 각 부분을 받기로 한 때를 각각 공급시기로 하여 부가가치세법 제16조의 규정에 의거 세금계산서를 교부하는 것입니다

**[실무 적용 사례] 당초 중간지급조건부 계약이 아니었으나 계약변경으로 중간지급조건부 계약으로 변경된 경우 세금계산서 공급시기**

한국종합건설(주)는 상가 신축과 관련하여 다음과 같이 계약을 체결하였다. 이 경우 세금계산서 공급시기(작성일자)는?

총사금액 10억원, 계약금 1억원, 잔금 9억원

공시기간 2016.03.31. ~ 2016.10.31.

* 중간지급에 대한 내용 또는 완성도기준지급에 대한 별도의 내용은 없음
* 중간지급조건부에 해당하지 아니하여 계약금에 대하여 세금계산서 발급하지 않음

<계약 변경>

당초 계약일 2016.03.30. 변경일 2016.05.10.

중도금 2016.08.31.

준공예정일 2016.10.31.

| 구 분 | 대가를 받기로 한 날 | 금 액 | 세금계산서 |
|---|---|---|---|
| 계약금 | 2016.03.30. | 1억원 | |
| 변경계약일 | 2016.05.10. | | 공급가액 1억원 |
| 중도금 | 2016.08.31. | 4억원 | 공급가액 4억원 |
| 준공예정일 | 2016.10.31. | 5억원 | 공급가액 5억원 |

◆ **중간지급조건부로 공급하면서 잔금 약정일을 입주시로 정한 경우**

(부가1265.2-1380, 1983.07.12.)

신축주택을 중간지급조건부로 공급하는 경우 계약서상에 잔금지급일자를 명시하지 아니하고 막연히 "입주시"라고 표시하였을 때 잔금부분에 대한 공급시기는 다음과 같음.
1. 입주통보에 의한 입주지정일 또는 입주기간 종료일 이전에 잔금을 청산 하는 때는 잔금을 청산한 때.
2. 입주통보에 의한 입주지정일 또는 입주기간 종료일까지 잔금을 청산하지 아니하고 사실상 입주를 하지 아니한 때에는 **입주지정일** 또는 **입주기간이 종료하는 때**.
3. 입주통보에 의한 입주지정일 또는 입주기간 종료일까지 잔금을 청산하지 아니하고 입주하는 경우는 입주하는 때.

◆ **기성청구가 없는 완성도기준지급조건부 계약의 공급 시기는 건설용역의 제공이 완료되는 때로 하는 것임**

(부가가치세과-226, 2010.02.24.)

사업자가 완성도기준지급조건부로 건설용역을 공급함에 있어 일정 기간 기성청구를 하지 아니하여 기성금액이 확정되지 아니한 상태에서 공사가 완료되어 준공된 경우 당해 기성청구를 하지 아니하여 기성금액이 확정되지 아니한 분에 대한 용역의 공급 시기는 건설용역의 제공이 완료되는 때로 하는 것임

◆ **지급일을 명시하지 아니한 완성도 기준지급조건부 건설공사**

(부가가치세법 기본통칙 16-29-2)

건설공사 계약시에 완성도에 따라 기성대가를 수차에 걸쳐 지급받기로 했으나 그 지급일을 명시하지 아니한 경우에는 공사완성도가 결정되어 그 대금을 지급받을 수 있는 날을 그 공급시기로 본다. (2011. 2. 1. 개정)

**[실무 적용 사례] 완성도기준지급조건 계약에서 기성대가의 지급일에 대한 내용이 없는 경우 공급시기**

공사기간 : 착공일로부터 24개월
계약서상 대가 지급조건 : 매 3개월마다 기성검사 후 대가 지급(지급일에 대한 구체적인 내용 없음)

1차 기성검사 2016.7.31.
대금을 실제지급한 날 2016.8.31.
[해 설] 계약서상 완성도 기성검사 후 1개월 이라고 되어 있는 경우 2016.8.31.이 공급시기에 해당하나 이 건의 경우 대금지급에 대한 명시적 내용이 없으므로 공급시기는 2016.7.31.임

◆ 완성도기준지급조건부 건설용역의 기성검사에 의하여 확인된 유보금의 공급시기는 대가의 각 부분을 받기로 한 때로 함

(재정경제부 부가가치세제과-163 , 2007.03.13.)

1. 귀 질의의 경우 사업자가 완성도기준지급조건부로 건설용역을 제공하고 결정된 기성검사에 의하여 확인한 금액의 10%를 유보금으로 차감한 잔액을 지급받고 동 건설용역의 제공이 완료되기 전에 동 유보금의 일부(계약금액의 5%)는 조건부인수증을 첨부한 대가지급청구서 접수 후 14일 이내에 지급받고, 나머지는 최종인수증을 첨부한 대가지급청구서 접수 후 14일 이내에 지급받은 경우에 동 유보금의 공급시기는 부가가치세법시행령 제22조 제2호의 규정에 의하여 대가의 각 부분을 받기로 한 때가 되는 것임.

2. 즉, 사업자가 조건부인수증 또는 최종인수증을 첨부하여 그 대가지급을 청구하여 그 지급이 확정되는 때가 공급시기이며, 대가지급청구 후 14일 이내에 그 대가를 지급받지 못하는 경우에는 대가지급청구 후 14일이 되는 날이 되는 것임.

## ▣ 상가분양과 부동산임대 관련 공급시기

### [1] 상가 분양 등

◆ 수분양자가 계약금에 대한 세금계산서를 수취한 후 매수자 지위를 양도하는 경우 건설업자의 세금계산서 발급

(부가가치세과-473 , 2013.05.28.)

수분양자 갑이 계약금에 대한 세금계산서를 수취한 후 을에게 매수자의 지위를 양도하여 **을이 상가 등을 분양하는 사업자에게 잔금을 지급하는 경우** 상가 등을 분양하는 사업자는 잔금 중 건물분에 대하여 을에게 세금계산서를 발급하는 것임

◆ **오피스텔을 분양받으면서 잔금지급일 또는 소유권이전등기일 전 사전사용승낙을 받아 임대를 개시하는 경우 오피스텔의 공급시기**

사전답변 법규부가 2009-441 생산일자 2010.01.13
오피스텔을 분양받으면서 잔금지급일 또는 소유권이전등기일 전 사전사용승낙을 받아 다른 사업자에게 임대를 개시하는 등 점유권을 이전받은 경우 동 오피스텔 분양에 대한 공급시기는 신청인이 실제로 사용·수익이 가능한 날로 보는 것임
[답변내용]
오피스텔을 분양받으면서 잔금지급일 또는 소유권이전등기일 전에 분양업자로부터 해당 오피스텔에 대한 **사전사용승낙**을 받아 다른 사업자에게 임대를 개시하는 등 배타적인 이용 및 처분을 할 수 있도록 점유권을 이전받은 경우 동 오피스텔 분양에 대한 공급시기는 신청인이 실제로 사용·수익이 가능한 날로 보는 것입니다.

◆ **부동산 양도에 따른 공급시기**

부가가치세 집행기준 15-28-1 【부동산 양도에 따른 공급시기】
① 부동산을 양도하는 경우의 공급시기는 해당 부동산이 이용가능하게 되는 때이며, 이용가능하게 되는 때란 원칙적으로 소유권이전등기일을 말하지만, 당사자간 특약에 따라 소유권이전등기일 전에 실제 양도하여 사용·수익하거나 잔금 미지급 등으로 소유권이전등기일 이후에도 사용·수익할 수 없는 사실이 객관적으로 확인되는 때에는 **실제로 사용·수익이 가능한 날**을 말한다.
② 중간지급조건부로 부동산을 공급하기로 계약하였으나 소유권 이전 및 잔금 지급 전에 이를 이용가능하게 하는 경우 해당 부동산을 이용가능하게 한 때를 공급시기로 본다.
③ 사업자가 부동산임대사업에 사용하던 건물을 매각하는 계약을 체결하여 계약금과 중도금을 받고 잔금을 받지 않은 상태에서 폐업한 경우 그 폐업일을 해당 건물의 공급시기로 본다.
④ 건축 중인 건물을 양도하는 경우 양수인이 그 건축 중인 건물을 이용가능하게 된 때를 공급시기로 본다.
⑤ 부동산을 기부채납하기로 약정함에 따라 사회기반시설을 신축하여 일정기간 사용·수익한 후에 기부채납하는 경우 그 기부채납절차가 완료된 때를 공급시기로 본다.

**[실무 적용 사례]   폐업일 이후 공급시기 도래 시 공급시기**

부동산임대업을 운영하는 사업자 이진실은 임대하던 부동산을 20억원을 받고 아래와 같이 매각하였다.
- 계약금 : 2억원(2015. 6. 20.)
- 중도금 : 8억원(2015. 7. 20.)
- 잔  금 : 10억원(2015. 9. 20.)
- 폐업일 : 2015. 8. 20.

이 경우 이진실이 매각한 부동산에 대한 공급시기 판단 방법
㈜ 통상의 공급시기는 2015. 9. 20.이지만 폐업일 이전에 매매계약을 체결하고 폐업일 이후 통상의 공급시기가 도래하는 때에는 그 폐업일(2015. 8. 20.)을 공급시기로 보아야 한다.

## [2] 부동산임대의 공급시기

◆ **부동산임대용역에 대한 공급시기**
○ 임대(전대)보증금 간주임대료는 예정신고기간 또는 과세기간의 종료일
○ 월세의 경우 계약서 상에 명시된 대가의 각 부분을 받기로 한 때

◆ **부동산 임대료를 분기 또는 반기별로 받기로 한 경우 공급시기**
(상담3팀-3385, 2007.12.21)
사업자가 2과세기간 이상에 걸쳐 부동산임대용역을 공급하고 그 대가를 선불 또는 후불로 받는 경우에는 예정신고기간 또는 과세기간 종료일이 당해 용역의 공급시기가 되는 것이나, 임대용역을 계속적으로 공급하고 그 대가를 월별, 분기별, 반기별로 기일을 정하여 받기로 한 경우 공급시기는 그 대가의 각 부분을 받기로 한 때가 되는 것임

◆ **임대차 관련 소송 중인 부동산 임대용역의 공급시기**
(부가가치세과-731, 2009. 5.28)
임차인이 임대인에게 귀책사유가 있음을 이유로 임대차계약의 해지 및 임대보증금 반환소송을 제기하여 법원에 계류 중인 경우 그 해지 후의 부동산임대용역에 대한

공급 시기는 법원의 판결에 의하여 임대차계약의 유효여부, 임대료 가액 등이 확정된 때로 하는 것임

## ▣ 기타 거래 공급시기

### ◆ 법원의 확정판결에 의하여 대가가 확정되는 경우 공급시기
(부가가치세과-1962, 2008. 7.11)
건설용역을 제공함에 있어 공사금액에 대하여 당사자간에 다툼이 있어 법원의 확정판결에 의하여 건설공사의 공급가액이 확정되는 경우 당해 용역의 공급시기는 법원의 확정판결이 있는 날이 되는 것임(부가-1132, 2012.11.16.)

### ◆ 중재판정에 의하여 증액된 도급금액에 대한 세금계산서 발급시기
(부가가치세과-1723, 2010.12.28)
사업자가 건설용역을 제공한 후 도급금액 증액변경에 대한 다툼이 있어 대한상사중재원의 중재판정에 따라 도급금액이 증액되는 경우 당해 증액된 도급금액에 대한 세금계산서는 중재판정의 정본(정본)이 각 당사자에게 정당하게 전달된 때를 공급시기로 하여 발급하는 것임

### ◆ 법원의 결정으로 용역의 공급대가 등이 확정되는 경우 공급시기
(부가가치세과-1645, 2010.12.10)
건물관리업체(갑)가 법원 결정으로 전 관리업체(병)로부터 건물관리권을 인계받은 후 병과 건물관리용역 계약을 체결한 용역제공업체(을)의 용역계약에 대하여 계약해지를 통보 한 후 당사자간(갑,을,병)에 용역의 제공기간 및 용역대가에 대하여 다툼이 있어 을이 소송을 제기하여 법원이 동 소송 건에 대하여 조정에 갈음하는 결정(강제결정)을 하는 경우, 건물관리권을 인계받은 날 이후 갑에 대한 용역의 공급시기는 「부가가치세법 시행령」 제22조제3호에 따라 역무의 제공이 완료되고 그 공급가액이 확정되는 때인 조정에 갈음하는 결정에 대한 이의신청 기간의 다음날이 되는 것임

### ◆ 공급가액에 추가 또는 차감되는 금액이 발생한 경우
(부가가치세과-1497, 2011.11.30)

사업자가 부가가치세가 과세되는 용역을 공급하고 세금계산서를 교부한 후 당초의 공급가액에 추가되는 금액이 발생한 경우에는 그 사유가 발생한 날(법원의 확정 또는 조정판결 받은 때)에 세금계산서를 수정교부할 수 있는 것임

### ◆ 장기용역 공급계약의 조건부 거래시 공급시기

(상담3팀-983, 2007.04.02)
사업자가 장기계속공급계약에 의하여 용역을 공급하면서, 공급대가를 매3개월마다 발주자의 검사를 거쳐 청구일로부터 30일 이내에 지급받기로 약정한 경우 용역의 공급시기는 청구일로부터 30일 이내에 공급가액을 실지로 받는 날이나, 대금을 받지 못한 때에는 그 30일이 되는 날이 공급시기가 되는 것임

### ◆ 계속적으로 공급하는 용역의 공급시기

(부가가치세과-1858, 2008. 7. 7)
사업자가 계약기간과 계약금액이 확정된 상태에서 용역을 계속하여 공급하는 경우 시행령 제22조 2호의 "완성도기준지급·중간지급·장기할부 또는 기타 조건부로 용역을 공급하거나 그 공급단위를 구획할 수 없는 용역을 계속적으로 공급하는 경우에는 그 대가의 각 부분을 받기로 한 때"의 규정에 의하여 대가를 받기로 한 때가 공급시기임

### ◆ 계속적으로 공급하는 용역의 공급대가가 완료 후에 확정되는 경우

(부가46015-3692, 2000.11. 2)
사업자가 계약상의 원인으로 공급단위를 구획할 수 없는 용역을 계속적으로 공급하는 경우로 그 대가가 당해 용역의 공급이 완료된 후에 확정되어, 확정된 후에 그 대가를 받기로 한 경우의 공급시기는 공급가액이 확정되어 대가를 받기로 한 때로 하는 것임

### ◆ 수출대행용역의 대가를 수출대금 회수 후 받기로 한 경우

(부가가치세과-3106, 2008. 9.18)
수출대행용역을 공급함에 있어, 수출대행업자가 수출대금을 회수하여 수출 위탁자에게 지급한 경우에 수출대행용역의 대가를 지급하기로 한 경우의 용역제공은 기

타 조건부 용역공급에 해당하는 것으로 그 대가의 각 부분을 받기로 한 때가 공급시기가 되는 것임

### ◆ 호텔에서 숙박권을 판매하는 경우 공급시기

(상담3팀-2017, 2004.10.02)

호텔업을 영위하는 사업자가 호텔이용 회원권을 발행하여 판매하고, 그 후 당해 회원권에 의하여 호텔 숙식을 제공하는 경우 당해 용역이 제공되는 시기가 공급시기에 해당되는 것이며, 이 경우 당해 회원권의 유효기간이 경과하여 당해 용역제공 없이 판매된 회원권 대금은 부가가치세 과세대상 거래에 해당하지 아니하는 것임

### ◆ 장기용역 제공대가를 선불로 받는 경우의 공급시기

(재소비-440, 2004.04.19)

스포츠센터를 운영하는 사업자가 시설을 이용하게 하고 회원들로부터 1년 단위의 연회비를 선불로 받는 경우 용역의 공급시기는 예정신고기간 또는 과세기간 종료일임

### ◆ 용역제공이 완료되었으나 대가가 확정되지 아니한 경우 공급시기

(서삼46015-11705, 2003.10.31)

사업자가 항공운송사업자와의 항공권 판매 대행계약에 의하여 항공권 판매 대행용역을 제공함에 있어 항공권 판매 대행용역의 제공이 완료되었으나, 그 대가가 확정되지 아니한 경우 항공권 판매 대행용역의 공급시기는 시행령 제22조 제3호의 규정에 의하여 당해 용역의 제공이 완료되고 그 공급가액이 확정되는 때인 것임

### ◆ 변호사가 소송진행중인 법률서비스의 용역 제공 시 공급시기

(부가46015-685, 2000.03.30)

변호사가 소송진행중인 법률서비스의 용역을 제공하고 월단위 또는 기간별로 대금을 청구하는 경우, 역무의 제공이 완료된 때가 공급시기임

# 4 전자세금계산서 발급 및 수정발급

## 1 전자세금계산서 의무발급 사업자

### ❶ 법인

법인사업자는 반드시 세금계산서는 전자세금계산서를 발급하여야 한다.

| 구 분 | 전자세금계산서를 의무적으로 발행하여야 하는 시기 | |
|---|---|---|
| 법인사업자 | 2011년 1월 1일 이후 | 모든 법인사업자 |
| 개인사업자 | 2014년 7월 1일 이후 | 직전연도 공급가액이 3억원 이상인 사업자 |

### ❷ 직전연도 공급가액이 3억원 이상인 개인사업자

개인사업자는 2014년 7월 1일 이후에는 직전연도 공급가액이 3억원 이상인 사업자도 **전자세금계산서를 의무적으로 발급하여야 한다.** 단, 전자세금계산서 발급의무자가 아니더라도 전자세금계산서는 발급할 수 있다.

#### ▶ 개인사업자의 전자세금계산서 의무발급 대상자 공급가액 기준

공급가액은 사업장별 재화·용역의 공급가액을 기준으로 하며, 공급가액 3억 이상 판단시 주의사항은 신규사업자라 하더라도 공급가액을 12개월로 환산하지 않는다. 그리고 건별매출(현금매출)을 포함하고, 간주임대료, 고정자산 매각등 기타매출도 포함하여 판단한다

## 면세사업자 전자계산서 발급의무 및 미발급 가산세

### [1] 적용대상
법인사업자 및 개인사업자 중 과세 및 면세사업 겸업자로서 연간 공급가액 3억원 이상인 자와 개인 면세사업자로서 직전 과세기간의 사업장별 총수입금액이 3억원 이상인 자

### [2] 전자계산서 미발급 가산세
• 공급가액 × 2% [(종이)계산서를 발급한 경우 : 공급가액×1%]

### [3] 전자계산서 지연발급 가산세
• 공급가액 × 1% [(종이)계산서를 발급한 경우 : 공급가액×1%]

[개정 세법] 계산서 지연발급 가산세 신설
• 과세기간 말의 다음달 25일까지 미발급 : 공급가액의 2%
• 과세기간 말의 다음달 25일까지 지연발급 : 공급가액의 1%
〈적용시기〉 2018.1.1. 이후 개시하는 과세연도 분부터 적용

■ 전자계산서 지연전송 기한 연장(소득법§81의10, 법인법 §75의8)

| 현 행 | 개 정 |
|---|---|
| □ 전자계산서 발급명세 전송 불성실 가산세 | □ 지연전송 기한 연장 |
| ○ (지연전송) 공급가액의 0.3%<br>- 공급시기가 속하는 사업연도 말의 다음 달 11일까지 전송시 | ○ (좌 동)<br>- 다음 달 11일 → 다음 달 25일 |
| ○ (미전송) 공급가액의 0.5%<br>- 공급시기가 속하는 사업연도(과세기간) 말의 다음 달 11일까지 미전송시 | ○ (좌 동)<br>- 다음 달 11일 → 다음 달 25일 |

〈적용시기〉 2020.1.1. 이후 전자계산서 발급명세를 전송하는 분부터 적용

## 2 전자세금계산서 발급과 국세청 전송기한

### ❶ 전자세금계산서 발급 및 발급일자

① 전자세금계산서 발급대상의무자는 반드시 전자세금계산서를 발급하여야 하며, **전자세금계산서를 발급하지 아니하고 종이세금계산서를 발급하는 경우 세금계산서 미발급가산세(공급가액의 1%, 매입자는 가산세 적용 없음)가 적용된다.**

② **거래시기가 속하는 월의 다음달 10일까지** 반드시 전자세금계산서를 발행하여야 하며, 11일 이후 발행하는 경우 매출자 및 매입자는 세금계산서불성실가산세(공급가액의 1%)가 적용된다.

▶ 세금계산서 지연발급가산세(부법 제60조 ②)
1. 세금계산서의 발급시기가 지난 후 해당 재화 또는 용역의 공급시기가 속하는 과세기간에 대한 확정신고 기한까지 세금계산서를 발급하는 경우 그 공급가액의 1%
2. 세금계산서의 발급시기가 지난 후 해당 재화 또는 용역의 공급시기가 속하는 과세기간에 대한 확정신고 기한까지 세금계산서를 발급하지 아니한 경우 그 공급가액의 2%

제1기(1.1 ~ 6.30.)분을 부가가치세 신고기한(7월 25일) 이후 발행하는 경우 및 제2기(7.1 ~ 12.31)분을 부가가치세 신고기한(다음해 1월 25일) 이후 **발행**하는 경우에는 과세기간이 달라져서 매입자는 매입세액을 공제받을 수 없으며, 매출자는 세금계산서미발급가산세(공급가액의 2%)가 적용된다. 전자세금계산서의 경우 발급일자를 국세청이 전산에서 확인할 수 있으므로 발급기한을 넘기지 않도록 특히 유의하여야 한다.

### ❷ 전자세금계산서 국세청 전송기한

전자세금계산서를 발급한 후 즉시 국세청에 전송함을 원칙으로 하되, 재화 또는 용역의 공급일이 속하는 달의 다음달 11일까지는 국세청에 전송하여야 한다.

▣ 전자세금계산서 발행 및 국세청 전송 시기(예시)

| 구 분 | 1.1. ~ 1.1. 거래분에 대한 월합계 세금계산서의 경우 | | |
|---|---|---|---|
| | 작성일자 | 발급가능기한 | 전송기한 |
| 종이세금계산서 | 1. 31 | 2.10 | |
| 전자세금계산서 | 1. 31 | 2.10 | 2.11 |

## ❸ 지연전송가산세 및 미전송가산세

### [1] 지연전송가산세

재화 또는 용역의 공급일이 속하는 달의 다음달 11일까지 전송하지 아니한 경우로서 전송기한 경과 후 당해 과세기간의 다음 달 11일까지 전송하는 경우 지연전송가산세가 적용된다.

### [2] 미전송가산세

당해 과세기간의 다음달 12일 이후 전송하는 경우 미전송가산세가 적용된다.

▶ 지연전송가산세 또는 미전송가산세는 공급자만 부담한다.

▣ 전자세금계산서 지연전송 또는 미전송가산세 적용 사례

작성연월일이 1.31.인 경우 2.11. 이내 전송한 경우 가산세가 없으나, 2.12.에서~ 7.11. 이내 전송된 경우에는 지연전송가산세 0.3%가 부과되고, 7.12.이후에 전송된 경우 미전송가산세 0.5%가 부과된다.

[개정 세법] 2019년 이후 가산세 인하
(지연전송) 0.5% → 0.3%
• 공급시기가 속하는 과세기간 확정신고기한(25일)까지 전송시
(미전송) 1% → 0.5%
• 공급시기가 속하는 과세기간 확정신고기한(25일)까지 미전송

## ❹ 전자세금계산서 수정 발급 및 전송기한

① 발행된 전자세금계산서는 취소.반송이 불가능하며, 수정 등의 사유가 발생한 경우에는 반드시 전자적으로 수정세금계산서를 발행하여야 하며, 수정세금계산서의 전송기한은 최초 발행된 세금계산서의 전송기한과는 독립적으로 수정세금계산서 발행일(또는 전자서명일)을 기준으로 전송기한이 다시 시작된다. 즉, 수정전자세금계산서의 경우에는 당초 발행된 전자세금계산서의 전송기한이 적용되는 것이 아니라, **수정전자세금계산서의 작성연월일(또는 전자서명일)을 기준**으로 하므로 수정 전자세금계산서 **발급일의 익일**까지 전송하여야 한다.

② 발행된 전자세금계산서는 취소.반송이 불가능하며, 수정 등의 사유가 발생한 경우에는 수정세금계산서를 발행하여야 한다.

③ 전자세금계산서 발행제도하에서는 수정세금계산서 발급사유가 발생한 경우 반드시 전자적으로 수정세금계산서를 발급하여야 한다.

## ❺ 전자세금계산서 발급과 관련한 기타 유의사항

### [1] 위·수탁세금계산서 발행
위·수탁세금계산서를 발행하는 경우 수탁자가 거래처 등록을 이용하여 미리 입력해 놓은 거래처가 매출자와 매입자의 인적사항 항목에서 조회 되어 위·수탁세금계산서를 발행할 수 있다.

### [2] 총괄납부사업자 및 사업자단위과세자의 전자세금계산서 발급
총괄납부 사업자의 경우 납부만 총괄로 하도록 되어 있으므로 세금계산서 발행은 각 지점별(사업장별)로 하여야 한다. 다만, **사업자 단위 과세사업자인 경우 본점에서 일괄하여 종사업장의 자료를 조회관리할 수 있다.** 종사업장번호(4자리)는 부가가치세법 상 사업자 단위 과세를 적용받는 사업자의 종사업장 구분코드이며, 종사업장번호는 거래처에 확인하여야 하나 필수입력사항은 아니다.

## 3     전자세금계산서 수정발급과 가산세 적용

### ❶ 전자세금계산서 작성일자를 잘못하여 발급한 경우

#### 1 공급시기와 전자세금계산서 작성일자가 다른 경우 세무상 문제

공급시기(거래일자)와 세금계산서 작성일자가 착오로 잘못 기재한 경우 작성일자를 수정하여 수정세금계산서를 발급하여야 한다. 다만, 세금계산서는 발급시기가 속하는 달의 다음달 10일까지 발급을 하여야 하므로 수정한 작성일자의 다음달 10일 이내에 수정세금계산서를 발급하여야 가산세 적용이 없다.

☞ **작성일자를 잘못 기재하여 해당 공급시기가 속하는 달의 다음달 10일 이내 수정발급 하는 경우 가산세는 없음**
예를 들어 20×7년 1월 31일 거래에 대해 작성일자를 잘못하여 2월 3일로 하여 2월 3일 발급하였으나 이를 수정발급 하고자 하는 경우 늦어도 2월 10일까지는 작성일자를 1월 31일로 하여 발급하여야 가산세가 없다.

☞ **작성일자를 잘못 기재하여 세금계산서를 수정발급하는 경우 가산세 적용은 없으나 당초 지연발급한 경우에는 지연발급에 대한 가산세가 적용되는 것임**
작성일자를 잘못 기재하여 이를 수정발급하는 경우 가산세 적용은 없다. 다만, 당초 발급한 세금계산서의 작성일자가 공급시기가 속하는 달의 다음달 11일 이후 발급된 경우에는 세금계산서 지연발급에 해당하여 공급자에게는 지연발급가산세(공급가액의 100분의1)가 공급받는자에게는 지연수취가산세(공급가액의 0.5%)가 각각 적용된다.

#### 2 공급시기와 작성일자는 같아도 발급일자가 늦은 경우 세무상 문제

세금계산서는 재화 또는 용역의 공급일을 작성일자로 하여 해당 재화 또는 용역의 공급일에 전자세금계산서를 발급(공급일 = 작성일자 = 발급일자)하여야 한다. 다만,

월합계 세금계산서나 실제거래사실이 확인되는 경우 해당 월의 말일 또는 거래일을 작성 연월일로 하여 해당 월의 다음달 10일까지 발급을 할 수 있다.

정당한 공급일을 작성일자로 전자세금계산서를 발급하더라도 발급일자가 늦어지는 경우 다음의 가산세가 적용된다.

### 👉 공급시기가 속하는 다음 달 11일 이후 부가가치세 확정신고기한내 전자세금계산서를 발급하는 경우 지연발급가산세가 적용됨

작성일자는 정당하더라도 다음 달 11일 이후에 세금계산서를 발급한 경우 동일 과세기간인 경우 공급자는 공급가액의 1%를 가산세로 부담하여야 하며, 공급받는자는 공급가액의 0.5%를 가산세로 부담하여야 한다.

### 👉 공급시기가 속하는 확정과세기간의 다음달 11일 이후 25일(신고기한)내 전자세금계산서를 발급하는 경우

공급시기가 속하는 부가가치세 과세기간의 다음달 11일부터 25일까지 전자세금계산서를 발급하는 경우 공급자 및 공급받는자는 세금계산서 지연발급가산세가 적용된다. 예를 들어 6월 30일 작성일자인 세금계산서를 **7월 11일 이후 7월 25일 이내에** 발급하는 경우 공급자는 공급가액의 1%를 가산세로 부담하여야 하며, 공급받는자는 공급가액의 0.5%를 가산세로 부담하여야 한다.

### 👉 확정과세기간의 신고기한 이후에 전자세금계산서를 발급하는 경우

공급자가 세금계산서를 발급하지 않은 것으로 보아 공급자는 공급가액의 2%를 가산세로 부담하여야 하며, 매입자는 매입세액을 공제받을 수 없다.

[개정 세법] 지연수취 세금계산서 매입세액공제 허용 범위 확대(부령 제75조)
공급시기 이후 세금계산서를 발급받았으나, 실제 공급시기가 속하는 과세기간의 확정신고기한 다음날부터 6개월 이내에 발급받은 것으로서 수정신고·경정청구하거나, 거래사실을 확인하여 결정·경정
<적용시기> 2019.2.12. 이후 재화 또는 용역을 공급받는 분부터 적용

## ❷ 계약 해제 또는 반품 관련 수정세금계산서 발급방법

### 1 개요

① 계약이 해제된 경우 계약해제일을 작성일자로 적고 비고란에 처음 세금계산서 작성일을 덧붙여 적은 후 붉은색 글씨로 쓰거나 음(陰)의 표시를 하여 발급한다.

② 재화를 공급한 후 하자 등의 사유로 반품된 경우 재화가 **환입된 날을 작성일자**로 하여 비고란에 당초 세금계산서 작성일자를 부기한 후 붉은색 글씨로 쓰거나 부(負)의 표시를 하여 발급한다.

☞ 재화의 환입 또는 계약의 해제로 그 사유가 발생한 날 정당하게 세금계산서를 수정 발급한 경우 매출자 및 매입자 모두 가산세 적용은 없다.

▶ **사업연도 이후 계약 해제 또는 환입된 경우 매출 차감**
내국법인이 상품·제품 또는 기타의 생산품을 판매한 경우 그 손익의 귀속시기는 그 상품 등을 인도한 날이 속하는 사업연도로 하는 것이며, 판매한 상품 등이 반품된 경우에는 그 반품일이 속하는 사업연도에 매출의 취소로 보아 매출액에서 차감하는 것임(법인-1434, 2009.12.28.)

### 2 계약의 해제시 수정 전자세금계산서 발급

계약이 해제된 때에 그 작성일은 계약해제일로 적고 음의 표시를 하여 발급한다. (종이세금계산서의 경우 비고란에 처음 세금계산서 작성일을 덧붙여 기재함)

☐ 부가, 기획재정부 부가가치세제과-173, 2016.03.18.
사업자가 중간지급조건부로 재화를 공급하면서 대가의 각 부분을 받기로 한 때 세금계산서를 교부하다가 계약내용의 변경사유가 발생하여 거래당사자간 합의에 따라 당초 계약을 취소하고 새로운 계약을 체결함으로써 공급가액을 차감하게 되는 경우 세금계산서를 수정하여 발급할 수 있으며, 증감사유가 발생한 날을 수정세금계산서의 작성일자로 적는 것임

### ③ 재화 또는 용역의 공급없이 착오로 세금계산서를 잘못 발행한 경우

재화나 용역을 공급함이 없이 매출 세금계산서를 잘못 발급한 경우에는 수정세금계산서 발급사유에 해당하지 아니하므로 수정세금계산서를 발급할 수 없으며, 재화나 용역을 공급함이 없이 매출세금계산서를 발급한 공급자는 공급가액의 3%를 가산세로 부담하여야 한다. 한편, 거래없이 타 사가 세금계산서를 잘못 발행한 매입세금계산서를 수취한 해당 업체는 매입세액을 불공제처리 하여야 하며, 매입세액공제를 받은 경우에는 수정신고를 하여야 하고, 수정신고시 신고불성실가산세 및 납부불성실가산세를 추가로 부담하여야 한다.

### ④ 반품시 전자세금계산서 수정발급

**[1] 처음 공급한 재화가 환입(還入)된 경우**
재화가 환입된 날을 작성일로 입력하고, 음(陰)의 표시를 하여 발급한다. (종이 세금계산서의 경우 비고란에 처음 세금계산서 작성일을 덧붙여 기재함)

◆ 상당기간 사용한 재화를 회수하는 경우 세금계산서를 발급하여야 함
부가, 서면인터넷방문상담3팀-109, 2006.01.17.
상당기간 사용한 재화를 회수하는 것은 재화의 환입에 해당하지 아니하는 것으로 재화를 회수당한 사업자는 세금계산서를 교부하여야 하는 것임

**[2] 불량재화는 반품받고 동일 제품으로 교환하여 주는 경우**
부가가치세가 과세되는 재화의 공급에 해당되지 아니하므로 반품에 따른 수정세금계산서 및 교환에 따른 세금계산서 발급대상이 아니다.

**[3] 불량재화는 반품받고 동종 유사 제품으로 교환하여 주는 경우**
반품에 따른 수정세금계산서 및 교환에 따른 세금계산서를 각각 발급한다.

**[4] 불량재화를 반품받지 아니하고 동종 유사 제품을 무상으로 주는 경우**
무상 공급시 시가를 과세표준으로 하여 세금계산서를 발급하여야 한다.

## ❸ 필요적 기재사항을 잘못 입력한 경우

### ① 필요적 기재사항을 착오로 잘못 입력한 경우

처음에 발급한 세금계산서의 내용대로 세금계산서를 음(陰)의 표시를 하여 발급하고, 수정하여 발급하는 세금계산서는 양수로 작성하여 발급한다. 다만, 다음의 어느 하나에 해당하는 경우로서 과세표준 또는 세액을 경정할 것을 미리 알고 있는 경우는 제외한다.
1. 세무조사의 통지를 받은 경우
2. 세무공무원이 과세자료의 수집 또는 민원 등을 처리하기 위하여 현지출장이나 확인업무에 착수한 경우
3. 세무서장으로부터 **과세자료 해명안내 통지**를 받은 경우
4. 그 밖에 1호부터 3호까지의 규정에 따른 사항과 유사한 경우

### ② 필요적 기재사항을 <u>착오 외</u>의 사유로 잘못 입력한 경우

재화나 용역의 공급일이 속하는 과세기간에 대한 **확정신고기한**까지 세금계산서를 작성하되, 처음에 발급한 세금계산서의 내용대로 세금계산서를 음(陰)의 표시를 하여 발급하고, 수정하여 발급하는 세금계산서는 양(陽)의 표시를 하여 작성한다. 다만, 과세표준 또는 세액을 경정할 것을 미리 알고 있는 경우는 수정 전자세금계산서를 발급할 수 없다.

## ❹ 기타 수정 전자세금계산서 발급

### ① 착오로 전자세금계산서를 이중으로 발급한 경우

① 매출자는 처음에 발급한 세금계산서의 내용대로 음(陰)의 표시를 하여 발급 : 전자세금계산서를 착오에 의한 이중으로 발급한 경우 당초 작성일자로 하여 부(-)의 수정세금계산서를 발행하고 당초 과세기간분에 대하여 '경정청구'하여 환급을 받아야 한다. 이 경우 가산세 적용은 없다.

② 매입자는 매입세액을 공제받은 사실이 없는 경우 가산세 적용은 없으나 매입세액을 중복으로 공제받았다면, 수정신고를 하여야 하며, 수정신고시 신고불성실 및 납부불성실가산세가 적용된다. 단, 수정전자세금계산서를 발급받고 수정신고시에는 매입처별세금계산서합계표 불성실가산세는 적용되지 않는다.

## 2  면세 등 발급대상이 아닌 거래 등에 대하여 발급한 경우

처음에 발급한 세금계산서의 내용대로 음의 표시를 하여 발급한다.

## 3  공급받는 자를 잘못 기재하여 세금계산서를 발행한 경우

공급받는자를 잘못 기재한 경우 재화 또는 용역의 공급시기가 속한 과세기간의 **확정신고기한**까지 공급받는 자를 수정하는 세금계산서를 발행할 수 있으며, 이 경우 적용되는 세금계산서 관련 가산세는 없다. 단, 공급받는 자의 수정은 기재사항 착오로 볼 수 없으므로 **확정신고기한 이후**에는 수정세금계산서를 발급할 수 없으며, 확정신고기한 이후 세금계산서를 발급한 경우 세금계산서를 발급하지 않은 것으로 보아 공급자는 공급가액의 2%를 곱한 금액의 가산세가 적용되며, 매입자는 매입세액을 공제받을 수 없다.

## 4  과세표준 및 세율을 잘못하여 실제보다 과다하게 발급한 경우

① 처음에 발급한 세금계산서의 내용대로 세금계산서를 붉은색 글씨로 쓰거나 음(陰)의 표시를 하여 발급하고, 수정 발급하는 세금계산서는 양의 표시를 하여 발급한다.
② 공급가액 또는 세액을 착오로 과다 기재한 경우 공급가액을 정정하는 수정세금계산서를 발급할 수 있으며, 수정신고를 하는 경우 필요적 기재사항의 수정으로 공급자의 경우 가산세 적용은 없다. 단, 공급받는자의 경우 과세기간 이후에는 당초 매입세액을 과다하게 공제받은 금액에 대하여 신고불성실가산세 및 납부불성실가산세를 부담하여야 한다.(세금계산서 관련 가산세는 없음)

### 5  과세표준 및 세액을 잘못하여 실제보다 과소하게 발급한 경우

착오사실을 인지한 날 처음에 발급한 세금계산서의 내용대로 세금계산서를 붉은색 글씨로 쓰거나 음(陰)의 표시를 하여 발급하고, 수정 발급하는 세금계산서는 양의 표시를 하여 발급한다. 단, 예정신고기한 또는 확정신고기한 이후 수정하여 발급하는 경우 부가가치세를 과소신고 및 납부한 것이므로 신고불성실가산세 및 납부불성실가산세를 추가로 부담하여야 한다.(세금계산서 관련 가산세는 없음) 한편, 매입자의 경우 수정세금계산서에 의해 매입세액 공제가 가능하다.

### 6  사업자를 주민등록기재분으로 세금계산서 발급한 경우

공급자가 거래 상대방이 사업자인 것을 모르고 주민등록번호를 기재하여 발행한 세금계산서는 주민등록번호를 사업자등록번호로 수정한 세금계산서를 발급할 수 있다. 이 경우 가산세 적용은 없으나 관할 **세무서장이 경정하여 통지하기 전까지** 당초에 발급한 세금계산서의 내용대로(당초 작성일자) 세금계산서를 수정하여 발급하여야 한다. 다만, 공급받는 자가 사업자등록을 하기 전에 공급받는 자의 주민등록번호를 기재하여 발급한 세금계산서에 대하여는 사업자등록번호로 수정한 세금계산서를 발급할 수 없다.

### 7  폐업자에게 세금계산서를 발급한 경우

재화 또는 용역을 공급받는 자가 사업자가 아닌 경우(폐업자 포함)에는 공급받는 자의 주소·성명 및 주민등록번호 기재하여 발급하여야 한다. 단, 매입자가 폐업자인줄 모르고 사업자번호로 세금계산서를 발행한 경우 재화 및 용역의 공급일이 속하는 과세기간에 대한 **확정신고기한**까지 수정세금계산서를 작성 발급할 수 있는 것으로 이 경우 당초분은 취소하고 공급받는 자의 주민등록번호를 기재한 수정세금계산서를 **확정신고기한**까지 발급할 수 있으며, 확정신고기한까지 수정세금계산서를 발행하는 경우 가산세 적용은 없다. 한편, 확정신고기한을 경과한 경우에는 세금계산서를 수정하여 발행할 수 없으므로 이 경우 세금계산서불성실가산세가 적용된다.

### 8  세금계산서를 발행하여야 하나 면세 계산서를 발행한 경우

부가가치세가 과세되는 재화 또는 용역을 공급하였으나 면세 계산서를 발급한 경우 공급시기가 속하는 다음달 10일까지 세금계산서를 발급하는 경우 가산세 적용은 없으나 세금계산서 발급이 다음달 11일 이후부터 동일 과세기간의 확정신고기한내 지연된 경우 매출자는 공급가액의 1%를 가산세로 부담하여야 하며, 매입자는 지연발급가산세 0.5%를 부담하여야 한다. 단, 동일 과세기간의 확정신고기한 이후 세금계산서를 발급하는 경우 세금계산서 미발급가산세(공급가액의 2%)를 부담하여야 하며, 신고불성실 가산세 및 납부불성실 가산세를 추가로 부담하여야 한다.

한편, 동일 과세기간의 확정신고기한 이후 세금계산서를 발급하는 경우 매입자는 매입세액을 공제받을 수 없다. 그러나 공급시기 이후 세금계산서를 발급받았으나, 실제 공급시기가 속하는 과세기간의 확정신고기한 다음날부터 6개월 이내에 발급받은 것으로서 수정신고·경정청구하거나, 거래사실을 확인하여 결정·경정되는 경우에는 매입세액은 공제를 받을 수 있다.

### 9  면세 계산서를 발행하여야 하나 세금계산서를 발행한 경우

부가가치세가 면제되는 재화나 용역을 공급하면서 착오로 계산서가 아닌 세금계산서로 발급한 경우 부가가치세법의 가산세는 없으나 법인세법 또는 소득세법의 규정에 의한 계산서 불성실가산세[공급가액의 2%, 지연발급(과세기간 말의 다음달 25일까지 발급)의 경우 공급가액의 1%]가 적용된다. 단, 영수증 발급대상사업자 등 계산서 발급의무가 없는 업종의 경우 계산서 관련 가산세 적용은 없다.

## ❺  내국신용장 또는 구매확인서가 거래시기 이후 발급된 경우

① 수출품생산업자가 수출물품을 수출업자에게 내국신용장 또는 구매확인서에 의하여 공급하는 경우 영세율이 적용되며, 이 경우 재화 또는 용역의 공급일을 작성일자로 하여 영세율 세금계산서를 발급하여야 한다.
② 재화 또는 용역의 공급시기 전 내국신용장 또는 구매확인서가 개설되지 않은 경우 재화 또는 용역의 공급일을 작성일자로 하여 세금계산서를 발급하여야 한다.

③ 당초 내국신용장 또는 구매확인서가 개설되지 아니하여 세금계산서를 발급하였으나 공급시기가 속하는 과세기간 종료 후 25일 이내에 내국신용장 또는 구매확인서가 개설된 경우 다음과 같이 수정 세금계산서를 발급한다.
1. 재화 또는 용역의 공급일을 작성일자로 하여 세금계산서를 발급한다.
2. 내국신용장 또는 구매확인서가 개설된 때에 처음 발급한 세금계산서(1의 세금계산서)는 발급한 세금계산서의 내용대로 음(陰)의 표시를 하여 발급한다.
3. 처음 세금계산서 작성일로 하여(비고란에 내국신용장 개설일 등을 덧붙여 적음) 영세율 세금계산서를 발급한다.

### ▶ 세금계산서를 발급하여야 하나 영세율 세금계산서를 발급한 경우

세금계산서를 발급하여야 하나 영세율 세금계산서를 발급하고, 예정신고기간 또는 확정신고기간이 지난 이후 수정세금계산서를 발급하는 경우 매출자는 부가가치세 과소납부에 따른 신고불성실가산세 및 납부불성실가산세를 추가로 부담하여야 한다. 다만, 매입자의 경우 과세표준 또는 세액을 경정할 것을 미리 알고 있는 경우(세무조사의 통지를 받은 경우, 세무서장으로부터 **과세자료 해명안내 통지**를 받은 경우 등)가 아니면, 경정청구를 하여 환급을 받을 수 있을 것이다.

## ❻ 전자세금계산서 발급대상자가 종이세금계산서를 발급한 경우

전자세금계산서 발급의무대상 사업자가 종이세금계산서를 발행한 경우 매출자는 세금계산서 불성실가산세(공급가액의 1%)를 부담하여야 하나 매출자가 정당한 거래시기에 종이세금계산서를 발행한 경우 매입자는 매입세액을 공제받을 수 있다.

### ▶ 세금계산서를 과세기간내 발급하지 못한 경우 종이세금계산서 발급

전자세금계산서의 경우 해당 과세기간의 11일 이후 발급하면, 그 자료가 국세청 전산시스템에 남아 국세청이 알 수 있으므로 매입자의 경우 매입세액공제가 불가능하다. 단, 종이세금계산서를 발급하는 경우 예를 들어 11월 30일 거래분을 다음해 1월 20일에 작성일자를 11월 30일로 하여 발급하더라도 발급일자를 국세청이 확인할 수 없으므로 매출자는 전자세금계산서 미발행에 대한 불성실가산세(공급가액의 100분의1)는 부담하더라도 매입자는 매입세액을 공제받을 수 있을 것이다.

# 4 전자세금계산서 발급방법 등

## ❶ 발급방법

### 1 국세청 「홈택스」에서 전자세금계산서 발행

**[1] 「홈택스」에서 전자세금계산서 발행**

국세청 전자세금계산서 발행 홈페이지인 「홈택스」에서 공인인증서로 로그인하고, 세금계산서를 작성하여 발급)하는 방법으로 별도 시스템 개발 없이 모든 사업자가 무료로 이용가능하다.

#### ▶ 공인인증서

전자세금계산서를 발급하기 위해서는 전자세금계산서 발급용 공인인증서를 발급받아야 한다.

◆ 이용가능한 공인인증서
1. 법인용 범용공인인증서
2. 전자세금계산서 발급용 공인인증서

---
**보 충** 전자세금서 발급용 공인인증서
---
○ 법인범용인증서
○ 전자세금용인증서
1. 기업인터넷뱅킹을 가입하여 사용하고 있는 사업자(법인, 개인사업자)는 거래은행 홈페이지에서 발급이 가능하다.
2. 기업인터넷뱅킹에 가입하지 않은 사업자는 반드시 거래은행 창구를 방문하여 **전자세금계산서 발급용 공인인증서**를 발급받아야 한다.
   개인사업자는 반드시 본인이 은행을 방문하여야 발급을 받을 수 있다.
- 방문신청시 구비서류(법인) : 사업자등록증, 법인등기부등본, 법인 인감증명서, 법인인감, 신분증, 출금계좌용통장, 위임장(대리 경우)
- 방문신청시 구비서류(개인사업자) : 사업자등록증, 신분증, 출금계좌용통장

**[2] 거래처 e-mail**
매출자는 전자세금계산서를 발급하기 위해 매입자가 수신할 수 있는 포털사이트의 e-mail 또는 사업용으로 보유한 e-mail을 확보하여야 한다.

거래처 e-mail 착오 기재, 기재하지 아니한 경우 수정 전자세금계산서 발급대상은 아니며, 이 경우 정정 기재하여 재발행하여야 하는 것임

## 2 세금계산서 발행시스템 임대사업자 등을 통한 발행방법

세금계산서 발행시스템 임대사업자들이 사업목적으로 구축한 시스템(ASP) 또는 대법인들이 구축한 ERP시스템을 이용하는 방법으로 전자세금계산서 발행시스템을 개발하여 그 시스템을 제공하는 것을 주업으로 하는 임대사업자(ASP)의 시스템에 접속하여 발행, 국세청에 전송하는 방법

# ❷ 전자세금계산서 활용 및 발급혜택

**[1] 전자세금계산서 활용**
① 매출자 및 매입자는 「홈택스」에서 국세청으로 전송된 세금계산서를 확인할 수 있으며 부가가치세 신고서 작성시에 합계액을 참고할 수 있다.
② 전자세금계산서 발행분은 부가가치세 신고시 개별명세표를 작성할 필요가 없다.

**[2] 전자세금계산서 발급혜택**
전자세금계산서로 발행하고 국세청에 전송된 분에 대해서는 「전자세금계산서 발행분」란에 합계액만 기재하고, 거래처별 개별명세표를 작성할 필요가 없다. 단, 국세청에 전송되지 않은 전자세금계산서와 종이세금계산서는 「전자세금계산서 외의 발행분」란에 합계액과 거래처별 개별명세를 기재하여야 한다.

# 5　매입 전자세금계산서

## ❶ 매입분 전자세금계산서 수취 및 부가가치세 신고

매출자의 전자세금계산서 발행내역을 조회하여 매입분 전자세금계산서 수취분으로 신고한다. 전자세금계산서가 재화나 용역을 공급받는 자의 전자세금계산서 발급시스템(홈택스 등)에 입력된 때에는 공급받는 자의 승인 및 수취여부와 관련없이 매입자가 전자세금계산서를 수신한 것으로 본다.

## ❷ 매입분 전자세금계산서 관리

① 매입과 관련하여 전자세금계산서를 수취한 경우 별도의 종이세금계산서를 수취할 의무는 없으며, 부가가치세 신고시 매입처별세금계산서합계표의 '전자세금계산서의 발급받은분'에 합계하여 기재한다.

② 실무에서 관리상의 편의를 위하여 전자세금계산서를 발급한 사업자가 종이세금계산서(종이세금계산서의 명칭을 전자세금계산서로 표시함)를 발급하기도 한다. 이 경우 종이로 발급받은 전자세금계산서는 별도로 구분하여 관리하여야 하며, 어떠한 경우에도 '세금계산서 외의 발급받은분'에 포함하여 매입세액을 이중으로 공제를 받지 않도록 하여야 한다. 즉, 종이로 발급받은 전자세금계산서는 관리상 편의를 위하여 발급받은 것이므로 부가가치세 신고시 **전자세금계산서 발급받은분**'에 합계하여 기재하여야 하며, **'세금계산서 외의 발급받은분'**에 다시 포함하여서는 안된다.

# 5 영수증 발급 및 현금영수증

## 1 영수증 발급

### ❶ 영수증

① 영수증이라 함은 세금계산서와 달리 세금계산서의 필요적 기재사항 중 **공급받는 자를 별도로 기재하지 아니하고** 공급자의 사업자등록번호, 상호, 성명, 공급가액 및 세액, 작성연월일이 기재된 것으로 주로 사업자가 아닌 다수의 소비자를 상대로 하는 사업자와 간이과세자는 영수증을 발급하여야 한다.
② 사업자가 재화 또는 용역을 공급받고 영수증을 수취한 경우 그 매입세액을 공제받을 수 없으며, 건별 거래금액이 3만원을 초과하는 경우 정규영수증으로서의 효력도 인정되지 않으므로 영수증발행사업자로부터 재화 또는 용역을 공급받을 시 현금영수증을 수취하거나 신용카드로 결제하여야 한다.

### ❷ 영수증 발급대상사업자

부가가치세법상 사업자는 재화 또는 용역의 공급시 원칙적으로 세금계산서를 발급하여야 한다. 그러나 주로 사업자가 아닌 일반소비자에게 재화 또는 용역을 공급하는 사업자의 경우 공급받는 자 및 부가가치세를 별도로 기재하지 아니한 영수증(통상 간이영수증이라 함)을 발급할 수 있도록 하고 있다. (부가가치세법 제36조, 부가가치세법 시행령 제73조, 부가가치세법 시행규칙 제53조)

1. 소매업, 음식점업(다과점업 포함), 숙박업
2. 목욕·이발·미용업
3. 여객운송업
4. 입장권을 발행하여 영위하는 사업
5. 우정사업조직이 소포우편물을 방문접수하여 배달하는 용역을 공급하는 사업
6. 무도학원 및 자동차운전학원
7. 변호사업, 변리사업, 법무사업, 공인회계사업, 세무사업, 경영지도사업, 기술지도사업, 감정평가사업, 기술사업, 건축사업, 도선사업, 측량사업 기타 이와 유사한 사업서비스 및 행정사업(사업자에게 공급하는 것 제외)
8. 주로 사업자가 아닌 소비자에게 재화 또는 용역을 공급하는 사업인 도정업, 제분업중 떡방앗간, 양복점업·양장점업·양화점업, 주거용 건물공급업, 운수업 및 주차장운영업, 부동산중개업, 개인서비스업, 가사서비스업 등
9. 자동차제조업 및 자동차판매업

### ▶ 영수증 발급의무자 중 세금계산서를 발급하여야 하는 경우

일반과세자가 영수증 발급의무자로부터 재화 또는 용역을 공급받고, 공급자에게 세금계산서 발급을 요구하는 때에는 영수증 발급의무자는 세금계산서를 발급하여야 한다. 한편, **목욕·이발·미용업, 여객운수업(전세버스 운송사업은 제외함), 입장권을 발행하여 영위하는 사업**의 경우에는 공급받는 자가 세금계산서의 발행을 요구하여도 공급자는 세금계산서를 발행할 수 없으나 감가상각자산을 공급하는 경우에 공급받는 사업자가 세금계산서 발급을 요구할 때에는 세금계산서를 발급하여야 한다.

## ❸ 영수증 발급의무 면제 대상

1. 택시운송 사업자, 노점 또는 행상을 하는 자가 공급하는 재화 또는 용역
2. 무인자동판매기를 이용하여 재화 또는 용역을 공급하는 자
3. 개인적 공급, 사업상 증여 및 폐업시의 잔존재화 등과 간주공급에 해당하는 재화
4. 부동산임대용역중 전세금·임대보증금에 대한 간주임대료
5. 영세율 적용이 되는 재화 또는 용역의 공급으로 직접 수출하는 재화
6. 국외에서 제공하는 용역, 「항공법」에 의한 상업서류 송달용역 등

# 2 현금영수증

## ❶ 개요

① 현금영수증이란 현금영수증 발급장치에 의하여 발급하는 영수증으로 사업자가 현금영수증을 발급한 경우 국세청 전산시스템과 연결되어 국세청은 현금영수증을 발급한 사업자의 매출내용을 알 수 있으므로 주로 소비자를 대상하는 업종에 대하여 현금영수증을 발급하도록 하고 있으며, 특정한 업종(현금영수증 의무발급업종)의 경우 10만원 이상 거래에 대하여 현금영수증을 발급하지 아니한 경우 법인세법 또는 소득세법에 의한 가산세[현금영수증 미발급금액의 20%(착오나 누락으로 인하여 거래대금을 받은 날부터 7일 이내에 관할 세무서에 자진 신고하거나 현금영수증을 자진 발급한 경우에는 100분의 10)]

[개정 세법] 2019년 이후 조세범처벌법의 과태료를 소득세법 및 법인세법으로 이관
거래대금 × 20% (착오나 누락으로 인하여 거래대금을 받은 날부터 7일 이내에 관할 세무서에 자진 신고하거나 현금영수증을 자진 발급한 경우 100분의 10)

② 과세사업자가 물품 등을 구입하고 현금영수증을 수취하고, 일정한 요건을 충족하는 경우 매입세액을 공제하여 주고 있으며, 사업자가 정규영수증을 수취한 경우 사업과 관련한 정당한 비용으로 인정을 하여 준다.

③ 현금영수증은 사업자가 물품 등의 판매에 대하여 매출을 누락할 수 없도록 만든 제도적 장치로서 신용카드와 더불어 주로 일반 소비자에게 물품 등을 판매하는 사업자(음식점, 소매점 등)의 매출 누락을 원천적으로 방지하여 사업자가 세금신고를 성실하게 할 수밖에 없도록 하는데 막대한 기여를 하였다.

## ❷ 현금영수증가맹점 가입의무대상 사업자

① 주로 사업자가 아닌 소비자[별표 3의2]에게 재화 또는 용역을 공급하는 사업자로서 직전연도의 수입금액 합계액이 2,400만원 이상인 사업자

□ 소득세법시행령 [별표 3의2] 소비자상대업종(제210조의2제1항 관련)

| 구분 | 업종 |
|---|---|
| 1. 소매업 | 복권소매업 등 기획재정부령으로 정하는 업종을 제외한 소매업 전체 업종 |
| 2. 숙박 및 음식점업 | 숙박 및 음식점업 전체 업종 |
| 3. 제조업 | 양복점업 등 기획재정부령으로 정하는 업종 |
| 4. 건설업 | 실내건축 및 건축마무리 공사업 |
| 5. 도매업 | 자동차중개업 |
| 6. 부동산업 및 임대업 | 부동산 자문 및 중개업<br>부동산 감정평가업(감정평가사업을 포함한다), 의류 임대업 |
| 7. 운수업 | 전세버스 운송업, 이사화물운송주선사업, 장의차량 운영업, 주차장 운영업, 일반 및 국외 여행사업, 국내 여행사업, 기타 여행보조 및 예약 서비스업<br>여객 자동차 터미널 운영업, 소화물 전문 운송업 |
| 8. 전문·과학 및 기술서비스업 | 변호사업, 변리사업, 공증인업, 법무사업, 행정사업, 공인노무사업<br>공인회계사업(기장대리를 포함한다), 세무사업(기장대리를 포함한다)<br>건축설계 및 관련 서비스업, 기술사업, 심판변론인업, 경영지도사업, 기술지도사업<br>손해사정인업, 통관업, 측량사업, 인물사진 및 행사용비디오 촬영업, 사진처리업 |
| 9. 교육서비스업 | 컴퓨터학원, 속기학원 등 그 외 기타 분류안된 교육기관, 운전학원, 자동차정비학원 등 기타 기술 및 직업훈련학원, 일반 교과 학원, 외국어학원, 방문 교육 학원<br>온라인 교육 학원, 기타 일반 교습학원, 예술 학원, 스포츠 교육기관<br>기타 교육지원 서비스업 |
| 10. 보건업 및 사회복지서비스업 | 종합병원, 일반병원, 치과병원, 한방병원, 일반의원(일반과, 내과, 소아과, 일반외과, 정형외과, 신경과, 정신과, 피부과, 비뇨기과, 안과, 이비인후과, 산부인과, 방사선과 및 성형외과), 기타의원(마취과, 결핵과, 가정의학과, 재활의학과 등 달리 분류되지 아니한 병과), 치과의원, 한의원, 수의업 |
| 11. 예술, 스포츠 및 여가 관련 서비스업 | 영화관 운영업, 비디오물 감상실 운영업, 독서실 운영업, 박물관 운영업<br>식물원 및 동물원 운영업, 실내 경기장 운영업, 실외 경기장 운영업<br>경주장 운영업(경마장 운영업 포함), 골프장 운영업, 스키장 운영업<br>체력단련시설 운영업, 수영장 운영업, 볼링장 운영업, 당구장 운영업<br>종합 스포츠시설 운영업, 골프연습장 운영업, 스쿼시장 등 그 외 기타 스포츠시설 운영업,<br>컴퓨터 게임방 운영업, 노래연습장 운영업, 오락사격장 등 기타 오락장 운영업<br>해수욕장 운영 등 기타 수상오락 서비스업, 낚시장 운영업<br>무도장 운영업, 유원지 및 테마파크 운영업, 기원 운영업 |
| 12. 협회 및 단체, 수리 및 기타 개인 서비스업 | 일반 기계 수리업(건설·광업용 기계 및 장비 수리업은 제외한다)<br>컴퓨터 및 사무용 기기 수리업, 통신장비 수리업, 전기 및 정밀기기 수리업<br>자동차 종합 수리, 자동차 전문 수리, 자동차 세차업, 모터사이클 수리업<br>가전제품 수리업, 신발, 의복 및 기타 가정용 직물제품 수리업<br>시계, 귀금속 및 악기 수리업, 보일러수리 등 그외 기타 개인 및 가정용품 수리업<br>이용업, 두발미용업, 피부미용업, 손발톱 관리 등 기타미용업, 욕탕업, 마사지업<br>다이어트센터 등 기타 미용관련 서비스업, 가정용 세탁업, 세탁물 공급업<br>장례식장 및 장의관련 서비스업, 화장, 묘지분양 및 관리업, 예식장업<br>점술 및 유사 서비스업, 산후조리원, 맞선주선 및 결혼 상담업 |
| 13. 가구내 고용활동 | 놀이방·어린이집(「영유아보육법」 제13조에 따라 설치·인가된 경우는 제외한다) |

② 현금영수증 의무발행업종을 영위하는 사업자 [별표 3의3]

☐ 현금영수증 의무발행업종(제210조의3제1항제4호 및 같은 조 제9항 관련)

| 구분 | 업종 |
|---|---|
| 1. 사업서비스업 | 변호사업, 공인회계사업, 세무사업, 변리사업, 건축사업, 법무사업<br>심판변론인업, 경영지도사업, 기술지도사업, 감정평가사업<br>손해사정인업, 통관업, 기술사업, 측량사업, 공인노무사업 |
| 2. 보건업 | 종합병원, 일반병원, 치과병원, 한방병원, 일반의원(일반과, 내과, 소아과, 일반외과, 정형외과, 신경과, 정신과, 피부과, 비뇨기과, 안과, 이비인후과, 산부인과, 방사선과 및 성형외과)<br>기타의원(마취과, 결핵과, 가정의학과, 재활의학과 등 달리 분류되지 아니한 병과), 치과의원, 한의원, 수의업 |
| 3. 숙박 및 음식점업 | 일반유흥 주점업(「식품위생법 시행령」 제21조제8호다목에 따른 단란주점영업을 포함한다)<br>무도유흥 주점업, 관광숙박시설 운영업, 출장 음식 서비스업 |
| 4. 교육 서비스업 | 일반 교습 학원, 예술 학원, 운전학원, 스포츠 교육기관<br>기타 교육지원 서비스업 |
| 5. 그 밖의 업종 | 골프장 운영업, 장례식장 및 장의관련 서비스업<br>예식장업, 부동산 자문 및 중개업, 산후조리원<br>시계 및 귀금속 소매업, 피부미용업<br>다이어트센터 등 기타 미용관련 서비스업<br>실내건축 및 건축마무리 공사업(도배업만 영위하는 경우는 제외한다)<br>인물사진 및 행사용비디오 촬영업(결혼사진 및 비디오 촬영업으로 한정한다), 맞선주선 및 결혼 상담업, 의류 임대업<br>「화물자동차 운수사업법 시행령」 제9조제1호에 따른 이사화물운송주선사업(포장이사운송업으로 한정한다)<br>자동차 부품 및 내장품 판매업, 자동차 종합 수리업<br>자동차 전문 수리업, 전세버스 운송업, 가구 소매업<br>전기용품 및 조명장치 소매업, 의료용 기구 소매업<br>페인트, 유리 및 그 밖의 건설자재 소매업<br>안경 소매업, 운동 및 경기용품 소매업, 예술품 및 골동품 소매업<br>중고자동차 소매업 및 중개업 |

[개정 세법] 〈2019.1.1. 이후〉 악기 소매업, 자전거 및 기타 운송장비 소매업 , 골프연습장 운영업

[별표 3의3] 현금영수증 의무발행업종으로서 법 제162조의3제4항에 해당하는 경우
[시행일:2019.1.1.] 제5호 처목 예술품 및 골동품 소매업

[개정 세법] 현금영수증가맹점 범위 및 가입기한화(소득법 §162의3①, 소득령 §210의3)
▶ 의무가입기한 단축 및 예외
해당일로부터 30일 이내 (3개월 → 60일) 단, 수입금액이 연 2,400만원 이상으로 의무가입대상이 된 경우 → 해당일 다음달부터 3개월 이내
▶ 의무가입대상 해당일 명확화
- 해당업종의 사업개시일
- 수입금액 기준은 해당 과세기간 말일
<적용시기> 2020.1.1. 이후 현금영수증가맹점 가입요건에 해당하는 분부터 적용

[개정 세법] 현금영수증 의무발급업종 확대(소득세법 시행령 별표 3의3)
- 컴퓨터 학원, 기술 및 직업훈련 학원*, 그 외 교육기관** 추가
   * 미용학원, 요리학원, 자동차 정비학원 등
   ** 속기학원, 속독학원, 웅변학원 등
- 의약품 및 의료용품 소매업, 체력단련 시설 운영업, 가전제품 소매업, 묘지 분양 및 관리업, 특수 여객 자동차 운송업* 추가
   * 장의 차량 운영 및 임대
<적용시기> 2020.1.1. 이후 재화나 용역을 공급하는 분부터 적용

## ❸ 현금영수증 의무발행 사업자 및 미발행시 가산세 등

① 현금영수증 의무발행 사업자는 현금영수증가맹점으로 가입을 하여야 하며, 건당 거래금액(부가가치세액 포함)이 **10만원** 이상인 재화 또는 용역을 공급하고 그 대금을 현금으로 받은 경우에는 거래상대방이 현금영수증 발급을 요청하지 아니하더라도 현금영수증을 발급하여야 한다.

② 거래상대방이 현금영수증 발급을 요청하지 아니하거나 현금영수증가맹점이 신분을 인식하지 못하더라도 **국세청이 지정한 코드(010-000-1234)**로 현금영수증을 자진해서 발급하여야 한다. 만약, 재화나 용역을 공급하고 그 대금을 계좌이체 또는 현금으로 받은 즉시 현금영수증을 발급하지 못한 경우에도 받은 날부터 **5일 이내**에 무기명으로 발급할 수 있다.

③ 현금영수증 의무발행사업자가 현금영수증을 발급하지 아니하거나 사실과 다르게 발급하여 관할세무서장으로부터 통보받은 경우 해당 과세기간의 거래에 대하여

통보받은 건별 미발급금액 또는 건별로 사실과 다르게 발급한 금액(건별로 발급하여야 할 금액과의 차액)의 각각 100분의 20에 해당하는 금액을 현금영수증미발급가산세로 부담하게 된다. (소득세법 제81조의9 ②, 법인세법 제75조의6 ②)

[개정 세법] 2019년 이후 조세범처벌법의 과태료를 소득세법 및 법인세법으로 이관
거래대금 × 20% (착오나 누락으로 인하여 거래대금을 받은 날부터 7일 이내에 관할 세무서에 자진 신고하거나 현금영수증을 자진 발급한 경우 100분의 10)

## ❹ 현금영수증가맹점 미가입 및 미발행 등에 대한 가산세

현금영수증가맹점으로 가입하여야 할 사업자가 이를 이행하지 아니하거나 현금영수증가맹점으로 가입한 사업자가 그 상대방이 대금을 현금으로 지급한 후 현금영수증의 발급을 요청함에도 현금영수증을 발행하지 아니한 경우 및 사실과 다르게 발급한 경우에는 다음 각 호의 어느 하나에 해당하는 금액을 해당 과세기간의 결정세액에 더한다. 다만, 제2호의 경우 현금영수증의 발급대상 금액이 건당 5천원 미만인 경우는 그러하지 아니하다.
1. 현금영수증가맹점으로 가입하지 아니한 경우 : 가입하지 않은 기간 수입금액의 100분의 1에 해당하는 금액. 이 경우 미가입기간의 수입금액은 다음 계산식에 따라 산출한다.
수입금액 = 해당 과세기간의 수입금액 × 미가입기간 / 365(윤년에는 366)
2. 현금영수증을 발급하지 아니하거나 사실과 다르게 발급하여 **관할 세무서장으로부터 통보받은 경우** : 해당 과세기간 거래에 대하여 통보받은 건별 미발급금액 또는 건별로 사실과 다르게 발급한 금액의 각각 100분의 20에 해당하는 금액

## ❺ 부가가치세 신고시 현금매출명세서 제출의무

다음의 현금매출명세서 제출대상 사업자는 부가가치세 예정신고 또는 확정신고를 할 때 현금매출명세서를 함께 제출하여야 하며, 현금매출명세서를 제출하지 아니하거나 제출한 수입금액(현금매출명세서의 경우 현금매출)이 사실과 다르게 적혀 있으면 제출하지 아니한 부분의 수입금액 또는 제출한 수입금액과 실제 수입금액과의 차액에 1%를 곱한 금액을 납부세액에 더하거나 환급세액에서 **뺀다**.

## ▶ 현금매출명세서 제출대상 사업자

① 부동산업, 전문서비스업, 과학서비스업 및 기술서비스업, 보건업, 그 밖의 개인서비스업 [부가가치세법 제55조]
② 예식장업, 부동산중개업, 보건업(병원과 의원), 변호사업, 심판변론인업, 변리사업, 법무사업, 공인회계사업, 세무사업, 경영지도사업, 기술지도사업, 감정평가사업, 손해사정인업, 통관업, 기술사업, 건축사업, 도선사업, 측량사업, 공인노무사업, 의사업, 한의사업, 약사업, 한약사업, 수의사업과 그 밖에 이와 유사한 사업서비스업으로서 기획재정부령으로 정하는 것 [부령 제100조 및 제109조 제2항제7호]
③ 과자점업, 도정업, 제분업 및 떡류 제조업 중 떡방앗간, 양복점업, 양장점업, 양화점업, 그 밖에 자기가 공급하는 재화의 50퍼센트 이상을 최종소비자에게 공급하는 사업으로서 국세청장이 정하는 것 [부가가치세법 시행규칙 제71조]

## ▶ 현금매출명세서 작성

10만원 이상의 현금매출에 대하여 현금영수증을 발급하지 아니한 경우 현금매출명세서 ⑩ 의뢰인란에 공급받는자의 인적사항 등을 기재하여 제출하여야 한다.

■ 현금영수증 사업자에 대한 부가가치세 과세특례 적용기한 신설(조특법 §126의3)

| 현 행 | 개 정 |
|---|---|
| □ 현금영수증사업자*에 대한 부가가치세액 공제<br> * 현금영수증가맹점으로부터 현금결제내역을 수집하여 국세청으로 전송 | □ 적용기한 신설 |
| ㅇ (공제대상) ①현금영수증가맹점의 현금영수증 결제건수,<br>②현금영수증 발급장치를 통해 제출하는 지급명세서 건수<br> ㅇ (공제액) 건당 시행령으로 정하는 금액*<br> * 국세청 고시로 위임(종이발급 : 9.4원, 온라인발급 : 8.4원) | ㅇ (좌 동) |
| <신 설> | ㅇ (적용기한) '22.12.31. |

# 6  신용카드매출 부가가치세 신고

## 1  신용카드 매출

### ❶ 개요

사업자가 재화 또는 용역을 제공하고, 신용카드로 결제받은 경우 세금계산서를 발급할 의무는 없으며, 이 경우 신용카드매출에 대하여 부가가치세 신고를 하여야 한다. 단, 세금계산서를 발급하고 그 대금을 신용카드로 결제받은 경우 신용카드로 결제받은 것은 대금 결제를 받은 것으로 세금계산서 발행에 관한 내용만 부가가치세 신고를 하여야 하며, 신용카드 매출과 관련하여 부가가치세 신고시 유의할 사항 및 그 회계처리에 관한 내용은 다음과 같다.

▶ **신용카드로 결제받은 경우 세금계산서 발급의무는 없음**

세금계산서를 의무적으로 발급하여야 하는 업종인 제조업, 건설업, 도매업의 경우에도 재화 또는 용역을 공급하고 신용카드로 결제받은 경우 세금계산서를 발급하지 않아도 되며, 이 경우 세금계산서 미발급가산세는 적용되지 아니한다.

### ❷ 신용카드 매출 부가가치세 신고

① 세금계산서를 발급하고 그 대금을 카드로 결제받은 경우 부가세 신고는 세금계산서발행분에 대하여만 신고를 하여야 하는 것이며, 물품 등을 매출하고 세금계산서를 발급하지 아니하고 그 대금을 신용카드로 결제받은 경우에는 신용카드발행분에 대하여 '기타매출'로 부가가치세 신고를 하여야 한다.

② 신용카드매출이 있는 경우 '신용카드매출전표등발행집계표'를 작성하여 제출하여야 하며, 집계표 작성시 공급대가(결제금액 : 공급가액 + 세액)를 기준으로 작성하되, 세금계산서를 발행하고 그 대금을 신용카드로 결제받은 것이 있는 경우 '신용카드매출전표등발행집계표'의 3. 신용카드매출전표 등 발행금액(⑤합계) 중 '세금계산서(계산서) 발급내역'에 구분 기재하여 매출금액에서 제외하여야 한다.

③ 신용카드 등 발행금액은 신용카드매출전표 발행일(재화 또는 용역의 공급시기)을 기준으로 신고금액을 계산하여야 하며, 은행결제일을 기준으로 해서는 안되며, 특히 과세기간 말 월(6월, 12월)거래 분에 주의를 하여야 한다.

④ 세금계산서를 발행한 다음 그 대금을 신용카드로 결제받은 경우 신용카드 결제는 입금에 해당하는 것으로 이 경우 신용카드매출전표에서는 반드시 '세금계산서발행분'이라고 기재하여야 한다.(이중 매출 방지)

☞ **매출대금을 신용카드로 결제받았으나 이후 취소된 경우 취소한 날이 속하는 과세기간의 매출금액에서 차감함**
예를 들어 6월달에 신용카드매출이 있었고, 부가가치세 신고를 완료한 후 7월에 매출취소가 되면, 제2기 신고시 매출에서 감액하여 신고를 하면 된다.

## ❸ [개인] 신용카드 매출전표등 발행세액공제

**영수증발행사업자(법인 제외)**가 신용카드매출전표로 그 대금을 결제받은 경우 및 현금영수증 등을 발행한 경우 다음 각 호에서 정하는 금액(2019년 이후 신고분부터 연간 1000만원 한도)을 납부세액에서 공제한다. **이 경우 공제받은 금액이 당해 금액을 차감하기 전의 납부할 세액을 초과하는 때에는 그 초과하는 부분은 없는 것으로 한다.**
1. 발행금액 또는 결제금액의 100분의 1 (2021년 12월 31일까지는 1천분의 13)
2. 음식점업 또는 숙박업을 영위하는 간이과세자의 경우 발행금액 또는 결제금액의 100분의 1 (2021. 6. 30. 까지 2.6%, 2021. 7. 1. 이후 1.3%)

[개정 세법] 2016.1.1. 이후 직전연도 매출액이 10억원을 초과하는 사업장(사업장별 기준)은 신용카드매출전표등 발행세액공제를 받을 수 없다.

### 🔖 신규개업, 폐업자의 경우 한도내에서 공제를 받을 수 있음

신규개업 및 폐업자의 경우 공제액에 대한 환산규정이 없으므로 1000만원 한도 내의 공제대상금액에 대하여 공제를 받을 수 있다.

### 🔖 신용카드발행세액공제는 영수증발행사업자의 경우에만 공제가 가능한 것으로 영수증발행사업자가 아닌 제조업 등은 공제를 받을 수 없음

개인사업자이나 제조업, 건설업, 도매업 등 세금계산서 의무발급대상 사업자가 재화 또는 용역을 공급하고 신용카드로 결제받은 경우 세금계산서 발급의무는 없는 것이나 신용카드발행세액공제는 받을 수 없다.

[개정 세법] 신용카드 등 사용에 따른 세액공제 공제율 조정(부가법 §46①)

| 현 행 | 개 정 |
|---|---|
| □ 신용카드 등 매출 세액공제 | □ 일반·간이과세자 통합 적용 |
| ○ (적용대상) 일반과세자·간이과세자 중 영수증발급 사업자 | |
| ○ (공제대상 결제수단)<br>  - 신용카드매출전표<br>  - 현금영수증 등 | ○ (좌 동) |
| ○ (공제한도) 500만원<br>  - '21년 말까지 1,000만원 | |
| ○ (공제율) | ○ 공제율 단일화 |

| | 공제율 | '21년 까지 |
|---|---|---|
| 간이과세자<br>(음식·숙박업) | 2.0% | 2.6% |
| 기타 사업자 | 1.0% | 1.3% |

| 공제율 | '21.12..31.까지 |
|---|---|
| 1.0% | 1.3% |

<적용시기> 2021.7.1. 이후 재화 또는 용역을 공급하는 분부터 적용

## 2　신용카드 매출 회계처리

### ❶ 매출과 동시에 신용카드로 결제받은 경우 회계처리

①《매출대금을 신용카드로 결제받음》물품을 판매하고 그 대금 130,000원(부가세 포함금액)을 6. 10 신용카드로 결제받다.

| 미수금(신용카드사) | 130,000 | / | 매출 | 118,182 |
|---|---|---|---|---|
| | | | 부가세예수금 | 11,818 |

②《신용카드매출대금 입금》카드사로부터 6.13. 수수료 5,200원을 (수수료 4% 가정) 공제한 124,800원이 보통예금에 입금되다.

| 보통예금 | 124,800 | / | 미수금(신용카드사) | 130,000 |
|---|---|---|---|---|
| 지급수수료 | 5,200 | | | |

### ❷ 외상매출 후 그 대금을 신용카드로 결제받은 경우

①《외상매출》(주)동국상사에 6. 10 상품 2,000,000원(부가세 별도)을 판매하고 그 대금은 외상으로 하다.

| 외상매출금 | 2,200,000 | / | 매출 | 2,000,000 |
|---|---|---|---|---|
| | | | 부가세예수금 | 200,000 |

②《외상매출금을 신용카드로 결제받음》6. 30. (주)동국상사에 대한 외상매출금 2,200,000원을 신용카드로 결제받다.

| 미수금 | 2,200,000 | / | 외상매출금 | 2,200,000 |
|---|---|---|---|---|

③《신용카드 대금 입금》카드사로부터 7. 2. 수수료 88,000원(수수료 4% 가정)을 공제한 2,112,000원이 보통예금에 입금되다.

| 보통예금 | 2,112,000 | / | 미수금 | 2,200,000 |
|---|---|---|---|---|
| 지급수수료 | 88,000 | | | |

# 7 영세율 및 면세

## 1 영세율

### ❶ 개요

① 부가가치세가 과세되는 재화 또는 용역을 공급하는 사업자는 재화 또는 용역의 공급시 공급받는 자로부터 공급가액의 10%를 부가가치세로 징수하여 부가가치세 신고기한 내 납부하여야 한다.

반면, 영세율이란 재화 또는 용역의 공급에 대하여 **영의 세율**을 적용하여 부가가치세를 징수하지 않는 것을 말한다. 영세율 적용대상은 부가가치세법 및 조세특례제한법에서 규정하고 있으나 실무에서 접하는 영세율은 대부분 **수출업자** 및 **수출업자에게 수출물품을 납품하는 수출품생산업자**의 경우이다.

② 영세율 적용대상 사업자는 부가가치세 신고 및 납부의무가 있고, 물품 등을 구입할 시 발급받은 세금계산서의 매입세액을 공제받을 수 있다. 따라서 영세율 적용대상 사업자(수출 등)의 경우 매출세액은 없으나 물품 등의 매입시 부담한 매입세액은 있으며, 매입세액은 관할세무서로부터 환급을 받을 수 있다. 예를 들어 매출세액 '0' 매입세액 5,000만원인 경우 매입세액 5,000만원은 관할세무서로부터 환급을 받을 수 있는 것이다.

## ❷ 영세율과 면세의 차이점

### ① 부가가치세 신고·납부의무

영세율 및 면세에 해당하는 경우 이를 공급하는 사업자는 거래상대방으로부터 부가가치세를 거래징수하지 않는 점은 같으나 면세사업자는 부가가치세 납세의무 자체가 완전히 면제되는 것으로 면세에 해당하는 재화 또는 용역을 공급하는 사업자는 부가가치세 신고납세의무가 없다. 이에 반하여 영세율사업자는 부가가치세법에 의한 사업자등록을 하여야 하며, 부가가치세신고를 하여야 한다.

### ② 세금계산서 발급의무

면세에 해당하는 재화 또는 용역을 공급하는 경우에는 세금계산서 양식 중 세액이 없는 **계산서**를 발행하여야 하며, 수출의 경우 직수출은 세금계산서를 발급하지 아니하나 국내에서 내국신용장, 구매확인서 또는 임가공계약서에 의하여 수출물품을 공급하는 수출품생산업자의 경우에는 세금계산서 양식에 세액란을 영(0)으로 하는 영세율 세금계산서를 발급하여야 한다.

### ③ 부가가치세 매입세액 공제대상 여부

면세사업자는 물품 등의 매입시 부담한 매입세액은 공제받을 수 없으므로 매입세액을 취득가액에 포함하여야 한다. 반면, 영세율은 일반과세사업자로서 부가가치세 신고납부의무가 있을 뿐만 아니라 국내에서 영세율 적용대상이 되는 재화 또는 용역을 공급하는 경우 부가가치세가 영(0)인 세금계산서를 발행하여야 한다.

또한 재화 또는 용역을 공급받을 시 부담한 매입세액은 공제를 받을 수 있으므로 매입세액이 매출세액(영세율 적용대상 매출이 아닌 경우의 매출세액)보다 많은 경우 관할세무서로부터 환급을 받게 된다.

## ❸ 영세율이 적용되는 재화 또는 용역

### 1 수출하는 재화

수출이라 함은 내국물품을 외국으로 반출하는 것을 말하며, 영세율이 적용되는 수출에는 직수출뿐만 아니라 대행수출, 내국신용장 또는 구매확인서에 의하여 공급하는 재화도 해당된다.

① 공급시기 ~ 수출하는 재화를 선박 또는 항공기에 선적한 날
② 과세표준 ~ 수출물품에 대한 대가를 외국통화 기타 외국환으로 받은 경우 다음에 규정하는 금액을 그 대가로 한다.
1. 공급시기 도래 전에 원화로 환가한 경우에는 그 환가한 금액
2. 공급시기 이후 외국통화 기타 외국환의 상태로 보유하거나 지급받는 경우에는 공급시기의 기준환율 또는 재정환율에 의하여 계산한 금액
③ 세금계산서 발급 ~ 직수출의 경우 재화를 공급받는 자(외국의 수입업자)는 국내 세법의 규정을 적용받지 않으므로 세금계산서 발급이 면제된다.
④ 영세율 첨부서류 ~ 수출실적명세서 다만, 소포우편(EMS 등)에 의하여 수출한 경우에는 당해 우체국장이 발행하는 소포수령증으로 한다.

☐ 부가가치세기본통칙 11 - 24… 4 [재화의 무상수출]
사업자가 재화를 국외로 무상으로 반출하는 경우에는 영의 세율을 적용한다. 다만, 자기사업을 위하여 대가를 받지 아니하고 국외의 사업자에게 견본품을 반출하는 경우에는 재화의 공급으로 보지 아니한다. ( 1985. 1. 22 개정)

▶ **해외에서 개최되는 전시회에 무상으로 출품하는 재화는 수출에 해당함**
전시 후 현지에서 매각 또는 폐기처분 여부에 관계없이 수출하는 재화에 해당하는 것으로 선적일을 공급시기로 하여 영의 세율을 적용하여야 한다.

▶ **영세율 첨부서류 및 영세율매출명세서 작성·제출**
부가가치세 신고시 영세율 첨부서류외 영세율 매출명세서를 작성하여 제출하여야 하며, 영세율 첨부서류를 제출하지 않은 경우에는 가산세(공급가액의 0.5%)가 적용되나 영세율매출명세서를 제출하지 않은 경우 가산세 적용은 없다.

## 2 국제우편 등을 이용한 수출매출

사업자가 자기의 책임과 계산하에 국제우편 또는 인편에 의하여 내국물품을 외국으로 반출하는 경우에는 영의 세율이 적용되고, 세금계산서의 발급의무가 면제되는 것이며, 그 공급시기는 당해 소포수령증 발급일을 공급시기로 한다. DHL, EMS 등 소포우편에 의한 수출의 경우 영세율 첨부서류는 당해 우체국장이 발행하는 소포수령증으로 한다. 다만, 사업자가 당해 법령 또는 훈령에 정하는 서류를 제출할 수 없는 경우에는 외화획득명세서에 당해 외화획득내역을 입증할 수 있는 증빙서류를 첨부하여 제출할 수 있다.

## 3 대행수출

대행수출이란 수출품생산업자가 자기가 생산 또는 취득한 재화를 수출함에 있어 자기명의로 수출할 수 없는 경우 다른 수출업자와 수출대행계약을 체결하고 수출하는 것을 말한다. 이 경우 수출업자는 수출대행용역의 제공에 대하여는 영세율이 적용되지 아니하며, 수출의 주체가 되는 수출품생산업자의 수출에 대하여 영세율을 적용한다.

① 공급시기, 과세표준, 세금계산서발급 ~직수출과 같음
② 영세율 첨부서류 ~수출대행계약서사본 및 수출실적명세서

## 4 수출품생산업자가 수출업자에게 공급하는 재화 또는 용역

### [1] 내국신용장에 의한 공급

내국신용장이라 함은 사업자(수출업자 등)가 수출용원자재, 수출용완제품을 국내에서 구입할 때 원자재 또는 완제품 생산업자에게 그 대금지불을 보증하기 위하여 수출업자가 수출신용장을 근거로 국내은행(수입업자의 거래은행으로부터 신용장개설통지를 받은 은행)에 신용장 개설을 요구할 수 있다. 이를 내국신용장이라 하며, 1차 내국신용장이 완제품 내국신용장인 경우 2차 부분품생산업자뿐만 아니라 3차 원자재 생산업자에게까지 내국신용장을 개설할 수 있다.

내국신용장은 당해사업자의 신청에 의하여 외국환은행의 장이 재화 또는 용역의 공급시기가 속하는 **과세기간 종료 후 25일 이내에 개설하는 신용장**을 말한다.

① 공급시기 ~ 일반적인 공급시기 기준 적용(재화를 인도하는 때)
② 과세표준 ~ 공급일의 공급가액을 기준환율 또는 재정환율에 의하여 계산한 금액
③ 세금계산서 ~ 내국신용장에 의하여 수출용 원자재 등을 국내의 수출업자에게 공급하는 경우 재화를 인도하는 때에 인도일의 기준환율 또는 재정환율로 계산한 금액을 공급가액으로 하여 세금계산서를 발급하여야 한다.
④ 영세율 첨부서류 ~ 내국신용장(전자문서 포함) 또는 수출대금입금증명서

## [2] 구매확인서에 의한 공급

구매확인서는 수출을 하고자 하는 자가 자신의 거래은행을 통하여 발급신청을 하여 발급받아 공급자에게 발급하는 것으로 수출용 재화 또는 용역에 관한 수출신용장 등 근거서류 및 그 번호, 유효기일, 선적기일 등이 기재된 것을 말한다.

① 공급시기, 과세표준, 세금계산서발급 ~내국신용장과 같음
② 영세율 첨부서류 ~ 구매확인서사본 또는 수출대금입금증명서 사본

▶ **내국신용장 또는 구매확인서에 의한 영세율 세금계산서 발급 방법**
사업자가 내국신용장이 개설되기 전에 재화를 공급하는 경우 재화의 공급시기에 일반세율(10%)을 적용한 세금계산서를 발급하여야 한다. 단, 당해 재화의 공급시기가 속하는 과세기간 **종료후 25일 이내**(부법 시행규칙 제21)에 내국신용장이 개설되는 경우 당초 세금계산서 발행일을 작성일자로 하는 수정세금계산서 및 영세율 세금계산서(당초 세금계산서는 감액처리하고 영세율 세금계산서를 발급)를 발급한다.

▶ **내국신용장 또는 구매확인서에 의한 재화의 공급가액**
(1) 구매승인서 또는 내국신용장에 의하여 수출용 원자재 등을 공급하는 사업자가 당해 재화를 공급하기 전에 공급받는 사업자와 사전약정에 의하여 당해 재화의 공급가액을 원화가액으로 확정하여 당해 확정된 원화금액으로 대가를 지급받는 경우 당해 재화의 공급에 대한 과세표준은 사전약정에 의하여 확정된 원화가액이 되는 것임. (부가46015-2616, 1999.08.31.)

(2) 사업자가 내국신용장 등에 당해 내국신용장 등의 개설 당시의 환율을 부기하였으나 당해 공급시기 이후에 외국통화 또는 외국통화 상태로 보유하거나 지급받는 경우에는 당해 외화대금을 당해 재화의 공급시기의 외국환거래법에 의한 기준환율 또는 재정환율에 의하여 계산한 금액을 부가가치세 과세표준으로 하는 것임.

### ▶ 내국신용장 및 구매확인서 차이점

내국신용장과 구매확인서의 효력은 유사하지만, 가장 중요한 차이점은 내국신용장은 수출금융을 받을 수 있는 반면, 구매학인서는 수출금융을 받을 수 없는 점이다.

## [3] 수출재화 임가공용역

수출업자와 **직접 도급계약**에 의하여 수출재화를 임가공하는 수출재화임가공용역(수출재화염색임가공을 포함한다.)에 대하여 영의 세율을 적용한다.

① 수출업자와 직접도급계약을 한 경우 ~ 임가공계약서 사본 및 당해 수출업자가 발급한 납품사실증명서 또는 수출대금입금증명서
② 내국신용장 또는 구매확인서에 의하여 공급하는 수출재화임가공용역 ~ 내국신용장이나 구매학인서 사본 또는 수출대금입금증명서

## 5  국외에서 제공하는 용역 및 선박, 항공기의 외국항행용역

국외에서 제공하는 용역도 영의 세율이 적용되며, 국외에서 제공하는 용역의 수출은 거래상대방, 대금의 지불방법 등에 관계없이 영의 세율이 적용된다.

## 6  기타 외화획득사업

① 외국항행 선박 및 항공기 등에 공급하는 재화 또는 용역(선박 또는 항공기에 의하여 여객이나 화물을 국내에서 국외로, 국외에서 국내로 또는 국외에서 국외로 수송하는 것) [부법 제23조]
② 우리나라에 상주하는 외교공관, 영사기관, 국제연합과 이에 준하는 국제기구 등(외교공관 등)에 재화 또는 용역을 공급하는 경우 [부법 제24조 ① 1]

③ 외교공관등의 소속 직원으로서 해당 국가로부터 공무원 신분을 부여받은 자 또는 외교부장관으로부터 이에 준하는 신분임을 확인받은 자 중 내국인이 아닌 자에게 재화 또는 용역을 공급하는 경우 [부법 제24조 ① 2]
④ 국내에서 국내사업장이 없는 비거주자 또는 외국법인에 공급되는 **특정** 재화 또는 용역으로서 그 대금을 외국환은행에서 원화로 받는 것 등 [부령 제33조 ② 1]
⑤ 외국을 항행하는 선박 및 항공기 또는 원양어선에 공급하는 재화 또는 용역 [부령 제33조 ② 5]
⑥ 우리나라에 상주(常住)하는 국제연합군 또는 미합중국군대에 공급하는 재화 또는 용역 [부령 제33조 ① 6]
⑦ 일반여행업자가 외국인 관광객에게 공급하는 **관광알선용역**. 다만, 그 대가를 다음 각 호의 어느 하나의 방법으로 받는 경우로 한정한다. [부령 제33조 ① 7]
1. 외국환은행에서 원화로 받는 것
2. 외화 현금으로 받은 것 중 국세청장이 정하는 관광알선수수료명세표와 외화매입증명서에 의하여 외국인 관광객과의 거래임이 확인되는 것
⑧ 외국인전용판매장 등의 사업자가 국내에서 공급하는 재화 또는 용역으로서 그 대가를 외화로 받고 그 외화를 외국환은행에서 원화로 환전하는 경우 [부령 제33조 ① 9]

## 7  조세특례제한법 규정에 의한 영세율 적용 [조특법 제105조]

① 「방위사업법」에 따라 지정을 받은 방산업체가 공급하는 같은 법에 따른 방산물자와 「비상대비자원 관리법」에 따라 중점 관리대상으로 지정된 자가 생산공급하는 시제품(試製品) 및 자원 동원으로 공급하는 용역
② 「국군조직법」에 따라 설치된 부대 또는 기관에 공급하는 석유류
③ 장애인용 보장구, 장애인용 특수 정보통신기기 및 장애인의 정보통신기기 이용에 필요한 특수 소프트웨어로서 대통령령으로 정하는 것
④ 대통령령으로 정하는 농민 또는 임업에 종사하는 자에게 공급(국가 및 지방자치단체와 「농업협동조합법」, 「엽연초생산협동조합법」 또는 「산림조합법」에 따라 설립된 각 조합 및 이들의 중앙회를 통하여 공급하는 것을 포함한다)하는 농업용·축산업용 또는 임업용 기자재로서 다음의 어느 하나에 해당하는 것
1. 「비료관리법」에 따른 비료로서 대통령령으로 정하는 것
2. 「농약관리법」에 따른 농약으로서 대통령령으로 정하는 것

3. 농촌 인력의 부족을 보완하고 농업의 생산성 향상에 기여할 수 있는 농업용 기계로서 대통령령으로 정하는 것
4. 축산 인력의 부족을 보완하고 축산업의 생산성 향상에 기여할 수 있는 축산업용 기자재로서 대통령령으로 정하는 것
5. 「사료관리법」에 따른 사료
6. 산림의 보호와 개발 촉진에 기여할 수 있는 임업용 기자재로서 대통령령으로 정하는 것
7. 「친환경농어업 육성 및 유기식품 등의 관리·지원에 관한 법률」에 따른 유기농어업자재로서 대통령령으로 정하는 것

⑤ 연근해 및 내수면어업용으로 사용할 목적으로 대통령령으로 정하는 어민에게 공급하는 어업용 기자재로서 다음의 어느 하나에 해당하는 것
1. 「사료관리법」에 따른 사료(부가가치세가 면제되는 것은 제외)
2. 그 밖에 대통령령으로 정하는 것

## 8  조세특례제한법 규정에 의한 부가가치세 사후 환급

### [1] 외국인관광객 면세판매장에서 외국인에게 판매하는 재화
외국인관광객 면세판매장을 경영하는 사후면세점에서 외국인관광객 등에게 판매하는 재화 중 국외로 반출하는 경우 부가가치세 영세율을 적용하거나 부가가치세액을 환급할 수 있다. [조특법 제107조]

### [2] 외국인관광객 미용성형 의료용역에 대한 부가가치세환급 특례
외국인관광객이 의료기관에서 2022년 3월 31일까지 공급받은 환급대상 의료용역에 대해서는 해당 환급대상 의료용역에 대한 부가가치세액을 환급할 수 있다.
[조특법 제107조의21]

### ■ [세무리스크] 영세율 적용대상이 아님에도 영세율 세금계산서를 발급한 경우
영세율 적용대상이 아님에도 영세율 세금계산서를 발급한 내용에 대하여 부가가치세 및 가산세를 추징함

### ▶ 영세율 적용대상이 아님에도 영세율 세금계산서를 발급한 경우 추징 사례

| 내용 | 방위산업물자 임가공용역을 제공하는 업체 D는 방위산업체로부터 방산물자에 대한 임가공용역을 의뢰받아 해당 용역을 공급하고 영세율 세금계산서를 발행함 |
|---|---|
| 조치 결과 | 과세관청에서 현장정보 수집 및 기획분석을 실시하여 과세분을 영세율로 부당 적용하여 신고 누락한 사실을 확인하여 부가가치세 35억원을 추징함 |

[해설] 영세율 적용대상 수출재화의 임가공용역은 영세율 적용 가능하므로 방위산업체의 경우에도 이에 해당하는 것으로 오인하여 영세율 세금계산서를 발행하였으나 방위사업법에 의하여 지정을 받은 방위산업체가 공급하는 방산물자의 경우 영(0)의 세율 적용이 가능하나, 하도급을 받아 공급하는 방산물자에 대한 임가공용역은 영세율 적용 대상이 아님으로 인하여 부가가치세 및 가산세가 추징된 것임

### ▶ 임가공업자가 수출품생산업자에게 영세율 세금계산서를 발급한 경우 추징 사례

임가공업자가 수출업자에게 임가공계약서 등에 의하여 직접 납품하는 경우 영세율이 적용되나 수출품생산업자에게 납품하는 경우에는 영세율이 적용되지 아니함에도 영세율을 적용한 내용에 대하여 부가가치세 및 가산세를 추징함

□ 국심2001중2717 , 2002.01.16 , 기각

청구인은 ○○○도 ○○○군 ○○○면 ○○○리 ○○○에서 제조업(임직, 편직 임가공업)을 영위하는 사업자로 청구외 (주)○○○화섬등 3개 업체와 직접 수출품 임가공계약을 체결하고 2000.1-12월기간중 원사를 공급받아 원단을 임직, 가공하고 임가공료를 지급받고 영세율 세금계산서를 교부하여 부가가치세 신고를 하였으나 처분청은 위 거래처와의 임가공용역은 부가가치세법 시행령 제26조 제1항 제2호에 의한 수출업자와의 직접 도급계약에 의한 수출물품 임가공용역이 아니고 「내국신용장에 의하여 임가공한 재화를 타수출업자에게 공급하는 자」와의 거래이므로 영세율에 해당되지 않는다 하여 영세율로 신고한 임가공용역에 일반세율을 적용, 2001.7.16 2000.1-2기 부가가치세 45,085,750원을 과세하였다.

## ② 면세제도 및 면세대상

### ❶ 개요

① 사업자가 물품 또는 서비스 등을 공급할 시 일반적인 경우 물품 공급가액의 10% (부가가치세)를 거래상대방으로부터 징수하여 세무서에 납부하여야하나, 세법에서 면세로 정한 사업의 경우 사업자가 물품 또는 서비스를 공급하더라도 거래상대방으로부터 부가가치세 징수를 면제하는 경우가 있다.

② 부가가치세 징수를 면제하는 면세사업자는 영세율 적용 대상 사업자와는 달리 부가가치세 신고 및 납부의무가 없고, 물품 등의 구입시 부가가치세를 부담하고 발급받은 매입세금계산서의 매입세액은 공제되지 아니한다.

③ 면세계산서의 경우 부가가치세법의 규정이 아닌 법인세법 및 소득세법의 규정을 적용받으며, 면세로 발급한 계산서 및 면세 계산서 수취내용에 대하여 반드시 **다음해 2월 10일까지** 계산서합계표를 제출하여야 하며, 계산서합계표 제출을 누락한 경우 그 공급가액의 100분의 0.5%를 가산세로 부담하여야 한다.

▶ **과세사업자의 경우에도 면세 재화 또는 용역을 공급할 수 있음**
(1) 과세사업자가 면세되는 재화 또는 용역을 공급하는 경우 별도의 사업자등록정정 신고없이 면세 재화 또는 용역을 공급할 수 있으며, 계산서 의무발급대상사업자(제조업, 도매업, 건설업 등)는 반드시 계산서를 발급하여야 하며, 계산서를 발급하지 않은 경우 공급가액의 100분의2를 가산세로 부담하여야 한다.
(2) 과세 및 면세를 겸업하는 경우 면세관련 매입세액은 공제를 받을 수 없으며, 과세 및 면세 공통매입세액은 안분하여 면세관련 매입세액은 불공제하여 공제대상 매입세액에서 제외하여야 한다.

## ❷ 면세 대상

면세제도는 소비자가 물품 또는 서비스를 매입할 시 부담하여야 하는 부가가치세를 면제함으로써 결과적으로 소비자의 조세부담을 덜어주게 되는 것으로 조세정책에 따라 부가가치세법 및 조세특례제한법에서 면세대상을 규정하고 있다.

### 1 부가가치세법에 의한 재화·용역의 면세

#### [1] 기초생활필수품 등
① 가공되지 아니한 식료품(식용에 공하는 농산물·축산물·수산물과 임산물 포함) 및 우리나라에서 생산된 식용에 공하지 아니하는 농산물·축산물·수산물과 임산물
② 수돗물, 연탄과 무연탄, 여성용 생리처리 위생용품
③ 주택과 그 부수토지의 임대용역 ~ 상시주거용(사업을 위한 주거용 제외)으로 사용하는 주거용 건물과 이에 부수되는 토지로서 토지의 면적이 건물에 정착된 면적의 5배(도시지역 밖 토지의 경우에는 10배) 또는 건물의 연면적 중 넓은 면적을 초과하지 아니하는 것을 말하며, 이를 초과하는 토지의 면적은 토지의 임대로 본다.
④ 여객운송용역 ~ 여객운송용역 중 시내버스, 시외버스, 일반고속버스(우등고속은 과세), 지하철, 연안여객선 등 대중교통수단의 운송용역은 면제한다. 다만, 항공기·고속버스·전세버스·택시·특수자동차·특종선박 또는 고속철도에 의한 여객운송용역 등은 제외한다.

#### [2] 국민후생용역
① 의료보건용역과 혈액
○ 의사등이 제공하는 의료용역 단, 미용목적의 성형수술은 과세된다.
○ 약사가 제공하는 의약품의 조제용역
○ 장의용역, 묘지 및 화장업 관련 용역
○ 응급환자이송업자가 제공하는 응급환자이송용역
○ 분뇨 등의 수집·운반·처리 및 정화조청소용역
○ 소독용역
○ 생활폐기물의 재활용용역
○ 지정측정기관이 공급하는 작업환경측정용역

② 교육관련용역
정부의 허가 또는 인가를 받은 학교·학원·강습소·훈련원·교습소 기타 비영리단체 등단, 정부의 허가 또는 인가를 받지 아니하고 교육용역을 제공하는 경우 및 운전학원, 무도학원의 교육용역은 부가가치세가 과세된다.
③ 우표(수집용 우표 제외)·인지·증지·복권과 공중전화
④ 문화관련용역
○ 도서·신문·잡지·관보·뉴스통신 및 방송(광고는 과세됨)
○ 예술창작품·예술행사·문화행사와 비직업운동경기
○ 도서관·과학관·박물관·미술관·동물원 또는 식물원에의 입장

### [3] 부가가치세 구성요소인 재화(토지) 및 용역
① 토지의 공급 (토지에서 채취한 자연석 또는 마사토의 공급은 과세됨)
② 인적용역
○ 직업운동가·역사·기수·운동지도가(심판을 포함한다)와 이와 유사한 용역
○ 보험모집수당 또는 이와 유사한 성질의 대가를 받는 용역
○ 저작자가 저작권에 의하여 사용료를 받는 용역
○ 고용관계 없는 자가 다수인에게 강연을 하고, 강연료의 대가를 받는 용역
○ 개인이 일의 성과에 따라 수당 또는 이와 유사한 성질의 대가를 받는 용역
③ 금융·보험용역

▶ **주택과 이에 부수되는 토지 임대 용역은 면세되나 토지 임대는 과세됨**
주택과 이에 부수되는 토지(토지 정착면적의 5배, 도시지역이 아닌 경우 10배)의 임대 용역은 면세되나 토지의 임대(부수되는 토지를 초과하는 면적 포함)는 부가가치세가 과세된다.

### [4] 기타 면세
① 국가·지방자치단체 또는 지방자치단체조합이 공급하는 재화 또는 용역
② 수입재화 중 면세재화에 준하는 것으로 부가가치세법 제27조 규정에 의한 것
○ 가공되지 아니한 식료품, 도서 등
○ 거주자가 받는 소액물품으로서 관세가 면제되는 재화
○ 수입하는 상품의 견본과 광고용 물품으로서 관세가 면제되는 재화
○ 수출된 후 다시 수입하는 재화로서 관세가 감면되는 것

▶ **면세사업자가 차량을 매각하는 경우 면세 계산서를 발급하여야 함**

면세사업자가 면세사업에 사용하던 차량을 일시적으로 매각하는 경우에는 세금계산서를 발급할 수 없는 것이며, 면세 계산서를 발급하여야 한다.

## ② 조세특례제한법의 규정에 의한 면세 [조특법 제106조]

① 국민주택(전용면적 85㎡ 이하) 및 당해 주택의 건설용역
② 건설산업기본법·전기공사업법·소방법·정보통신공사업법·주택법 및 오수·분뇨 및 축산폐수의 처리에 관한 법률에 의하여 등록을 한 사업자가 국민주택 건설용역 및 국민주택에 부수되는 부대시설에 대한 건설용역을 하도급 또는 재하도급을 받아 공급하는 경우와 당해 국민주택의 건설용역에 부수하여 모델하우스의 건설용역을 제공하는 경우
③ 공장·광산·건설사업현장, 학교의 구내식당등에서 제공하는 음식용역
④ 경비업의 허가를 받은 법인이 공동주택에 공급하는 경비용역
⑤ 농·임·어업용 및 연안여객선박용 석유류 등
⑥ 영농조합법인과 농업회사법인이 공급하는 농업경영 및 대행용역과 영어조합법인이 공급하는 어업경영 및 대행용역

▶ **오피스텔의 공급**

오피스텔의 공급은 국민주택의 공급에 해당하지 않는 것으로 부가가치세 과세대상에 해당한다. 따라서 재화의 공급시기에 따라 건물분은 사업자등록번호나 주민등록번호를 기재하여 세금계산서를 발급하여야 한다.

📢 **오피스텔을 신축하여 분양하는 경우에는 부가가치세가 면제되는 국민주택의 공급에 해당되지 아니하는 것임**

(서삼46015-10927, 2003.06.10)
주거용으로 사용이 가능한 오피스텔을 신축하여 분양하는 경우에 있어 1호당 전용면적이 85㎡이하인 경우에도 당해 건물의 공급에 대하여는 조세특례제한법 제106조 제1항 제4호의 규정에 의하여 부가가치세가 면제되는 국민주택의 공급에 해당되지 아니하는 것임

# 8 과세표준, 과세표준 차감 토지·건물 및 부동산임대 과세표준

## 1 부가가치세 과세표준

### ❶ 개요

과세표준이란 부가가치세 부과기준이 되는 금액을 말하며, 재화 또는 용역의 공급에 대한 부가가치세의 과세표준은 다음 가액의 합계액으로 한다. 단, 사업자가 재화 또는 용역을 공급하고 그 대가로 받은 금액에 공급가액과 세액이 별도 표시되어 있지 아니한 경우와 부가가치세가 포함되어 있는지 불분명한 경우에는 거래금액 또는 영수할 금액의 110분의 100에 해당하는 금액이 과세표준이 된다.

### ❷ 과세표준 계산 방법

#### 1 금전으로 대가를 받는 경우에는 그 대가

① 과세표준에는 거래상대자로부터 받은 대금·요금·수수료 기타 명목 여하에 불구하고 대가관계에 있는 모든 금전적 가치있는 것을 포함한다.

② 외상판매 및 할부판매의 경우 공급한 재화의 총가액을 과세표준으로 한다.

③ 장기할부판매는 계약에 따라 받기로 한 대가의 각 부분을 과세표준으로 한다.

④ 완성도기준지급 및 중간지급조건부로 재화 또는 용역을 공급하거나 계속적으로 재화 또는 용역을 공급하는 경우에는 계약에 따라 받기로 한 대가의 각 부분을 과세표준으로 한다.

## 2  대가를 받지 아니한 경우에는 사용·소비된 재화의 시가

자가공급, 개인적공급, 사업상 증여 등 대가를 받지 아니하고 공급으로 보는 재화(간주공급)는 사용, 소비된 재화의 시가를 과세표준으로 한다. **단, 직매장 공급의 경우에는 취득가액을 과세표준으로 한다.**

## 3  재화, 용역의 공급에 대하여 그 대가를 외화로 받는 경우

① 공급시기 이후 대가 수령 ~ 공급시기의 기준환율 또는 재정환율로 환산한 가액
② 공급시기 이전 수령하여 공급시기 도래 전 환가 ~ 환산한 가액
③ 공급시기 이전 수령하여 공급시기 도래 이후 환가 ~ 공급시기의 기준환율 또는 재정환율로 환산한 가액

▶ **확정된 공급가액을 외화로 결제하는 경우 과세표준에는 영향이 없음**
재화 또는 용역의 공급시기 이후에 그 대가를 외국통화 또는 외국환으로 지급받는 경우 환율변동으로 인하여 증감되는 금액은 해당 과세표준에 영향이 없다.

## 4  부당하게 낮은 대가를 받은 경우 과세표준

재화 공급에 대하여 부당하게 낮은 대가를 받거나 대가를 받지 아니하는 경우에는 자기가 공급한 재화의 시가로 한다. 부당하게 낮은 대가라 함은 사업자가 그와 특수관계에 있는 자와의 거래에 있어서 재화와 용역의 공급가액에 대한 조세의 부담을 부당하게 감소시킬 것으로 인정되는 시가보다 낮은 대가를 말한다.

## 5  기타 과세표준 적용 사례

### [1] 재화의 공급과 관련한 마일리지는 과세표준에 포함하지 아니함

당초 재화 또는 용역을 공급하고 마일리지등을 적립(다른 사업자를 통하여 적립하여 준 경우를 포함한다)하여 준 사업자에게 사용한 마일리지등 [부령 제61조 ② 9]

여러 사업자가 적립하여 줄 수 있거나 여러 사업자를 대상으로 사용할 수 있는 마일리지등의 경우에는 다음의 요건을 모두 충족한 경우로 한정한다.
1) 고객별·사업자별로 마일리지등의 적립 및 사용 실적을 구분하여 관리하는 등의 방법으로 당초 공급자와 이후 공급자가 같다는 사실이 확인될 것
2) 사업자가 마일리지등으로 결제받은 부분에 대하여 재화 또는 용역을 공급받는 자 외의 자로부터 보전받지 아니할 것

☐ 대법원-2015-두-58959, 2016.08.26., 국패
고객이 재화를 구입하면서 사업자와 사이의 사전 약정에 따라 그 대가의 일부를 할인받은 경우에 이는 통상의 공급가액에서 직접 공제·차감되는 에누리액에 해당하므로 그 할인액은 과세표준에 포함되지 아니함

### [2] 용역의 공급과 관련한 마일리지는 과세표준에 포함하지 않는 것임

음식용역 등 용역의 공급에 대해 그 대가를 별도로 받지 아니하고 적립된 포인트에 의하여 당해 용역을 제공하는 경우에는 부가가치세가 과세되지 아니하는 것임 (부가-947, 2012.09.14)

### [3] 국고보조금을 받아 수행하는 사업의 과세표준 포함 여부

재화 또는 용역의 공급과 직접 관련되지 아니하는 국고보조금·공공보조금은 과세표준에 포함하지 아니하는 것이나, 국고보조금을 지급받은 자가 재화 또는 용역을 공급받고 그 국고보조금을 재원으로 그 대가를 지급하는 경우에는 부가가치세 과세표준에 포함하는 것임 (부가-21, 2014.01.13)

보조금의 교부대상이 되는 보조사업의 수행자로서 보조금을 지급받는 경우 동 보조금은 부가가치세 과세표준에 포함되지 아니하는 것임 (부가-347, 2009. 3.17)

## [4] 재화의 수입에 대한 과세표준

관세의 과세가격 + 관세 + 개별소비세, 교통·에너지·환경세, 주세 + 교육세·농어촌특별세

### ▶ 보세구역에서의 부가가치세법 적용(통칙9-18-7)

| 거래 형태별 | 부가가치세법 적용 |
|---|---|
| ① 외국에서 보세구역으로 재화반입 | 과세되지 아니함(수입에 해당 안됨) |
| ② 동일한 보세구역 내에서 재화 또는 용역공급 | 과세됨(재화 또는 용역의 공급에 해당) |
| ③ 보세구역 외의 우리나라 → 보세구역 | 과세됨(재화 또는 용역의 공급에 해당) |
| ④ 보세구역 내에서 생산·취득 재화 → <br> 1) 보세구역 외의 국내에 있는 자기의 다른 사업장에서 생산되는 원료로 사용·소비하기 위해 반출하는 경우 <br> 2) 재화의 수입에 해당하는 경우 | 1) 재화의 공급에 해당 안됨 <br><br><br> 2) 세관장이 부가가치세 징수 |
| ⑤ 사업자가 보세구역 내에서 보세구역 외의 장소로 공급하는 경우 | 세관장이 수입세금계산서 발급하고 공급가액 중 수입세금계산서상의 공급가액을 뺀 잔액에 대하여 공급하는 사업자가 세금계산서 발급함(내국신용장에 의하여 공급하는 경우 영세율 세금계산서를 교부함) <br> 다만, 영61①5단서에 해당하여 세관장이 부가가치세를 징수하기 전에 같은 재화에 대한 선하증권이 양도되는 경우에는 선하증권의 공급가액 전체에 대하여 부가가치세를 거래징수하고 세금계산서를 발급할 수 있다. |

① 외국으로부터 우리나라에 도착한 물품이 보세구역을 경유하는 때에는 **보세구역으로부터 반입 하는 것**을 재화의 수입으로 본다.
② 외국에서 보세구역으로 재화를 반입하는 것은 재화의 수입에 해당하지 아니한다.
③ 수출신고가 수리된 물품으로서 선적된 것을 보세구역으로부터 반입하는 것은 재화의 수입으로 본다.

## 2  과세표준에서 차감하여야 하는 것

### ❶ 에누리액

에누리액이란 재화 또는 용역의 공급에 있어서 그 품질·수량 및 인도·공급대가의 결제 기타 공급조건이 계약내용과 상이한 경우 그 재화 또는 용역의 공급당시 공급가액에서 일정액을 직접 공제하는 금액을 말하여, 에누리액은 매출금액에서 차감하여야 하므로 감액수정세금계산서를 발행하여야 한다.

### ❷ 환입된 재화의 가액

환입된 재화는 반드시 당초 공급한 재화이어야 하며, 공급한 과세기간이 경과한 후 환입된 경우에는 그 사유가 발생한 때에 당초 공급가액을 기준으로 수정세금계산서를 발급하여 환입재화의 과세표준에서 차감한다.

### ❸ 매출할인액

매출할인액은 외상판매에 대한 공급대가의 미수금을 결제하거나 공급대가의 미수금을 약정기일전에 영수하는 경우 할인하는 금액으로 할인액은 과세표준에서 공제한다.

### ❹ 매입자에게 도달하기 전 파손·훼손 또는 멸실된 재화의 가액

재화를 공급하고, 세금계산서를 발급하였으나 공급받는 자에게 도달하기 전에 해당 재화가 파손·훼손 또는 멸실된 경우 과세표준에 포함하지 않으므로 감액 수정세금계산서를 발급하여야 한다.

# 3 세금계산서 발급대상이 아닌 것

## ❶ 개요

연체이자, 금전으로 지급받는 판매장려금, 손해배상금 등은 재화 또는 용역을 공급한 것이 아니므로 세금계산서 발급대상이 아니며, 그 내용은 다음과 같다.

## ❷ 연체이자

대가의 지급지연으로 인하여 지급받는 연체이자는 과세표준에 포함하지 아니한다. 즉, 물품 등을 공급한 후 거래상대방이 확정된 대가를 약정일보다 늦게 지급함에 따라 추가로 지급받는 연체이자에 대하여는 세금계산서를 발급하지 아니한다.

☐ 연체이자는 과세표준에 포함하지 아니함 (서면3팀-699, 2008.04.02.)
사업자가 재화나 용역을 공급하고 계약 등에 의하여 확정된 대가의 지급지연으로 인하여 연체이자를 받는 경우 당해 연체이자는 부가가치세 과세표준에 포함하지 아니하는 것임.

## ❸ 판매장려금

사업자가 판매촉진을 위하여 거래상대방의 판매실적에 따라 일정률의 장려금품을 지급 또는 공급하는 경우로서 금전으로 지급하는 장려금은 과세표준에서 공제하지 아니한다. 단, 현물로 공급하는 것은 사업상증여에 해당하므로 현물을 받은 사업자는 현물을 공급한 자에게 세금계산서를 발급하여야 한다.

☐ 부가가치세법 기본통칙 6-16-3 【판매장려금의 과세】
사업자가 자기재화의 판매촉진을 위하여 거래상대자의 판매실적에 따라 일정률의 장려금품을 지급 또는 공급하는 경우 금전으로 지급하는 장려금은 과세표준에서 공제하지 아니하며 재화로 공급하는 것은 사업상 증여에 해당하므로 과세한다. (1998. 8. 1. 개정)

▶ **상품 구입자에게 구입액 비율에 따라 증여하는 기증품은 과세되지 않음**
사업자가 자기의 제품 또는 상품을 구입하는 자에게 구입당시 그 구입액의 비율에 따라 증여하는 기증품 등은 주된 재화의 공급에 포함하므로 사업상 증여에 해당하지 아니하는 것임.

## ❹ 손해배상금

사업자가 타인으로부터 입은 손해에 대하여 손해배상금을 지급받는 경우에는 재화 또는 용역의 공급이 아니므로 세금계산서 발급대상이 아니다.

▶ **손해배상금 등으로 지급한 금액은 세금계산서 수취대상이 아님**
사업자가 공급받은 재화의 불량으로 인하여 당해 재화의 공급자로부터 받는 손해배상금은 재화나 용역의 공급에 대한 대가가 아니므로 부가가치세 과세대상에 해당하지 않는 것임 (부가46015-1377, 2000.06.15)

☞ **타인의 재산에 입힌 피해재산을 직접 수리하여 주고 발급받은 매입세금계산서의 매입세액은 공제를 받을 수 있음**
사업자가 자기사업과 관련하여 타인의 재산에 손해를 입혀 당해 피해재산의 수리에 관련된 매입세액은 매출세액에서 공제되는 것임.(부가46015-1991, 1995.10.28)

## ❺ 채무를 면제받은 경우

사업자가 다른 사업자로부터 채무를 면제받은 경우 재화 또는 용역의 공급이 아니므로 세금계산서를 발급하지 아니한다.

▶ **합의에 의하여 면제받은 공사대금은 세금계산서 발급대상이 아님**
공급받는 자와 합의에 의하여 확정된 공사비를 받지 않기로 한 경우에는 당해 규정에 의한 수정세금계산서를 교부할 수 없는 것임. (서면3팀-2242, 2004.11.04.)

# 4 간주공급시 과세표준 계산

## ❶ 개요

① 재화의 공급으로 간주하는 자가공급, 개인적 공급, 사업상증여, 폐업시 재고재화는 그 **시가**를 기준으로 과세표준을 계상하여 부가가치세를 납부하여야 한다. 예를들어 사업자가 매입세액을 공제받은 재화를 직원에게 무상제공하는 경우에는 개인적공급에 해당하여 부가가치세가 과세되는 것이며, 이 경우 무상공급하는 재화의 시가를 과세표준으로 하여 부가가치세를 신고(부가가치세 신고서의 과세 기타매출 란에 그 금액 기재) 및 납부하여야 한다. 다만, 세금계산서 발급의무는 면제된다.

② 간주공급에 해당하는 재화가 감가상각자산인 경우 시장가치를 산정하기가 곤란할 것이다. 왜냐하면, 감가상각자산은 사업자가 사업목적에 사용하기 위하여 취득한 자산으로 통상의 거래유통 대상이 아니기 때문이다. 따라서 감가상각자산의 시가는 다음과 같은 방법에 의하여 계산한다.

## ❷ 과세표준 계산

### [1] 건물 및 구축물
과세표준 = 취득가액 × (1 - 5/100 × 경과된 과세기간 수)

### [2] 기타 (건물·구축물을 제외한 기타 감가상각자산)
과세표준 = 취득가액× (1 - 25/100 × 경과된 과세기간 수)

☞ **폐업시 재고재화 간주공급시 당초 매입세액이 불공제된 재화(비영업용 승용자동차 등)는 제외한다.**
폐업시 재고재화의 간주공급시 당초 매입세액이 불공제된 재화(비영업용 승용자동차 등)는 제외한다. 따라서 종업원 선물을 구입하고 그 매입세액을 공제받는 경우 선물 증정시 개인적공급으로 부가가치세를 다시 신고 및 납부하여야 하므로 실무에서는 통상 불공제처리 하여 간주공급으로 계상하지 아니한다.

## ❸ 취득가액 [부령 제66조 ④]

재화의 취득가액은 매입세액을 공제받은 해당 재화의 가액으로 한다.

## ❹ 경과된 과세기간 수 계산

① 경과된 과세기간의 수는 과세기간 단위로 계산하되, 건물 또는 구축물의 경과된 과세기간의 수가 20(2001. 12. 31 이전 취득분은 10)을 초과하는 때에는 20으로, 기타의 감가상각자산의 경과된 과세기간의 수가 4를 초과하는 때에는 4로 한다. 이 경우에 과세기간의 개시일 후에 감가상각자산을 취득하거나 당해 재화가 공급된 것으로 보게 되는 경우에는 그 과세기간의 개시일에 당해 재화를 취득하거나 당해 재화가 공급된 것으로 본다.

② 경과된 과세기간의 수를 계산함에 있어서 과세기간의 개시일후에 감가상각자산을 취득하거나 당해 재화가 공급된 것으로 보게 되는 경우에는 그 과세기간의 개시일에 당해 재화를 취득하거나 당해 재화가 공급된 것으로 보아 과세기간의 수를 계산하며, 간주공급한 날이 속하는 과세기간은 경과된 과세기간의 수에 계산하지 아니한다.

▶ **폐업 등 간주공급시 감가상각대상 자산의 경과된 과세기간 수 계산 사례**
예를 들어 20×8. 10. 21. 폐업하는 경우 20×7. 3. 20. 취득한 기계장치의 경과된 과세기간 수는 '3' (20×7년 1기, 20×7년 2기, 20×8년 1기)이다.

# 5 토지와 건물 일괄 공급시 과세표준 안분계산

## ❶ 개요

사업에 사용하던 건축물을 매각하는 경우 토지는 면세되나 건물은 과세된다. 이 경우 토지와 그 토지에 정착된 건물 및 그 밖의 구축물 등을 함께 공급하는 경우에 그 건물 등의 공급가액은 실지거래가액에 의한다. 단, 건물가액과 토지가액의 구분이 분명하지 않은 경우 다음의 방법으로 토지 및 건물가액을 계산하여 건물분에 대하여 부가가치세를 거래징수 하여야 한다.

## ❷ 과세표준 안분계산

### [1] 실지 거래가액이 있는 경우

실지 거래가액에 의한다. 실지거래가액이 있는 경우라 함은 일반적으로 매매계약서상의 매매금액이 실지거래가액으로 확인되고 계약서상에 토지의 가액과 건물의 가액이 구분 표시되어 있으며, 구분 표시된 토지와 건물가액 등이 정상적인 거래에 비추어 합당하다고 인정되는 경우를 말한다.

### [2] 감정평가액이 있는 경우

감정평가금액에 의하여 토지와 건물공급가액을 안분 계산한다.

### [3] 실지 거래가액 또는 감정평가액이 없으나 기준시가가 있는 경우

기준시가에 의하여 안분 계산한다. 기준시가라 함은 **토지는 개별공시지가**, 건물 등은 **국세청 기준시가**에 의한다.

[개정 세법] 〈2019년 이후〉 기준시가로 안분하여야 하는 경우 [부법 제29조 ⑨] 납세자가 실지거래가액으로 구분한 가액이 기준시가에 따른 안분가액과 30% 이상 차이가 나는 경우

**보충** 기준시가 산정 소득세법 제99조(기준시가의 산정)

1. 토지 또는 건물

가. 토지 : 「부동산 가격공시 및 감정평가에 관한 법률」에 따른 개별공시지가(이하 "개별공시지가"라 한다). 다만, 개별공시지가가 없는 토지의 가액은 납세지 관할 세무서장이 인근 유사토지의 개별공시지가를 고려하여 대통령령으로 정하는 방법에 따라 평가한 금액으로 하고, 지가(地價)가 급등하는 지역으로서 대통령령으로 정하는 지역의 경우에는 배율방법에 따라 평가한 가액으로 한다.

나. 건물 : 건물(다목 및 라목에 해당하는 건물은 제외한다)의 신축가격, 구조, 용도, 위치, 신축연도 등을 고려하여 매년 1회 이상 국세청장이 산정·고시하는 가액

다. 오피스텔 및 상업용 건물 : 건물에 딸린 토지를 공유로 하고 건물을 구분소유하는 것으로서 건물의 용도·면적 및 구분소유하는 건물의 수(數) 등을 고려하여 대통령령으로 정하는 오피스텔 및 상업용 건물(이에 딸린 토지를 포함한다)에 대해서는 건물의 종류, 규모, 거래상황, 위치 등을 고려하여 매년 1회 이상 국세청장이 토지와 건물에 대하여 일괄하여 산정·고시하는 가액

[기준시가] 국세청홈페이지 → 알림소식 → 고시공고 → 고시 (검색) 기준시가

### [4] 실지 거래가액, 감정평가액, 기준시가가 없는 경우

실지 거래가액, 감정평가가액, 기준시가가 없는 경우에는 **장부가액**(장부가액이 없는 경우에는 취득가액)에 비례하여 안분계산한다. 장부가액이란 세무상의 장부가액을 말하며, 취득가액이란 세금계산서나 기타 취득가액을 증명할 수 있는 서류를 말한다. 따라서 신축중인 건물의 경우 장부가액은 없는 것으로 본다.

## ❸ 과세되는 건물 등의 과세표준 (기준시가에 의하는 경우)

### [1] 거래가액에 부가가치세가 포함되어 있는 경우

| 건물의 과세표준 | = | 실지공급가액<br>(부가세 포함) | × | 건물의 기준시가<br>토지의 기준시가 + 건물의 기준시가 × 110/100 |
|---|---|---|---|---|

**[2] 거래가액에 부가가치세가 포함되지 않은 경우**

$$건물의\ 과세표준 = \frac{실지공급가액}{(부가세\ 불포함)} \times \frac{건물\ 기준시가}{(토지의\ 기준시가 + 건물의\ 기준시가) \times 100/100}$$

## ❹ 과세 및 면세사업에 사용하던 재화 공급시 과세표준

① 과세되는 재화 또는 용역을 공급하는 사업(과세사업)과 면세되는 재화 또는 용역을 공급하는 사업(면세사업)에 공통으로 사용되는 재화를 공급하는 경우에 그 과세표준은 다음 산식에 의하여 계산한다.

$$과세표준 = 해당\ 재화의\ 공급가액 \times \frac{재화를\ 공급한\ 날이\ 속하는\ 과세기간의\ 직전\ 과세기간의\ 과세되는\ 공급가액}{재화를\ 공급한\ 날이\ 속하는\ 과세기간의\ 직전\ 과세기간의\ 총공급가액}$$

② 다음 각 호의 어느 하나에 해당하는 경우에는 제1항에도 불구하고 해당 재화의 공급가액을 과세표준으로 한다.
1. 재화를 공급하는 날이 속하는 과세기간의 직전과세기간의 총공급가액중 면세공급가액이 100분의 5미만인 경우. **다만, 해당 재화의 공급가액이 5천만원 이상인 경우는 제외한다.**
2. 재화의 공급가액이 50만원 미만인 경우
3. 재화를 공급하는 날이 속하는 과세기간에 신규로 사업을 개시하여 직전 과세기간이 없는 경우

## ❺ 건물 및 토지 매각의 경우 계산서 발급의무 면제

법인(개인사업자 포함)이 건물 및 토지를 매각하는 경우 계산서 발급을 하지 아니할 수 있다. 다만, 과세사업자가 사업자에게 건물을 매각하는 경우 부가가치세법의 규정에 의하여 세금계산서를 발급하여야 하며, 토지의 경우에도 거래상대방이 계산서발급을 요구하는 경우 계산서를 발급하여야 한다.
[법인세법 제121조 ④, 소득세법 제211조(계산서의 작성·발급) ②]

# 9 세금계산서·현금영수증 신용카드매출전표 매입세액공제

## 1 세금계산서에 의한 매입세액공제

### ❶ 개요

매입세액이란 과세되는 재화 또는 용역을 공급받으면서 그 공급가액의 10%를 부가가치세로 부담한 세액을 말한다. 과세사업자의 경우 자기의 사업과 관련하여 재화 또는 용역을 공급받고 부담한 부가가치세 매입세액은 부가가치세법에서 매입세액불공제로 특정한 경우를 제외하고는 매출세액에서 공제받을 수 있다.

과세사업자인 경우로서 매출세액에서 공제받을 수 있는 매입세액은 자기의 사업을 위하여 사용되었거나 사용될 재화 또는 용역의 공급에 대한 세액 및 자기의 사업을 위하여 사용되었거나 사용될 재화의 수입에 대한 세액으로 한다. 과세사업자가 매출세액에서 매입세액을 공제받기 위해서는 원칙적으로 세금계산서를 발급받아야 한다. 다만, 신용카드매출전표, 현금영수증, 청구서, 지로영수증 중 일정한 요건에 해당하는 경우 예외적으로 그 매입세액을 매출세액에서 공제받을 수 있다.

또한 과세사업자가 자기의 과세사업을 위하여 재화 또는 용역을 공급받으면서 부담한 공제대상 부가가치세 매입세액이 매출세액보다 많은 경우 환급을 받을 수 있다.

▶ **일반과세자인 소매업, 음식·숙박업은 세금계산서를 발급할 수 있음**

주로 최종소비자를 대상하는 사업을 하는 소매업 및 음식·숙박업의 경우에도 거래상대방이 세금계산서 발급을 요구하는 경우 세금계산서를 발급하여야 한다. 따라서 소매업, 음식·숙박업은 세금계산서 발급을 할 수 있는 사업자에 해당한다.

## ❷ 세금계산서에 의한 매입세액공제

자기의 과세사업을 위하여 재화 또는 용역을 공급받고, 발급받은 전자세금계산서 또는 종이세금계산서에 의하여 매입세액을 공제받고자 하는 경우 부가가치세 신고시 매입처별세금계산서합계표를 작성하여 신고서와 같이 제출하여야 한다.

## ❸ 매입자발행세금계산서

공급자가 일반과세사업자로서 재화 또는 용역을 공급하고 세금계산서 발급시기에 세금계산서를 발급하지 아니한 경우 그 재화 또는 용역을 공급받은 자는 관할 세무서장의 확인을 받아 세금계산서 발급시기로부터 3개월 이내에 세금계산서를 발행할 수 있으며, 이를 '매입자발행세금계산서'라 한다. 매입자발행세금계산서에 기재된 그 부가가치세액은 공제할 수 있는 매입세액으로 본다.

**[개정 세법] 수정세금계산서의 매입자발행세금계산서 발행 허용(부가법 제34의2)**
부도·폐업 등으로 매출자가 수정세금계산서 발행이 어려운 경우
〈적용시기〉 2018.1.1. 이후 재화 또는 용역을 공급하는 분부터 적용

## ❹ 부가가치세 예정신고누락분 매입세액

예정신고시 누락한 세금계산서의 매입처별세금계산서합계표는 확정신고시 제출하여 공제를 받을 수 있으며, 이 경우 적용되는 가산세는 없다.

## ❺ 전기 이전 신고누락한 매입세금계산서의 매입세액공제

부가가치세 해당 신고기간내에 매입처별세금계산서합계표를 제출하지 못하여 매입세액을 공제받지 못한 경우 경정청구 기한내에 경정청구를 하여 매입세액을 환급받을 수 있다.

## 2 신용카드매출전표·현금영수증의 매입세액공제

일반과세자가 다음의 요건을 모두 충족하는 신용카드매출전표 또는 현금영수증을 수취한 경우 그 매입세액은 매출세액에서 공제할 수 있다.

### ❶ 사업자명의 신용카드 또는 사업자명의로 발급받은 현금영수증

신용카드매출전표상 별도로 기재된 매입세액 또는 현금영수증의 매입세액을 공제받기 위해서는 원칙적으로 법인의 경우 법인명의 신용카드(법인명의 현금영수증 포함)이어야 하며, 개인사업자의 경우 회사명의 또는 사업주 본인명의의 신용카드(현금영수증 포함)를 사용하여야 한다.

단, 사업과 관련한 재화 또는 용역을 공급받고 종업원명의의 신용카드를 사용하거나 현금영수증을 발급받은 경우에 있어 재화 또는 용역을 공급한 일반과세자가 그 전표 또는 현금영수증에 세액을 별도로 기재하고 확인한 때에는 그 매입세액을 공제받을 수 있다. 이 경우 종업원 개인은 연말정산시 '신용카드등소득공제'를 받을 수 없다.

☞ **개인사업자의 경우 가족명의 신용카드의 경우에도 일정한 요건을 충족하는 경우 매입세액공제를 받을 수 있음**
사업자가 일반과세자로부터 부가가치세가 과세되는 재화 또는 용역을 공급받고 불가피한 사유로 가족명의의 신용카드매출전표를 발행받는 경우에 있어 당해 일반과세자가 그 전표에 세액을 별도로 기재하고 확인한 때에는 그 부가가치세액이 당해 사업자의 사업을 위하여 사용되었거나 사용될 재화 또는 용역의 공급에 대한 세액임이 객관적으로 확인되는 경우 매입세액은 공제받을 수 있는 것임.
(서삼46015-12066 2002.12.2)

☞ **임직원개인명의 신용카드의 경우에도 매입세액을 공제받을 수 있음**
신용카드에 구분 표시된 매입세액공제는 사용자가 법인인 경우에는 원칙적으로 법인카드에 대하여 적용되며, 당해 법인의 소속임원 및 종업원 명의의 카드 사용분은 공급받은 재화 또는 용역이 자기의 과세사업과 관련되는지 여부는 구체적인 거래사실에 따라 판단하여 매입세액공제를 받을 수 있다.
(부가 46015-1719, 1999.6.22.)

## ❷ 신용카드매출전표등에 공급가액과 세액이 구분되어 있을 것

사업자가 재화 또는 용역을 공급받는 경우 그 거래상대방이 일반과세자로서 신용카드매출전표등에 공급받는 자와 부가가치세액을 별도로 기재하고 확인한 때에는 그 부가가치세액은 매출세액에서 공제할 수 있는 매입세액으로 본다.

☞ **신용카드매출전표에 공급가액과 세액이 구분되어 있어야 매입세액을 공제받을 수 있으며, 공급자가 수기로 구분한 경우에도 공제가능함**
신용카드매출전표등에 세액을 별도로 기재하고 확인한 때라 함은 신용카드매출전표등에 세액을 별도로 기재하는 것을 말하고 신용카드매출전표등에 부가가치세액이 별도로 인쇄된 경우뿐만 아니라 공급자가 수기로 기재한 경우도 포함되며, 공급자의 서명 또는 날인이 반드시 필요하지는 아니하는 것임.
(부가 46015-2096, 2000.8.26.)

## ❸ 신용카드가맹사업자가 일반과세자로서 다음 요건에 해당할 것

신용카드가맹사업자가 간이과세자 및 일반과세자 중 세금계산서를 발급할 수 없는 목욕·이발·미용업 및 여객운송업(전세버스운송사업자 제외), 입장권을 발행하는 사업자가 아닌 경우 신용카드매출전표의 매입세액을 공제받을 수 있다. 예를 들어 제조업, 도매업 등을 영위하는 사업자로부터 물품 등을 공급받고, 거래시기에 신용카드로 결제한 경우 또는 소매업, 서비스업 등을 영위하는 사업자로부터 물품 등을 공급받고 신용카드로 결제한 경우 그 매입세액을 공제받을 수 있으나 업무와 관련하여 항공기 또는 고속철도를 이용하고 신용카드매출전표를 받은 경우 거래상대방이 세금계산서를 발급할 수 없는 사업자이므로 매입세액을 공제받을 수 없다.

📌 **항공료 및 고속철도요금 카드결제시 매입세액공제를 받을 수 없음**

1. 여객운송사업자가 발급하는 항공권은 영수증 발급의무자의 범위에 해당하는 것이므로 부가가치세법 제16조의 세금계산서 발급대상에서 제외되는 것이며, 부가가치세법 제32조의 2에서 규정하는 신용카드사용 매입세액공제 대상에 제외되는 것임.
2. 부가가치세 과세사업자가 자기의 과세사업과 관련하여 출장시 고속철도건설촉진법에 규정된 고속철도에 의한 여객운송용역을 공급하는 자로부터 용역을 공급받는 경우 공급자는 부가가치세법 제32조의 규정에 의하여 영수증만을 발급하는 것으로서 영수증을 발급받은 사업자는 당해 영수증에 의하여는 거래징수당한 부가가치세를 공제할 수 없는 것임 (부가46015-1217, 1995.07.05.)

## ❹ 매입세액이 불공제되는 접대비 등 지출금액이 아닐 것

접대비 또는 비영업용소형승용차의 취득 및 유지비용과 관련한 매입세액은 당초매입세액을 공제받을 수 없는 것이므로 그 매입세액을 공제받을 수 없다. (매입세액공제에 해당하는 경우에 한하여 세액을 공제받을 수 있음) 예를 들어 화물자동차의 유류구입, 비품, 문구류 등을 구입하거나 직원의 복리후생적 지출과 관련하여 신용카드로 결제한 경우로서 그 매입세액을 공제받을 수 있는 요건을 모두 충족하는 경우 매입세액을 공제받을 수 있으나 접대비 또는 비영업용승용자동차의 취득 및 유지와 관련한 것은 매입세액을 공제받을 수 없는 것이다.

📌 **개업식 또는 준공식 행사 관련 매입세액 공제대상 여부**

접대비 및 이와 유사한 비용에 관련된 매입세액은 매출세액에서 공제되지 아니하나 설립 후 개업식 또는 준공식 행사를 진행하는데 들어간 비용이 판매부대비용 및 광고선전비에 해당하는 경우 매입세액 공제가 가능함

📌 **종업원 선물구입과 관련한 매입세액 공제대상 여부**

사업자가 복리후생목적으로 선물을 구입하여 종업원에게 증정하는 경우에는 그 매입세액은 공제가 가능하다. 그러나 직원에게 주는 선물은 부가가치세법의 규정에 의하여 재화의 공급(개인적 공급)에 해당되는 것이므로 부가가치세가 과세된다. 즉, 종업원선물용으로 물품 등을 구입할 시 부가가치세매입세액을 공제받는 경우에는 그 선물을 종업원에게 지급할 시 다시 부가가치세 매출세액을 계산하여 납부하여

야 한다. 단, 매입세액을 공제받지 않는 경우 그 선물을 종업원에게 지급할 시에 부가가치세를 납부하지 않아도 되므로 실무에서는 통상 불공제 처리한다.

[세법 개정] 2019년 이후 1인당 연간 10만원 이내의 경조사와 관련된 재화는 개인적 공급에서 제외하므로 매입세액을 공제받는 경우에도 과세하지 않는다.

### 👉 개인사업자 대표자 본인 식대는 매입세액 공제대상에 해당하지 아니함

개인사업자인 대표자 본인의 식대 등은 사업관련 경비가 아니므로 부가가치세법 제39조 1항 4호에 의거 관련 매입세액은 공제되지 않는 것임

### 👉 소형승용차의 구입 및 유지 관련 매입세액은 공제를 받을 수 있음

영업용소형승용차라 함은 운수사업자(택시운수업, 렌트카업체 등)가 소형승용차를 이용하여 직접 사업에 사용하는 경우를 말한다. 따라서 운수사업자 등이 아닌 기타 사업자가 사업을 위하여 구입하는 승용차는 모두 비영업용소형승용차에 해당한다. 매입세액을 공제받을 수 없는 소형승용차라 함은 개별소비세법 제1조 제1항 제3호 및 시행령 [별표1]에 규정하는 것으로 정원 8인승 이하 승용자동차(배기량 1,000cc 이하인 경승용차는 공제됨), 지프형자동차, 캠핑용 자동차 등이다.

### 👉 차량의 유류 매입세액공제는 유류의 종류가 아니라 매입세액공제대상 차종에 의하여 공제를 받을 수 있음

예를 들어 경차인 마티즈에 휘발유를 주유하고, 신용카드로 결제한 경우 매입세액공제를 받을 수 있는 것이나 경차가 아닌 비영업용승용차에 경유를 주유하고, 신용카드로 결제한 경우 매입세액공제를 받을 수 없는 것임

### 👉 난방용 유류는 매입세액공제를 받을 수 있음

난방용으로 경유 등을 매입하고, 세금계산서를 받거나 신용카드로 결제한 경우 그 매입세액은 공제를 받을 수 있음

### 👉 접대비를 신용카드로 결제한 경우 매입세액공제를 받을 수 없음

접대비는 매입세액불공제대상으로 접대비를 지출하고, 세금계산서를 받거나 신용카드로 결제한 경우에도 그 매입세액은 공제를 받을 수 없다.

👉 **직원 회식비의 경우 매입세액을 공제받을 수 있으나 유흥주점에서 회식을 한 경우 그 매입세액을 공제받을 수 없음**

종업원의 단합을 위하여 회식을 하고 회식비를 카드로 결제하여 신용카드매출전표를 수취한 경우로서 당해 회식비가 법인세법 상 복리후생비에 해당하는 때에는 사업과 관련된 지출로서 매입세액의 공제가 가능할 것이나 유흥주점·단란주점·노래주점에서 마신 술 값은 사업자의 사업과 직접 관련이 없는 것이며, 종업원의 복리후생비에 해당하지 않는 것으로 매입세액으로 공제하지 않는 것이 타당하다고 판단됨.

▶ **신용카드매출전표 · 현금영수증으로 매입세액을 공제받을 수 있는 지출**
1. 종업원 식대 및 회식비용
2. 작업복 구입비용
3. 화물차, 승합차, 밴차량, 경승용차(모닝, 마티즈 등)의 유류대 및 수선비
4. 사업과 관련한 소모품, 비품 등 구입비

▶ **신용카드매출전표 및 현금영수증으로 매입세액을 공제받을 수 없는 지출**
1. 거래처 접대비
2. 여객운송사업자(항공사, 고속철도, 고속버스 등)에게 결제한 것
3. 상품권 또는 입장권 결제금액
4. 승용차(배기량 1,000cc 초과)의 유류대 및 수선비, 기타 유지비용
5. 면세물품(쌀, 화환, 도서구입비) 구입비용
6. 개인 사업주의 본인 식대
7. 사업과 관련없는 사업주 개인용도 지출
8. 간이과세자로부터 수취한 현금영수증 또는 신용카드매출전표
9. 폐업자가 폐업일 이후 발행한 현금영수증 또는 신용카드매출전표

👉 **일반 과세사업자가 간이과세자로부터 세금계산서를 발급받은 경우 및 신용카드매출전표를 수취한 경우 매입세액을 공제받을 수 없음**

간이과세자는 세금계산서를 발급할 수 없으므로 일반 과세사업자가 간이과세자로부터 세금계산서를 발급받은 경우 또는 신용카드매출전표를 수취한 경우 그 매입세액을 공제받을 수 없으므로 실무에서 유의를 하여야 한다.

## ❺ 부가가치세 신고시 신용카드매출전표등수령금액합계표 제출

위 요건을 모두 충족하는 신용카드매출전표는 그 매입세액을 공제받을 수 있으며, '신용카드매출전표등 수령금액합계표'를 부가가치세신고서에 첨부하여 제출하거나 전자신고하는 경우 전자적으로 제출하여야 한다. 단, 현금영수증의 경우 별도의 명세서 작성없이 공제대상 건수 및 공급가액, 세액합계액만을 작성하여 제출한다.

> **예 제** 20×8년 1기 확정
> - 직원 식대 현금 결제 및 현금영수증 수취 : 10건 공급가액 1,000,000원 세액 100,000원
> - 승합차 및 화물차 주유 신용카드 결제 : 30건 공급가액 3,000,000원 세액 300,000원
> - 사무용품 및 소모품 구입 신용카드결제 : 2건 공급가액 1,000,000원 세액 100,000원

### 신용카드매출전표등 수령금액 합계표(갑)
### ( 20×8년 1기 예정, <u>확정</u>)

1. 제출자 인적사항

| ①상호(법인명) | | ②사업자등록번호 | |
|---|---|---|---|
| ③성명(대표자) | | ④주민(법인)등록번호 | |

2. 신용카드 등 매입내역 합계

| 구 분 | 거래건수 | 공급가액 | 세 액 |
|---|---|---|---|
| ⑤ 합 계 | 42 | 5,000,000 | 500,000 |
| ⑥현금영수증 | 10 | 1,000,000 | 100,000 |
| ⑦화물운전자복지카드 | | | |
| ⑧사업용신용카드 | | | |
| ⑨ 기 타 신 용 카 드 | 32 | 4,000,000 | 400,000 |

3. 기타 신용·직불카드 및 기명식선불카드 매출전표 수령금액 합계

| 일련번호 | ⑩카드회원번호 | ⑪공급자(가맹점)사업자등록번호 | ⑫ 기타 신용카드 등 거래내역 합계 | | |
|---|---|---|---|---|---|
| | | | 거래건수 | 공급가액 | 세액 |
| 1 | 4553-0321-1253-**** | ○○○-○○-○○○○ | 4 | 300,000 | 30,000 |
| 2 | 4553-0321-1253-**** | ○○○-○○-○○○○ | 5 | 400,000 | 40,000 |
| 3 | 4553-0321-1253-**** | ○○○-○○-○○○○ | 2 | 100,000 | 10,000 |
| 4 | 4553-0321-1253-**** | ○○○-○○-○○○○ | 6 | 500,000 | 50,000 |
| 5 | 4553-0321-1253-**** | ○○○-○○-○○○○ | 8 | 400,000 | 40,000 |
| 6 | 4553-0321-1253-**** | ○○○-○○-○○○○ | 7 | 2,300,000 | 230,000 |
| 7 | | | | | |
| | 합 계 | | 32 | 4,000,000 | 400,000 |

* 공급자 건수가 15건을 초과하는 경우 (을)지에 연속하여 기재한다.

# 🇶 개인명의 신용카드 또는 현금영수증의 비용 처리

## 1 비용 처리

신용카드의 명의와 관련하여 법인사업자의 법인명의나 개인사업자의 대표자 명의의 신용카드를 사용하여야 하나 종업원 개인명의의 신용카드를 사용하고 매출전표를 수취한 경우에도 정규증빙으로 인정된다. 단, 법인 접대비의 경우로서 1만원을 초과하는 접대비는 법인카드로 사용한 경우에만 인정된다.

☐ 개인명의 신용카드 (법인 46012-4178)
신용카드의 명의와 관련하여 법인사업자의 법인명의나 개인사업자의 대표자 명의의 신용카드를 사용하여야 하나 종업원 개인명의의 신용카드를 사용하고 매출전표를 수취한 경우에도 정규증빙으로 인정된다. 단, 법인 접대비의 경우로서 1만원을 초과하는 접대비는 법인카드로 사용한 경우에만 인정된다. 이 때 법인개별카드(개인형 법인카드)는 법인카드로 간주한다.

♣ 임직원 개인명의의 신용카드를 법인의 비용 지출에 대한 결제수단으로 사용한 경우 임직원 개인은 신용카드사용금액에 대하여 연말정산시 신용카드소득공제를 받을 수 없다.

## 2 접대비

내국법인이 한 차례의 접대에 지출한 접대비로써 1만원(경조사비 20만원)을 초과하는 경우에는 반드시 법인명의 신용카드 등을 사용하여야 하는 것이며 직원 명의 신용카드를 사용하였을 경우에는 전액 손금불산입하여야 한다. 단, 접대비로써 1만원을 초과하지 아니한 경우에는 법인의 업무와 관련하여 지출되었음이 입증되는 때에는 직원 명의 신용카드 등의 증거자료에 의하여 접대비로 인정이 가능하다.

[개정 세법] 적격증빙 없는 소액접대비 기준금액 인상(법인령 §41, 소득령 §83)
(경조금) 20만원 → 현행유지
(그 외) 1만원 → 3만원
<적용시기> '21.1.1. 이후 지출하는 분부터 적용

# 10 농·축·수산물 의제매입세액공제 재활용폐자원 등 매입세액공제

## 1 면세재화 매입에 대한 의제매입세액공제

### ❶ 개요

과세사업자가 면세로 농산물 등을 구입하여 과세재화 또는 용역을 창출하는 경우 면세로 구입한 농산물 등의 매입가액에 소정의 율을 곱한 금액을 매입세액으로 의제하여 매출세액에서 공제를 받을 수 있으며, 이를 의제매입세액공제라 한다.

### ❷ 의제매입세액공제대상 사업자

과세사업을 영위하는 사업자(영세율 적용대상 사업자 포함)만이 의제매입세액공제를 받을 수 있다. (면세사업자는 의제매입세액공제를 받을 수 없음) 과세사업자의 경우 모든 업종에 대하여 의제매입세액공제를 받을 수 있으나 간이과세자의 경우 음식점 및 제조업을 영위하는 사업자만이 의제매입세액공제를 받을 수 있다.

### ❸ 의제매입세액공제를 받을 수 있는 면세물품

① 부가가치세의 면제를 받아 공급받은 농산물·축산물·수산물 또는 임산물의 가액으로 가공되지 아니한 식료품(미가공식료품) 및 탈곡·정미·정맥·제분·정육·건조·염장·포장 기타 원생산물의 본래의 성질이 변하지 아니하는 정도의 1차 가공을 거쳐 식용에 공하는 것들

② 제1항 이외의 농산물·축산물·수산물, 임산물로서 다음 각호에 규정하는 것
1. 원생산물
2. 원생산물의 본래의 성상이 변하지 아니하는 정도의 원시가공을 거친 것
3. 제2호의 규정에 의한 원시가공 과정에서 필수적으로 발생하는 부산물

### ❹ 원재료 가액

의제매입세액 공제대상이 되는 원재료의 매입가액은 운임 등의 부대비용을 제외한 매입원가로 한다.

□ 부가가치세법 기본통칙17-62-1 【의제매입세액 공제대상이 되는 원재료】
법 제17조제3항에서 원재료란 다음에 게기하는 것을 말한다.〈개정 2011.02.01〉
1. 재화를 형성하는 원료와 재료(1998.08.01 개정)
2. 재화를 형성하지는 아니하나 해당 재화의 제조·가공에 직접적으로 사용되는 것으로서 화학반응을 하는 물품〈개정 2011.02.01〉
3. 재화의 제조·가공과정에서 해당 물품이 직접적으로 사용되는 단용원자재
4. 용역을 창출하는 데 직접적으로 사용되는 원료와 재료(1998.08.01. 신설)

### ❺ 의제매입세액공제율 및 공제한도 [부령 제84조]

① 사업자가 부가가치세를 면제받아 공급받거나 수입한 농산물·축산물·수산물 또는 임산물을 원재료로 하여 제조·가공한 재화 또는 창출한 용역의 공급에 대하여 부가가치세가 과세되는 경우에는 면세농산물등을 공급받거나 수입할 때 매입세액이 있는 것으로 보아 다음의 금액을 매입세액으로 공제할 수 있다.

| 의제매입세액 공제율 | | | 의제매입세액 공제한도 (과세기간별 매출액 대비) | | | |
|---|---|---|---|---|---|---|
| 구 분 | | 공제율 | 구 분 | | 공급가액 (6개월) | 공제한도 |
| | | | | | | 음식점업 | 기타 |
| 음식점 | 유흥장소 | 2/102 | 개 인 | 1억원 이하 | 65% | 55% |
| | 개인 | 8/108 | | 1억원~2억원 | 60% | |
| | 법인 | 6/106 | | 2억원 초과 | 50% | 45% |
| 제조업 | 개인, 중소기업 | 4/104 | 법인 | | 40% | |
| | 그 외 | 2/102 | | | | |
| 그 외 업종 | | 2/102 | | | | |

② 위의 규정에도 불구하고 제2기 과세기간에 대한 납부세액을 확정신고하는 경우 다음 각 호의 요건을 모두 충족하는 제조업을 영위하는 사업자의 매입세액으로 공제할 수 있는 금액은 1역년(歷年)에 공급받은 면세농산물 등의 가액에 공제율을 곱한 금액에서 제1기 과세기간에 제1항에 따라 매입세액으로 공제받은 금액을 차감한 금액으로 할 수 있다. [부령 제84조 ③ 신설]
1. 1역년에 공급받은 면세농산물 등의 가액 대비 제1기 과세기간에 공급받은 면세농산물 등의 가액의 비중이 75퍼센트 이상이거나 25퍼센트 미만일 것
2. 해당 과세기간이 속하는 1역년 동안 계속하여 제조업을 영위하였을 것

[개정 세법] 면세 농산물 등 의제매입세액공제 확대(부가가치세법 시행령 제84조)
2019.1.1. 이후 개인 제조업 중 과자점업, 도정업, 제분업 및 떡류 제조업 중 떡방앗간 면세농산물등 의제매입세액 공제율을 4/104 → 6/106

[개정 세법] 면세농산물 등의 의제매입세액 공제특례 적용기한 연장 등(제42조제1항)
과세표준 2억원 이하의 개인사업자인 음식점업자에게 적용하는 면세농산물 등의 의제매입세액 우대공제율(109분의 9)의 적용기한을 2021년 12월 31일까지로 2년 연장하고, 유흥주점 등 과세유흥장소의 경영자에게 적용되는 면세농산물 등의 의제매입세액 공제율을 104분의 4에서 102분의 2로 인하함.

| 구분 | | 율 |
|---|---|---|
| 1 음식점업 | 가.「개별소비세법」제1조제4항에 따른 과세유흥장소의 경영자 | 102분의 2 |
| | 나. 가목 외의 음식점을 경영하는 사업자 중 개인사업자 | 108분의 8 (과세표준 2억원 이하인 경우에는 2021년 12월 31일까지 109분의 9) |
| | 다. 가목 및 나목 외의 사업자 | 106분의 6 |
| 2 제조업 | 가. 과자점업, 도정업, 제분업 및 떡류 제조업 중 떡방앗간을 경영하는 개인사업자 | 106분의 6 |
| | 나. 가목 외의 제조업을 경영하는 사업자 중 「조세특례제한법」제5조제1항에 따른 중소기업 및 개인사업자 | 104분의 4 |
| | 다. 가목 및 나목 외의 사업자 | 102분의 2 |
| 3 제1호 및 제2호 외의 사업 | | 102분의 2 |

[개정 세법] 면세농산물 등 의제매입세액공제 및 대손세액공제 관련 증빙서류 제출기한 보완(제42조제2항 및 제45조제2항)
면세농산물 등 의제매입세액공제 또는 대손세액공제를 받으려는 사업자가 부가가치세 확정신고 이후에 증빙서류를 제출한 경우에도 공제를 적용받을 수 있도록 함.

▶ **신규사업자로서 매출이 없는 경우 의제매입세액공제를 받을 수 없음**
과세기간별 매출액 대비 한도율의 범위내에서 공제를 받을 수 있으므로 해당 과세기간에 매출액이 없는 경우 의제매입세액공제를 받을 수 없다.

## ❻ 의제매입세액 공제 시기

면세농산물 등을 구입한 날이 속하는 예정 또는 확정신고기간에 공제한다. 즉, 면세농산물 등을 구입하여 과세재화를 제조.가공하거나 과세용역을 위하여 소비한 시점이 아니라 구입한 날이 속하는 과세기간에 공제를 받을 수 있다.

## ❼ 의제매입세액 공제 요건

의제매입세액을 공제받으려는 사업자는 의제매입세액공제신고서와 매입처별계산서합계표(간이과세자로부터 계산서를 수취한 경우 포함) 또는 신용카드매출전표등 수령명세서를 제출하여야 한다. 다만, 제조업을 영위하는 사업자가 농·어민으로부터 면세농산물 등을 직접 공급받는 경우에는 의제매입세액공제신고서만을 제출한다.
[부가가치세법 시행령 제84조 제5항]

## 2 재활용폐자원 등에 대한 매입세액공제 특례

### ❶ 개요

폐자원 또는 중고자동차를 매입하여 판매하는 경우 부가가치세를 납부하여야 한다. 한편, 폐자원 등의 물품을 과세사업자가 아닌 자로부터 매입하는 경우 세금계산서를 수취할 수 없고, 매입세액을 부담하지 않으므로 매출세액에서 공제할 매입세액은 없는 것이나 폐자원의 재활용을 통한 자원절약과 환경오염을 방지하기 위한 국가정책목적에 의하여 조세특례제한법에서 폐자원 또는 중고자동차 매입금액의 일정률을 곱한 금액을 매입세액으로 하여 매출세액에서 공제하여 주는 제도이다.

[관련 법령] 조세특례제한법 제108조

### ❷ 공제대상 사업자

① 폐기물재활용신고를 한 자
② 중고자동차매매업등록을 한 자
③ 중고자동차를 수출하는 자
④ 기타 재생자료수집 및 판매를 주된 사업으로 하는 자

### ❸ 공제대상 거래

재활용폐자원 및 중고품을 수집하여 판매하는 사업자가 국가, 지방자치단체, 부가가치세 과세사업을 영위하지 아니하는 면세사업자, 사업자가 아닌 개인, 간이과세자 등 세금계산서를 발행할 수 없는 자로부터 재활용폐자원 및 중고품을 취득하여 제조 또는 가공하거나 이를 공급하는 경우

## ❹ 매입세액공제를 받을 수 있는 재활용폐자원등의 범위

① 재활용폐자원 ～ 고철, 폐지, 폐유리, 폐합성수지, 폐합성고무, 폐금속캔, 폐건전지, 폐비철금속류, 폐타이어, 폐섬유, 폐유 등
② 중고품 ～「자동차관리법」에 따른 자동차(중고자동차에 한한다)

### ▶ 제외되는 중고자동차

1. 수출되는 중고자동차로서「자동차등록령」제8조에 따른 자동차등록원부에 기재된 제작연월일부터 같은 영 제32조에 따른 수출이행여부신고서에 기재된 수출신고수리일까지의 기간이 1년 미만인 자동차
2. 해당 자동차 구입과 관련하여「부가가치세법」제38조에 따라 매입세액공제를 받은 후 중고자동차를 수집하는 사업자에게 매각한 자동차 다만, 간이과세자가 매입세액을 공제받은 경우는 제외한다.

## ❺ 매입세액공제 특례

재활용폐자원에 대하여는 2021년 12월 31일까지 **취득가액에 103분의 3**을 곱하여 계산한 금액을, 중고자동차에 대하여는 2022년 12월 31일까지 취득가액에 **110분의 10**를 곱하여 계산한 금액을 매출세액에서 매입세액으로 공제할 수 있다.

**[개정 세법]** 중고차 의제매입세액공제 확대(조세특례제한법제108조)
2018년 1월 1일 이후 취득분부터 공제율 109의 9 → 110분의 10

### ▶ 매입세액공제 한도

재활용폐자원을 수집하는 사업자가 재활용폐자원에 대한 부가가치세 매입세액 공제특례를 적용받는 때에는 부가가치세 확정신고시 해당 과세기간에 해당사업자가 공급한 재활용폐자원과 관련한 부가가치세 과세표준에 **100분의 80**을 곱하여 계산한 금액에서 세금계산서를 발급받고 매입한 재활용폐자원 매입가액(해당 사업자의 사업용 고정자산 매입가액을 제외한다)을 차감한 금액을 한도로 하여 계산한 매입세액을 매출세액에서 공제할 수 있다.

# 대손세액공제, 대손세액공제 사례

## 1  대손세액공제 및 대손세액공제 사례

### ❶ 개요

대손세액공제란 매출 등과 관련하여 발생한 부가세예수금을 매출채권에 포함하여 처리한 금액 중 기 납부한 부가세예수금을 거래처의 부도·폐업 등의 사유로 사실상 회수할 수 없는 경우 세법에서 정하는 기한 이내에 납부할 세액에서 차감하는 세액을 말하며, 대손세액공제 사유는 다음과 같다.

### ❷ 대손세액공제 사유 [법령 제19조의2]

대손세액공제는 공급받는 자가 다음에 게재하는 어느 하나의 사유에 해당되어 공급자가 외상매출금 및 매출채권을 회수할 수 없는 경우에 적용받을 수 있다.
1. 「상법」에 의한 소멸시효(5년 → 민법 단기소멸시효 3년)가 완성된 외상매출금 및 미수금
2. 「어음법」에 의한 소멸시효(3년)가 완성된 어음
3. 「수표법」에 의한 소멸시효(6개월)가 완성된 수표
4. 「민법」에 의한 소멸시효(10년)가 완성된 대여금 및 선급금
5. 「채무자 회생 및 파산에 관한 법률」에 따른 회생계획인가의 결정 또는 법원의 면책결정에 따라 회수불능으로 확정된 채권

6. 「민사집행법」에 의하여 채무자의 재산에 대한 경매가 취소된 압류채권
7. 물품의 수출 또는 외국에서의 용역제공으로 인하여 발생한 채권으로서 외국환거래에 관한 법령에 의하여 한국은행총재 또는 외국환은행의 장으로부터 채권회수의무를 면제받은 것
8. 채무자의 파산, 강제집행, 형의 집행, 사업의 폐지, 사망, 실종, 행방불명으로 인하여 회수할 수 없는 채권
9. 부도발생일부터 6월 이상 경과한 수표 또는 어음상의 채권 및 외상매출금(중소기업의 외상매출금으로서 부도발생일 이전의 것에 한한다). 다만, 당해 법인이 채무자의 재산에 대하여 저당권을 설정하고 있는 경우를 제외한다.
10. 회수기일을 6월 이상 경과한 채권중 회수비용이 당해 채권가액을 초과하여 회수실익이 없다고 인정되는 20만원 이하(채무자별 채권가액의 합계액을 기준으로 한다)의 채권
11 중소기업의 외상매출금 및 미수금으로서 회수기일이 2년 이상 지난 외상매출금등. 다만, 특수관계인과의 거래로 인하여 발생한 외상매출금등은 제외한다.

## ❸ 대손세액공제 사례

### 1 폐업한 거래처의 매출채권에 대한 대손세액공제

채무자가 단순히 사업을 폐업하였다고 하여 대손상각 및 대손세액공제를 할 수는 없으며, 당해 채권의 회수를 위하여 강제집행 등의 법적 제반 절차를 취하여 채무자의 무재산임을 객관적으로 입증하여야 소멸시효가 완성되기 전에 거래처의 폐업을 사유로 대손상각 및 대손세액공제를 받을 수 있다.

### 2 부도어음 대손세액공제

사업자가 부가가치세가 과세되는 재화 또는 용역을 공급하고 그 대가로 어음을 받았으나 공급받는 자(어음발행인)가 부도발생한 경우 **어음을 수취한분 및 부도 이전 외상매출금(중소기업의 경우에만 해당함)**에 대하여 금융기관이 당해 어음에 대하여 부도확인을 한 날부터 6월이 경과한 날이 속하는 부가가치세 **확정신고기간**에 채무

자의 폐업 여부 및 재산유무와 관계없이 매출세액에서 차감할 수 있다. 단, **부도발생일 이후의 외상매출금**은 상법상 소멸시효가 완성된 경우의 사유로 그 대손이 확정이 된 날이 속하는 과세기간의 매출세액에서 차감할 수 있다.

### 3  소멸시효 완성에 의한 매출채권의 대손세액공제

사업자가 부가가치세가 과세되는 재화 또는 용역을 공급한 후 그 공급일부터 5년이 지난 날이 속하는 과세기간에 대한 확정신고기한까지 소멸시효완성을 사유로 매출채권의 대손이 확정된 경우에는 대손이 확정된 날(소멸시효가 완성된 날)이 속하는 과세기간에 대한 확정신고시 대손세액공제를 받을 수 있는 것이며, 대손이 확정된 날이 속하는 과세기간에 대한 확정신고시 대손세액공제를 받지 못한 경우에는 경정청구에 의하여 대손세액공제 신청을 할 수 있다. 단, 재화 또는 용역을 공급한 후 그 공급일부터 5년[2020년 이후 10년]이 지난 날이 속하는 과세기간에 대한 확정신고기한까지 대손이 확정되지 않은 경우에는 대손세액공제를 받을 수 없다.

▶ **채무자의 회생계획인가 결정시 대손세액공제 (부가 2012-253, 2012.06.28.)**
재화 또는 용역을 공급하고 회수하지 못한 매출채권을 채무자의 회생계획인가 결정에 따라 채무자(회생법인)의 주식으로 변제받는 경우 해당 매출채권의 장부가액이 교부받은 회생법인 주식 시가를 초과하는 부분은 대손세액 공제대상에 해당하지 아니하는 것이며, 출자 전환한 매출채권 외에 회수불능으로 확정된 채권이 있는 경우로서 회수불능으로 확정된 날이 속하는 과세기간의 확정신고 시 대손세액공제 받지 못한 경우 해당 과세기간에 대한 경정청구를 통하여 공제할 수 있는 것임.

▶ **장기 미회수채권의 경우 접대비로 처리하여 장부에서 제거할 수 있음**
대손세액공제 요건을 충족하지 못하는 장기 미회수채권을 장부에서 제거하고자 하는 경우 접대비로 처리할 수 있으며, 정규영수증 수취대상에는 해당하지 않는다.

▶ **소멸시효가 완성된 채권의 대손세액공제 및 대손상각**
소멸시효가 완성된 채권의 경우 대손상각은 거래처의 무재산임을 입증하여야 대손상각을 할 수 있으나 대손세액공제는 거래처의 무재산임을 반드시 입증하여야 하는 것은 아니다.

## 2  대손세액공제 신청 및 회계처리 사례

### ❶  대손세액공제금액

사업자가 물품 등을 판매하고 세금계산서를 발행한 다음 매출대금으로 수취한 어음이 부도가 난 경우에도 세금계산서 발행일이 속하는 과세기간에 부가가치세를 납부하여야 한다.

한편, 부도가 발생한 경우 부도발생일로부터 6개월이 경과한 날(12. 31. 부도발생한 경우 다음해 7. 1.이 6개월이 경과한 날임)이 속하는 과세기간의 부가가치세 확정신고시 대손세액 [대손금액(부도어음금액) × 10/110]을 납부할 세액에서 차감할 수 있다.

### ❷  대손세액공제신청

대손세액을 공제받을 수 있는 시점의 부가세 확정신고시 대손세액공제신고서에 그 사실을 증명할 수 있는 서류를 첨부하여 매입세액을 공제받을 수 있다.

◆ 첨부서류 : 매출세금계산서 사본, 부도어음 사본, 법원 확정판결문 사본 등

### ❸  대손세액공제 경정청구

사업자가 부가가치세가 과세되는 재화 또는 용역을 공급한 후 그 공급일부터 5년이 지난 날이 속하는 과세기간에 대한 확정신고 기한까지 소멸시효완성을 사유로 매출채권의 대손이 확정된 경우에는 대손이 확정된 날(소멸시효가완성된 날)이 속하는 과세기간에 대한 확정신고시 대손세액공제를 받을 수 있는 것이며, 대손이 확정된 날이 속하는 과세기간에 대한 확정신고시 대손세액공제를 받지 못한 경우에는 **5년**이내에 경정청구를 하여 대손세액공제금액을 환급받을 수 있다.

> **보충** 대손세액공제 신청시 첨부서류

1. 어음의 부도발생일부터 6월 이상 경과사유에 해당하는 경우 매출세금계산서 (사본) 등 증빙서류와 부도어음 사본
2. 소멸시효의 경우 매출세금계산서(사본)와 관련장부 등 증빙서류, 소멸시효가 완성된 사실을 증명하는 서류
3. 파산의 경우는 매출세금계산서(사본)와 채권배분계산명세서
4. 강제집행의 경우는 매출세금계산서(사본)와 채권배분계산서
5. 사망·실종선고의 경우 매출세금계산서(사본)와 가정법원판결문 사본, 채권배분계산서
6. 회사정리계획인가 결정의 경우 매출세금계산서(사본)와 법원이 인가한 회사정리인가안

## ❹ 대손세액공제 회계처리 사례

① 《대손충당금 설정》 기말 매출채권 500,000,000원에 대하여 1%를 대손충당금으로 설정하다.

| 대손충당금전입액 | 5,000,000 / 대손충당금 | 5,000,000 |
|---|---|---|

② 《받을어음 부도발생》 받을어음 110,000,000원이 만기일에 부도발생하다.

| 부도어음 | 110,000,000 / 받을어음 | 110,000,000 |
|---|---|---|

③ 《대손세액공제신청》 부도발생일이 속하는 날로부터 6개월이 경과한 부가가치세 확정신고시 대손세액공제를 신청하다.

| 부가세예수금 | 10,000,000 / 부도어음 | 10,000,000 |
|---|---|---|

④ 《대손상각》 결산시점에 부도어음을 대손상각처리하다.

| 대손충당금 | 5,000,000 / 부도어음 | 99,999,000 |
|---|---|---|
| 대손상각비 | 94,999,000 | |

- 수표, 어음 한 매당 1,000원을 차감한 금액을 대손금으로 한다. 부도어음에서 차감한 1,000원은 추후 대손요건을 충족하는 사업연도(부도발생일보부터 3년이 지난 사업연도)에 손금산입한다.

# 12. 매입세액불공제, 겸업사업자의 면세사업 관련 매입세액불공제

## 1 매입세액불공제

### ❶ 개요

매입세액불공제란 매입세액 중 매출세액에서 공제하지 아니하는 것을 말하며, 조세정책목적에 의하여 그 매입세액을 공제하지 아니하는 것으로 다음의 매입세액을 말한다.

① 비영업용승용자동차의 구입 및 유지비용
② 접대비 관련 매입세액
③ 과세 및 면세 겸업사업자의 면세사업과 관련한 매입세액
④ 면세사업자가 과세되는 재화 또는 용역을 공급받고 부담한 매입세액
⑤ 토지의 취득과 관련한 매입세액
⑥ 사업자등록전의 매입세액
⑦ 부가가치세법의 의무불이행에 대한 매입세액
⑧ 폐업자로부터 폐업일 이후 발급받은 세금계산서 등의 매입세액
⑨ 간이과세자의 경우 세금계산서를 발급할 수 없음에도 간이과세자가 잘못 발행한 세금계산서의 매입세액
⑩ 간이과세자로부터 수취한 신용카드매출전표 및 현금영수증의 매입세액
⑪ 업무와 무관한 매입세액

## ❷ 매입세액을 공제받을 수 없는 것

### 1 비영업용소형승용차의 구입 및 유지와 관련한 매입세액

영업용소형승용차라 함은 운수사업자(택시운수업, 렌트카업체 등)가 소형승용차를 이용하여 직접 사업에 사용하는 경우를 말한다. 따라서 운수사업자 등이 아닌 사업자가 사업을 위하여 구입하는 소형승용차는 비영업용소형승용차에 해당하며, 그 취득 및 유지(유류대, 수리비 등)와 관련한 매입세액은 공제받을 수 없다. 또한 **비영업용소형승용차의 임차(렌트비용) 및 주차관련 비용도 그 매입세액을 공제받을 수 없다.**

#### [1] 매입세액을 공제받을 수 없는 승용자동차
① 정원 8인승 이하 승용자동차
② 지프형자동차
③ 캠핑용 자동차(캠핑용 트레일러를 포함한다)
④ 2륜자동차. 단, 내연기관을 원동기로 하는 것은 그 총배기량이 125씨씨를 초과하는 것 및 내연기관외의 것은 정격출력이 1킬로와트를 초과하는 것

#### [2] 매입세액을 공제받을 수 있는 승용자동차
① 밴차량(운전석 앞자리에만 사람의 탑승이 가능하고, 뒷부분은 화물을 적재할 수 있는 구조의 차량)
② 배기량이 1,000cc 이하의 것으로서 길이가 3.6미터 이하이고 폭이 1.6미터 이하인 것(모닝, 마티즈, 아토스 등)
③ 2륜자동차 중 내연기관을 원동기로 하는 것은 그 총배기량이 125cc 이하인 것 및 내연기관외의 것은 그 정격출력이 1킬로와트 이하인 것
④ 9인승 이상 자동차 및 승합차

### 2 접대비 및 이와 유사한 비용의 지출과 관련한 매입세액

접대비 및 이와 유사한 비용의 지출로서 교제비.기밀비.사례금 기타 명목여하에 불구하고, 접대비와 유사한 성질의 비용과 관련된 매입세액은 공제할 수 없다.

예를 들어 거래처 접대와 관련한 식대, 주대 등을 신용카드로 결제한 경우 그 매입세액은 공제받을 수 없다.

### ▶ 골프회원권 매입세액 및 매각시 부가가치세 과세 여부

골프회원권이 과세사업과 관련이 있는 경우 그 매입세액은 매출세액에서 공제할 수 있는 것이나 당해 골프회원권의 과세사업과의 관련 여부는 구입목적과 실제 이용 상태에 따라 판단할 사항이며, 골프회원권을 양도하는 경우에는 부가가치세가 과세된다. 한편, 업무와 관련하여 매입한 경우에도 접대를 목적으로 매입한 골프회원권은 그 매입세액을 공제받을 수 없는 것이며, 사업자가 자기의 과세사업과 관련하여 취득한 재화에 대하여 매입세액을 공제받지 못한 경우에도 당해 재화의 매각시에 부가가치세가 과세됨에 유의하여야 한다.

## ③ 면세사업 및 토지 관련 매입세액

### [1] 면세사업과 관련한 매입세액

부가가치세가 면제되는 재화 또는 용역을 공급하는 사업과 관련된 매입세액은 공제를 받을 수 없다. 따라서 과세 및 면세 겸업 사업자의 경우 면세 사업과 관련한 매입세액은 공제받을 수 없다.

### [2] 토지의 취득과 관련한 매입세액

토지는 부가가치세가 면세된다. 따라서 토지의 취득과 관련한 다음의 매입세액은 공제받을 수 없으며, 공제받지 못한 매입세액은 토지의 취득원가로 한다.

① 토지의 취득 및 형질변경, 공장부지 및 택지의 조성 등에 관련된 매입세액
② 건축물이 있는 토지를 취득하여 그 건축물을 철거하고 토지만을 사용하는 경우에는 철거한 건축물의 취득 및 철거비용에 관련된 매입세액
③ 토지의 가치를 증가시켜 토지의 취득원가를 구성하는 비용에 관련된 매입세액

#### ☞ 토지의 조성, 정지 등과 관련한 매입세액을 공제받을 수 없음

공장부지 조성과 관련하여 공장용 토지의 가치를 현실적으로 증가시키는 부지정지공사 · 옹벽공사 · 석축공사 · 포장공사 · 조경공사 등의 건설공사에 대한 부가가치세

매입세액은 부가가치세법 시행령 제60조 제6항의 규정에 의하여 토지에 대한 자본적 지출에 관련된 매입세액으로서 매출세액에서 공제하지 아니하는 것임.
(부가-437, 2013.05.16.)

### 📢 건축물이 있는 토지를 취득하여 건축물을 신축하는 경우 철거한 건축물의 취득 및 철거비용에 관련된 매입세액은 공제받을 수 없음

□ (구)부가가치세법 집행기준 17-0-9 【토지 관련 매입세액의 범위】
① 자기의 매출세액에서 공제되지 아니하는 토지 관련 매입세액을 예시하면 다음과 같다.
1. 건축물이 있는 토지를 취득하여 그 건축물을 철거하고 토지만을 사용하는 경우에는 철거한 건축물의 취득 및 철거비용에 관련된 매입세액
2. 사업자가 토지 취득 전에 사업성 검토를 위한 토지적성평가용역, 생태계식생조사용역, 환경영향평가용역 등의 사전평가용역을 제공받은 경우 토지의 취득 여부에 관계없이 해당 사전평가용역비를 지급하면서 부담한 매입세액
3. 사업자가 금융자문용역을 공급받고 발급받은 세금계산서상의 매입세액 중 토지의 취득과 관련된 매입세액
4. 공장건물 신축을 위하여 임야에 대지조성공사를 하는 경우 해당 공사비용 관련 매입세액
5. 토지의 조성과 건물·구축물 등의 건설공사에 공통으로 관련되어 그 실지귀속을 구분할 수 없는 매입세액 중 총공사비(공통비용 제외)에 대한 토지의 조성 관련 공사비용의 비율에 따라 계산한 매입세액
6. 토지의 취득을 위하여 지급한 중개수수료, 감정평가비, 컨설팅비, 명의이전비용에 관련된 매입세액

### 4 사업자등록을 하기 전의 매입세액

사업자등록을 신청하기 전의 매입세액은 공제받을 수 없다. 다만, **공급시기가 속하는 과세기간이 끝난 후 20일 이내에 사업자등록을 신청한 경우 그 공급시기 내 매입세액은 공제받을 수 있으며**, 이 경우 사업자등록을 신청한 사업자가 당해 사업자 또는 대표자의 주민등록번호를 기재하여 발급받은 세금계산서 및 신용카드매출전표의 매입세액 등에 의하여 공제받을 수 있다.

[개정 세법] 2018.1.1. 이후 사업개시일이 속하는 과세기간에 공급받은 분부터 공제 허용
(종전) 사업개시일 이후 공급받은 분부터 공제 허용

## 5  의무불이행으로 인하여 매입세액이 공제되지 아니하는 것

① 세금계산서 미수취, 필요적 기재사항 부실기재 또는 허위기재한 세금계산서
② 세금계산서 작성일자가 과세기간 이후인 경우
③ 사업과 직접 관련이 없는 지출에 대한 매입세액

◆ 공급시기 이후 발급받은 세금계산서 매입세액 불공제 및 가산세 적용

| 구 분 | | 매입세액 | 가산세 |
|---|---|---|---|
| 공급시기 이후에 발급받은 매입세금계산서 | 동일 과세기간내 | 공 제 | 공급가액의 1% |
| | 과세기간의 다음달 11일 ~ 25일 | 공 제 | 공급가액의 1% |
| | 과세기간의 확정신고기한 이후 | 불공제 | 없 음 |
| 세금계산서합계표 미제출 또는 부실기재 | 지연제출, 수정신고, 경정청구 | 공 제 | 없 음 |
| | 경정기관의 확인 후 공제 | 공 제 | 공급가액의 0.5% |

## 6  폐업자가 폐업일 이후 발급한 세금계산서의 매입세액

사업을 폐업한 자는 폐업일 이후에 세금계산서를 발급할 수 없다. 그럼에도 불구하고 세금계산서를 발급한 경우 매입자는 그 매입세액을 공제받을 수 없다.

실무에서 거래 상대방의 폐업 여부를 알 수 없는 상황에서 폐업자로부터 세금계산서를 발급받고, 그 매입세액을 공제받은 경우 차후 국세청 전산시스템에 의하여 확인되는 경우 과세자료 해명요구를 받고, 가산세를 부담하여 수정신고 및 납부를 하여야 하는 경우가 종종 있으므로 **[홈택스] → 조회발급 → 사업자상태**에서 정상 사업자여부를 조회하여 문제가 발생되지 않도록 유의하여야 한다.

## 7  기부물품의 매입세액

기부를 목적으로 구입한 재화 등의 매입세액은 매출세액에서 공제를 받을 수 없다. 다만, **자기의 사업과 관련하여 생산하거나 취득한 재화**를 국가·지방자치단체, 공익단체(상속세 및 증여세법 시행령 제12조 각 호 규정하는 사업을 하는 단체) 등에 무상으로 공급하는 경우에는 당초 공제받은 매입세액은 불공제하지 아니한다.

## 2  공통매입세액 중 면세사업분

### ❶ 공통매입세액 및 공통매입세액 안분계산

과세사업과 관련한 세금계산서 등의 매입세액은 매출세액에서 공제를 받을 수 있으나 면세사업에 사용한 경우 매입세액을 공제를 받을 수 없다. 따라서 면세사업에 관련한 매입세액은 불공제하여야 하나 매입세액 중 과세사업과 면세사업에 사용한 것이 불분명한 경우 과세사업과 면세사업에 공통으로 매입한 세액을 세법에서 정한 일정한 기준에 의하여 면세사업에 사용한 것으로 보는 매입세액은 불공제처리 하여야 하며, 이를 공통매입세액 안분계산이라 한다.

### ❷ 공통매입세액 안분계산방법

**[1] 원칙적인 안분계산**
① 과세 또는 면세사업에 사용한 실지 귀속이 분명한 경우 실지 귀속에 의한다.

② 과세사업과 면세사업에 공통으로 사용되어 실지 귀속을 구분할 수 없는 매입세액(공통매입세액)은 다음 산식에 의하여 계산하여 불공제처리 한다.

$$\text{면세사업에 관련된 매입세액} = \text{공통매입세액} \times \frac{\text{면세공급가액}}{\text{총공급가액}}$$

1. 총공급가액이라 함은 공통매입세액에 관련된 당해과세기간의 과세사업에 대한 공급가액과 면세사업에 대한 수입금액의 합계액을 말하며, 면세공급가액이라 함은 공통매입세액에 관련된 당해과세기간의 면세사업에 대한 수입금액을 말한다.
2. 고정자산의 매각에 따른 공급가액은 총공급가액 및 면세공급가액에 포함되지 아니하는 것임(서삼46015-11127, 2002.07.05)
3. 공통매입세액에는 카드매입분을 포함한다.

③ 예정신고를 하는 때에는 예정신고기간에 있어서 총공급가액에 대한 면세공급가액의 비율에 의하여 안분계산하고, 확정신고를 하는 때에 정산한다.

### [2] 예외적인 안분계산방법

① 안분계산방법을 적용함에 있어서 당해 과세기간 중 과세사업과 면세사업의 공급가액이 없거나 그 어느 한 사업의 공급가액이 없는 경우에 당해 과세기간에 있어서의 안분계산은 다음 각호의 순에 의한다. 다만, 건물을 신축 또는 취득하여 과세사업과 면세사업에 제공할 예정면적을 구분할 수 있는 경우에는 제3호를 제1호 및 제2호에 우선하여 적용한다.
1. 총매입가액(공통매입가액 제외)에 대한 면세사업에 관련된 매입가액의 비율
2. **총예정공급가액에 대한 면세사업에 관련된 예정공급가액의 비율**
3. 총예정사용면적에 대한 면세사업에 관련된 예정사용면적의 비율

② 과세사업과 면세사업에 공통으로 사용되는 재화를 공급받은 과세기간 중에 당해 재화를 공급하는 경우에는 다음과 같이 재화를 공급한 날이 속하는 직전 과세기간의 공급가액을 기준으로 한다.

$$\text{면세사업에 관련된 매입세액} = \text{공통매입세액} \times \frac{\text{직전 과세기간의 면세공급가액}}{\text{직전 과세기간의 총공급가액}}$$

▶ **여러 개의 사업장이 있는 경우 공통매입세액 안분계산**
(상담3팀-3250, 2006.12.26.) 사업지 단위(예: 건설업에 있어서 건설현장 단위)로 하되, 각 사업장에 공통으로 사용되는 (예: 본사 임대료 등) 매입세액의 안분계산은 전체 사업장의 공급가액의 합계액으로 안분계산 하는 것임.

## ❸ 공통매입세액 정산

### [1] 공급가액에 의하여 안분한 경우

공통매입세액의 안분계산은 각 과세기간 단위로 계산하므로 예정신고를 하는 때에는 예정신고기간에 있어서 총공급가액에 대한 면세공급가액의 비율에 의하여 안분계산하고, 확정신고를 하는 때에 정산한다.

**사 례** 공급가액에 의한 공통매입세액 안분계산 및 매입세액불공제분 원재료 대체

❶ 20×5년 10월 25일 예정신고 매입세액(전액 공통매입세액) : 10,000,000원

| 매출세액 | 매입세액 | 총공급가액 | 과세공급가액 | 면세공급가액 |
|---|---|---|---|---|
| 20,000,000원 | 10,000,000 | 500,000,000 | 200,000,000 | 300,000,000 |

- 예정신고시 공통매입 면세사업분 계산내역
- 불공제매입세액(6,000,000)

  매입세액(10,000,000) × 면세공급가액(300,000,000) ÷ 총공급가액(500,000,000)
- 공제가능매입세액(4,000,000) = 매입세액(10,0000,000) - 불공제매입세액(6,000,000)
- 납부세액(16,000,000) = 매출세액(20,000,000) - 공제가능매입세액(4,000,000)

[예 제] 예정과세기간 원재료 매입 분개

| 원재료 | 100,000,000 / 외상매입금 | 110,000,000 |
|---|---|---|
| 부가세대급금 | 10,000,000 | |

[예 제] 예정과세기간 종료일(3월 31일) 분개

| 원재료 | 6,000,000 / 부가세대급금 | 10,000,000 |
|---|---|---|
| 부가세예수금 | 20,000,000  미지급금 | 16,000,000 |

❷ 20×6년 1월 25일 확정신고

| 구 분 | 매출세액 | 매입세액 | 총공급가액 | 과세공급가액 | 면세공급가액 |
|---|---|---|---|---|---|
| 예 정 | 20,000,000 | 10,000,000 | 500,000,000 | 200,000,000 | 300,000,000 |
| 확 정 | 10,000,000 | 30,000,000 | 1,000,000,000 | 100,000,000 | 900,000,000 |
| 합 계 | 30,000,000 | 40,000,000 | 1,500,000,000 | 300,000,000 | 1,200,000,000 |

- 확정신고시 공제매입세액 및 납부세액 계상 (1기 전체 금액으로 재계상)
- 불공제매입세액(32,000,000) : 예정 6,000,000원 + 확정 26,000,000원
- 총매입세액(40,000,000) × 면세공급가액(1,200,000,000) ÷ 총공급가액(1,500,000,000)
- 공제가능매입세액(8,000,000) = 총매입세액(40,000,000) - 불공제매입세액(32,000,000)
- 예정 : 4,000,000원 + 확정 4,000,000원
- 확정시 납부할 세액(6,000,000) = 확정 매출세액(10,000,000) - [공제가능 총매입세액 (8,000,000) - 1기 예정 기공제세액(4,000,000)]

[예 제] 확정과세기간 종료일(6월 30일) 분개

| 원재료 | 26,000,000 / 부가세대급금 | 30,000,000 |
|---|---|---|
| 부가세예수금 | 10,000,000  미지급금 | 6,000,000 |

◘ 공제받지 못할 매입세액명세서

| 3. 공통매입세액 안분계산 내역 | | | | | |
|---|---|---|---|---|---|
| 일련 번호 | 과세·면세사업 공통매입 | | ⑫ 총공급가액 등 | ⑬ 면세공급가액 등 | ⑭불공제 매입세액 [⑪ × (⑬ ÷ ⑫)] |
| | ⑩공급가액 | ⑪ 세 액 | | | |
| 1 | 400,000,000 | 40,000,000 | 1,500,000,000 | 1,200,000,000 | 32,000,000 |
| 2 | | | | | |
| 합계 | 400,000,000 | 40,000,000 | 1,500,000,000 | 1,200,000,000 | 32,000,000 |
| 4. 공통매입세액의 정산 내역 | | | | | |
| 일련 번호 | ⑮총공통 매입세액 | ⑯면세사업 확정비율 | ⑰불공제 매입 세액 총액(⑮×⑯) | ⑱기 불공제 매입세액 | ⑲가산 또는 공제되는 매입세액(⑰-⑱) |
| 1 | 40,000,000 | 80% | 32,000,000 | 6,000,000 | 26,000,000 |
| 2 | | | | | |
| 3 | | | | | |
| 합계 | 40,000,000 | 80% | 32,000,000 | 6,000,000 | 26,000,000 |

## [2] 공급가액의 전부 또는 일부가 없는 경우

사업자가 당해 과세기간 공급가액의 전부 또는 일부가 없는 매입세액을 안분계산한 경우에는 당해 재화의 취득으로 과세사업과 면세사업의 공급가액(또는 과세사업과 면세사업의 사용면적)이 확정되는 과세기간에 대한 납부세액을 확정신고하는 때에 다음의 산식에 의하여 정산한다.

① 면세사업에 관련한 매입세액의 비율을 적용한 다음 예정공급가액의 비율을 적용하여 안분 계산한 경우

$$\text{가산 또는 공제되는 세액} = \text{총공통매입세액} \times \left(1 - \frac{\text{과세사업과 면세사업의 공급가액이 확정되는 과세기간의 면세공급가액}}{\text{과세사업과 면세사업의 공급가액이 확정되는 과세기간의 총공급가액}}\right) - \text{기공제세액}$$

② 예정사용면적에 의하여 매입세액을 안분계산한 경우

$$\text{가산 또는 공제되는 세액} = \text{총공통매입세액} \times \left(1 - \frac{\text{과세사업과 면세사업의 공급가액이 확정되는 과세기간의 면세사용면적}}{\text{과세사업과 면세사업의 공급가액이 확정되는 과세기간의 총사용면적}}\right) - \text{기공제세액}$$

## ❹ 공통매입세액 안분계산 생략

다음의 하나에 해당하는 경우에는 안분계산을 생략하고 당해 재화의 매입세액은 전부 공제되는 매입세액으로 한다.

① 해당 과세기간의 총공급가액중 면세공급가액이 **100분의 5미만**인 경우의 공통매입세액. 다만, 공통매입세액이 5백만원 이상인 경우는 제외한다.

② 해당 과세기간중의 공통매입세액이 5만원 미만인 경우의 매입세액

③ 재화를 공급하는 날이 속하는 과세기간에 신규로 사업을 개시하여 직전과세기간이 없는 경우

## ❺ 공통매입세액의 납부세액 또는 환급세액 재계산

① 과세 및 면세 겸업사업자가 공통매입세액에 대하여 안분계산하여 불공제처리를 하였으나 감가상각자산의 경우 그 사용기간이 당해 과세기간 이후에도 과세 및 면세사업에 계속 사용될 것이므로 건물 및 구축물에 대하여는 향후 10년간 기타의 감가상각자산은 향후 2년간 총공급가액에 대한 면세공급가액의 비율 또는 총사용면적에 대한 면세사용면적의 비율 증감에 대하여 납부세액 또는 환급세액을 재계산하여야 한다. 다만, 해당 감가상각자산의 취득일이 속하는 과세기간(**그 후의 과세기간에 재계산한 때에는 그 재계산한 기간**)에 적용하였던 비율간의 차이가 100분의 5 이상인 경우에 한하여 적용한다. [부령 제83조]

② 제1항의 규정에 의한 납부세액 또는 환급세액의 재계산에 의하여 납부세액에 가산 또는 공제하거나 환급세액에 가산 또는 공제하는 세액은 다음 각호의 산식에 의하여 계산한 금액으로 한다.

**(1) 건물 또는 건축물**
가산 또는 공제되는 세액 = 당해 재화의 매입세액 × (1 − 5/100 × 경과된 과세기간의 수) × 증가되거나 감소된 면세공급가액의 비율 또는 증가되거나 감소된 면세사용면적의 비율

### (2) 기타의 감가상각자산

가산 또는 공제되는 세액 = 당해 재화의 매입세액 × (1 - 25/100 × 경과된 과세기간의 수) × 증가되거나 감소된 면세공급가액의 비율 또는 증가되거나 감소된 면세사용면적의 비율

③ 제2항의 규정에 의한 경과된 과세기간의 수를 계산함에 있어서 과세기간의 개시일후에 감가상각자산을 취득하거나 당해 재화가 제1항의 규정에 해당하게 된 경우에는 그 과세기간의 개시일에 당해 재화를 취득하거나 당해 재화가 제1항의 규정에 해당하게 된 것으로 본다.

| 사 례 | 납부세액재계산 및 공제받지못할매입세액명세서 작성 |

[예 제] 20×5년 2기 납부세액재계산
- 과세사업과 면세사업에 공통으로 사용되는 자산의 구입내역

| 계정과목 | 취득일자 | 공급가액 | 매입세액 | 비 고 |
|---|---|---|---|---|
| 토 지 | 20×4.11.25. | 100,000,000원 | - | |
| 건 물 | 20×4.12.05. | 150,000,000원 | 15,000,000원 | |
| 기계장치 | 20×5.01.12. | 50,000,000원 | 5,000,000원 | |

- 20×3년 및 20×4년의 공급가액 내역

| 구 분 | 20×4년 제2기 | 20×5년 제1기 | 20×5년 제2기 | 비 고 |
|---|---|---|---|---|
| 과세사업 | 200,000,000원 | - | 400,000,000원 | |
| 면세사업 | 300,000,000원 | 350,000,000원 | 600,000,000원 | |

[풀이] 건물(체감률 : 5% × 2) 15,000,000 × 0.90 × (-0.4) = -5,400,000원
기계장치(체감률 : 25% × 1) 5,000,000 × 0.75 × (-0.4) = -1,500,000원
전기 과세기간 대비 증감율 : -0.4 (당기 과세분 40% - 전기 과세분 0)

▣ 공제받지 못할 매입세액명세서

| 5. 납부세액 또는 환급세액 재계산 내역 | | | | |
|---|---|---|---|---|
| 일련번호 | ⑳해당 재화의 매입세액 | ㉑경감률[1-(5/100 또는 25/100×경과된 과세기간의 수)] | ㉒증가 또는 감소된 면세공급가액 (사용면적) 비율 | ㉓가산 또는 공제되는 매입세액 (⑳ × ㉑ × ㉒) |
| 1 | 15,000,000 | 90 | -40 | -5,400,000 |
| 2 | 5,000,000 | 75 | -40 | -1,500,000 |
| 합계 | | | | -6,900,000 |

# 13 부가가치세 신고·납부 기한 신고서 작성 방법 및 검토 사항

## 1 부가가치세 신고 및 납부기한

### ❶ 예정신고 · 납부 및 확정신고 · 납부 대상자

아래에 해당하는 사업자는 예정신고기한 및 확정신고기한 종료일로부터 25일이내에 관할세무서에 부가가치세를 신고 및 납부하여야 한다.

① 법인사업자 중 과세사업자
② 개인사업자 중 과세사업자로서 아래에 정하는 사업자
1. 휴업 또는 사업부진 등으로 인하여 각 예정신고기간의 공급가액 또는 납부세액이 직전과세기간의 공급가액 또는 납부세액의 3분의 1에 미달하는 자
2. 각 예정신고기간분에 대하여 조기환급을 받고자 하는 자

▣ 부가가치세 신고 및 납부기한

| 구 분 | 제 1 기 | | 제 2 기 | |
|---|---|---|---|---|
| | 신고할 사항 | 신고기간 | 신고할 사항 | 신고기간 |
| 예정신고 | 1. 1 ~ 3. 31 기간 사업실적 | 4. 1 ~ 4. 25 | 7. 1 ~ 9. 30 기간 사업실적 | 10. 1 ~ 10. 25 |
| 확정신고 | 4. 1 ~ 6. 30 기간 사업실적 | 7. 1 ~ 7. 25 | 10.1 ~ 12. 31 기간 사업실적 | 다음해 1. 1 ~ 1. 25 |

## ❷ [개인] 예정고지세액 납부 및 확정신고·납부

### [1] 계속 사업자

① 개인사업자로서 전기 사업실적에 대하여 납부한 부가가치세가 있는 경우 예정 신고기간에 대하여 관할세무서가 직전과세기간에 대한 납부세액의 2분의 1에 상당하는 금액을 결정, 고지함으로써 예정신고를 따로 하지 아니한다.
② 확정 신고시 6개월 동안의 사업실적에 대하여 부가가치세 신고서를 작성하여 관할 세무서에 신고하고, 6개월 동안의 사업실적에 대한 부가가치세에서 각종 공제금액 및 예정고지금액을 공제하고 납부기한내 납부서에 기재하여 납부한다.

▶ 부가가치세 신고 및 납부기한

| 구 분 | 제 1 기 | | 제 2 기 | |
|---|---|---|---|---|
| | 납부할 금액 | 신고·납부기한 | 납부할 금액 | 신고·납부기한 |
| 예 정 | 전년도 제2기 납부세액의 1/2 고지 | 4. 1 ~ 4. 25 | 제1기 납부세액의 1/2 고지 | 10. 1 ~ 10. 25 |
| | 신고할 사항 | 신고·납부기한 | 신고할 사항 | 신고·납부기한 |
| 확 정 | 1. 1 ~ 6. 30 기간의 사업실적 | 7. 1 ~ 7. 25 | 7. 1 ~ 12. 31 기간의 사업실적 | 다음해 1. 1 ~ 1. 25 |

[개정 세법] 〈개인〉 2019년 이후 예정고지 면제 기준액 : 20만원 → 30만원

### [2] 신규사업자 및 폐업자의 과세기간

① 신규사업자(법인) : 사업개시일부터 예정 또는 확정 과세기간의 종료일
② 신규사업자(개인) : 사업개시일부터 확정 과세기간의 종료일
③ 폐업자 : 폐업일이 속하는 해당 과세기간의 개시일부터 폐업일

### [3] 사업장이 2개 이상인 경우 부가가치세 신고 및 납부

① 부가가치세는 각 사업장별로 신고 및 납부를 하여야 한다.
② 사업장이 둘 이상인 사업자가 주된 사업장의 관할 세무서장에게 주사업장 총괄납부를 신청한 경우에는 납부할 세액을 주된 사업장에서 총괄하여 **납부**할 수 있다.
③ 사업자 단위로 등록한 사업자(사업자단위과세사업자)는 그 사업자의 본점 또는 주사무소(主事務所)에서 총괄하여 **신고 및 납부**할 수 있다.

# 2  부가가치세 신고서 작성 방법

## ❶ 과세표준 및 매출세액

### ① 과세

**[1] 세금계산서발급분 (1)**

세금계산서 발급분 전체금액을 기재하며, 전자세금계산서(주민등록번호 발급분 전자세금계산서 포함) 또는 종이세금계산서 발급분의 합계액을 기재한다.

☐ 제출서류 → 매출처별세금계산서합계표
① 매출세금계산서 총합계
○ 당해 과세기간 종료일 다음달 11일까지 전송된 전자세금계산서발급분
 • 사업자등록번호발급분 및 주민등록번호발급분 구분 기재
 - 과세기간 종료일 다음달 11일까지 전송된 전자세금계산서발급분은 거래처별로 별도 명세를 기재함이 없이 전송된 매출세금계산서에 대한 매출처 수, 총매수, 총공급가액 및 총세액을 기재한다.
○ 전자세금계산서 외의 발급분
 • 사업자등록번호발급분 및 주민등록번호발급분 구분 기재
 - 전자세금계산서 외의 발급분에는 종이로 발급한 세금계산서, 전자적으로 발급하였으나 그 개별명세를 과세기간 종료일(예정신고대상자의 경우 예정신고기간) 다음달 11일까지 국세청에 전송하지 않은 전자세금계산서에 대한 매출처 수, 총매수, 총공급가액 및 총세액을 기재한다.
② 매출처별명세
 • 종이세금계산서를 발급한 경우 신고기간에 해당하는 매출세금계산서(작성일자 기준)를 빠짐없이 매출처별세금계산서합계표에 기록하여 신고하여야 한다.

**[2] 매입자발행세금계산서 (2)**
조세특례제한법 제126조의4조(법조문 이관 : 2017년 이후 부가가치세법 제34조의2)

규정에 의하여 세금계산서 발급의무가 있는 사업자가 재화 또는 용역을 공급하고 세금계산서 발급 시기에 세금계산서를 발급하지 아니한 경우 그 재화 또는 용역을 공급받은 자는 관할 세무서장의 확인을 받아 세금계산서를 발행할 수 있으며, 매입자가 발행한 세금계산서가 있는 경우 매출자는 매출세액 과세란의 매입자발행세금계산서란에 기재한다.

### [3] 신용카드·현금영수증발행분 (3)

① 신용카드매출 및 현금영수증 발행분이 있는 경우 신용카드.현금영수증 발행분에 기재하여 매출신고를 하며, 이 경우 반드시 '신용카드매출전표등발행집계표'를 제출하여야 하며, 집계표 작성시 공급대가를 기준으로 작성하고, 신용카드매출 중 세금계산서 또는 계산서를 발행한 경우 '신용카드매출전표등발행집계표'의 3. 신용카드매출전표 등 발행금액(⑤합계) 중 세금계산서(계산서) 발급내역'에 구분 기재하여 매출금액에서 제외한다.

② 신용카드 등 발행금액 ~ 신용카드매출전표 발행일(재화·용역의 공급시기)을 기준으로 신고금액을 계산하여야 하며, 은행결제일을 기준으로 해서는 안 된다.
특히 과세기간 말 월(6월, 12월)거래 분에 주의를 요한다.

③ 개인사업자로서 영수증발행대상업종을 영위하는 사업자의 경우 경감.공제세액(신용카드매출전표발행세액공제) 대상 여부를 검토하여 세액공제를 받도록 한다.

### [4] 기타 (4)

① 임대보증금에 대한 간주임대료는 간주임대료를 계상하여 기타란에 기재하고, 부동산임대와 관련한 매출에 대하여 '부동산임대공급가액명세서'를 제출하여야 한다.

② 매출과 관련하여 세금계산서 또는 현금영수증을 발급하거나 신용카드로 결제받은 경우 이외의 매출은 '기타'란에 기재한다.

③ 세금계산서 발급의무대상사업자가 세금계산서를 발급하지 않은 매출이 있는 경우 기타란에 기재하고, 세금계산서미발급가산세를 부담하여야 한다.

## ② 영세율

### [1] 세금계산서발급분 (5)

국내에서 수출업자에게 내국신용장, 구매확인서에 의하여 재화 또는 용역을 공급하거나 임가공계약서에 의하여 임가공용역을 공급하는 수출품생산업자의 경우 영세율이 적용된다. 단, 국내 거래이므로 세금계산서는 발행하되, 세액란을 '0'으로 기재한 영세율세금계산서를 발급하여야 한다.

영세율 세금계산서를 발급한 사업자의 경우 해당 과세기간의 영세율세금계산서 발급분의 공급가액을 기재하며, 영세율 세금계산서를 발급한 경우 해당 거래가 영세율 적용대상임을 증명하는 다음의 서류 중 하나를 제출하여야 한다.

① 내국신용장(전자발급 명세서 포함)
1. 공급시기가 속한 과세기간 종료일 25일 이내 개설 여부 검토
2. 당초 세금계산서 발행 후 내국신용장 개설시 영세율수정세금계산서 발행 여부
② 구매확인서(전자발급 명세서 포함)
③ 임가공계약서
수출업자와 직접 도급계약에 의하여 수출재화를 임가공하는 수출재화임가공용역(수출재화염색임가공을 포함). 다만, 사업자가 법 제32조에 따라 부가가치세를 별도로 적은 세금계산서를 발급한 경우는 제외한다.

☞ **주요자재의 일부를 부담하는 임가공용역의 경우 내국신용장 또는 구매확인서가 개설된 경우에만 영세율이 적용되는 것임**
하도급업자가 주요자재를 일부라도 부담하는 경우에는 재화의 공급에 해당하므로 반드시 내국신용장 또는 구매확인서가 개설된 경우에만 영세율을 적용한다.

☞ **영세율 적용분에 대해 일반세금계산서를 수취한 경우**
영세율 적용분에 대해 일반세금계산서를 수취한 경우 매입세액공제 여부에 대해서는 수출업자와 직접 도급계약에 의하여 수출재화를 임가공하는 수출재화임가공용역의 일반 세금계산서 발행에 의한 매입세액공제 이외에는 명확한 해석사례가 없으므로 영세율 적용대상거래인 경우 영세율 세금계산서를 발급받아야 할 것이다.

## [2] 기타(6)
① 직수출 등에 의한 영세율 매출로 영세율 세금계산서를 발급대상이 아닌 매출의 공급가액을 기재한다.
② 수출 등에 의한 영세율 적용대상임을 증명할 수 있는 서류를 제출하여야 한다.

## ③ 예정신고누락분 (7)

예정신고시 누락된 매출을 확정신고시 포함하여 신고하는 경우 예정신고누락분에 기재하고, 아래의 가산세를 추가로 부담하여야 한다.

## [1] 매출처별세금계산서합계표 지연제출가산세
**공급가액의 1,000분의 3.** 단, 기타 매출 등 매출처별세금계산서 합계표 제출대상이 아닌 예정신고 매출누락분(소매, 음식점 등의 매출)을 확정신고시 예정신고누락분으로 신고하는 경우에는 적용하지 아니한다.

## [2] 신고불성실가산세
납부(초과 환급)할 세액의 5/100

## [3] 납부불성실가산세
과소납부(환급)세액 × 납부기한(환급받은 날)의 다음날부터 자진납부일(고지일)까지의 기간 × 2.5/10,000 [2019년 2월 11이전 3/10,000]

## ④ 대손세액가감 (8)

① 대손세액공제가 있는 경우 대손세액가감란에 마이너스로 기재하여 매출세액에서 차감한다. 대손세액공제를 받고자 하는 경우 부가가치세 신고서에 '대손세액공제(변제)신고서'를 첨부하여야 하며, 대손세액공제에 대한 증빙(부도발생한 세금계산서, 부도어음사본 등)을 제출하여야 한다.
② 대손금액의 전부 또는 일부를 회수하여 회수금액에 관련된 대손세액을 납부하는 경우에는 해당 납부하는 세액을 적는다.

## ❷ 매입세액 및 경감·공제세액

### ① 세금계산서수취분 (10), (11)

**[1] 일반매입 및 고정자산매입 구분**
세금계산서 수취분에는 전자세금계산서 및 종이세금계산서를 포함한 합계금액을 일반매입과 고정자산매입으로 구분하여 기재하고, 고정자산(건물, 차량운반구, 비품, 기계장치 등) 매입분은 '건물등감가상각자산취득명세서'를 제출하여야 한다.

▶ **수출기업 수입분 납부유예 (10-1)**
재화의 수입에 대한 부가가치세 납부유예를 승인받아 납부유예된 세액을 기재한다.

**[2] 매입처별세금계산서합계표 제출**
매입처별세금계산서합계표의 전자세금계산서 발급받은분에는 전자세금계산서로 발급받고, 과세기간 종료일 다음달 11일까지 국세청에 전송된 매입세금계산서에 대한 매입처수, 총매수, 총공급가액 및 총세액을 기재한다.

전자세금계산서 외의 발급받은분에는 종이세금계산서, 전자세금계산서로 발급받았으나 그 개별명세가 과세기간(예정신고대상자의 경우 예정신고기간) 종료일 다음달 11일까지 국세청에 전송되지 않은 전자세금계산서에 대한 매입처 수, 총매수, 총공급가액 및 총세액을 기재한 다음 개별명세를 작성하여 제출하여야 한다.

### ② 예정신고누락분 (12)

예정신고시 누락한 매입세금계산서 및 기타공제매입세액은 확정신고시 그 매입세액을 공제받을 수 있다. 이 경우 매입처별세금계산서 합계표에 반영하고 부가가치세 신고서상 제1장 앞쪽 예정신고 누락분(12)란과 제2장 앞쪽 예정신고누락분명세란의 세금계산서(36)란에 기재한다.

### ③ 매입자발행세금계산서 (13)

세금계산서 발급의무가 있는 사업자가 재화 또는 용역을 공급하고 세금계산서 발급시기에 세금계산서를 발급하지 아니한 경우 그 재화 또는 용역을 공급받은 자는 관할 세무서장의 확인을 받아 세금계산서를 발행할 수 있으며, 매입자가 발행한 세금계산서가 있는 경우 매입자는 매입세액의 매입자발행세금계산서란에 기재한다.

### ④ 그 밖의 공제매입세액 (14)

#### [1] 신용카드매출전표등 수령명세서 제출분 (40), (41)
신용카드매출전표 및 현금영수증에 의하여 공제받는 매입세액이 있는 경우 제2장의 신용카드매출전표등 수령명세서 제출분에 기재하되, 일반매입과 고정자산매입을 구분하여 기재하고, '신용카드매출전표등 수령명세서'를 작성하여 제출하여야 한다.

#### [2] 의제매입세액 (42)
면세되는 농·축·수산물 매입에 대하여 의제매입세액공제를 받고자 하는 경우 '의제매입세액공제신고서'를 제출하여야 한다.

#### [3] 재활용폐자원등매입세액 (43)
조세특례제한법에 의한 재활용폐자원에 대한 의제매입세액공제가 있는 경우 '재활용폐자원및중고품매입세액공제신고서'를 작성하여 제출하여야 한다.

#### [4] 과세사업전환 매입세액 (44)
면세사업에 사용하는 감가상각자산을 과세사업에 사용하거나 소비하는 경우 취득시 공제하지 않은 매입세액을 공제받는 경우에 기재한다.

#### [5] [개인] 재고매입세액 (45)
재고매입세액이란 간이과세자의 경우 매입세액에 당해 업종별 부가가치율을 곱한 금액만 공제를 받을 수 있음으로 인하여 간이과세자여서 공제받지 못하였던 매입세액을 일반과세로 전환되는 시점에 추가로 공제받을 수 있는 매입세액을 말한다. 간이과세자에서 일반과세자로 변경된 사업자가 그 변경되는 날 현재의 재고품 등에 대하여 매입세액을 공제받는 경우에 기재한다.

## 5 공제받지못할 매입세액 (16)

### [1] 공제받지못할 매입세액 (49)
매입세액 중 공제받지 못할 세액이 있는 경우 '공제받지못할매입세액명세서'를 제출하여야 한다.

### [2] 공통매입세액 면세사업분등 (50)
사업자가 과세사업과 면세사업을 겸업하는 경우에 면세사업과 관련한 매입세액은 공제를 하지 아니한다. 따라서 이 경우 면세사업에 관련된 매입세액을 계산하여 불공제처리하며, '공제받지못할매입세액명세서'를 작성하여 제출하여야 한다.

## 6 경감·공제세액

### [1] 전자신고세액공제 (53)
납세자가 직접 전자신고방법에 의하여 부가가치세 확정신고(예정신고는 해당하지 아니함)를 하는 경우 당해 납부세액에서 1만원을 공제하거나 환급세액에 가산한다.

### [2] [개인] 신용카드매출전표등발행세액공제 (19)
영수증발급대상사업을 영위하는 개인사업자가 부가가치세가 과세되는 재화 또는 용역을 공급하고, 세금계산서의 발급시기에 신용카드매출전표 등을 발행하거나 전자적 결제수단에 의하여 대금을 결제받는 경우 결제금액의 1.3%(간이과세자인 경우 2.6%)에 해당하는 금액을 매출세액에서 공제받을 수 있으며, 부가세 신고시 '신용카드매출전표등발행금액집계표'를 제출하여야 한다. 단, 1000만원을 한도로 하며, 공제받은 금액이 당해 금액을 차감하기 전의 납부할 세액을 초과하는 때에는 그 초과하는 부분은 없는 것으로 한다.

## ❸ 예정신고미환급세액, 예정고지세액 등

### 1 예정신고미환급세액 (21)

부가가치세 공제대상 매입세액이 매출세액보다 많은 경우 그 차액을 관할 세무서로부터 환급을 받을 수 있으나 예정신고시 일반환급이 발생한 경우 확정신고시 예정신고미환급세액으로 공제를 받을 수 있다.

### ▶ 부가가치세 일반환급 및 조기환급

재고과다 등의 사유로 공제대상 매입세액이 매출세액보다 많아 환급이 발생하는 것을 일반환급이라고 하며, 일반환급의 환급세액은 각 과세기간별로 그 **확정신고기한 경과 후 30일내**에 사업자에게 환급한다. (예정분 환급세액은 확정시 공제받음)

반면, 조기환급이란 일반환급에 비하여 **빠른** 시일내에 환급을 해주는 것을 말하며, 다음의 하나에 해당하는 경우 예정신고기간 중 또는 과세기간 최종 3월중 매월 또는 매 2월(영세율 등 조기환급기간)에 영세율 등 조기환급기간 종료일로부터 25일 내에 과세표준과 환급세액을 신고하는 경우 환급세액을 당해 **조기환급신고기한 경과 후 15일 이내**에 사업자에게 환급된다.

1. 영세율의 규정이 적용되는 때
2. 사업설비를 신설·취득·확장 또는 증축하는 때

### 2 [개인] 예정고지세액 (22)

**개인사업자**로서 전기 사업실적에 대하여 납부한 부가가치세가 있는 경우 예정 신고기간에 대하여 관할 세무서가 직전과세기간에 대한 납부세액의 2분의 1에 상당하는 금액을 결정·고지함으로써 예정신고를 따로 하지 아니한다. 예정신고를 하지 아니한 개인사업자는 6개월 기간의 사업실적에 대하여 부가가치세를 신고 및 납부하는데 예정고지된 금액은 미리 납부한 세금으로 부가가치세 신고서의 예정고지세액란에 기재하여 납부세액에서 공제를 받는다.

③ **사업양수자의 대리납부 기납부세액 (23)**

사업의 포괄양도양수시 부가가치세가 과세되지 아니하나 예외적으로 그 사업을 양수받는 자는 그 대가를 지급하는 때에 그 대가를 받은 자로부터 부가가치세를 징수하여 그 대가를 지급하는 날이 속하는 달의 말일까지 사업장 관할 세무서장에게 납부할 수 있으며, 이 경우 사업양수자가 국고에 납입한 부가가치세액을 기재한다.

④ **매입자납부특례 기납부세액 [조특법 106조의9]**

철, 구리 등 스크랩을 매각하는 경우 공급가액은 매입자로부터 수령하나 매출세액은 매입자가 스크랩등 전용계좌에 입금하고, 전용계좌에서 국고로 직접 입금되므로 매출자가 매입자로부터 받지 못한 매출세액을 부가가치세 신고서 24번 매입자 납부특례 기납부세액란에 기재하여 공제를 받는다.

⑤ **가산세액 계 (25)**

부가가치세 신고내용에 가산세를 적용하여야 하는 경우 부가가치세 신고서 제2장 가산세 명세란에 해당 가산세 금액을 각각 기재한 다음 제1장 가산세액계란(25)에 기재한다.

## ❹ 과세표준 명세

(27) ~ (31) : 과세표준 합계액(9)을 업태, 종목, 생산요소별로 적되, 생산요소는 임의적 기재사항으로 2015. 1. 1. 이후 신고분부터 기재한다.
(30) : 수입금액제외란은 고정자산매각, 직매장공급 등 소득세수입금액에서 제외되는 금액을 적고, (31)란의 합계액은 (9)란의 금액과 일치하여야 한다.

▶ **고정자산 매각**
1) 개인사업자 : 수입금액제외란에 기재한다. 단, 2018년 이후 복식부기기장의무자의 경우 수입금액에 포함하여야 한다.
2) 법인사업자 : 수입금액제외 대상이 아니므로 수입금액에 포함한다.

### [예 제] 부가가치세 신고서 작성 사례(제조업 / 법인)

일반과세자 부가가치세 [ ]예정 [○]확정 [ ]기한후과세표준 [ ]영세율등조기환급 신고서

(제1장 앞쪽)

| 관리번호 | | | | | | 처리기간 | 즉시 |

☐ 신고기간  2021년 제 1 기 (4월 1일 ~ 6월 30일)

| 사업자 | 상 호 (법인명) | | 성 명 (대표자명) | | 사업자등록번호 | - - |
|---|---|---|---|---|---|---|
| | 주민(법인) 등록번호 | - | 전화번호 | 사업장 | 주소지 | 휴대전화 |
| | 사업장 주소 | | | 전자우편 주소 | | |

❶ 신 고 내 용

| | 구 분 | | 금 액 | 세율 | 세 액 |
|---|---|---|---|---|---|
| 과세표준 및 매출세액 | 과세 | 세금계산서 발급분 | (1) | 150,000,000 | 10/100 | 15,000,000 |
| | | 매입자발행세금계산서 | (2) | | 10/100 | |
| | | 신용카드·현금영수증 발행분 | (3) | 6,000,000 | 10/100 | 600,000 |
| | | 기타(정규영수증 외 매출분) | (4) | | 10/100 | |
| | 영세율 | 세금계산서 발급분 | (5) | | 0/100 | |
| | | 기 타 | (6) | | 0/100 | |
| | 예 정 신 고 누 락 분 | | (7) | | | |
| | 대 손 세 액 가 감 | | (8) | -10,000,000 | | -1,000,000 |
| | 합 계 | | (9) | 146,000,000 | ㉮ | 14,600,000 |
| 매입세액 | 세금계산서 수 취 분 | 일반매입 | (10) | 50,000,000 | | 5,000,000 |
| | | 수출기업 수입분 납부유예 | (10-1) | | | |
| | | 고정자산 매입 | (11) | 20,000,000 | | 2,000,000 |
| | 예 정 신 고 누 락 분 | | (12) | | | |
| | 매입자발행세금계산서 | | (13) | | | |
| | 기 타 공 제 매 입 세 액 | | (14) | 5,000,000 | | 500,000 |
| | 합 계 (10)+(11)+(12)+(13)+(14) | | (15) | 75,000,000 | | 7,500,000 |
| | 공제받지 못할 매입세액 | | (16) | 4,000,000 | | 400,000 |
| | 차 감 계 (15)-(16) | | (17) | 71,000,000 | ㉯ | 7,100,000 |
| 납 부 ( 환 급 ) 세 액 ( 매 출 세 액 ㉮ - 매 입 세 액 ㉯ ) | | | | | ㉰ | 7,500,000 |
| 경감·공제세액 | 기타 경감·공제세액 | | (18) | | | 10,000 |
| | 신용카드매출전표 등 발행공제 등 | | (19) | | | |
| | 합 계 | | (20) | | ㉱ | 10,000 |
| 예 정 신 고 미 환 급 세 액 | | | (21) | | ㉲ | |
| 예 정 고 지 세 액 | | | (22) | | ㉳ | |
| 사업양수자의 대리납부 기납부세액 | | | (23) | | ㉴ | |
| 매입자 납부특례 기납부세액 | | | (24) | | ㉵ | |
| 가 산 세 액 계 | | | (25) | | ㉶ | |
| 차감·가감하여 납부할 세액(환급받을 세액)(㉰-㉱-㉲-㉳-㉴-㉵+㉶) | | | | | (26) | 7,490,000 |
| 총괄납부사업자가 납부할 세액(환급받을 세액) | | | | | | |

❷ 국세환급금계좌신고   거래은행       은행    지점    계좌번호

❸ 폐 업 신 고   폐업일          폐업사유

❹ 과세표준 명세

| 업 태 | 종 목 | 업종 코드 | 금 액 |
|---|---|---|---|
| (27) 제조 | 작업복 | | 156,000,000 |
| (28) | | | |
| (29) | | | |
| (30) 수입금액제외 | | | |
| (31) 합 계 | | | 156,000,000 |

「부가가치세법」 제18조·제19조 또는 제24조와 「국세기본법」 제45조의3에 따라 위의 내용을 신고하며, 위 내용을 충분히 검토하였고 신고인이 알고 있는 사실 그대로를 정확하게 적었음을 확인합니다.

2021년 7월 25일

신고인:              (서명 또는 인)

세무대리인은 조세전문자격자로서 위 신고서를 성실하고 공정하게 작성하였음을 확인합니다.

세무대리인:              (서명 또는 인)

세무서장  귀하

첨부서류   뒤쪽 참조

(4쪽 중 제3쪽)

사업자등록번호 ☐☐☐-☐☐-☐☐☐☐☐  *사업자등록번호는 반드시 적으시기 바랍니다.

| | | 구 분 | | | 금 액 | 세율 | 세 액 |
|---|---|---|---|---|---|---|---|
| 예정신고<br>누락분<br>명 세 | (7)매출 | 과세 | 세금계산서 | (32) | | 10/100 | |
| | | | 기 타 | (33) | | 10/100 | |
| | | 영세율 | 세금계산서 | (34) | | 0/100 | |
| | | | 기 타 | (35) | | 0/100 | |
| | | 합 계 | | (36) | | | |
| | (12)매입 | 세 금 계 산 서 | | (37) | | | |
| | | 그 밖의 공제매입세액 | | (38) | | | |
| | | 합 계 | | (39) | | | |

| | 구 분 | | 금 액 | 세율 | 세 액 |
|---|---|---|---|---|---|
| (14)<br>그 밖의 공제<br>매입세액<br>명 세 | 신용카드매출전표등 수<br>령명세서 제출분 | 일반매입 (40) | 5,000,000 | | 500,000 |
| | | 고정자산매입 (41) | | | |
| | 의 제 매 입 세 액 | (42) | | 뒤쪽 참조 | |
| | 재활용폐자원등 매입세액 | (43) | | 뒤쪽 참조 | |
| | 과세사업전환 매입세액 | (44) | | | |
| | 재 고 매 입 세 액 | (45) | | | |
| | 변 제 대 손 세 액 | (46) | | | |
| | 외국인 관광객에 대한 환급세액 | (47) | | | |
| | 합 계 | (48) | | | |

| | 구 분 | | 금 액 | 세율 | 세 액 |
|---|---|---|---|---|---|
| (16)<br>공제받지<br>못할<br>매입세액<br>명세 | 공제받지 못할 매입세액 | (49) | | | |
| | 공통매입세액 면세사업등분 | (50) | | | |
| | 대 손 처 분 받 은 세 액 | (51) | | | |
| | 합 계 | (52) | | | |

| | 구 분 | | 금 액 | 세율 | 세 액 |
|---|---|---|---|---|---|
| (18)<br>그 밖의<br>경감·공제<br>세액 명세 | 전 자 신 고 세 액 공 제 | (53) | | | 10,000 |
| | 전자세금계산서 발급세액 공제 | (54) | | | |
| | 택 시 운 송 사 업 자 경 감 세 액 | (55) | | | |
| | 현금영수증사업자 세액공제 | (56) | | | |
| | 기 타 | (57) | | | |
| | 합 계 | (58) | | | 10,000 |

| | | 구 분 | | 금 액 | 세율 | 세 액 |
|---|---|---|---|---|---|---|
| (25)<br>가산세 명세 | | 사 업 자 미 등 록 등 | (59) | | 1/100 | |
| | 세금계산<br>서 | 지연발급 등 | (60) | | 1/100 | |
| | | 지연수취 | (61) | | 1/100 | |
| | | 미발급 등 | (62) | | 2/100 | |
| | 전자세금계산서<br>발급명세 전송 | 지연전송 | (63) | | 뒤쪽참조 | |
| | | 미전송 | (64) | | 뒤쪽참조 | |
| | 세금계산서<br>합계표 | 제출 불성실 | (65) | | 1/100 | |
| | | 지연제출 | (66) | | 5/1,000 | |
| | 신고<br>불성실 | 무신고(일반) | (67) | | 뒤쪽참조 | |
| | | 무신고(부당) | (68) | | 뒤쪽참조 | |
| | | 과소·초과환급신고(일반) | (69) | | 뒤쪽참조 | |
| | | 과소·초과환급신고(부당) | (70) | | 뒤쪽참조 | |
| | 납 부 불 성 실 | | (71) | | 뒤쪽참조 | |
| | 영세율 과세표준신고 불성실 | | (72) | | 5/1,000 | |
| | 현금매출명세서 불성실 | | (73) | | 1/100 | |
| | 부동산임대공급가액명세서 불성실 | | (74) | | 1/100 | |
| | 매입자<br>납부특례 | 거래계좌 미사용 | (75) | | 뒤쪽참조 | |
| | | 거래계좌지연입금 | (76) | | 뒤쪽참조 | |
| | 합 계 | | (77) | | | |

| | 업 태 | 종 목 | 코드번호 | 금 액 |
|---|---|---|---|---|
| 면세사업<br>수입금액 | (78) | | ☐☐☐☐☐☐ | |
| | (79) | | ☐☐☐☐☐☐ | |
| | (80) 수입금액 제외 | | | |
| | | | (81)합 계 | |

| 계산서 발급<br>및 수취 명세 | (82) 계산서 발급금액 | |
|---|---|---|
| | (83) 계산서 수취금액 | |

# 매출처별세금계산서합계표(갑)
( 2021년 제1기 확정 )

(앞쪽)

## 1. 제출자 인적사항

| | | | |
|---|---|---|---|
| (1) 사업자등록번호 | - - | (2) 상호(법인명) | |
| (3) 성 명(대 표 자) | | (4) 사업장 소재지 | |
| (5) 거래기간 | 2021. 4. 1. ~ 2021. 6. 30. | (6) 작성일 | 년 월 일 |

## 2. 매출세금계산서 총합계

| 구 분 | | (7) 매출 처수 | (8) 매수 | (9) 공 급 가 액 | | | | | | (10) 세 액 | | | | | |
|---|---|---|---|---|---|---|---|---|---|---|---|---|---|---|---|
| | | | | 조 | 십억 | 백만 | 천 | 일 | | 조 | 십억 | 백만 | 천 | 일 | |
| 합 계 | | 45 | 70 | | | 150 | 000 | 000 | | | | 15 | 000 | 000 | |
| 과세기간 종료일 다음달 11일까지 전송된 전자 세금계산서 발급분 | 사업자등록 번호 발급분 | 45 | 70 | | | 150 | 000 | 000 | | | | 15 | 000 | 000 | |
| | 주민등록번호 발급분 | | | | | | | | | | | | | | |
| | 소 계 | 45 | 70 | | | 150 | 000 | 000 | | | | 15 | 000 | 000 | |
| 위 전자 세금계산서 외의 발급분 | 사업자등록 번호 발급분 | | | | | | | | | | | | | | |
| | 주민등록번호 발급분 | | | | | | | | | | | | | | |
| | 소 계 | | | | | | | | | | | | | | |

## 3. 과세기간 종료일 다음달 11일까지 전송된 전자세금계산서 외 발급분 매출처별 명세 (합계금액으로 적음)

| (11) 번호 | (12) 사업자 등록번호 | (13) 상호 (법인명) | (14) 매수 | (15) 공 급 가 액 | | | | | (16) 세 액 | | | | | 비고 |
|---|---|---|---|---|---|---|---|---|---|---|---|---|---|---|
| | | | | 조 | 십억 | 백만 | 천 | 일 | 조 | 십억 | 백만 | 천 | 일 | |
| 1 | | | | | | | | | | | | | | |
| 2 | | | | | | | | | | | | | | |
| 3 | | | | | | | | | | | | | | |
| 4 | | | | | | | | | | | | | | |
| 5 | | | | | | | | | | | | | | |

(17) 관리번호(매출)             -

# 매입처별세금계산서합계표(갑)
## ( 2021년 제1기 확정 )

(앞쪽)

## 1. 제출자 인적사항

| (1) 사업자등록번호 | - - | (2) 상호(법인명) | |
|---|---|---|---|
| (3) 성 명(대 표 자) | | (4) 사업장 소재지 | |
| (5) 거래기간 | 2021. 4. 1. ~ 2021. 6. 30. | (6) 작성일 | 년 월 일 |

## 2. 매입세금계산서 총합계

| 구 분 | | (7) 매입처수 | (8) 매수 | (9) 공 급 가 액 | | | | | (10) 세 액 | | | | |
|---|---|---|---|---|---|---|---|---|---|---|---|---|---|
| | | | | 조 | 십억 | 백만 | 천 | 일 | 조 | 십억 | 백만 | 천 | 일 |
| 합 계 | | 30 | 50 | | | 70 | 000 | 000 | | | 7 | 000 | 000 |
| 과세기간 종료일 다음달 11일까지 전송된 전자세금계산서 발급받은분 | 사업자등록번호 발급받은분 | 20 | 35 | | | 60 | 000 | 000 | | | 6 | 000 | 000 |
| | 주민등록번호 발급받은분 | | | | | | | | | | | | |
| | 소 계 | 20 | 35 | | | 60 | 000 | 000 | | | 6 | 000 | 000 |
| 위 전자 세금계산서 외의 발급받은분 | 사업자등록번호 발급받은분 | 10 | 15 | | | 10 | 000 | 000 | | | 1 | 000 | 000 |
| | 주민등록번호 발급받은분 | | | | | | | | | | | | |
| | 소 계 | 10 | 15 | | | 10 | 000 | 000 | | | 1 | 000 | 000 |

* 주민등록번호로 발급받은 세금계산서는 사업자등록 전 매입세액 공제를 받을 수 있는 세금계산서만 적습니다.

## 3. 과세기간 종료일 다음달 11일까지 전송된 전자세금계산서 외 발급받은 매입처별 명세
( 합계금액으로 적음 )

| (11) 번호 | (12) 사업자 등록번호 | (13) 상호 (법인명) | (14) 매수 | (15) 공 급 가 액 | | | | | (16) 세 액 | | | | | 비고 |
|---|---|---|---|---|---|---|---|---|---|---|---|---|---|---|
| | | | | 조 | 십억 | 백만 | 천 | 일 | 조 | 십억 | 백만 | 천 | 일 | |
| 1 | | | | | | | | | | | | | | |
| 2 | | | | | | | | | | | | | | |
| 3 | | | | | | | | | | | | | | |
| 4 | | | | | | | | | | | | | | |
| 5 | | | | | | | | | | | | | | |

( )쪽

(17) 관리번호(매입)   -

| 예 제 | 2021년 제1기 확정 |

- 과세분 신용카드매출액 8,800,000원(부가가치세 포함)
- 신용카드매출분 중 세금계산서 발행분 2,200,000원(부가가치세 포함)

[별지 제12호의5서식] >

# 신용카드매출전표 등 발행금액 집계표
## (2021년 제1기 예정 · **확정**)

### 1. 인적사항

| ①상호(법인명) | | ②성 명(대표자) | |
|---|---|---|---|
| ③사업장소재지 | | ④사업자등록번호 | |

### 2. 신용카드매출전표 등 발행금액 현황

| 구 분 | ⑤합 계 | ⑥신용·직불·<br>기명식 선불카드 | ⑦현금영수증 |
|---|---|---|---|
| 합 계 | | | |
| 과세 매출분 | 8,800,000 | 8,800,000 | |
| 면세 매출분 | | | |
| 봉 사 료 | | | |

### 3. 신용카드매출전표 등 발행금액(⑤합계) 중 세금계산서(계산서) 발급내역

| ⑧세금계산서<br>발급금액 | 2,200,000 | ⑨계산서<br>발급금액 | |
|---|---|---|---|

※ 작성방법
1. 신용카드매출전표 등 발행금액 현황(⑤~⑦) : 부가가치세 과세 매출분, 면세 매출분 및 봉사료로 각각 구분하여 기입하고, 과세 매출분란은 공급대가(부가가치세를 포함합니다)를 기입합니다.
2. 신용카드매출전표 등 발행금액(⑤합계) 중 세금계산서(계산서) 발급내역(⑧·⑨) : ⑧세금계산서란은 ⑤합계란의 과세 매출분 합계금액 중 세금계산서를 발급한 금액을 기입하고, ⑨계산서 발급금액란은 ⑤합계란의 면세 매출분 합계금액 중 계산서를 발급한 금액을 각각 기입합니다.

# 건물등감가상각자산취득명세서

2021년 1기(4월 1일 ~ 6월 30일)

## 1. 신고자 인적사항

| ① 성 명 (법인명) | | ② 사업자등록번호 | |
|---|---|---|---|
| ③ 업 태 | | ④ 종 목 | |

## 2. 감가상각자산 취득 명세 합계

| 감가상각자산 종류 | 건 수 | 공급가액 | 세 액 | 비 고 |
|---|---|---|---|---|
| ⑤ 합 계 | | 20,000,000 | 2,000,000 | |
| ⑥ 건 물·구 축 물 | | | | |
| ⑦ 기 계 장 치 | | | | |
| ⑧ 차 량 운 반 구 | 1 | 20,000,000 | 2,000,000 | 스타렉스 구입 |
| ⑨ 그 밖의 감가상각자산 | | | | |

「부가가치세법 시행령」 제64조제2항제6호, 제65조제1항제8호 및 제73조제2항에 따라 건물 등 감가상각자산취득명세서를 제출 합니다.

년 월 일

제출인 (서명 또는 인)

세 무 서 장  귀하

### 작 성 방 법

① ~ ④: 제출자의 성명 또는 법인명과 사업자등록번호, 업태, 종목을 적습니다.

⑤: 신고대상기간 중 취득한 건물·구축물·기계장비·차량운반구 등 감가상각자산의 건수·공급가액·세액을 합하여 적으며, 공급가액 및 세액 합계액은 부가가치세신고서 "(11)번+(40)번 고정자산"란의 금액 및 세액과 일치하여야 합니다.

⑥: 신고대상기간중 건물·구축물을 취득하고 발급받은 신용카드매출전표등 수취분이나 세금계산서상의 건수·공급가액·세액을 더하여 적습니다.

⑦: 신고대상기간 중 기계 및 장비를 취득하고 발급받은 신용카드매출전표등 수취분이나 세금계산서의 건수·공급가액·세액을 더하여 적습니다.

⑧: 신고대상기간 중 차량운반구를 취득하고 발급받은 신용카드매출전표등 수취분이나 세금계산서의 건수·공급가액·세액을 더하여 적습니다.

⑨: 신고대상기간 중 건물·구축물·기계 및 장비·차량운반구를 제외한 그 밖의 감가상각자산을 취득하고 발급받은 신용카드매출전표등 수취분이나 세금계산서의 건수·공급가액·세액을 더하여 적습니다.

▶ 기타 제출 또는 전송할 첨부서류 (과세표준 및 매입세액 편 참조)

1. 대손세액공제신고서
2. 신용카드매출전표등 수령금액 합계표
3. 공제받지 못할 매입세액 명세서
4. 신용카드매출전표 등 발행금액 집계표

## 3 기타 부가가치세 신고 및 실무 유의사항

### ❶ [면세] 계산서합계표 제출

① 계산서란 부가가치세가 과세되지 아니하는 면세 재화 또는 면세 용역을 제공하는 면세사업자가 발행하는 거래 증빙으로 세금계산서 양식에서 세액란만 없는 계산서를 말한다. 사업자가 면세사업자로부터 면세 재화 또는 면세 용역을 제공받는 경우(영수증 발행사업자 제외) 증빙수취 특례규정을 적용받지 아니하는 한 반드시 계산서를 발급받거나 신용카드로 결제하여야 한다.
② 복식부기기장의무자가 매출 및 매입 계산서합계표를 부가세 신고기한까지 제출하지 못한 경우 **다음연도 2월 10일**까지 제출하여야 하며, 다음연도 2월 10일까지 제출하지 못한 경우 그 공급가액의 100분의 0.5 [**2018년 이후 1% → 0.5%**]에 상당하는 금액을 가산세로 부담하여야 한다. 단, 2월 10일 이후 1개월 이내 제출하는 경우 가산세는 공급가액의 0.3% [**2018년 이후 0.5% → 0.3%**]로 한다.

### ❷ 매입세금계산서 제출을 누락한 경우

매입세금계산서를 신고 누락한 경우 예정분은 확정신고시 예정신고누락분으로 제출하여 그 매입세액을 공제받을 수 있으며, 예정신고시 누락한 매입세금계산서를 확정신고시에도 공제하지 않은 경우 및 확정신고 누락분은 경정청구를 신청하여 환급을 받을 수 있으며, 매입세금계산서를 착오에 의하여 신고누락한 경우 가산세는 적용되지 아니한다.

### ❸ 거래처 폐업 및 간이과세자 여부 확인

① 거래처가 세무서에 폐업신고를 한 경우 폐업일 이후의 날짜를 작성일자로 하여 세금계산서를 발급받은 경우 매입세액이 불공제되므로 유의하여야 한다.
② 간이과세자로부터 발급받은 세금계산서의 매입세액은 공제받을 수 없으므로 신규거래처의 경우 사업자등록증 사본을 받아 사업자 유형을 확인하여야 한다.

### ❹ 부가가치율 검토 및 일반매입 및 고정자산 매입 구분

부가가치율은 부가가치세 분석 중 가장 중요한 분석사항으로 동종 사업자와 비교하여 부가가치율이 낮은 업체는 불성실신고사업자로 판단한다. 부가가치율이 낮다는 것은 동종 업종의 비슷한 매출과 비교하여 동종 업종 보다 매입자료가 많은 것으로 실물 거래 없는 가공매입세금계산서를 수취하였을 가능성이 높다고 판단하기 때문이다. 따라서 사업자는 통상 1년을 기준으로 부가율이 동종 업종 사업자의 평균 부가율보다 낮을 경우 그 원인을 분석하여 착오가 있는 것은 수정하고, 기타 사유가 있는 경우에는 세무조사를 받지 않도록 성실하게 신고하여야 할 것이다.

▶ **부가가치율 계산 (일반매입과 고정자산매입 구분)**

부가가치율은 다음과 같이 계산하며, 고정자산 매입분은 제외한다. 부가가치세 신고서에 **일반매입과 고정자산매입을 구분**하여 기재하도록 한 것은 일반매입의 부가가치율을 국세청이 분석하기 위한 것이다.

$$부가가치율 = \frac{매출 - 매입}{매출} \times 100$$

### ❺ 사업자등록이 없는 개인에게 매출

① 영수증 발행사업자가 아닌 일반사업자(제조, 도매, 건설업 등)가 사업자등록증이 없는 개인에게 상품 등을 판매하는 경우 주민등록기재분으로 세금계산서를 발행하여야 한다. 주민등록기재분으로 세금계산서를 발행하는 경우 세금계산서 공급받는 자의 성명란에는 성명을, 비고란에는 주민등록번호를 기재하여야 하며, 작성연월일, 공급가액, 세액 등을 빠짐없이 기재한다.
② 매출처별세금계산서합계표(세금계산서 발급분과 주민등록기재분) 작성시 개인 판매분에 대하여는 '주민등록번호발행분'으로 신고하여야 한다.

### ❻ 매입세액불공제 여부 확인

다음의 경우 매입세액을 공제받을 수 없으므로 공제대상이 아닌 매입세액을 공제받지 않도록 유의하여야 한다.

① 경승용차가 아닌 승용차의 취득 및 유지비용
② 승용차의 렌트비용
③ 다음 각호의 신용카드매출전표 매입세액
1. 거래처 접대비, 상품권 또는 입장권 결제금액, 종업원 선물구입비용
2. 여객운송사업자(항공사, 고속철도, 고속버스)에게 결제한 것
3. 간이과세자와의 거래 및 면세물품(쌀, 화환, 도서구입비) 구입비용

## ❼ 업종별 명세서 등 제출 의무

부가가치세 신고시 업종별로 추가로 제출하여야 하는 서류를 빠짐없이 제출하여야 하며, 제출을 누락하는 경우 가산세가 부과되거나 매입세액을 공제받을 수 없으므로 유의하여야 한다.

### 1 현금매출명세서 제출대상 사업자의 현금매출명세서 제출

**[1] 현금명세서 제출대상 사업자**
① 부동산업, 전문서비스업, 과학서비스업 및 기술서비스업, 보건업
그 밖의 개인서비스업 [부가가치세법 제55조]
② 예식장업, 부동산중개업, 보건업(병원과 의원으로 한정한다), 변호사업, 심판변론인업, 변리사업, 법무사업, 공인회계사업, 세무사업, 경영지도사업, 기술지도사업, 감정평가사업, 손해사정인업, 통관업, 기술사업, 건축사업, 도선사업, 측량사업, 공인노무사업, 의사업, 한의사업, 약사업, 한약사업, 수의사업과 그 밖에 이와 유사한 사업서비스업으로서 기획재정부령으로 정하는 것 [부령 제100조 및 제109조 제2항 제7호]
③ 부가가치세법 시행규칙 제71조에서 정하는 사업자
1. 과자점업
2. 도정업, 제분업 및 떡류 제조업 중 떡방앗간
3. 양복점업, 양장점업, 양화점업
4. 그 밖에 자기가 공급하는 재화의 50퍼센트 이상을 최종소비자에게 공급하는 사업으로서 국세청장이 정하는 것

### [2] 현금매출명세서 미제출에 대한 가산세

현금매출명세서 제출대상 사업을 하는 사업자가 현금매출명세서를 제출하지 아니하거나 제출한 수입금액(현금매출명세서의 경우 현금매출)이 사실과 다르게 적혀 있으면 제출하지 아니한 부분의 수입금액 또는 제출한 수입금액과 실제 수입금액과의 차액에 1퍼센트를 곱한 금액을 납부세액에 더하거나 환급세액에서 뺀다.

▶ **제출, 신고, 가입, 등록, 개설 제출의무 위반에 대한 가산세 감면**

세법에 따른 제출, 신고, 가입, 등록, 개설의 기한이 지난 후 1개월 이내에 해당 세법에 따른 제출등의 의무를 이행하는 경우(제출등의 의무위반에 대하여 세법에 따라 부과되는 가산세만 해당한다) 해당 가산세액의 100분의 50에 상당하는 금액을 감면한다. [국세기본법 제43조 제②항 제3호]

## 2 부동산임대업자의 부동산임대공급가액명세서 제출의무

### [1] 부동산임대공급가액명세서 제출대상 사업자

부동산임대업자는 부동산임대공급가액명세서를 예정신고 또는 확정신고를 할 때 함께 제출하여야 한다.

### [2] 부동산임대공급가액명세서 미제출에 대한 가산세

부동산임대업을 하는 사업자가 부동산임대공급가액명세서를 제출하지 아니하거나 제출한 수입금액이 사실과 다르게 적혀 있으면 제출하지 아니한 부분의 수입금액 또는 제출한 수입금액과 실제 수입금액과의 차액에 1퍼센트를 곱한 금액을 납부세액에 더하거나 환급세액에서 뺀다.

## 3 영세율 적용 사업자의 영세율 신고 및 첨부서류 제출 의무

### [1] 영세율 첨부서류 제출대상 사업자

영세율이 적용되는 재화 또는 용역을 공급하는 사업자는 부가가치세 예정신고 및 확정신고를 할 때 예정신고서 및 확정신고서에 수출실적명세서 등 수출임을 증명하는 서류를 첨부하여 제출하여야 한다. [부가가치세법 제56조]

### [2] 영세율 과소신고 및 첨부서류 미제출에 대한 가산세

① 사업자가 부가가치세 신고를 한 경우로서 영세율과세표준을 과소신고(신고하지 아니한 경우 포함)한 경우에는 과소신고분(신고하여야 할 금액에 미달한 금액) 영세율과세표준의 **1천분의 5**에 상당하는 금액을 합한 금액을 가산세로 한다.

② 사업자가 부가가치세 신고시 영세율 과세표준이 있는 경우에는 법령에 정한 영세율 첨부서류를 반드시 제출하여야 하며, 미제출시에는 영세율과세표준의 **1천분의 5**에 해당되는 가산세가 적용된다.

③ 법정신고기한 내에 영세율 과세표준을 기재하여 부가가치세 신고를 하였으나 영세율 첨부서류를 제출하지 않은 사업자가 영세율 첨부서류를 제출하여 수정신고하는 경우 국세기본법 제48조 제2항에 따라 가산세가 감면된다.

▶ **영세율 신고와 첨부서류 제출 여부에 따른 가산세**
- 영세율 신고, 영세율첨부서류 미제출 : 영세율신고불성실가산세 적용
- 영세율 신고누락, 영세율첨부서류 미제출 : 영세율신고불성실가산세 적용

▣ 업종별 부가가치세 신고시 제출하여야 하는 서식

| 신 고 서 식 | 도매 | 소매 | 음식 | 숙박 | 제조 | 건설 | 운수 | 임대 |
|---|---|---|---|---|---|---|---|---|
| 일반과세자 부가가치세 신고서 | ● | ● | ● | ● | ● | ● | ● | ● |
| 매출처별세금계산서합계표 | ● |   |   |   | ● | ● | ● | ● |
| 매입처별세금계산서합계표 | ● | ● | ● | ● | ● | ● | ● | ● |
| 신용카드매출전표등수취금액 합계표 | ● | ● | ● | ● | ● | ● | ● | ● |
| 건물등 감가상각자산 취득명세서 | ○ | ○ | ○ | ○ | ○ | ○ | ○ | ○ |
| 공제받지 못할 매입세액 명세서 | ○ | ○ | ○ | ○ | ○ | ○ | ○ | ○ |
| 신용카드매출전표등 발행금액 집계표 |   | ● | ● | ● |   |   |   |   |
| 의제매입세액공제신고서 |   |   | ○ |   | ○ | ○ |   |   |
| 부동산임대공급가액명세서 |   |   |   |   |   |   |   | ● |
| 전자세금계산서 발급세액공제신고서 | ○ |   |   |   | ○ | ○ | ○ |   |
| 매입처별계산서합계표 | ○ | ○ | ○ | ○ | ○ | ○ | ○ | ○ |
| 사업장현황명세서[확정신고시 제출] (음식·숙박업, 미제출가산세 없음) |   |   | ○ | ○ |   |   |   |   |

| 신 고 서 식 | 제 출 대 상 사 업 자 |
|---|---|
| 부동산임대공급가액명세서 | 부동산을 임대하고 있는 사업자 |
| 대손세액공제(변제)신고서 | 부도등으로 매출세액을 공제받는 사업자 |
| 매출처별계산서합계표 | 면세물품을 공급한 사업자 |
| 현금매출명세서 | 변호사, 법무사, 세무사, 공인회계사 감정평가사<br>부동산중개업, 경영지도사, 기술사, 산후조리원 등 |
| 사업 양도양수 신고서 | 사업을 포괄양도하는 사업자 |
| 재활용폐자원 및 중고품<br>매입세액 공제신고서 | 중고자동차매매상사 및 재활용폐자원 및<br>중고품 수집사업자 |
| 면세유류 공급명세서 | 면세유를 공급하는 주유소 |
| 과세사업전환 감가상각자산신고서 | 면세사업 사용품을 과세사업에 사용하는 경우 |
| 사업자 단위 과세사업자 | 사업자단위적용신고자의 종된사업장명세서 |
| 면세유 감면세액 환급신청서 | 면세유 석유판매업자 |
| 일반(간이)과세전환시<br>재고품 및 감가상각자산 신고서 | 일반과세자에서 간이과세자로 전환한 자<br>간이과세자에서 일반과세자로 전환한 자 |
| 사업장별 부가가치세 과세표준 및 납부<br>세액 (환급세액) 신고명세서 | 총괄납부 사업자 |

#  부가가치세 납부 및 환급 회계처리

## 1 일반적인 부가가치세 납부 회계처리

[예제] 제1기 확정 부가세예수금이 5,000,000원이고 부가세대급금이 3,000,000원으로 이를 상계하고 잔액 2,000,000원을 보통예금에서 인출하여 납부하다.

① 《부가세예수금 및 부가세대급금 상계》 과세기간 종료일(6. 30)에 부가세예수금을 부가세대급금과 상계처리하고 납부할 금액을 미지급금으로 계상하다.

| 부가세예수금 | 5,000,000 | / | 부가세대급금 | 3,000,000 |
|---|---|---|---|---|
|  |  |  | 미지급금 | 2,000,000 |

② 《부가가치세 납부》 7. 25 부가세예수금 2,000,000원을 보통예금에서 인출하여 납부하다.

| 미지급금 | 2,000,000 | / | 보통예금 | 2,000,000 |
|---|---|---|---|---|

③ 《부가세예수금과 부가세대급금을 상계처리하지 아니하고 납부》 7. 25 부가세예수금 2,000,000원을 보통예금에서 인출하여 즉시 납부하다.

| 부가세예수금 | 5,000,000 | / | 부가세대급금 | 3,000,000 |
|---|---|---|---|---|
|  |  |  | 보통예금 | 2,000,000 |

## 2  부가가치세 납부·환급 회계처리

### ❶ 전자신고세액공제 회계처리

◎ 《전자신고세액공제》 납부할 세액(부가세예수금 잔액) 2,000,000원에서 전자납부 세액공제 10,000원을 공제한 1,990,000원을 보통예금에서 인출하여 납부하다. (전자신고를 하는 경우 확정 신고에 한하여 1만원 공제함)

| | | | | |
|---|---|---|---|---|
| 부가세예수금 | 2,000,000 | / | 잡이익 | 10,000 |
| | | | 보통예금 | 1,990,000 |

* 납부할 세액에서 감면받은 금액은 '잡이익'으로 처리한다.

### ❷ 공통매입세액 면세사업분 회계처리

[예제] 4/4분기 부가세신고시 부가세예수금 합계금액은 10,000,000원이고, 부가세대급금(전액 공통매입분임)은 6,000,000원이다.

① 《면세관련매입세액을 해당 계정으로 대체》 12. 31 공통매입세액 6,000,000원 중 면세관련분이 2,000,000원으로 면세관련 매입세액을 원재료로 대체처리하다.

| | | | | |
|---|---|---|---|---|
| 원재료 | 2,000,000 | / | 부가세대급금 | 2,000,000 |

② 《부가세대급금 및 부가세예수금 상계》 12. 31 부가세예수금 10,000,000원 중 4,000,000원은 부가세대급금과 상계처리하고 잔액은 미지급금으로 계상하다.

| | | | | |
|---|---|---|---|---|
| 부가세예수금 | 10,000,000 | / | 부가세대급금 | 4,000,000 |
| | | | 미지급금 | 6,000,000 |

③ 《부가가치세 납부》 다음해 1. 25 부가가치세 6,000,000원을 보통예금에서 인출하여 즉시 납부하다.

| | | | | |
|---|---|---|---|---|
| 미지급금 | 6,000,000 | / | 보통예금 | 6,000,000 |

## ❸ [개인] 예정고지세액 납부, 확정신고 및 부가세 납부

① 《예정고지세액 납부》 2기 예정 부가가치세 고지세액 1,500,000원을 보통예금에서 인출하여 납부하다.

| 선납세금 | 1,500,000 / 보통예금 | 1,500,000 |
|---|---|---|

② 《부가세 확정신고 및 납부》 2기 부가가치세 신고시 납부할 세액 1,690,000원을 보통예금에서 인출하여 납부하다. (매출세액 5,000,000원, 매입세액 1,800,000원, 전자신고세액공제 10,000원, 예정고지세액 1,500,000원)

| 부가세예수금 | 5,000,000 / 부가세대급금 | 1,800,000 |
|---|---|---|
| | 선납세금 | 1,500,000 |
| | 잡이익 | 10,000 |
| | 보통예금 | 1,690,000 |

* 부가가치세 전자신고에 의한 세액공제는 부가가치세 확정신고시에만 공제받을 수 있다.

## ❹ 의제매입세액공제 회계처리

[예제] 식품가공업을 하는 (주)한서농산의 1기 확정 부가가치세 신고시 의제매입세액공제대상금액은 400,000원[농산물 매입가액(20,400,000) × 2/102]이다. 부가세예수금 9,000,000원에서 부가세대급금 5,000,000원 및 의제매입세액공제액 400,000원을 상계한 잔액 3,600,000원을 보통예금에서 인출하여 납부하다.

① 《의제매입세액공제액을 원재료에서 차감》 과세기간종료일(6.30)에 원재료에서 의제매입세액공제액 400,000원을 차감하다.

| 부가세대급금 | 400,000 / 원재료 | 400,000 |
|---|---|---|

② 《부가세예수금 및 부가세대급금 상계》 과세기간 종료일(6. 30)에 부가세예수금을 부가세대급금과 상계처리하고 납부할 금액을 미지급금으로 계상하다.

| 부가세예수금 | 9,000,000 / 부가세대급금 | 5,400,000 |
|---|---|---|
| | 미지급금 | 3,600,000 |

③ 《부가세 납부》 7. 25. 부가세 3,600,000원을 예금에서 인출하여 납부하다.

| | | | |
|---|---|---|---|
| 미지급금 | 3,600,000 | / 보통예금 | 3,600,000 |

## ❺ 부가가치세 환급 관련 회계처리

[예제] 제2기 부가가치세 확정신고시 부가세예수금이 5,000,000원이고 부가세대급금이 25,000,000원으로 이를 상계하고 잔액 20,000,000원을 환급신청하다.

① 《부가세대급금 및 부가세예수금 상계처리》 2기 과세기간 종료일(12. 31)에 부가세대급금 25,000,000원 중 5,000,000원은 부가세예수금과 상계처리하고 잔액 20,000,000원은 세무서에 대한 미수금으로 대체하다.

| | | | |
|---|---|---|---|
| 부가세예수금 | 5,000,000 | / 부가세대급금 | 25,000,000 |
| 미수금 | 20,000,000 | | |

② 《부가세환급금 입금》 부가세환급금 20,000,000원이 보통예금에 입금되다.

| | | | |
|---|---|---|---|
| 보통예금 | 20,000,000 | / 미수금 | 20,000,000 |

### ▶ 세액공제액의 최저한세 적용 및 수입금액 산입 여부

| 구 분 | 공제대상 | 법령 | 공 제 금 액<br>한 도 액 | 최저한세 | 수입금액 | 환급 |
|---|---|---|---|---|---|---|
| 전자신고세액공제<br>(부가세) | 법인<br>개인 | 조특법<br>104조의8 ② | [확정] 10,000원<br>[합계] 20,000원 | × | ○ | ○ |
| 신용카드매출전표<br>등발행세액공제 | 개인 | 부법 제46조 | 100분의 1.3<br>[한도] 1천만원 | × | ○ | × |

# 15 간이과세자 부가가치세 신고·납부

## 1 간이과세자

### ❶ 간이과세자 적용대상 사업자

① 부가가치세 과세사업을 하면 일반과세자로 되는 것이 원칙이나 영세한 소규모 사업자의 신고편의 및 세부담 경감을 위하여 간이과세자 제도를 두고 있다.
② 간이과세자 적용대상사업자는 연간 매출액(공급대가)이 4,800만원 미만인 사업자로서, 간이과세적용이 배제되는 사업 또는 지역에 해당되지 않아야 하며, 다른 일반과세사업장이 없어야 한다.
③ 신규로 사업을 개시하는 개인사업자는 간이과세적용이 배제되는 사업 또는 지역에 해당되지 않는 경우 사업을 개시한 날이 속하는 연도의 매출 합계액이 4,800만원에 미달될 것으로 예상되는 때에는 간이과세자로 등록할 수 있다.

▶ **간이과세자가 될 수 없는 업종**
1. 광업
2. 제조업. 다만, 주로 최종소비자에게 직접 재화를 공급하는 과자점업, 도정업, 제분업 및 떡류 제조업 중 떡방앗간, 양복점업, 양장점업, 양화점업은 제외한다.
3. 도매업(소매업을 겸영하는 경우 포함, 재생용 재료수집 및 판매업은 제외)
4. **부동산매매업**
5. 시지역 이상에서 과세유흥장소를 경영하는 사업
6. 부동산임대업으로서 기획재정부령으로 정하는 것
7. 변호사업, 심판변론인업, 변리사업, 법무사업, 공인회계사업, 세무사업, 경영지도

사업, 기술지도사업, 감정평가사업, 손해사정인업, 통관업, 기술사업, 건축사업, 도선사업, 측량사업, 공인노무사업, 의사업, 한의사업, 약사업, 한약사업, 수의사업과 그 밖에 이와 유사한 사업서비스업으로서 기획재정부령으로 정하는 것
8. 둘 이상의 사업장이 있는 사업자가 경영하는 사업으로서 그 둘 이상의 사업장의 공급대가의 합계액이 4천800만원 이상인 경우

▶ **하나의 사업장이 일반과세자에 해당하는 경우**
하나의 사업장이 일반과세자에 해당하는 경우로서 다른 사업장을 신설하는 경우 신설하는 해당 사업장은 간이과세자가 될 수 없다.

▶ **간이과세자라도 영세율 적용대상에 해당하는 경우 영세율을 적용받을 수 있음**
사업자가 내국물품을 외국으로 반출하는 수출의 경우 일반사업자 및 간이사업자 구분없이 영세율이 적용되는 것이며, 관세청에 수출신고하지 않는 소포우편물의 경우 우체국장이 발행하는 소포수령증을 영세율 첨부서류로 제출하여야 하며, 법령 또는 훈령에 정하는 서류를 제출할 수 없는 경우에는 영세율규정에 따른 외화획득명세서에 해당 외화획득내역을 입증할 수 있는 증명자료를 첨부하여 제출한다

## ❷ 일반과세자와 간이과세자 차이점

### [1] 간이과세자는 부가가치세 환급을 받을 수 없음
간이과세자는 매입세액이 매출세액보다 많은 경우에도 환급을 받을 수 없으며, 또한 납부할 세액이 없는 경우 전자신고세액공제를 받을 수 없다.

### [2] 간이과세자의 연간 매출액이 3000만원 이하인 경우 납부의무가 없음
간이과세자의 경우 연간 매출액이 3000만원 이하인 경우 납부할 세액이 있더라도 납부의무가 면제된다. 신규 사업자 및 폐업자의 경우 연으로 환산하여 계산한다.

[세법 개정] 2019년 이후 신고분부터 납부의무면제 : 2천4백만원 → 3천만원 미만

### [3] 간이과세자는 1년 단위로 부가가치세를 신고함
간이과세자의 경우 1년 단위로 부가가치세를 신고하고, 7월에 예정고지를 한다.

## ▶ 일반과세자와 간이과세자 신고 및 납부 등 차이점

| 구 분 | 일반과세자 | 간이과세자 |
|---|---|---|
| 매 출 세 액 | 공급가액 ×10% | 공급대가 ×10%× 업종별 부가가치율 |
| 매 입 세 액 공 제 | 매입세액공제(공제되지 아니하는 것으로 특정한 경우 제외) | 공제되지 아니하는 것으로 특정한 경우를 제외한 매입세액 × 업종별 부가가치율 |
| 세 금 계 산 서 발 행 | 특정한 경우를 제외하고는 의무 발행 | 발행할 수 없음 |
| 환 급 | 공제대상매입세액이 매출세액을 초과하는 경우 환급 | 공제받을 수 있는 매입세액이 매출세액을 초과하더라도 환급받을 수 없음 |
| 납 부 의 무 면 제 | 해당 사항 없음 | 1과세기간(12개월)의 공급대가가 3,000만원 미만인 경우 납부의무 면제 |
| 의 제 매 입 세 액 공 제 | 모든 업종에 적용 | 음식업 및 제조업만 공제 |
| 신용카드매출전표등 발 행 세 액 공 제 [연간한도액 1천만원] | 주로 사업자가 아닌 자에게 재화 또는 용역을 공급하는 사업자의 경우 발급금액의 1.3% | 음식점업 또는 숙박업을 하는 간이과세자: 발급금액의 2.6%<br>기타 주로 사업자가 아닌 자에게 재화 또는 용역을 공급하는 사업자: 발급금액의 1.3% |
| 계 산 서 발 행 | 면세 물품 등을 공급하는 경우 계산서 발급할 수 있음 | 면세 재화 또는 용역을 공급하는 경우 계산서 발급할 수 있음 |
| 기 장 의 무 | 매입·매출장 등 기장의무 | 주고받은 영수증 및 세금계산서를 보관하면 기장한 것으로 봄 |
| 부가가치세 회계 처리 | 납부한 부가가치세는 필요경비에 산입하지 아니함 | 공급대가(부가세 포함금액)를 수입금액으로 하고, 납부한 부가가치세는 필요경비('세금과공과금' 등)에 산입함 |

\* 공급가액이란 부가가치세를 제외한 금액을 말한다.
\* 공급대가란 부가가치세를 포함한 금액(공급가액 + 세액)을 말한다.

## ❸ 간이과세자의 과세표준 및 매출세액

### [1] 과세표준
공급대가(공급가액 + 세액)를 과세표준으로 한다.

### [2] 매출세액 계산
당해 과세기간의 공급대가 × 업종별 부가가치율 × 세율(10%)

▶ 업종별 부가가치율 [부령 제111조 ②]

| 업 종 | 부가가치율 |
|---|---|
| 전기·가스·증기·수도 | 5% |
| 소매업, 음식점업, 재생용 재료수집 및 판매업 | 10% |
| 제조업, 숙박업, 운수 및 통신업, 농업·임업·어업 | 20% |
| 건설업, 부동산임대업, 기타 서비스업 | 30% |

## ❹ 간이과세자 경감공제세액

### [1] 매입세금계산서의 매입세액 × 업종별 부가가치율
간이과세자가 다른 사업자로부터 세금계산서 또는 신용카드매출전표 등을 발급받아 '매입처별세금계산서합계표' 또는 '신용카드매출전표등수령명세서'를 사업장 관할세무서장에게 제출하는 때에는 당해 과세기간에 발급받은 세금계산서등에 기재된 매입세액에 당해 업종의 부가가치율을 곱하여 계산한 금액을 각 과세기간에 대한 납부세액에서 공제한다.

### [2] 간이과세자 신용카드등발행세액공제 [부법 제46조 ①]
간이과세자가 부가가치세가 과세되는 재화 또는 용역을 공급받고 신용카드매출전표를 발행하는 경우에는 신용카드매출전표등 발행금액의 **1.3%**[음식점업 또는 숙박업을 영위하는 간이과세자의 경우에는 발행금액의 **2.6%**(2021년까지)]를 납부세액에서 공제한다. (공제한도액 : 연 1000만원)

[개정 세법] 2019년 이후 신고분부터 신용카드 매출전표등 발행세액공제 한도액 인상
종전 500만원 → 개정 1천만원

### [3] 간이과세자인 음식점 사업자의 의제매입세액공제

① 음식점업을 영위하는 간이과세자가 부가가치세의 면제를 받아 공급받은 농·축·수산물, 임산물을 원재료로 하여 제조·가공한 재화 또는 용역의 공급이 과세되는 경우에는 다음 산식에 의하여 계산한 금액을 납부세액에서 공제할 수 있다.

$$\text{의제매입세액} = \text{원재료로 사용한 면세농산물 등의 가액} \times 9/109$$

1. 음식점업 중 과세유흥장소를 경영하는 사업자: 104분의 4
2. 제1호 외의 음식점을 경영하는 사업자: 108분의 8(과세표준 4억원 이하인 경우에는 2019년 12월 31일까지 109분의 9)
3. 제조업을 경영하는 사업자: 106분의 6

② 의제매입세액을 공제받고자 하는 간이과세자는 부가세신고시 반드시 의제매입세액공제와 관련한 '매입처별계산서합계표', '신용카드매출전표수령명세서' 등 면세농산물등을 공급받은 사실을 증명하는 서류를 사업장 관할세무서장에게 제출하여야 한다. 다만, 음식점업을 경영하는 사업자(복식부기의무자 제외)가 농어민이나 개인으로부터 직접 공급받은 면세농산물등의 가액 중 과세공급대가의 5퍼센트에 해당하는 가액에 대해서는 의제매입세액 공제신고서만 제출한다.

### [4] 전자신고세액공제

납세자가 직접 전자신고의 방법으로 부가가치세 신고(일반과세자의 경우 확정신고)를 하는 경우에는 해당 납부세액에서 1만원을 공제하거나 환급세액에 가산한다. 단, 공제세액을 납부세액과 가감한 후의 금액을 초과할 때에는 그 초과하는 금액은 없는 것으로 본다. [조특법 제104조의 8 ②]

## 2  간이과세자 부가가치세 신고 및 납부 등

### ❶ 부가가치세 예정고지

간이과세자의 경우 예정신고의무는 없으나 관할세무서는 간이과세자에 대하여 직전 과세기간에 대한 납부세액(공제하거나 경감한 세액이 있는 경우에는 그 세액을 뺀 금액)의 2분의 1에 해당하는 금액을 납부세액으로 결정하여 7월 1일부터 7월 10일까지 납세고지서(납부기한 7월 25일)를 발부한다. 단, 그 금액이 **30만원 미만**인 경우에는 고지하지 아니한다.

[개정 세법] 부가가치세 예정고지 납부면제 기준금액 상향
20191.1. 이후 20만원 → 30만원

### ❷ 부가가치세 신고 및 납부

① 간이과세자의 과세기간은 1월 1일부터 12월 31일까지로 하며, 그 과세기간 종료 후 25일 이내에 사업장 관할세무서장에게 부가가치세를 신고 및 납부하여야 하며, 부가가치세 납부시 예정고지세액은 공제하고 납부한다.

② 간이과세자의 경우 당해 세액공제 등의 금액이 납부세액을 초과하는 경우 그 초과분은 없는 것으로 하므로 환급은 되지 않는다.

▶ 간이과세자 납부의무 면제
① 간이과세자의 해당 과세기간에 대한 공급대가의 합계액이 3천만원 미만이면 납부의무를 면제한다.

② 제1항을 적용할 때 다음 각 호의 경우에는 같은 호의 공급대가의 합계액을 12개월로 환산한 금액을 기준으로 한다. 이 경우 1개월 미만의 끝수가 있으면 1개월로 한다.

1. 해당 과세기간에 **신규로 사업을 시작한 간이과세자**는 그 사업 개시일부터 그 과세기간 종료일까지의 공급대가의 합계액
2. 휴업자·**폐업자 및 과세기간 중 과세유형을 전환한 간이과세자**는 그 과세기간 개시일부터 휴업일·폐업일 및 과세유형 전환일까지의 공급대가의 합계액

### ❸ 기타 실무 사례

**▶ 간이과세자는 세금계산서를 발급할 수 없으나 계산서는 발급할 수 있음**

간이과세자가 부가가치세가 면제되는 재화 또는 용역을 공급하는 때에는 계산서를 발급할 수 있으며, 공급받은 사업자가 계산서 발급을 요구하는 때에는 계산서를 발급하여야 한다. 단, 간이과세자는 어떠한 경우에도 세금계산서는 발급할 수 없다.

**▶ 간이과세자로부터 정규영수증 수취 방법**

간이과세자와 거래시에는 신용카드로 결제하거나 현금영수증을 수취하여야 적격증빙으로 인정이 된다.

### ❹ 간이과세자 부가가치세 납부 회계처리 사례

[예제] 간이과세자인 대성식당의 20×6년도 부가가치세 신고시 매출액(부가세 포함)은 40,000,000원이고, 매입세액 1,000,000원, 신용카드매출전표발행액 5,000,000원, 면세농수산물매입액 1,080,000원, 전자신고세액공제 10,000원으로 납부할 부가가치세 80,000원을 현금으로 납부하다. 단, 예정고지세액은 없다.

| 세금과공과금 | 400,000 | / | 잡이익 | 320,000 |
|---|---|---|---|---|
| | | | 현금 | 80,000 |

- 세금과공과금(400,000원) : 부가세 매출세액(40,000,000원 × 10% × 10/100)
- 잡이익(320,000원) : 1 + 2 + 3 + 4
1. 매입세금계산서 등 수취매입세액공제 : 매입세액(1,000,000원) × 부가가치율(10/100)
2. 의제매입세액 : 농수산물매입액(1,080,000원) × 8/108
3. 신용카드발행세액공제금액 : 5,000,000원 × 26/1,000
4. 전자신고세액공제 : 10,000원

## ③ 간이과세자 기준금액 인상 등 제도 정비

### ❶ 간이과세자 관련 개정 세법 요약

**[1] 영수증 발급 대상 조정(제36조제1항 및 제36조의2 신설)**

종전에는 모든 간이과세자는 영수증을 발급하여야 했던 것에서 앞으로는 직전 연도 공급대가 합계액이 4천800만원 미만인 간이과세자 등을 제외하고는 세금계산서를 발급하도록 영수증 발급 대상을 조정하고, 해당 영수증 발급의 적용기간을 정함.

**[2] 간이과세 적용범위 확대(제61조제1항)**

간이과세 적용 기준금액이 종전에는 직전 연도의 공급대가 합계액 4천800만원 미만이었던 것에서 8천만원 미만으로 상향하되, 부동산임대업 및 과세유흥장소를 경영하는 사업자에 대해서는 현행의 4천800만원 기준을 유지함.

**[3] 간이과세자에 대한 면세농산물 등 의제매입세액공제 적용 배제**

간이과세자에게는 면세농산물 등을 공급받거나 수입할 때 매입세액이 있는 것으로 보아 면세농산물 등의 가액에 업종별 공제율을 곱한 금액을 납부세액에서 공제하는 의제매입세액공제제도를 적용하지 아니함.

**[4] 매출처별 세금계산서합계표 제출의무 대상 확대(제66조 및 제67조)**

간이과세자도 세금계산서 발급대상에 포함됨에 따라 간이과세자가 납부세액을 신고할 때에 매입처별 세금계산서합계표 외에 매출처별 세금계산서합계표도 제출하도록 함.

**[5] 간이과세자에 대한 가산세 규정 통합·정비(제68조의2 신설)**

간이과세자가 세금계산서 발급의무가 있는 사업자로부터 재화 또는 용역을 공급받고 세금계산서를 받지 아니한 경우 공급대가의 0.5퍼센트의 가산세를 부과하고, 간이과세자가 결정·경정 시 공제받는 세금계산서등에 대한 가산세율을 종전의 공급가액의 1퍼센트에서 0.5퍼센트로 인하하며, 간이과세자가 세금계산서를 발급함에 따라 일반과세자에게 적용되는 세금계산서 관련 가산세 규정을 준용함.

### [6] 간이과세자에 대한 납부의무 면제 기준금액 상향(제69조제1항)

부가가치세 납부의무가 면제되는 기준금액을 종전에는 해당 과세기간의 공급대가 합계액 3천만원 미만이었던 것에서 4천800만원 미만으로 상향함.

## ❷ 종전 규정 및 개정내용

■ 간이과세 적용범위 확대(부가법 §61, 부가령 §109)

| 현 행 | 개 정 |
|---|---|
| □ 간이과세 적용 범위<br> ○ 직전연도 공급대가 4,800만원 미만<br><br><추 가> | □ 기준금액 상향<br> ○ 4,800만원 → 8,000만원 미만<br><br>■ 둘 이상의 사업장이 있는 경우 그 둘 이상의 사업장의 공급대가 합계액이 기준금액 이상인 사업자<br>■ 직전연도 공급대가 합계액이 4,800만원 이상인 과세유흥장소 및 부동산임대업 사업자 |

<적용시기> '21.1.1. 이후 개시하는 과세기간 분부터 적용

■ 간이과세자에 대한 납부의무 면제 기준금액 상향(부가법 §69①)

| 현 행 | 개 정 |
|---|---|
| □ 간이과세자 부가가치세 납부의무 면제<br> ○ (적용대상자) 해당연도 공급대가 (연매출액) 합계액이 3,000만원 미만인 간이과세자 | □ 납부의무 면제 기준금액 상향<br> ○ 3,000만원 → 4,800만원 미만 |

<적용시기> '21.1.1. 이후 개시하는 과세기간 분부터 적용

■ 간이과세자에 대한 세금계산서 발급의무 부과(부가법 §36①)

| 현 행 | 개 정 |
|---|---|
| □ 재화·용역 공급시 간이과세자의 세금계산서 또는 영수증 발급<br>ㅇ (원칙) 영수증 발급<br>ㅇ (예외) 없음<br><br>* 세금계산서를 발급하지 아니함 | □ 간이과세자에 대해 세금계산서 발급의무 부여<br>ㅇ (원칙) 세금계산서 발급<br>ㅇ (예외) 영수증 발급<br>- 간이과세자 중 신규사업자 및 직전연도 공급대가 합계액이 4,800만원 미만인 사업자<br>- 주로 사업자가 아닌 자에게 재화·용역을 공급하는 사업자*<br>* 「부가령」 §73①② 업종<br>■ 다만, 소매업, 음식점업, 숙박업 등*은 공급받는 자가 요구하는 경우 세금계산서 발급 의무 |

<적용시기> '21.7.1. 이후 재화 또는 용역을 공급하는 분부터 적용

■ 간이과세자 세금계산서 등 수취 세액공제 산정방식 변경(부가법 §63, 부가령 §111)

| 현 행 | 개 정 |
|---|---|
| □ 세금계산서 등* 수취 세액공제<br>* 세금계산서, 신용카드매출전표 등<br>ㅇ 세액공제액 산정방식<br>- 매입세액 × 업종별 부가가치율(5%~30%) | □ 세액공제액 산정방식 변경<br><br>ㅇ 세액공제액 산정방식<br>- 세금계산서등을 발급받은 매입액(공급대가) × 0.5% |

※ 간이과세자 납부세액 계산시 부가가치율에 매입액이 반영되어 있어 매입에 대한 세액공제 불필요
- 기존 간이과세자(연매출 4,800만원 미만)는 납부면제 되므로 세액공제 적용 불필요
<적용시기> '21.7.1. 이후 공급받거나 수입신고하는 분부터 적용

■ 간이과세자에 대한 면세농산물등 의제매입세액공제 적용 배제
(부가법 §65, 부가령 §113)

| 현 행 | 개 정 |
|---|---|
| □ 면세농산물등 의제매입세액공제<br>* 면세농산물 구입시 농산물 생산과정에 포함된 부가가치세 상당액을 농산물 매입액의 일정률(공제율)로 의제 공제<br><br>ㅇ (적용대상) 일반과세자 및 간이과세자 | □ 간이과세자에 대한 면세농산물등 의제매입세액공제 적용 배제<br><br><br><br>ㅇ (적용대상) 일반과세자<br>※ 연매출 4,800~8,000만원 일반과세자가 간이과세자로 전환되는 경우 납부세액 계산시 부가가치율에 면세농산물등의 매입액이 반영되어 있어 간이과세자에 대한 의제매입세액공제는 중복공제에 해당<br>- 기존 간이과세자(연매출 4,800만원 미만)는 납부면제 되므로 매입세액공제 적용 불필요 |
| ㅇ (공제율)<br><br>| 업 종 | | 공제율 |<br>|---|---|---|<br>| 음식점<br>(개인) | 과세표준<br>4억원 이하 | 9/109 |<br>| | 과세표준<br>4억원 초과 | 8/108 |<br>| 음식점(법인) | | 6/106 |<br>| 제조업 | 과자점업 등 | 6/106 |<br>| | 개인,중소기업 | 4/104 |<br>| 과세유흥장소, 기타 | | 2/102 | | |

<적용시기> '21.7.1. 이후 공급받거나 수입 신고하는 분부터 적용

■ 간이과세자가 발급하는 신용카드매출전표등에 대한 매입세액 공제적용
  (부가법 §46③, 부가령 §88⑤)

| 현 행 | 개 정 |
|---|---|
| □ 신용카드매출전표등 매입세액 공제 요건<br><br>ㅇ (공급자) 일반과세자<br><br>ㅇ 매입세액공제를 받을 수 없는 경우<br> - 세금계산서를 발급하지 못하는 업종*<br>* 목욕·이발·미용업, 여객운송업(전세버스 제외), 미용·성형의료용역, 무도·자동차운전학원 등<br>&lt;추 가&gt;<br><br><br><br>ㅇ (공급받는 자) 일반과세자 | □ 간이과세자가 발급한 신용카드매출전표등도 매입세액 공제 적용<br><br>ㅇ (공급자) 일반과세자 및 간이과세자<br><br>ㅇ 매입세액공제를 받을 수 없는 경우<br> - (좌 동)<br><br><br><br> - 간이과세자 중 신규사업자 및 직전연도 공급대가 합계액이 4,800만원 미만인 사업자<br><br>ㅇ (좌 동) |

<적용시기> '21.7.1. 이후 재화 또는 용역을 공급받는 분부터 적용

■ 신용카드 등 사용에 따른 세액공제 공제율 조정(부가법 §46①)

| 현 행 | 개 정 |
|---|---|
| □ 신용카드 등 매출 세액공제<br><br>ㅇ (적용대상) 일반과세자·간이과세자 중 영수증발급 사업자<br>ㅇ (공제대상 결제수단)<br> - 신용카드매출전표, 현금영수증 등<br>ㅇ (공제한도) '21년 말까지 1,000만원<br>ㅇ (공제율) | □ 일반·간이과세자 통합 적용<br><br>ㅇ (좌 동)<br><br><br><br><br>ㅇ 공제율 단일화 |

| | 공제율 | '21년 까지 |
|---|---|---|
| 간이과세(음식·숙박업) | 2.0% | 2.6% |
| 기타 사업자 | 1.0% | 1.3% |

| 공제율 | '21.12..31.까지 |
|---|---|
| 1.0% | 1.3% |

<적용시기> '21.7.1. 이후 재화 또는 용역을 공급하는 분부터 적용

■ 간이과세자에 대한 세금계산서 등 관련 가산세 규정 보완 (부가법 §68, §68의2)

| 현 행 | 개 정 |
|---|---|
| □ 일반과세자에 대한 가산세 규정을 간이과세자에 준용 | □ 간이과세자에 대한 세금계산서등 관련 가산세 규정 보완 |
| ㅇ 사업자등록 관련 가산세(§60①) | ㅇ (좌 동) |
| <추 가> | ㅇ 세금계산서등 발급 관련 가산세(§60②,③1·3·5호) |
| <추 가> | ㅇ 매출처별 세금계산서 합계표 관련 가산세 (§60⑥) |
| <신 설> | □ 세금계산서 미수취 가산세 |
|  | ㅇ (대상) 간이과세자가 세금계산서 발급 의무가 있는 사업자로부터 재화 또는 용역을 공급받고 세금계산서를 수취하지 않은 경우 |
|  | ㅇ (가산세) 공급대가의 0.5% |
| □ 경정시 공제*받은 세금계산서등 가산세<br>* 세금계산서등을 발급받고 공제받지 않은 이후에 결정·경정을 통해 매입세액공제를 받는 경우 | □ 간이과세자에 대한 가산세율 인하 |
| ㅇ 공급가액의 1% | ㅇ 1% → 0.5% |

<적용시기> (세금계산서 관련 가산세) '21.7.1. 이후 재화나 용역을 공급하거나 공급받는 분부터 적용
(경정시 공제받은 세금계산서등 가산세) '21.1.1. 이후 결정·경정하는 분부터 적용

■ 간이과세자의 예정부과기간 납부세액 신고사유 확대(부가법§66, 부가령§114)

| 현 행 | 개 정 |
|---|---|
| □ 예정부과기간의 납부세액 신고사유<br> * 신고시 예정부과 및 징수 미적용<br><br>ㅇ 예정부과기간의 납부세액(또는 공급대가 합계액)이 직전 과세기간 납부세액(또는 공급대가 합계액)의 1/3에 미달하는 경우 : 신고 가능<br><추 가><br><br>□ 신고시 제출 서류<br><br>ㅇ 부가가치세 신고서<br>ㅇ 매입처별 세금계산서합계표 등<br><추 가> | □ 신고사유 확대<br><br><br>ㅇ (좌 동)<br><br><br><br><br>ㅇ 세금계산서를 발급한 간이과세자 신고 의무<br><br>□ 신고시 제출서류 추가<br><br>ㅇ (좌 동)<br><br>ㅇ 매출처별 세금계산서합계표 |

<적용시기> '21.1.1. 이후 신고하는 분부터 적용

■ 간이과세자의 확정신고시 제출서류 추가 (부가법§67)

| 현 행 | 개 정 |
|---|---|
| □ 간이과세자의 과세기간<br>  (1.1.~12.31.) 납부세액 확정신고·납부<br><br>ㅇ (기한) 과세기간이 끝난 후 25일 이내 신고 및 납부<br><br>ㅇ 제출서류<br> - 부가가치세 신고서<br> - 매입처별 세금계산서합계표 등<br><추 가> | □ 확정신고시 제출서류 추가<br><br><br>ㅇ (좌 동)<br><br><br>ㅇ 제출서류<br> - (좌 동)<br><br> - 매출처별 세금계산서합계표 |

<적용시기> '21.1.1. 이후 신고하는 분부터 적용

# 16 과세유형 전환과 재고납부(매입)세액

## 1 과세유형전환 [간이과세자 → 일반과세자]

### ❶ 개요

과세유형전환이란 과세사업자의 매출규모 증감에 따라 일반과세자이던 자가 간이과세자 기준에 해당하는 경우 간이과세자로 전환하거나 간이과세자이던 자가 일반과세자 기준에 해당하는 경우 일반과세자로 전환하는 것을 말한다.

간이과세자가 일반과세자로 전환하는 경우 간이과세자임으로 인하여 공제를 받을 수 없었던 매입세액을 재고매입세액으로 공제를 받을 수 있으며, 일반과세자가 간이과세자로 전환하는 경우 간이과세자에 해당함으로서 공제를 받을 수 없는 세액을 재고납부세액으로 납부를 하여야 한다.

### ❷ 과세유형전환 시기

#### 1 계속 사업자의 과세유형전환 시기

간이과세자 중 직전연도 1역년의 공급대가가 4천800만원 이상인 경우 다음해의 제2과세기간부터(7월 1일) 일반과세자로 전환이 된다. 간이과세자에 관한 규정이 적용되거나 적용되지 아니하게 되는 기간은 1역년(歷年)의 공급대가 합계액이 4,800만원에 미달하거나 그 이상이 되는 해의 다음 해의 7월 1일부터 그 다음 해의 6월 30일까지로 한다. 신규로 사업을 개시한 사업자의 경우 간이과세자에 관한 규정이 적용되거나, 적용되지 아니하게 되는 기간은 최초로 사업을 개시한 해의 다음 해의 7월 1일부터 그 다음 해의 6월 30일까지로 한다.

## ② 신규 사업자의 과세유형전환시기

신규로 사업을 개시한 경우에는 최초의 과세기간에 대한 신고 후 개시하는 과세기간부터 기산하는 것으로 신규로 사업을 개시한 간이과세자의 경우 1역년의 공급대가(연도중에 신규 개업자는 12개월로 환산한 공급대가를 기준으로 하는 것이고, 이 경우 1개월 미만은 1개월로 보고 계산하는 것임)가 간이과세자 기준금액인 4,800만원 이상이 되는 경우 간이과세자는 일반과세자로 전환되는 것으로 이 경우 최초 과세기간과 다음해 1월 1일부터 6월 30일까지의 기간은 간이과세를 적용받고 다음해 7월 1일 이후부터는 일반과세의 규정을 적용받는 것이다.

예를 들어 2019년 중에 간이과세자로 신규 개업한 경우로서 매출액을 연으로 환산하여 4,800만원 이상이 되면, 2020년 7월 1일부터 일반과세자로 전환된다.

**[사례] 동일인의 사업장이 2개 이상인 경우 과세유형 전환**
모든 사업장의 전년도 매출액이 4,800만원 이상인 경우 일반과세자로 과세유형이 전환된다.

**[사례] 공급대가 변동에 따른 과세유형 전환시기**
부가가치세법 집행기준 25-74의 2-1【공급대가 변동에 따른 과세유형 전환시기】
⑥ 기타 사유로 인한 과세유형 전환
5. 간이과세자가 일반과세 사업장을 신규로 개설한 경우 해당 사업의 개시일이 속하는 과세기간의 다음 과세기간부터 간이과세를 적용하지 않는다.

## ③ 간이과세 포기에 의한 과세유형전환

간이과세자는 세금계산서를 발행할 수 없고, 매입세액이 매출세액보다 많아도 환급을 받을 수 없다. 따라서 당초 간이과세자로 사업자등록을 하였으나 세금계산서를 발행하고자 하는 경우 및 매입세액이 매출세액보다 많아 환급을 받고자 하는 경우 간이과세를 포기하고 일반과세자로 전환을 할 수 있으며, 일반과세자 적용을 받고자 하는 경우 그 **적용을 받으려는 달의 전달 마지막 날**까지 사업장관할세무서장에게 간이과세포기 신고를 하여야 한다.

예를 들어 8월 1일부터 일반과세자 적용을 받고자 하는 경우에는 7월 31일까지 간이과세포기를 하여야 한다. 이 경우 7월 1일부터 7월 31일 기간의 사업실적은 간이사업자로 8월 25일까지 부가가치세 확정신고를 하여야 하며, 8월 1일부터 12월 31일까지의 기간의 사업실적은 일반사업자로 다음 해 1월 25일까지 부가가치세를 신고 및 납부하여야 한다. 그리고 간이과세포기신고를 한 개인사업자는 그 적용받으려는 달의 1일부터 3년이 되는 날이 속하는 과세기간까지는 일반과세자에 관한 규정을 적용받아야 한다.

### 4  과세유형전환 시기

**▶ 2020년 공급대가 합계액 기준**
2021. 7. 1.부터 2022. 6. 30 까지 적용할 과세유형 결정

### 5  과세유형전환에 대한 관할 세무서의 통보

① 간이과세자이던 사업자가 일반과세자에 해당하는 경우 해당 사업자의 관할세무서장은 간이과세자에 관한 규정이 적용되지 아니하게 되는 과세기간개시 20일전까지 그 사실을 통지하여야 하며, 사업자등록증을 정정하여 과세기간 개시당일까지 발급하여야 한다.

② 과세유형전환 시기에 간이과세자에 관한 규정이 적용되는 사업자에게는 제1항에 따른 통지와 관계없이 간이과세자에 관한 규정을 적용한다. 다만, 부동산임대업을 경영하는 사업자의 경우에는 제1항에 따른 통지를 받은 날이 속하는 과세기간까지는 일반과세자에 관한 규정을 적용한다.

## ❷ 과세유형전환 일정

▷ 2020년 공급대가 기준 과세유형전환 시기 및 일정(간이 → 일반)

| 일 자 | 통지·승인 및 신고 |
|---|---|
| 2021년 06월 11일 | 관할세무서로부터 과세유형전환을 통지받음 |
| 2021년 07월 25일 | 간이과세자 부가가치세 신고 및<br>일반과세전환시의 재고품등 신고서 제출 |
| 2021년 08월 25일 | 관할 세무서 승인 |
| 2022년 01월 25일 | 일반과세자 부가가치세 신고 및 재고매입세액공제 |

## ❸ 재고매입세액공제

일반과세자는 매입세액을 전액 공제받을 수 있으나 간이과세자의 경우 매입세액에 당해 업종별 부가가치율을 곱한 금액만 공제를 받을 수 있음으로 인하여 간이과세자여서 공제받지 못하였던 매입세액을 일반과세로 전환되는 시점에 추가로 공제받을 수 있는 매입세액을 재고매입세액이라고 한다.

### 1 재고매입세액공제를 위한 신고서 제출 및 승인

① 간이과세자가 일반과세자로 변경되는 경우에는 그 변경되는 날 현재의 다음 각 호에 따른 재고품, 건설 중인 자산 및 감가상각자산(매입세액공제대상인 것만 해당한다)을 변경되는 날의 직전과세기간(제1기)에 대한 확정신고와 함께 '일반과세전환시의 재고품등 신고서'에 의하여 관할 세무서장에게 신고하여야 하며, 재고품등의 금액은 세금계산서 및 신용카드매출전표에 의하여 확인되는 해당 재고품등의 취득가액(부가가치세 포함)으로 한다.
1. 상품
2. 제품(반제품 및 재공품 포함) 및 재료(부재료 포함)
3. 건설 중인 자산
4. 감가상각자산(건물 및 구축물의 경우 취득·건설 또는 신축후 10년 이내의 것 기타의 감가상각자산의 경우 취득 또는 제작후 2년 이내의 것에 한함

② '일반과세전환시의 재고품등 신고서'를 신고받은 관할세무서장은 재고매입세액으로서 공제할 수 있는 재고금액을 조사·승인하고 부가가치세 신고기한 경과 후 1월 이내(8월 25일)에 당해 사업자에게 공제될 재고매입세액을 통지하여야 한다.

### 2  재고매입세액 계산방법

'일반과세전환시의 재고품등 신고서' 제출시 다음 각호의 방법에 의하여 계산한 금액을 재고매입세액으로 계산하여 일반과세자로서 부가가치세 신고시 납부할 세액에서 공제한다.

#### [1] 상품, 제품, 재료,
재고매입세액 = 재고금액 × 10/110 × (1 - 해당 업종 부가가치율)

#### [2] 건설 중인 자산
재고매입세액 = 해당 건설 중인 자산과 관련된 공제대상매입세액 × (1 - 해당 업종 부가가치율)

#### [3] 건물 또는 구축물
재고매입세액 = 취득가액 × (1 - 5/100 × 경과된 과세기간수) × 10/110 × (1 - 해당 업종 부가가치율)

#### [4] 기타 감가상각자산
재고매입세액 = 취득가액 × (1 - 25/100 × 경과된 과세기간수) × 10/110 × (1 - 해당 업종 부가가치율)

#### [5] 건물 또는 구축물 및 기타 감가상각자산으로 사업자가 직접 제작·건설 또는 신축한 자산

(1) 건물 또는 구축물
재고매입세액 = 당해 자산의 건설 또는 신축과 관련된 공제대상매입세액 × (1 - 5/100 × 경과된 과세기간수) × (1 - 해당 업종 부가가치율)

### (2) 기타의 감가상각자산

재고매입세액 = 당해 자산의 건설 또는 신축과 관련된 공제대상매입세액 × (1 - 25/100 × 경과된 과세기간수) × (1 - 해당 업종 부가가치율)

## ③ 경과된 과세기간 수 계산

경과된 과세기간의 수를 계산함에 있어서 과세기간의 개시일 후에 감가상각자산을 취득하거나 당해 재화가 공급된 것으로 보게 되는 경우에는 그 과세기간의 개시일에 당해 재화를 취득하거나 당해 재화가 공급된 것으로 보아 과세기간의 수를 계산한다. 예를 들어 20×7. 07. 01 유형전환되는 경우 20×6. 7. 20 취득한 비품 및 기계장치의 경과된 과세기간 수는 '2'(20×6년 2기, 20×7년 1기)이다.

▶ 업종별 부가가치율 [부령 제111조 ②]

| 업 종 | 부가가치율 |
|---|---|
| 전기·가스·증기·수도 | 5% |
| 소매업, 음식점업, 재생용 재료수집 및 판매업 | 10% |
| 제조업, 숙박업, 운수 및 통신업, 농업·임업·어업 | 20% |
| 건설업, 부동산임대업, 기타 서비스업 | 30% |

## ④ 재고매입세액 공제 방법

관할세무서로부터 결정된 재고매입세액은 그 승인을 얻은 날이 속하는 예정신고기간 또는 과세기간의 매출세액에서 재고매입세액으로 공제한다.

## 2  과세유형전환 [일반과세자 → 간이과세자]

### ❶ 과세유형전환

일반과세자인 개인사업자의 직전 1역년 공급대가가 4천800만원에 미달되는 경우 다음해 제2과세기간부터 간이과세자로 적용을 받는다. 다만, 신규로 사업을 개시한 경우 최초의 과세기간에 대한 확정신고 후 개시하는 과세기간부터 기산한다.

간이과세자와 일반과세자의 부가가치세 납부세액 계산 방법의 차이로 인하여 일반과세자에서 간이과세자로 과세유형이 전환되는 경우 '일반과세자'여서 공제를 받을 수 있었던 매입세액에서 간이과세자가 공제받을 수 있는 매입세액을 차감한 금액을 간이과세자로 전환한 이후 추가 납부하여야 하며, 추가 납부하는 매입세액을 재고납부세액이라고 한다.

### ❷ 과세유형전환 시기 및 일정

① 간이과세자에 관한 규정이 적용되는 기간은 1역년의 공급대가가 4천8백만원에 미달되는 해의 다음해의 제2과세기간부터로 한다. 다만, 신규로 사업을 개시한 경우에는 최초의 과세기간에 대한 확정 신고 후 개시하는 과세기간부터 기산한다.

② 제1항의 경우에 해당 사업자의 관할세무서장은 간이과세자에 관한 규정이 적용되는 과세기간개시 20일전(6월 10일)까지 그 사실을 통지하여야 하며, 사업자등록증을 정정하여 과세기간 개시당일까지 발급하여야 한다.

③ 제1항에 규정한 시기에 간이과세자에 관한 규정이 적용되는 사업자에 대하여는 제2항의 규정에 의한 통지에 관계없이 제2기부터 간이과세자에 관한 규정을 적용한다. 다만, 부동산임대업을 영위하는 사업자의 경우에는 제1항의 규정에 불구하고 제2항의 규정에 의한 통지를 받은 날이 속하는 과세기간까지는 일반과세자에 관한 규정을 적용한다.

▣ 2020년 공급대가 기준 과세유형전환 시기 및 일정(일반 → 간이)

| 일 자 | 통지·승인 및 신고 |
|---|---|
| 2021년 06월 11일 | 관할세무서로부터 과세유형전환을 통지받음 |
| 2021년 07월 25일 | 일반과세자 부가가치세 신고 및 간이과세전환시의 재고품등 신고서 제출 |
| 2021년 10월 23일 | 관할 세무서 재고납부세액 통보(간이과세자 변경 90일내) |
| 2021년 10월 25일 | 예정고지세액에 재고납부세액의 2분의 1 추가 고지 |
| 2022년 01월 25일 | 간이과세자 부가가치세 신고 및 재고납부세액 납부 |

## ❸ 재고납부세액

### ① 재고납부세액 납부를 위한 신고서 제출

① 일반과세자가 간이과세자로 변경되는 경우에는 그 변경되는 날 현재의 다음 각호에 따른 재고품, 건설 중인 자산 및 감가상각자산(매입세액을 공제받은 것만 해당하며, "재고품등"이라 한다)을 그 변경되는 날의 직전과세기간에 대한 확정신고와 함께 간이과세전환시의 재고품등 신고서에 의하여 각 사업장 관할세무서장에게 신고(국세정보통신망에 의한 신고를 포함한다)하여야 한다.
1. 상품
2. 제품(반제품 및 재공품 포함) 및 재료(부재료 포함)
3. 건설 중인 자산
4. 감가상각자산(건물 및 구축물의 경우 취득·건설 또는 신축후 10년 이내의 것, 기타의 감가상각자산의 경우 취득 또는 제작후 2년 이내의 것에 한한다)

② 제1항의 규정에 의한 재고품등의 금액은 장부 또는 세금계산서에 의하여 확인되는 해당 재고품등의 취득가액으로 한다. 다만, 장부 또는 세금계산서가 없거나 기장이 누락된 경우 해당 재고품등의 가액은 시가에 의한다.

### ② 재고납부세액 계산방법

일반과세자가 간이과세자로 변경되는 경우에 당해 사업자는 다음 각호의 방법에 의하여 계산한 금액(재고납부세액)을 납부세액에 가산하여 납부하여야 한다.

**[1] 상품 및 제품, 재공품, 재료**

재고납부세액 = 재고금액 × 10 / 100 × (1 - 업종별 부가가치율)

**[2] 건물·구축물 및 기타 감가상각자산으로서 매입한 자산**

**(1) 건물 또는 구축물**

재고납부세액 = 취득가액 × ( 1 - 5 / 100 × 경과된 과세기간의 수) × 10 / 100 × (1 - 업종별 부가가치율)

**(2) 기타의 감가상각자산**

재고납부세액 = 취득가액 × ( 1 - 25 / 100 × 경과된 과세기간의 수) × 10 / 100 × (1 - 업종별 부가가치율)

▶ 업종별 부가가치율 [부령 제111조 ②]

| 업 종 | 부가가치율 |
|---|---|
| 전기·가스·증기·수도 | 5% |
| 소매업, 음식점업, 재생용 재료수집 및 판매업 | 10% |
| 제조업, 숙박업, 운수 및 통신업, 농업·임업·어업 | 20% |
| 건설업, 부동산임대업, 기타 서비스업 | 30% |

## ③ 재고납부세액 납부 절차 및 방법

재고납부세액은 간이과세자로 변경된 날이 속하는 과세기간에 대한 확정신고를 할 때 납부할 세액에 더하여 납부한다.

# 기타 주요 실무 적용 사례

## 1 가산세 적용 사례 및 경정청구

### ❶ 부가가치세 예정분 매출세금계산서 누락시 가산세

법인기업 또는 예정신고납부를 한 개인사업자가 예정신고시 매출세금계산서를 누락한 경우 확정신고시 예정신고누락분으로 제출할 수 있으며, 이 경우 적용되는 가산세는 다음과 같다.

[예제] 20×5년 1기 부가가치세 예정 신고시 매출세금계산서를 신고누락하여 확정신고시 예정신고누락분으로 신고하는 경우 적용되는 가산세

신고누락금액 : 세금계산서 공급가액 1,000,000원, 세액 100,000원

#### [1] 추가 납부할 세액
매출세액(100,000원) = 100,000원

#### [2] 매출처별세금계산서합계표불성실가산세
공급가액(1,000,000원) × 3/1,000 = 3,000원

예정신고시 누락한 매출세금계산서를 확정신고시 제출하는 경우 매출처별세금계산서합계표 불성실가산세는 공급가액의 1,000분의 3을 적용한다. 단, 예정신고누락분을 확정 신고시까지 제출하지 아니하거나 확정신고분 매출세금계산서를 누락하여 수정신고하는 경우에는 공급가액의 1000분의 5를 가산세로 부담하여야 한다.

### [3] 납부불성실가산세

매출세액(100,000원) × 2.5(2019.2.11. 이전 3)/10,000 × 미납일수(91일)

- 미납일수 : 예정신고납부기한일의 다음날인 4월 26일부터 확정신고 납부일인 7월25일까지의 기간일수

### [4] 과소신고불성실가산세

과소납부세액(100,000원) × 10/100 × 50/100 = 5,000원

### ▶ 수정신고와 신고불성실 가산세 감면 [국세기본법 제48조 제2항]

법정신고기한이 지난 후 수정신고한 경우(**과세표준과 세액을 경정할 것을 미리 알고 과세표준수정신고서를 제출한 경우는 제외**)에는 다음의 금액을 감면한다.

[개정] 수정신고시 과소신고 가산세 감면율 조정 및 세분화(국기법 §48②)
<법정신고기한 경과 후 2년 이내>

| 수정신고기간 | 감면율 |
|---|---|
| 1개월 이내 | 90% 감면 |
| 3개월 이내 | 75% 감면 |
| 3 ~ 6개월 이내 | 50% 감면 |
| 6개월 ~ 1년 이내 | 30% 감면 |
| 1년 ~ 1년 6개월 이내 | 20% 감면 |
| 1년 6개월 ~ 2년 이내 | 10% 감면 |

<적용시기> 2020.1.1. 이후 수정신고하는 분부터 적용

## ❷ 매입세금계산서 세액 과다 신고시 가산세

매입세금계산서의 세액을 착오에 의하여 과다하게 공제받은 경우로서 수정신고하는 경우 적용되는 가산세는 다음과 같다.

[예제] 20×6년 1기 부가가치세 확정신고시 매입세금계산서 공급가액 1,000,000원을 10,000,000원으로 과다 신고한 바 11월 30일 수정신고 및 납부하다.

초과환급금액 : 900,000원(1,000,000원 - 100,000원)

### [1] 추가 납부할 세액
과다공제 매입세액 = 900,000원

### [2] 매입처별세금계산서합계표불성실가산세
공급가액(9,000,000원) × 5/1000 = 45,000원
* 1개월 이내 수정신고하는 경우 매입처별세금계산서합계표불성실가산세의 50% 감면됨

### [3] 납부불성실가산세
과다공제매입세액(900,000원) × 2.5(2019.2.11. 이전 3)/10,000 × 미납일수(128일)
• 미납일수 : 신고납부 기한일의 다음날인 7월 26일부터 수정신고 납부일까지 기간 일수

[개정 세법] 납부불성실가산세 인하
2019년 2월 12일 이후의 미납일수 : 1일 0.03% → 1일 0.025%

### [4] 신고불성실가산세 (일반과소신고가산세)
초과공제세액(900,000) × 10/100 × (1- 감면율)

▶ **부정과소신고가산세 및 적용 기준**
(1) 부정과소신고의 경우 과소신고한 과세표준에 상당하는 금액이 과세표준에서 차지하는 비율을 산출세액에 곱하여 계산한 금액의 100분의 40으로 한다.
(2) 부정과소신고란 부정행위에 해당하는 "거짓 증빙 또는 거짓 문서의 작성 및 수취에 해당하는 행위로서 조세의 부과와 징수를 불가능하게 하거나 현저히 곤란하게 하는 적극적 행위"를 말하는 것으로 단순한 매출 누락 또는 착오로 과다공제받은 경우에는 일반과소신고가산세를 적용하면 될 것으로 판단된다.

## ❸ 매입세액불공제분을 공제받은 경우 가산세

매입세액을 공제받을 수 없는 비영업용승용자동차를 구입하고 세금계산서를 수취한 경우 매입세액을 공제받을 수 없으나 매입처별세금계산서합계표를 제출하고 매입세액공제를 받고, 이를 수정신고하는 경우 신고불성실가산세 및 납부불성실가산세는 적용되나 매입처별세금계산서합계표불성실가산세는 적용하지 아니한다.

## ❹ 부가가치세 예정고지세액 미납부 가산세 [개인]

### 1  예정고지세액 미납부시 가산금 적용

예정고지세액이란 계속 사업을 영위하는 개인사업자(예정고지대상자) 중 직전과세기간 납부세액의 2분의 1을 관할세무서장이 고지하는 것을 말하는 것으로, 예정고지세액을 납부 기한내에 납부하지 아니한 경우에는 가산세가 아닌 국세징수법 제21조의 가산금(체납된 국세의 3%)이 징수된다.

### 2  부가가치세 미납부 가산세

미납부세액 × 2.5/10,000 × 미납일수
- 미납일수 : 신고납부 기한일의 다음날부터 고지일까지의 기간 일수

## ❺ 부가가치세법에 의한 가산세

### 1  사업자 미등록 가산세

사업자등록을 신청하지 아니한 경우는 사업 개시일부터 등록을 신청한 날의 직전일까지의 공급가액의 합계액에 1퍼센트를 곱한 금액을 미등록가산세를 추가로 부담하여야 한다.

### 2  전자세금계산서 미발급 가산세

전자세금계산서 발급의무자가 전자세금계산서를 발급하지 아니한 경우에는 세금계산서미발급가산세(공급가액의 2%)를 부담하여야 한다. 다만, 종이세금계산서를 발급한 경우 가산세는 공급가액의 1%로 한다.

## ③ 전자세금계산서 지연전송 및 미전송 가산세

### ▶ 전자세금계산서 지연전송가산세 및 미전송가산세 요약

| 구분 | 전송기한 | 가산세 적용시기 | 가산세 지연전송 | 가산세 미전송 |
|---|---|---|---|---|
| 법인 | 익월 11일 | 2014.01.01 이후 | 0.5% | 1.0% |
| 개인 | 익월 11일 | 2017.01.01 이후 | 0.5% | 1.0% |

### ▶ 지연전송 및 미전송

1. 지연전송이란 전자세금계산서 발급일의 다음 날이 지난 후 재화 또는 용역의 공급시기가 속하는 과세기간 말의 다음 달 11일까지 국세청장에게 전자세금계산서 발급명세를 전송하는 경우를 말한다.

2. 미전송이란 전자세금계산서 발급일의 다음 날이 지난 후 재화 또는 용역의 공급시기가 속하는 과세기간 말의 다음 달 11일까지 국세청장에게 전자세금계산서 발급명세를 전송하지 아니한 경우를 말한다.

[개정 세법] 2019년 이후 (지연전송) 0.5% → 0.3%
• 공급시기가 속하는 과세기간 확정신고기한(25일)까지 전송시
(미전송) 1% → 0.5%
• 공급시기가 속하는 과세기간 확정신고기한(25일)까지 미전송

### ▶ 전자세금계산서 미전송 및 지연전송 가산세 부담자

전자세금계산서 발급의무자가 전자세금계산서를 발행하고 기한내에 국세청에 전송을 하지 않는 경우 지연전송가산세 또는 미전송가산세는 공급자만 부담한다.

## ④ 세금계산서 및 전자세금계산서 관련 가산세 사례

### [1] 세금계산서를 공급시기에 발급하지 못하고, 지연발급한 경우

공급시기와 세금계산서 작성일자가 다른 경우에는 세금계산서 관련 가산세 적용된다.

동일 과세기간내에 지연발급한 경우 공급자와 공급받는자는 각각 공급가액의 1%를 가산세로 부담하여야 하며, 과세기간[2017년 이후 과세기간의 확정신고기한]을 경과하여 발급한 경우 공급자는 세금계산서를 발급하지 않는 것으로 보아 세금계산서미발급가산세가 적용되며, 매입자는 매입세액을 공제받을 수 없다.

### [2] 작성일자를 착오로 잘못 기재한 경우

수정세금계산서를 발급하고, 수정분 세금계산서합계표를 제출하여야 한다. 예를 들어 2020년 1월 거래에 대해 작성일자를 잘못하여 2월 3일로 하여 2월 9일 발급하였으나 이를 수정발급하고자 하는 경우 늦어도 2월 10일까지는 발급을 하여야 가산세가 없는 것이며, 수정세금계산서 작성일자를 1월 31일로 하여 2020년 2월 11일 이후 발급하는 경우 세금계산서 지연발급(지연수취)에 해당하여 공급자에게는 지연발급가산세가 공급받는자에게는 지연수취가산세가 각각 부과된다. 한편, 가산세를 부담하고 공급시기가 속하는 달의 다음달 11일 이후 수정세금계산서를 발행하고자 하는 경우에도 수정세금계산서를 발행할 수 있는 기한은 수정세금계산서 발행 사유 발생일이 속하는 **확정과세기간**까지로 동 과세기간이 경과한 이후에는 수정세금계산서를 발행할 수 없다.

### [3] 공급시기와 작성일자는 같아도 발급일자가 늦은 경우 세무상 문제

공급시기가 속하는 다음 달 10일까지 세금계산서를 발급하지 않은 경우 즉, 작성일자는 정당하더라도 다음 달 11일 이후에 발급한 경우 동일 과세기간인 경우 공급자 및 공급받는자는 세금계산서불성실가산세(공급가액의 1%)를 부담하여야 할 뿐만 아니라 과세기간의 신고기한을 경과하여 발급하게 되면, 공급자는 세금계산서 미발급가산세(공급가액의 100분의 2)가 적용되고, 매입자는 매입세액을 공제받을 수 없으므로 발급일자 또한 특히 유의하여야 한다.

[개정 세법] 2017.1.1. 이후 공급자가 과세기간에 공급한 재화 또는 용역을 해당 과세기간의 확정신고기한까지 세금계산서를 발급한 경우 세금계산서 불성실가산세(공급가액의 1%)를 부담하되, 확정신고기한 이후에 발급한 경우 세금계산서 미발급가산세(공급가액의 2%)를 부담하여야 함

## 5  세금계산서합계표 제출관련 가산세

### [1] 매출처별세금계산서합계표
사업자가 다음 각 호의 어느 하나에 해당하면 각 호에 따른 금액을 납부세액에 더하거나 환급세액에서 뺀다. 다만, 제출한 매출처별 세금계산서합계표의 기재사항이 착오로 적힌 경우로서 사업자가 발급한 세금계산서에 따라 거래사실이 확인되는 부분의 공급가액에 대하여는 그러하지 아니하다.

1. 매출처별 세금계산서합계표를 제출하지 아니한 경우 **공급가액에 후 제출분 0.5%** 를 곱한 금액
2. 제출한 매출처별 세금계산서합계표의 기재사항 중 거래처별 등록번호 또는 공급가액의 전부 또는 일부가 적혀 있지 아니하거나 사실과 다르게 적혀 있는 경우 공급가액에 **0.3%** 를 곱한 금액
3. 예정신고를 할 때 제출하지 못하여 해당 예정신고기간이 속하는 과세기간에 확정신고를 할 때 매출처별 세금계산서합계표를 제출하는 경우 공급가액에 **0.3퍼센트[** 를 곱한 금액과 납부불성실가산세(예정 신고분을 확정신고시 제출하는 세금계산서의 매출세액 × 3/10,000[2019.2.12. 이후 2.5/10,000] × 예정신고기한의 다음날부터 확정신고기한까지의 일수)를 추가 부담하여야 한다.

### [2] 매입처별세금계산서합계표
사업자가 재화 또는 용역을 공급받고 발급받은 매입세금계산서의 매입세액을 공제받기 위해서는 반드시 매입처별세금계산서합계표를 부가가치세 신고시 제출하여야 하며, 제출하지 않은 경우 매입세액을 공제받을 수 없다. 즉, 과세사업자가 매입처별세금계산서합계표 제출을 누락한 경우에는 사업자가 공제받을 수 있는 매입세액을 공제받지 않은 것이므로 가산세 적용은 없다.

단, 면세사업을 하는 법인이나 복식부기의무자인 개인사업자로서 면세사업을 하는 경우 매입처별세금계산서합계표를 다음해 2월 10일까지 반드시 제출하여야 하며, 제출하지 않는 경우 공급가액의 0.5% **[2018년 이후 제출기한이 도래하는 분부터 1% → 0.5%]** 를 세금계산서합계표불성실가산세로 부담하여야 한다.

## 6  특정 업종의 명세서 제출 의무 관련 가산세

### [1] 현금매출명세서 미제출 가산세
다음의 현금매출명세서 제출대상 사업을 하는 사업자가 현금매출명세서를 제출하지 아니하거나 제출한 수입금액(현금매출명세서의 경우 현금매출)이 사실과 다르게 적혀 있으면 제출하지 아니한 부분의 수입금액 또는 제출한 수입금액과 실제 수입금액과의 차액에 1퍼센트를 곱한 금액을 납부세액에 더하거나 환급세액에서 뺀다.

(1) 부가가치세법 제55조
부동산업, 전문서비스업, 과학서비스업 및 기술서비스업, 보건업, 그 밖의 개인서비스업

(2) 부가가치세법시행령 제100조 및 제109조 제2항제7호
예식장업, 부동산중개업, 보건업(병원과 의원으로 한정한다), 변호사업, 심판변론인업, 변리사업, 법무사업, 공인회계사업, 세무사업, 경영지도사업, 기술지도사업, 감정평가사업, 손해사정인업, 통관업, 기술사업, 건축사업, 도선사업, 측량사업, 공인노무사업, 의사업, 한의사업, 약사업, 한약사업, 수의사업과 그 밖에 이와 유사한 사업서비스업으로서 기획재정부령으로 정하는 것

(3) 부가가치세법 시행규칙 제71조
과자점업, 도정업, 제분업 및 떡류 제조업 중 떡방앗간, 양복점업, 양장점업, 양화점업 그 밖에 자기가 공급하는 재화의 50퍼센트 이상을 최종소비자에게 공급하는 사업으로서 국세청장이 정하는 것

### [2] 부동산임대업자의 부동산임대공급가액명세서 제출의무
부동산임대업을 하는 사업자가 부동산임대공급가액명세서를 제출하지 아니하거나 제출한 수입금액이 사실과 다르게 적혀 있으면 제출하지 아니한 부분의 수입금액 또는 제출한 수입금액과 실제 수입금액과의 차액에 1퍼센트를 곱한 금액을 납부세액에 더하거나 환급세액에서 뺀다.

## 7  영세율 적용사업자의 영세율 신고 및 첨부서류 제출 의무

사업자가 부가가치세 신고를 한 경우로서 영세율과세표준을 과소신고(신고하지 아니한 경우 포함)한 경우에는 과소신고분(신고하여야할 금액에 미달한 금액) 영세율과세표준의 **1천분의 5**에 상당하는 금액을 합한 금액을 가산세로 한다.

## ❻ 국세기본법에 의한 가산세

### ① 무신고가산세 및 가산세 감면

#### [1] 일반무신고가산세

납세자가 법정신고기한까지 세법에 따른 과세표준신고서를 제출하지 아니한 경우에는 세법에 따른 산출세액의 100분의 20에 상당하는 금액을 납부할 세액에 가산하거나 환급받을 세액에서 공제한다. 다만, 복식부기의무자 또는 법인이 소득세 과세표준신고서 또는 법인세 과세표준신고서를 제출하지 아니한 경우에는 **산출세액의 100분의 20에 상당하는 금액**과 **수입금액에 1만분의 7**을 곱하여 계산한 금액 중 큰 금액을 납부할 세액에 가산하거나 환급받을 세액에서 공제한다.

| 구 분 | 가 산 세 |
|---|---|
| 부가가치세 | 납부세액 × 20% |
| 복식부기의무자의 소득세 및 법인세 | ①, ② 중 큰 금액<br>① (산출세액 - 기납부세액) × 20%<br>② 수입금액 × 0.07% |
| 간편장부의무자의 소득세 | (산출세액 - 기납부세액) × 20% |

#### [2] 부정무신고가산세

과세표준 중 <u>부정한 방법</u>으로 무신고한 과세표준에 상당하는 금액이 과세표준에서 차지하는 비율을 산출세액에 곱하여 계산한 금액의 100분의 40에 상당하는 금액 다만, 복식부기의무자 또는 법인이 소득세 과세표준신고서 또는 법인세 과세표준신고서를 제출하지 아니한 경우에는 부정무신고가산세액과 부정한 방법으로 무신고한 과세표준과 관련된 수입금액에 1만분의 14를 곱하여 계산한 금액 중 큰 금액으로 한다.

▶ **부정감면 · 공제분에 대한 가산세액**

부정세액감면·공제를 받은 금액 × 40%

☐ 부정한 방법의 유형 [조세범 처벌법 제3조 제6항]
"사기나 그 밖의 부정한 행위"란 다음 각 호의 어느 하나에 해당하는 행위로서 조세의 부과와 징수를 불가능하게 하거나 현저히 곤란하게 하는 적극적 행위를 말한다.
1. 이중장부의 작성 등 장부의 거짓 기장
2. 거짓 증빙 또는 거짓 문서의 작성 및 수취
3. 장부와 기록의 파기
4. 재산의 은닉, 소득·수익·행위·거래의 조작 또는 은폐
5. 고의적으로 장부를 작성하지 아니하거나 비치하지 아니하는 행위 또는 계산서, 세금계산서 또는 계산서합계표, 세금계산서합계표의 조작
6. 전사적 기업자원관리설비의 조작 또는 전자세금계산서의 조작
7. 그 밖에 위계(僞計)에 의한 행위 또는 부정한 행위

## [3] 기한 후 신고와 무신고가산세 감면 [국세기본법 제48조 ② 2]

법정신고기한까지 과세표준신고서를 제출하지 아니한 자는 관할 세무서장이 세법에 따라 해당 국세의 과세표준과 세액을 결정하여 통지하기 전까지 기한후 과세표준신고서를 제출할 수 있다. (국세기본법 제45조의3)

▶ 기한 후 신고시 가산세 감면
법정신고기한이 지난 후 기한 후 신고를 하는 경우 다음의 구분에 따른 금액을 감면받을 수 있다.
1. 법정신고기한이 지난 후 1개월 이내에 기한 후 신고를 한 경우: 해당 가산세액의 100분의 50에 상당하는 금액
2. 법정신고기한이 지난 후 1개월 초과 6개월 이내에 기한 후 신고를 한 경우: 해당 가산세액의 100분의 20에 상당하는 금액

[개정 세법] 기한 후 신고시 무신고 가산세 감면율 조정 및 세분화(국기법 §48②)
[종전] 1개월 이내 : 50% 감면   1 ~ 6개월 이내: 20% 감면
[개정] 기한 후 신고시 무신고가산세 감면율 조정 및 세분화
- 1개월 이내 : 50% 감면
- 1 ~ 3개월 이내: 30% 감면
- 3 ~ 6개월 이내: 20% 감면
<적용시기> 2020.1.1. 이후 기한 후 신고하는 분부터 적용

## ② 과소신고가산세

### [1] 일반과소신고가산세

납세의무자가 법정신고기한까지 세법에 따른 국세의 과세표준 신고(예정신고 및 중간신고를 포함하되, 「농어촌특별세법」에 따른 신고는 제외한다)를 한 경우로서 납부할 세액을 신고하여야 할 세액보다 적게 신고(과소신고)하거나 환급받을 세액을 신고하여야 할 금액보다 많이 신고(초과신고)한 경우에는 과소신고한 납부세액과 초과신고한 환급세액을 합한 금액에 과소신고납부세액등의 100분의 10에 상당하는 금액을 과소신고가산세로 부담하여야 한다.

▶ **수정신고와 과소신고가산세 감면 [국세기본법 제48조 제2항]**

법정신고기한이 지난 후 수정신고한 경우[**과세표준과 세액을 경정할 것을 미리 알고** 과세표준수정신고서를 제출한 경우로서 해당 국세에 관하여 관할 세무서장으로부터 과세자료 해명 통지를 받고 과세표준수정신고서를 제출한 경우 등은 제외]에는 다음의 구분에 따른 금액을 감면한다.

[종전] 수정신고시 과소신고 가산세 감면율
- 신고기한의 다음날부터 6개월 이내에 수정신고하는 경우 50% 감면
- 신고기한의 다음날부터 6개월 초과 1년 이내 수정신고하는 경우 : 20% 감면
- 신고기한의 다음날부터 1년 초과 2년 이내 수정신고하는 경우 : 10% 감면

[개정] 수정신고시 과소신고 가산세 감면율 조정 및 세분화(국기법 §48②)
<법정신고기한 경과 후 2년이내> 다만, 과세관청이 과세표준·세액을 경정할 것을 미리 알고 수정신고시 감면 배제

| 수정신고기간 | 감면율 | 수정신고기간 | 감면율 |
|---|---|---|---|
| 1개월 이내 | 90% 감면 | 6개월 ~ 1년 이내 | 30% 감면 |
| 3개월 이내 | 75% 감면 | 1년 ~ 1년 6개월 이내 | 20% 감면 |
| 3 ~ 6개월 이내 | 50% 감면 | 1년 6개월 ~ 2년 이내 | 10% 감면 |

<적용시기> 2020.1.1. 이후 수정신고하는 분부터 적용

■ **[국세기본법] 2015년 귀속분 이후 과소신고가산세 및 무신고가산세**

| 2014년 귀속분 이전 | 2015년 귀속분 이후 |
|---|---|
| ○ 과소신고·초과환급신고가산세<br>- 소득세, 법인세<br>산출세액 × 과소신고분과세표준/과세표준 × 가산세율(10%, 부정행위 40%) | ○ 과소신고·초과환급신고가산세<br>- 소득세, 법인세, 상속세 등<br>(산출세액 - 기납부세액)<br>× 가산세율(10%, 부정행위 40%)<br>- 부가가치세 : 과소신고 납부세액 × 가산세율(10%, 부정행위 40%) |

### [2] 부정과소신고가산세액

납세의무자가 법정신고기한까지 세법에 따른 국세의 과세표준 신고(예정신고 및 중간신고를 포함하되, 「농어촌특별세법」에 따른 신고는 제외한다)를 한 경우로서 납부할 세액을 신고하여야 할 세액보다 적게 신고(과소신고)하거나 환급받을 세액을 신고하여야 할 금액보다 많이 신고(초과신고)한 경우로서 부정행위로 과소신고한 경우 납부세액등의 100분의 40(국제거래에서 발생한 부정행위로 인한 경우에는 100분의 60)에 상당하는 금액을 과소신고가산세로 부담하여야 한다.

### ③ 납부(환급)불성실가산세

납세의무자가 세법에 따른 납부기한까지 국세의 납부(중간예납·예정신고납부·중간신고납부 포함)를 하지 아니하거나 납부하여야 할 세액보다 적게 납부(과소납부)하거나 환급받아야 할 세액보다 많이 환급(초과환급)받은 경우에는 다음 각 호의 금액을 합한 금액을 가산세로 한다. [국세기본법 제47조의4]

1. 납부하지 아니한 세액 또는 과소납부분 세액 × 납부기한의 다음 날부터 자진납부일 또는 납세고지일까지의 기간 × 2.5/10,000
2. 초과환급받은 세액 × 환급받은 날의 다음 날부터 자진납부일 또는 납세고지일까지의 기간 × 2.5/10,000

[개정 세법] 납부(환급)불성실가산세
2019. 2.12. 이후 납부불성실가산세 이자율 인하 1일 : 0.03% → 0.025%

# ❼ 경정청구

경정청구란 당초 과세표준신고서를 법정신고기한내에 제출한 자가 다음의 하나에 해당하여 환급받아야 할 세액이 있는 경우 **법정신고기한 경과 후 5년 이내**에 국세의 과세표준 및 세액의 결정 또는 경정(환급)을 관할세무서장에게 청구하는 것을 말한다. 다만, 결정 또는 경정으로 인하여 증가된 과세표준 및 세액에 대하여는 해당처분이 있음을 안 날(처분의 통지를 받은 때에는 그 받은 날)부터 90일 이내(법정신고기한이 지난 후 3년 이내에 한한다)에 경정을 청구할 수 있다.
[국세기본법 제45조의2]

① 과세표준신고서에 기재된 과세표준 및 세액이 세법에 의하여 신고하여야 할 과세표준 및 세액을 초과하는 때
② 과세표준신고서에 기재된 결손금액 또는 환급세액이 세법에 의하여 신고하여야 할 결손금액 또는 환급세액에 미달하는 때

## ▶ 경정청구시 제출할 서류
① 과세표준 및 세액의 경정청구서
② 최초의 과세표준 및 세액신고서사본
③ 결정(경정)청구사유 입증자료

□ 매입세금계산서 누락분 경정청구 (부가46015-3304, 2000.09.23)
사업자가 자기의 사업과 관련하여 발급받은 세금계산서를 부가가치세 신고시 신고누락하였을 경우 신고누락한 세금계산서의 매입세액은 국세기본법 제45조의 2 제1항의 규정에 의한 경정청구하여 공제받을 수 있으며 이 경우 가산세는 적용되지 아니하는 것임.

경정의 청구를 받은 세무서장은 그 청구를 받은 날부터 2개월 이내에 과세표준 및 세액을 결정 또는 경정하거나 결정 또는 경정하여야 할 이유가 없다는 뜻을 그 청구를 한 자에게 통지하여야 한다. 다만, 청구를 한 자가 2개월 이내에 아무런 통지를 받지 못한 경우에는 통지를 받기 전이라도 그 2개월이 되는 날의 다음 날부터 이의신청, 심사청구, 심판청구 또는 「감사원법」에 따른 심사청구를 할 수 있다.

## 2 폐업자 및 휴업자와의 거래 세무 문제

### ❶ 폐업자에게 세금계산서를 발급한 경우

| 사 례 | 폐업자에게 세금계산서를 발급한 경우 세금계산서 수정 발급 |
|---|---|

재화 또는 용역을 공급받는 자가 사업자가 아닌 경우(폐업자 포함)에는 공급받는 자의 주소·성명 및 주민등록번호 기재하여 발급하여야 한다. 단, 매입자가 폐업자 인줄 모르고 사업자번호로 세금계산서를 발행한 경우 재화 및 용역의 공급일이 속하는 과세기간에 대한 확정신고기한까지 수정세금계산서를 작성 발급할 수 있는 것으로 이 경우 당초분은 취소하고 공급받는 자의 주민등록번호를 기재한 수정세금계산서를 확정신고기한까지 발급할 수 있으며, 확정신고기한까지 수정세금계산서를 발행하는 경우 가산세 적용은 없다.

한편, 확정신고기한을 경과한 경우에는 세금계산서를 수정하여 발행할 수 없으므로 이 경우 세금계산서불성실가산세가 적용된다.

### ▶ 폐업자로부터 반품받는 경우 수정세금계산서 교부 안됨
(부가1265.1-1634, 1983. 8.17)
폐업자로부터 부가가치세가 과세된 재화를 반품받는 경우에는 폐업자는 사업자가 아니므로 수정세금계산서를 교부할 수 없는 것이며, 사업자의 당초 매출과세표준은 감소되지 아니함

### ▶ 폐업한 자의 수정세금계산서 발급 방법
[부가가치세 집행기준 32-70-2] (개정)
재화 또는 용역의 공급에 대하여 세금계산서를 발급하였으나 수정세금계산서 발급 사유가 발생한 때에 공급받는 자 또는 공급자가 폐업한 경우에는 수정세금계산서를 발급할 수 없다. 이 경우 이미 공제받은 매입세액 또는 납부한 매출세액은 납부세액에서 차가감하여야 한다.

## ❷ 폐업한 자로부터 세금계산서를 발급받은 경우

> **사 례** 폐업한 자로부터 발급받은 세금계산서의 매입세액을 공제받을 수 있는 경우
>
> 폐업자가 발급한 세금계산서의 매입세액은 매출세액에서 공제할 수 없으나, 실제 거래사실이 확인되고, 공급받는 자가 세금계산서의 기재내용 중 명의상의 거래상대방이 실제로 폐업하였다는 사실을 알지 못한 때에는 알지 못하였음에 과실이 없는 경우에 한하여 매입세액으로 공제할 수 있는 것임

### ▶ 폐업신고 후 계속사업을 영위하는 경우 미등록사업자에 해당하는지

(서면인터넷방문상담3팀-2335, 2007.08.2.)
1. 사업자의 폐업일은 「부가가치세법 시행규칙」 제6조의 규정에 의하여 사업장별로 그 사업을 실질적으로 폐업한 날로 하는 것이며, 폐업한 때가 명백하지 아니한 경우에는 폐업신고서의 접수일을 폐업일로 보는 것임
2. 사업자가 「부가가치세법」 제5조 제4항 및 같은법 시행령 제10조 제1항의 규정에 의하여 폐업신고를 한 경우에도 관할세무서장은 폐업사유, 사업장 상태, 사업의 계속여부등을 확인하여 실질적으로 사업을 계속 영위하는 때에는 폐업한 것으로 보지 아니하는 것임

### ▶ 등록말소가 해제된 경우 직권말소기간에 수수한 세금계산서 정당 여부

(부가46015-2093, 2000.08.26.)
사업자가 사업장 관할세무서장으로부터 부가가치세법 제5조 제5항의 규정에 의하여 사업자등록이 말소된 후 계속사업을 영위하고 있음이 확인되어 당해 말소가 해제된 경우 동 직권말소기간에 교부하거나 교부받은 세금계산서가 동법 제17조 제2항의 규정에 의한 사실과 다르게 기재되지 아니한 경우에 한하여 정당한 세금계산서로 볼 수 있는 것임.

### ▶ 선의의 거래당사자로 보아 매입세액을 공제할 수 있는지 여부

(심사 부가2002-105, 2002.7.8.)
사업자가 사업을 실질적으로 폐업하는 때에는 사업자등록을 말소하는 것이고, 사업자등록이 말소된 경우에는 세금계산서를 교부할 수 없는 것이므로 사실상 폐업자

가 교부한 세금계산서의 매입세액은 매출세액에서 공제할 수 없으나, 실제 거래사실이 확인되고, 공급받는 자가 세금계산서의 기재내용 중 명의상의 거래상대방이 실제로 폐업하였다는 사실을 알지 못한 때에는 알지 못하였음에 과실이 없는 경우에 한하여 매입세액으로 공제할 수 있는 것임

### ▶ 폐업전 공급 계약이 체결되고 폐업일 이후 인도되는 재화의 공급시기
(서삼46015-11438, 2003.09.09)
재화의 공급과 관련한 계약체결이 폐업 전에 이루어지고 폐업일 이후에 당해 재화가 인도되는 경우 당해 재화의 공급시기는 폐업일로 보는 것임

### ▶ 폐업일 후에 교부받은 전기요금의 매입세액
(부가1265-782, 1983.04.26)
사업자가 폐업일 전에 공급받은 전력에 대하여 폐업일 이후에 교부받은 세금계산서의 매입세액으로서 폐업일 전에 공급받은 것이 확인되는 것은 매입세액공제를 받을 수 있는 것임

### ▶ 법인전환 후 폐업한 개인사업자등록번호로 세금계산서를 수취한 경우
(부가-367, 2013.04.30)
사업자가 전기사업자로부터 전력을 공급받고 세금계산서를 교부받음에 있어 당해 사업자가 법인설립이 완료되기까지 폐업한 개인사업자등록번호로 세금계산서를 발급받은 경우 전기사업자로부터 수정세금계산서를 교부받은 때에는 당해 수정세금계산서의 매입세액은 부가가치세법 제17조 제2항 제2호에 해당하지 아니하는 것임

## ❸ 폐업한 거래처의 매출채권에 대한 대손세액공제

| 사 례 | 폐업한 거래처의 매출채권에 대한 대손세액공제 |
|---|---|
| 채무자가 단순히 사업을 폐업하였다고 하여 대손상각 및 대손세액공제를 할 수는 없으며, 당해 채권의 회수를 위하여 강제집행 등의 법적 제반 절차를 취하여 채무자의 무재산임을 객관적으로 입증하여야 소멸시효가 완성되기 전에 거래처의 폐업을 사유로 대손상각 및 대손세액공제를 받을 수 있다. | |

### ▣ 채권에 대한 소멸시효가 중단된 경우 대손세액공제
(재소비46015-90, 2001.04.07)
대손세액공제는 재화 또는 용역을 공급한 후 공급일로부터 5년이 경과된 날이 속하는 과세기간에 대한 확정신고기한까지 채권의 소멸시효가 완성된 경우에 한하는 것으로, 공급일로부터 5년이 경과한 날이 속하는 과세기간까지 소멸시효 중단으로 대손이 확정되지 않는 경우에는 대손세액 공제를 할 수 없는 것임

♣ 폐업한 거래처의 미회수 매출채권에 대하여 대손세액공제를 받기 위해서는 무재산임을 입증하여야 함

[세법 개정] 대손세액공제 적용기한 확대(부가령 §87 ②)
(적용기한) 공급일로부터 5년 이내 대손확정 : 5년 이내 → 10년 이내
<적용시기> 영 시행일 이후 대손 확정되는 분부터 적용

## ❹ 폐업한 사업자 관련 유의할 사항

사업을 폐업한 자는 폐업일 이후에 세금계산서를 발급할 수 없다. 그럼에도 불구하고 세금계산서를 발급한 경우 매입자는 그 매입세액을 공제받을 수 없다.

실무에서 거래 상대방의 폐업 여부를 알 수 없는 상황에서 폐업자로부터 세금계산서를 발급받고, 그 매입세액을 공제받은 경우 차후 국세청 전산시스템에 의하여 확인되는 경우 과세자료 해명요구를 받고, 가산세를 부담하여 수정신고 및 납부를 하여야 하는 경우가 종종 있으므로 [홈택스] → 조회발급 → 사업자상태에서 정상 사업자여부를 조회하여 문제가 발생되지 않도록 유의하여야 한다.

### ▣ 거래처 폐업 및 간이과세자 여부 확인
① 거래처가 세무서에 폐업신고를 한 경우 폐업일 이후의 날짜를 작성일자로 하여 세금계산서를 발급받은 경우 매입세액이 불공제되므로 유의하여야 한다.
② 간이과세자로부터 발급받은 세금계산서의 매입세액은 공제받을 수 없으므로 신규거래처의 경우 사업자등록증 사본을 받아 사업자 유형을 확인하여야 한다.

# 3  철 또는 구리스크랩 매입자 납부제도

철 또는 구리 스크랩 매입자납부제도는 자료상 등이 고액의 세금계산서만 발급하고, 폐업한 후 부가가치세 및 법인세 등을 납부하지 아니하고, 거래상대방(매입자)은 실물거래 없이 세금계산서를 수취하여 매입세액을 공제받고, 비용으로 처리함으로서 부가가치세 및 법인세(개인사업자의 경우 소득세)를 탈루하는 문제점을 보완하기 위한 제도로서 매출자가 발급한 세금계산서의 부가가치세를 매입자로 하여금 납부하게 하는 제도이다. 즉, 매출자가 매입자로부터 부가가치세를 징수하지 아니하고, 매입자가 부가가치세를 국세청이 정한 지정금융기관에 입금한 후 지정금융기관이 부가가치세를 국세청에 납부하는 것을 말한다.

## ❶ 제도 요약

### [1] 적용대상
사업자간에 스크랩 등을 거래하거나, 사업자가 법정품목을 수입하는 경우 스크랩 등 법정품목을 거래하는 개인사업자(간이과세자 포함) 및 법인사업자 사업자간 거래에 한하며, 사업자와 소비자간 거래는 적용되지 않는다.

▶ 법정품목

| 품목 | 적용시기 | 정의 |
|---|---|---|
| 금지금 | 2008.7.1 | 금괴, 골드바 등 원재료 상태로 순도 99.5% 이상 |
| 고 금 | 2009.7.1 | 반지 등 제품으로서 순도 58.5%(14K) 이상 |
| 구리스크랩 | 2014.1.1 | 구리의 웨이스트 및 스크랩, 구리 합금의 웨이스트와 스크랩으로 구리 함유량 40% 이상 |
| 금스크랩 | 2015.7.1 | 금을 입힌 금속, 금 화합물로서 금 함유량이 100,000분의 1 이상 |
| 철스크랩 | 2016.10.1 | 철의 웨이스트와 스크랩 및<br>철강의 재용해용 스크랩 잉곳(Scrap ingot) |

## [2] 제도 이용방법 및 준수사항

기존의 신한은행에서 여러 은행으로 거래은행이 확대되면서 거래은행 지정제가 도입되었으며, 지정금융회사인 7개 은행에서 매입자납부특례 전용계좌 개설이 가능하다.

### ▶ 지정 금융기관

신한은행, 국민은행, 농협은행, 우리은행, 중소기업은행, 하나은행, 대구은행

다만, 사업자는 위 지정금융회사 중 특정은행 1개만 선택하여 전용계좌를 개설해야 하며, 특정은행 내에서 하나의 사업자번호로 둘 이상의 전용계좌를 개설할 수 있다.

스크랩 전용계좌를 통한 대금결제는 2016년 10월 1일부터 가능함. 다만, 신규계좌에 한해 9월 1일부터 위 지정은행 영업점에서 전용계좌를 미리 개설할 수 있음
구리스크랩 사업자는 2016년 9월 30일까지 기존 구리스크랩계좌(신한은행)만 사용이 가능하며, 2016년 10월 1일 이후 지정은행 변경도 가능(기존 전용계좌 해지 또는 보통예금계좌 변경 필요)

## [3] 거래 시 결제방법

① 스크랩 거래 시 또는 세금계산서를 발급받은 때에 매입자는 제품가액과 부가가치세를 매출자의 전용계좌에 입금
- 영업점창구, 기업인터넷뱅킹, 모바일 병행 등을 이용하여 대금결제 실행
② 제품가액은 매출자에게, 부가가치세는 스크랩 전용계좌에 입금하여야 함
다만, 기업구매자금대출 등의 방법으로 제품의 가액을 결제하는 경우는 부가가치세만 전용계좌를 통해 결제 가능

### ▶ 월합계 세금계산서 발급 및 입금

거래처별로 1역월(1曆月)의 공급가액을 합하여 해당 달의 말일을 작성 연월일로 하여 세금계산서를 발급하는 경우에는 재화 또는 용역의 공급일이 속하는 달의 다음 달 10일까지 세금계산서를 발급할 수 있으므로 세금계산서 발급받은 때(예를 들어 10월 거래분에 대하여 세금계산서를 11월 10일 발급받은 경우 11월 10일, 11월 5일 발급하는 경우에는 11월 5일)에 전용계좌를 통해 입금하여야 한다.

▶ 철 또는 구리 스크랩 공급 및 매입자의 대금 결제

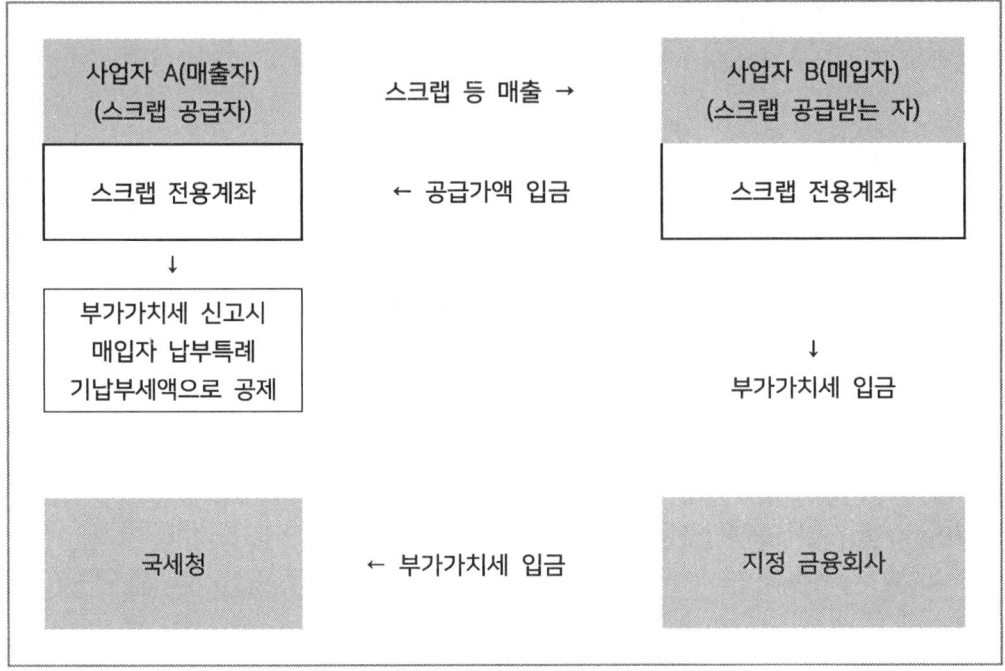

▶ 스크랩 매입 후 스크랩을 매출하는 경우 부가가치세 환급

1. 지정금융회사에 입금된 부가가치세(매출세액)는 그 매출자가 법정품목을 매입할 때 그 매출세액의 범위 내에서 실시간 환급 (부가가치세를 지정금융회사에 계속 예치하는 경우 매출자의 사업자금이 동결되는 문제를 해결하기 위한 수단)
2. 법정품목을 수입하는 수입업자는 수입시 세관을 통해 납부한 부가가치세를 매입세액으로 보아 매출세액 범위 내에서 환급
3. 환급되지 않고 남아있는 세액은 예정 또는 확정신고 납부기한에 지정금융회사에서 매출자 별로 국고에 입금

[사례]
공급자(A) [공급가액 3000, 세액 300] → 공급자(B) [공급가액 4000, 세액 400] → 공급자(C)
공급자(B) : 스크랩 매입세액 300을 전용계좌로 입금
공급자(C) : 스크랩 매입세액 400을 전용계좌로 입금
공급자(B) : 스크랩 매입세액 300을 전용계좌 개설은행으로부터 환급받을 수 있음

## [4] 스크랩 전용계좌 사용시 혜택

사업자가 전용계좌를 사용하여 결제하거나 결제받은 경우(매입자납부 익금 또는 손금) 다음 중 어느 하나를 선택하여 소득세 또는 법인세에서 세액공제를 받을 수 있다.

### ▶ 증가분 방식

$$\text{산출세액} \times \frac{\text{당해 과세연도의 매입자납부 익금 및 손금의 합계액} - \text{직전 과세연도의 매입자납부 익금 및 손금의 합계액}}{\text{익금 및 손금의 합계액}} \times 50\%$$

### ▶ 당기분 방식

$$\text{산출세액} \times \frac{\text{신고한 사업장별 매입자납부 익금 및 손금의 합계액}}{\text{익금 및 손금의 합계액}} \times 5\%$$

## [5] 전용계좌 미사용시 불이익

① 법정품목을 거래하고 제품가액을 전용계좌로 결제하지 않은 경우 매입자와 매출자에게 각각 제품가액의 10%를 가산세로 부과
② 매입자가 부가가치세를 전용계좌를 통해 입금하지 않는 경우 그 매입세액은 불공제
③ 매입자가 부가가치세를 공급시기 이후에 지연 입금한 경우 1일당 3/10,000(연환산 10.95%)의 가산세 부과

(예외) 부가가치세만 전용계좌를 통해 납부할 수 있는 거래(조세특례제한법 시행령 제106조의9 ⑥, 동령 제106조의13 ⑤)
1. 환어음, 판매대금 추심의뢰서
2. 기업구매전용카드

3. 외상매출채권 담보대출 제도
4. 구매 론 제도
5. 네트워크 론 제도

### [6] 매출자의 부가가치세 신고·납부 방법
① 지정금융회사를 통해 국고에 입금된 부가가치세액은 부가가치세 신고서상(일반과세자의 경우 24번란) '매입자 납부특례 기납부세액' 란에 기재하여 납부할 세액에서 공제한다.
② 매입자가 스크랩 관련 부가가치세를 지정금융기관에 납부한 금액에 한하여 공제를 받을 수 있으므로 납부 여부를 확인하여 공제하여야 한다.

♣ 분기별 국고입금 예정세액 확인 : 은행 고객센터 상담원 또는 인터넷뱅킹 조회

### [7] 개인사업자의 예정신고(구리스크랩과 철스크랩 거래자만 해당)
① 구리 또는 철스크랩을 거래하는 개인사업자의 경우 부가가치세 예정신고를 할 수 있으며, 예정신고를 할 때는 신고서에 「스크랩등 매입세액 공제 신고서」를 함께 제출하여야 한다.
② 개인사업자에 대한 부가가치세 예정고지세액 결정시 전용계좌에서 국고에 납부될 부가가치세액을 차감하여 결정한다.

## ❷ 실무 사례

### [1] 철 스크랩의 종류
「관세법」제84조에 따라 기획재정부장관이 고시한 「관세·통계통합품목분류표」 중 철의 웨이스트와 스크랩, 철강의 재용해용 스크랩 잉곳 또는 그 밖에 이와 유사한 것으로서 대통령령(해당 대통령령 조문은 없음)으로 정하는 물품

7204 철의 웨이스트(waste)와 스크랩(scrap), 철강의 재용해용 스크랩 잉곳(scrap ingot)
7204 주철의 웨이스트(waste)와 스크랩(scrap)

7204 합금강의 웨이스트(waste)와 스크랩(scrap)
7204 스테인리스강의 것
7204 기타
7204 주석을 도금한 철강의 웨이스트(waste)와 스크랩(scrap)
7204 그 밖의 웨이스트(waste)와 스크랩(scrap)
7204 선삭(旋削)·세이빙(shaving)·칩·밀링 웨이스트(milling waste)·톱밥·파일링(filing)·트리밍(trimming)·스탬핑(stamping)(번들 모양인지에 상관없다)
7204 기타
7204 재용해용 스크랩 잉곳(scrap ingot)

### ▶ 철관련 제품, 상품, 기계장치 등을 폐기하는 경우

향후 과세당국의 별도 해석이 있어야 할 것으로 판단이 되나 국세청상담센터 등의 상담내용을 보면, 철관련 제품, 상품, 중고상품은 해당되지 않는 것이나 철 관련 제품 등을 폐기처분하는 경우에는 해당되는 것으로 판단됨

### ▶ 알루미늄

HS코드 76류에 해당되는 알루미늄은 철("7204")스크랩에 해당되지 않는 것이므로 스크랩 전용계좌를 사용하지 않아도 될 것으로 판단된다.

## [2] 단 건 거래인 경우 스크랩 전용계좌 개설

조세특례제한법에서 스크랩 전용계좌 개설의무에 대하여 거래 건수 등의 규정이 없으므로 단 건 거래의 경우에도 스크랩 전용계좌를 개설하여야 할 것으로 판단이 된다. 따라서 철 스크랩을 한 번 매각하는 경우에도 스크랩 전용계좌를 개설하고, 매출세액은 매입자가 스크랩 전용계좌로 송금하여야 하며, 매출자는 매입자로부터 회수하지 못한 매출세액을 '매입자 납부특례 기납부세액'으로 공제받아야 할 것이다.

### ▶ 기계장치등 매각

스크랩이 아닌 철 관련 기계장치를 매각하는 경우에는 스크랩 전용계좌를 개설하지 않아도 될 것이나, 폐기처분하는 경우 스크랩 전용계좌를 개설하여야 할 것으로 판단이 되나 향후 과세당국의 구체적인 유권해석이 필요할 것으로 판단이 된다.

### [3] 매입자의 매입 부가가치세 스크랩 전용계좌 입금기한

세금계산서를 **발급받은 때**까지 스크랩 전용계좌에 입금을 하여야 한다. 단. 거래처별로 1역월(1曆月)의 공급가액을 합하여 해당 월의 말일을 작성 연월일로 하여 세금계산서를 발급하는 경우에는 재화 또는 용역의 공급일이 속하는 달의 다음 달 10일까지 세금계산서를 발급할 수 있으므로 세금계산서 발급받은 때

예를 들어 10월 거래분에 대하여 세금계산서를 11월 10일 발급받은 경우에는 11월 10일, 11월 5일 발급하는 경우에는 11월 5일에 스크랩 전용계좌에 입금하여야 한다.

[개정 세법] 20191.1. 이후 입금 기한 조정 : 당일 → 다음날
가산세 부과 기준일 : 입금 기한의 다음날부터

### [4] 공급가액의 스크랩 전용계좌 입금기한

매입자는 매출자의 스크랩 전용계좌 등에 공급가액을 입금하여야 하나 외상거래인 경우 법에서 특정한 기한이 있는 것은 아니다. 단, 외상거래의 경우 은행시스템에서 외상으로 선택하여야 한다.

### [5] 매입자가 스크랩 관련 매입세액을 매출자의 세금계산서 발급일 이후 부가가치세 신고기한까지 스크랩 전용계좌에 입금을 한 경우

매입자는 스크랩을 공급받은 날의 다음 날부터 부가가치세액을 입금한 날(과세표준 신고기한을 한도로 함)까지의 기간에 대하여 1일 1만분의 3을 입금하여야 할 부가가치세액에 가산하여 입금하여야 한다. 예를 들어 20×6.10.31일 거래분에 대하여 매입자가 매입세액을 20×7.1.20. 스크랩 전용계좌에 입금된 한 경우 부가가치세 확정신고기간내에 입금하였으므로 공급자는 20×6.2기 부가가치세 확정신고시 '매입자 납부특례 기납부세액'으로 공제를 받을 수 있으며, 매입자는 매입세액을 공제받을 수 있다. 다만, 지연 입금에 대하여 가산세를 부담하여야 한다.

부가가치세 × 지연 납일일수 [81일](20×6.11.1.~ 20×7.1.20.) × 3/10,000

스크랩등을 공급받은 스크랩등사업자가 부가가치세액을 스크랩 전용계좌로 입금하지 아니한 경우에는 구리 스크랩등을 공급받은 날의 다음 날부터 부가가치세액을 입금한 날(과세표준 신고기한 한도)까지의 기간에 대하여 1일 1000분의 3의 이자율을 곱하여 계산한 금액을 입금하여야 할 부가가치세액에 가산하여야 한다.

### [6] 매입자가 스크랩 관련 매입세액을 부가가치세 신고기한 이후 스크랩 전용계좌에 입금한 경우

① 매출자의 경우 스크랩 매입자가 해당 부가가치세를 세금계산서 발급일이 속하는 부가가치세 신고기한 이후 입금하게 되면, 세금계산서 작성일자가 속하는 과세기간에 '매입자 납부특례 기납부세액'으로 공제를 받을 수 없다.

다만, 신고기한 이후 전용계좌에 입금한 경우 입금일이 속하는 과세기간에 공제를 받을 수 있다.

[사례] 20×6.12.31. 스크랩 공급분 세금계산서 발급
20×7.1.20. 입금 : 20×6.2기 확정신고시 '매입자 납부특례 기납부세액'으로 공제
20×7.1.26. 입금 : 20×7.1기 예정신고시 '매입자 납부특례 기납부세액'으로 공제

② 매입자는 지연입금에 대한 가산세를 부담하여야 하며, 세금계산서의 작성일자가 속한 과세기간에 매입세액을 공제받을 수 없다.

### [7] 매입자가 스크랩 관련 매입세액을 전용계좌에 입금하지 않은 경우
① 공급받는자는 스크랩 관련 매입세액을 공제받을 없다.
② 공급자 및 공급받는자는 제품가액의 100분의 10을 가산세로 부담하여야 한다.

### [8] 매입자가 스크랩 관련 대금을 선급한 경우
스크랩 등의 판매 시 공급시기나 세금계산서를 발급한 때에 스크랩등 거래계좌를 통하여 공급가액 및 세액을 입금하여야 하는바 선급 형태로 거래 자금을 미리 지급하였다고 하더라도 스크랩 공급시기 및 세금계산서 발행시기가 2016.10.1.일 이후에 발생한 경우에는 스크랩등 거래계좌를 통해 입금하지 않은 경우 가산세 적용 및 매입세액이 불공제되는 것으로 판단된다. 다만, 향후 과세당국의 구체적인 해석이 있어야 할 것으로 판단된다.

### [9] 구리스크랩 전용계좌의 철스크랩 전용계좌 사용
2016년 10월 1일 이후 철 스크랩 거래시 기존에 사용중인 구리 스크랩 전용계좌를 병행하여 사용할 수 있다.

## ❸ 철 또는 구리 스크랩 관련 회계처리

### [1] 철 또는 구리스크랩 매출 및 매입
<매출자>

| 외상매출금 | 11,000,000 | / | 매출 | 10,000,000 |
|---|---|---|---|---|
|  |  |  | 부가세예수금 | 1,000,000 |

<매입자>

| 상품 | 10,000,000 | / | 외상매입금 | 11,000,000 |
|---|---|---|---|---|
| 부가세대급금 | 1,000,000 |  |  |  |

### [2] 판매대금 입금 및 결제
<매출자>

| 보통예금 | 10,000,000 | / | 외상매출금 | 10,000,000 |
|---|---|---|---|---|

<매입자>

| 외상매입금 | 10,000,000 | / | 보통예금 | 10,000,000 |
|---|---|---|---|---|

### [3] 매입자가 신한은행 등의 전용계좌에 부가세 입금
<매출자>

| 선납세금 | 1,000,000 | / | 외상매출금 | 1,000,000 |
|---|---|---|---|---|

<매입자>

| 외상매입금 | 1,000,000 | / | 보통예금 | 1,000,000 |
|---|---|---|---|---|

▶ **매출자는 부가가치세 신고서 '매입자 납부특례 기납부세액'란 기재**
(24):「조세특례제한법 시행령」 제106조의9제5항 및 제106조의13제4항에 따른 부가가치세 관리기관이 국고에 직접 입금한 부가가치세액을 기재한다.

# 4  재화의 수입에 대한 부가가치세 납부 유예

## ❶ 개요

과세대상 물품 등을 수입하는 경우 부가가치세를 세관에 납부하여야 하나 일정 요건을 충족하는 수출 중소사업자의 경우 세관에 수입 관련 부가가치세의 납부유예 신청을 하는 경우 부가가치세 신고기한까지 납부를 유예받을 수 있는 제도를 말한다.

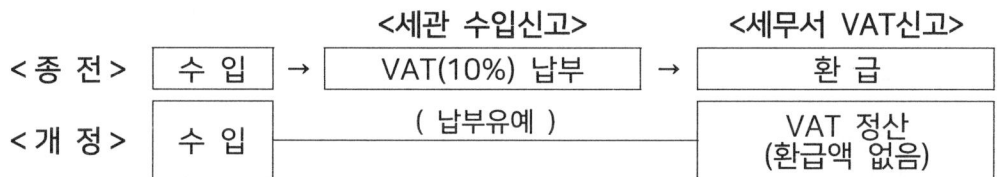

[시행시기] 2016. 7. 1. 부터

◆ **수입 부가가치세 납부유예 적용사례(예시)**
- ㅇ 수입원재료 가격 2,000 → 수입 부가가치세(매입세액) 200
- ㅇ 사업매출(수출) 3,000 → 영세율 적용되어 매출세액 0

## ❷ 납부유예대상 사업자 및 수입물품

다음에 정하는 요건을 모두 충족하는 중소사업자가 물품을 제조·가공하기 위한 원재료 등을 수입하는 경우

**[1] 사업자 요건**
① 직전 사업연도에 중소기업 또는 중견기업에 해당하는 법인(제조업을 주된 사업으로 경영하는 기업에 한정한다)일 것
② 직전 사업연도에 영세율을 적용받은 재화의 공급가액의 합계액(수출액)이 다음의 어느 하나에 해당할 것

1. 직전 사업연도에 공급한 재화 또는 용역의 공급가액의 합계액 중 수출액이 차지하는 비율이 30퍼센트 이상일 것 단, 중견기업인 경우 직전 사업연도에 공급한 재화 또는 용역의 공급가액의 합계액에서 수출액이 차지하는 비율이 50퍼센트 이상일 것
2. 수출액이 100억원 이상일 것

③ 확인 요청일 현재 다음의 요건에 모두 해당할 것
1. 최근 3년간 계속하여 사업을 경영하였을 것
2. 최근 2년간 국세(관세 포함)를 체납한 사실이 없을 것
3. 최근 3년간 「조세범처벌법」 또는 「관세법」 위반으로 처벌받은 사실이 없을 것
4. 최근 2년간 납부유예가 취소된 사실이 없을 것

[2] 수입물품 요건
중소사업자가 자기의 과세사업에 사용하기 위한 재화를 말한다. 다만, 매출세액에서 공제되지 아니하는 매입세액과 관련된 재화는 제외한다.

[3] 납부 유예되는 부가가치세
납부유예는 납세신고를 할 때 납부하여야 하는 부가가치세에 한정하여 적용한다.

## ❸ 납부유예 신청 및 유예기간

① 중소사업자는 다음 각 호의 신고기한의 만료일 중 늦은 날부터 3개월 이내에 관할 세무서장에게 수입 부가가치세 납부유예 사업자 요건의 충족 여부의 확인을 요청할 수 있다.
1. 직전 사업연도에 대한 법인세법 상 과세표준 등의 신고(제60조) 또는 연결과세표준 등의 신고(제76조의 17) 따른 신고기한
- 12월 말 법인 : 2021.3.31. → 2021.7.31.
2. 직전 사업연도에 대한 확정신고와 납부(제49조)에 따른 신고기한
- 2020년 2기 확정신고기한 : 2021.1.25. → 2021.4.25.

♣ 확인서 요청 서식 '재화의 수입에 대한 부가가치세 납부유예 요건 확인(요청)서'

② 관할 세무서장은 중소사업자가 부가가치세 납부유예를 위하여 확인을 요청한 경우에는 해당 중소사업자가 납부유예 대상자에 해당하는 지 여부를 확인한 후 요청일부터 1개월 이내에 '재화의 수입에 대한 부가가치세 납부유예 요건 확인(요청)서'를 해당 중소사업자에게 발급하여야 한다.

③ 부가가치세의 납부를 유예받으려는 중소사업자는 '재화의 수입에 대한 부가가치세 납부유예 요건 확인(요청)서'를 첨부하여 부가가치세 납부유예 적용 신청서를 관할 세관장에게 제출하여야 한다.

④ 부가가치세 납부유예 적용 신청을 받은 관할 세관장은 신청일부터 1개월 이내에 납부유예의 승인 여부를 결정하여 해당 중소사업자에게 통지하여야 한다.

⑤ 납부유예를 승인하는 경우 그 유예기간은 1년으로 한다.

### ▶ 납부유예 적용 절차

|  |  |
|---|---|
| 부가세 납부유예 요건확인 요청 | 중소사업자 ⇨ 관할 세무서장 |
| ↓ | |
| 확인서 발급 (처리기간 : 1개월) | 관할 세무서장 ⇨ 중소사업자 |
| ↓ | |
| 부가세 납부유예 적용신청서 제출 | 중소사업자 ⇨ 관할(주소지) 세관장 |
| ↓ ■ 세무서장 발급 확인서 첨부 | |
| 부가세 납부유예 승인 여부 결정 | 관할 세관장 (처리기간 : 1개월) |
| ↓ | |
| 승인여부 통지 | 관할 세관장 ⇨ 중소사업자<br>■ 승인내역 전자통관시스템 등록 |
| ↓ | |
| 납부유예 적용 | 통관지 세관장<br>■ 관세 등(부가세만 제외)은 납부고지서 발부 |
| ↓ | ■ 적용 기간 : 1년<br>■ 대    상 : 최초 신고납부세액에만 적용<br>  - 보정·수정·경정 세액에는 미적용(납부유예 비대상)<br>■ 수입세금계산서 : '납부유예' 표시 (부가세 금액 표시) |
| 유예세액 사후정산 | 중소사업자 ⇨ 관할 세무서장<br>■ 부가세 예정·확정신고 및 조기환급신고시 정산 |

■ 수입 부가가치세 납부유예 적용대상 확대(부가령 §91의2)

| 현 행 | 개 정 |
|---|---|
| □ 수입 부가가치세 납부유예\* 적용대상<br>\* 수입시 세관에서 부가가치세 납부를 유예하고, 세무서에 예정(확정) 신고시 정산·납부<br><br>❶ 수출비중·수출액 요건<br>- (중소기업) 수출비중 30% 이상 또는 수출액 100억 원 이상<br>- (중견기업) 수출비중 50% 이상<br><br>❷ 최근 3년간 계속 사업을 경영하고, 관세·조세범 처벌사실이 없을 것 | □ 납부유예 적용대상 확대<br><br><br><br>❶ 수출비중·수출액 요건 완화<br>- (중소기업) 수출비중 30% 이상 또는 수출액 50억 원 이상<br>- (중견기업) 수출비중 30% 이상<br><br>(좌 동) |

<적용시기> 영 시행일(2021.2.경) 이후 납부유예 요건 확인서를 발급하는 분부터 적용

## ❹ 납부유예한 부가가치세의 정산

납부를 유예받은 중소사업자는 납세지 관할 세무서장에게 예정신고 또는 확정신고 등을 할 때 그 납부가 유예된 세액을 공제대상 매입세액에서 차감하여야 한다. 이 경우 납세지 관할 세무서장에게 공제대상 매입세액에서 차감한 세액은 세관장에게 납부한 것으로 본다.

▶ 부가가치세 신고서 일부

| 매입세액 | 세금계산서 수취분 | 일 반 매 입 | (10) | | |
|---|---|---|---|---|---|
| | | 수출기업 수입분 납부유예 | (10-1) | | |
| | | 고정자산 매입 | (11) | | |
| | 예 정 신 고 누 락 분 | | (12) | | |
| | 매입자발행 세금계산서 | | (13) | | |
| | 그 밖의 공제매입세액 | | (14) | | |
| | 차 감 계 (15)-(16) | | (17) | ㉯ | |

▶ **수출기업 수입분 납부유예금액의 매입세액 차감**

(10)、(10-1)、(11): 발급받은 세금계산서상의 공급가액 및 세액을 고정자산 매입분 (11)과 그 외의 매입분(10)으로 구분 집계하여 각각의 난에 적고, 「부가가치세법 시행령」 제91조의2제8항에 따라 재화의 수입에 대한 부가가치세 납부유예를 승인받아 납부유예된 세액을 (10-1)란에 기재한다.

## ❺ 납부유예 취소

세관장 또는 세무서장은 부가가치세의 납부가 유예된 중소사업자가 국세를 체납하는 등 다음에 정하는 사유에 해당하는 경우에는 그 납부의 유예를 취소할 수 있다.

1. 해당 중소사업자가 국세를 체납한 경우
2. 해당 중소사업자가 「조세범처벌법」 또는 「관세법」 위반으로 국세청장·지방국세청장·세무서장 또는 관세청장·세관장으로부터 고발된 경우
3. 제1항 각 호의 요건을 충족하지 아니한 중소사업자에게 납부유예를 승인한 사실을 관할 세관장이 알게 된 경우

# 5 보세구역과 부가가치세

## ❶ 보세구역

보세구역은 해외물품을 관세를 부과하지 않은 상태로 보관할 수 있는 지역을 말하며, 일정한 내국물품도 보세구역 안에서 보관하는 것이 가능하다. 해외에서 제품을 수입할 때 보세구역에 있는 동안은 관세징수를 유예받으며, 이 구역에서 수출될 때에는 관세를 부과하지 않고 국내에 옮겨져 내국의 제품이 되어야 과세의 대상이 된다.

☐ 관세법 제2조(정의) 이 법에서 사용하는 용어의 뜻은 다음과 같다.
1. "수입"이란 외국물품을 우리나라에 반입(보세구역을 경유하는 것은 보세구역으로부터 반입하는 것을 말한다)하거나 우리나라에서 소비 또는 사용하는 것(우리나라의 운송수단 안에서의 소비 또는 사용을 포함하며, 제239조 각 호의 어느 하나에 해당하는 소비 또는 사용은 제외한다)을 말한다.

보세구역에 물품을 반입하거나 반출하려는 자는 세관장에게 신고하여야 하며, 세관장은 보세구역에 반입할 수 있는 물품의 종류를 제한할 수 있다.

### ▶ 보세구역 종류

| 구 분 | 내 용 |
|---|---|
| 지정보세구역 | 국가 또는 지방자치단체 등의 공공시설이나 장소 등 일정 구역을 세관장이 보세구역으로 지정한 지역을 말하며 여기에는 지정장치장과 세관검사장 2가지가 있다. |
| 특허보세구역 | 일반 개인이 신청을 하면 세관장이 특허해 주는 보세구역을 말하며, 보세창고·보세공장·보세전시장·보세건설장 및 보세판매장으로 구분한다. |
| 종합보세구역 | 특허보세구역의 모든 기능(보관, 제조·가공, 건설, 전시, 판매)을 복합적으로 수행할 수 있는 보세구역으로, 지정보세구역이나 특허보세구역과는 달리 관세청장이 지정한다. 종합보세구역에서는 보세창고·보세공장·보세전시장·보세건설장 또는 보세판매장의 기능 중 둘 이상의 기능을 수행할 수 있다. |

## ❷ 보세구역의 부가가치세

### 1 거래 형태별 부가가치세법 적용

**[1] 재화·용역의 이동에 대한 과세대상 요약**

| 재화 이동 | 과세 대상 여부 |
|---|---|
| 외국 → 보세구역으로 재화반입 | 과세되지 아니함(수입에 해당 안됨) |
| 보세구역 → 보세구역으로 재화 또는 용역공급 | 과세됨(재화 또는 용역의 공급에 해당) |
| 보세구역 이외의 우리나라 → 보세구역 반입 | 과세됨(재화 또는 용역의 공급에 해당) |
| 보세구역 내에서 생산·취득 재화 | |
| ▷ 보세구역이외의 국내에 있는 자기의 다른 사업장에서 생산되는 원료로 사용·소비하기 위해 반출하는 경우 | 재화의 공급에 해당 안됨 |
| ▷ 재화의 수입에 해당하는 경우 | 세관장이 부가가치세 징수 |
| 사업자가 보세구역내에서 재화·용역공급시 | |
| ▷ 보세구역내 → 보세구역이외의 장소 | 세관장이 수입세금계산서 교부하고 공급가액 중 수입세금계산서상의 공급가액을 공제한 잔액에 대하여 공급하는 사업자가 거래징수 |
| ▷ 보세구역내에서 → 보세구역이외의 장소로 내국신용장에 의하여 공급하는 경우 | 세관장이 수입세금계산서 교부하고 공급가액 중 수입세금계산서상의 공급가액을 공제한 잔액에 대하여 공급하는 사업자가 영세율세금계산서를 교부함 |

**(1) 외국 → 보세구역**

재화의 수입(×), 수입통관(×), 과세대상(×)

**(2) 보세구역 → 보세구역**

재화·용역의 공급, 세금계산서 발급

**(3) 보세구역 외 → 보세구역**

재화·용역의 공급, 세금계산서 발급

**(4) 보세구역 → 보세구역 외**
- 세관장 : 수입세금계산서(A) = 관세의 과세가격 + 관세 + 개별소비세·주세·교육세 + 교통·에너지·환경세 + 농어촌특별세
- 사업자 : 세금계산서 = 총공급가액 - A

**(5) 보세구역 → 보세구역 외(Local L/C에 의한 공급)**
- 세관장 : 수입세금계산서(A)=관세의과세가격 + 관세 + 개별소비세·주세·교육세 + 교통·에너지·환경세 + 농어촌특별세
- 사업자 : 영세율 세금계산서 = 총공급가액 - A

## 2 관련 법령 및 예규

◆ 재경부 소비46015-88, 2003.03.31
사업자가 수입물품에 대한 선하증권을 양도(수입물품이 보세구역에 도착하기 전에 양도하는 경우를 포함한다)하고 당해 선하증권을 양수한 자가 수입통관하는 경우 부가가치세 과세표준 계산은 당해 물품이 부가가치세법시행령 제48조 제8항의 규정에 의하여 부가가치세법 제8조에 규정하는 수입재화에 해당되어 세관장이 법 제23조 제3항의 규정에 의하여 부가가치세를 징수한 때에는 공급가액 중 법 제13조 제4항에 규정하는 금액은 과세표준에 포함하지 아니하는 것임.

◆ 부가22601-1688, 1987.08.14
보세구역내의 사업자가 동일 보세구역내의 다른 사업자에게 또는 다른 보세구역내의 사업자에게 재화를 공급하거나 용역을 제공하는 것은 부가가치세가 과세되는 것임.

◆ 재부가-829, 2010.12.16.
국내사업자가 외국법인으로부터 매입한 수입원자재를 미통관 상태로 보세구역내 공장에서 가공하여 보세구역내의 다른 국내사업자에게 판매하는 것은「부가가치세법」제6조에 따른 재화의 공급으로 부가가치세를 과세하는 것이고, 같은 법 시행령 제24조 제2항 제1호에 규정한 내국신용장 또는 구매확인서 없이 공급하는 것은 영의 세율이 적용되지 아니하는 것이며, 이 경우 재화를 공급하는 국내사업자는 같은 법 제16조 제1항에 따른 세금계산서를 발급하여야 하는 것임
[부가가치세법 제6조는 현행 제9조로, 같은 법 시행령 제24조는 현행 제31조로, 같은 법 제16조는 현행 제32조로 변경됨]

# 제3부

# 원천세제 실무

# 1  종합소득세 개요

## 1  거주자별 1년간 소득금액 신고·납부

종합소득세는 연령, 성별 등에 불문하고 한 개인(거주자)의 1과세기간(1.1. ~ 12.31.)의 소득을 기준으로 신고하여야 한다. 예를 들어 사업자의 배우자가 별도의 사업을 하는 경우 사업자 및 그의 배우자가 각각 별도로 종합소득세를 계산하여 신고 및 납부를 하여야 하는 것이다.

개인의 소득세를 종합소득세라 함은 사업과 관련한 소득이외의 다른 소득 예를 들어 근로소득 또는 이자소득 및 배당소득의 연간 합계액이 2천만원을 초과하는 경우 이를 합산하여 신고하여야 하므로 종합소득세라고 한다.

거주자의 경우 국내소득외에 국외에서 발생한 소득을 합산하여 종합소득세 신고를 하여야 하며, 거주자란 국내에 주소를 두거나 2과세기간(2018년 이후 1과세기간) 중 **183일**의 거소를 둔 개인을 말한다.

거주자가 국외에서 소득이 발생하고. 해당 국가에서 소득세등을 납부한 경우 소득세법 제57조에 따라 해당 과세기간의 종합소득 산출세액에 국외원천소득이 그 과세기간의 종합소득금액에서 차지하는 비율을 곱하여 산출한 금액을 한도로 외국소득세액을 해당 과세기간의 종합소득 산출세액에서 공제하거나 국외원천소득에 대하여 납부한 외국소득세액을 소득금액 계산상 필요경비에 산입할 수 있다.

반면, 비거주자의 경우 국내 원천소득과 국내 사업장에 귀속된 사업소득 및 국내 소재한 부동산소득에 대하여만 납세의무가 있다.

## 2  종합소득세 신고시 합산하는 소득 등

### ❶ 종합소득세 신고 및 합산대상 소득

#### 1  사업소득

사업소득이 있는 사업자는 반드시 사업소득금액(총수입금액 - 필요경비)을 계산하여 종합소득세 신고를 하여야 한다.

#### 2  금융소득(이자소득 + 배당소득)

금융소득이란 이자소득 및 배당소득을 말한다. 금융소득의 연간 합계액이 2천만원 이하인 경우 종합소득에 합산하지 아니하나 2천만원을 초과하는 경우 종합소득세 신고를 하여야 하며, 다른 종합소득 신고대상소득이 있으면, 합산하여야 한다.

#### 3  근로소득(근로소득만 있는 경우 연말정산으로 납세의무 종결)

근로소득이 있는 경우 근로소득을 지급하는 자가 매월 근로소득 간이세액표에 의하여 근로소득세를 원천징수하여 납부하며, 연말정산으로 근로소득이 있는 자의 납세의무가 종결되므로 근로소득만 있는 자는 종합소득세 신고는 하지 아니한다.
다만, 근로자가 사업소득 등 다른 종합과세 대상소득에 있는 경우 종합소득과 합산하여 종합소득세 신고를 하여야 한다.

#### 4  연금소득

① 연금소득은 공적연금과 사적연금으로 구분하며, 공적연금(국민연금, 공무원연금, 군인연금, 사립학교교직원연금)은 근로소득과 같은 방법으로 공적연금을 지급하는 자가 매월 연금소득 간이세액표[소득세법시행령 별표3] 에 의하여 원천징수하고 연금지급기관에서 연말정산을 함으로써 공적연금소득자의 납세의무는 종결된다.

다만, 공적연금을 지급받는자가 사업소득 등 다른 종합과세대상소득에 있는 경우 종합소득과 합산하여 종합소득세 신고를 하여야 한다.
② 사적연금(금융보험회사, 퇴직연금)의 경우 연간 1200만원을 이하인 경우 종합소득에 합산하지 아니하나 1200만원을 초과하는 경우 종합소득세 신고를 하여야 한다.

### 5 기타소득

사업소득, 근로소득, 이자소득, 배당소득, 연금소득에 해당하지 않는 소득을 기타소득(일시적인 소득)이라 하며, 기타소득금액(기타소득 - 필요경비)이 연 300만원을 초과하는 경우 종합소득에 합산하여 신고를 하여야 한다.

## ❷ 종합소득세 신고시 합산하지 않는 소득 (분리과세)

조세정책 목적에 의하여 일부 소득은 종합소득에 합산하지 아니하고, 소득을 지급하는 자가 소득세를 원천징수하여 납부함으로써 소득을 지급받는 자의 납세의무가 종결되는 것을 분리과세라 하며, 다음의 분리과세 대상소득의 경우 종합소득에 합산하지 아니한다. 다만, 3호, 4호의 소득은 종합소득세 신고의무가 없으나 납세자의 선택에 의하여 종합소득세 신고를 할 수 있다.

1. 이자소득과 배당소득의 합계액이 2,000만원 이하의 경우
2. 일용근로소득
3. 연간 1,200만원 이하의 사적연금소득
4. 기타소득금액(기타소득 - 필요경비)이 300만원 이하인 경우

> **Q&A 퇴직소득 또는 양도소득도 종합소득세 신고를 하여야 하나?**

퇴직소득 또는 양도소득은 통상 매 년 계속적으로 발생하는 소득이 아니므로 종합소득과는 별도로 신고 및 납부하여야 하며, 종합소득에 합산하지 아니한다.

> **Q&A 상속으로 인하여 발생한 소득 또는 증여에 의한 소득신고 및 납부**

상속 또는 증여에 의한 소득은 「상속세 및 증여세법」의 규정에 의하여 종합소득과는 별도의 소득으로 신고 및 납부하여야 하며, 종합소득에 합산하지 아니한다.

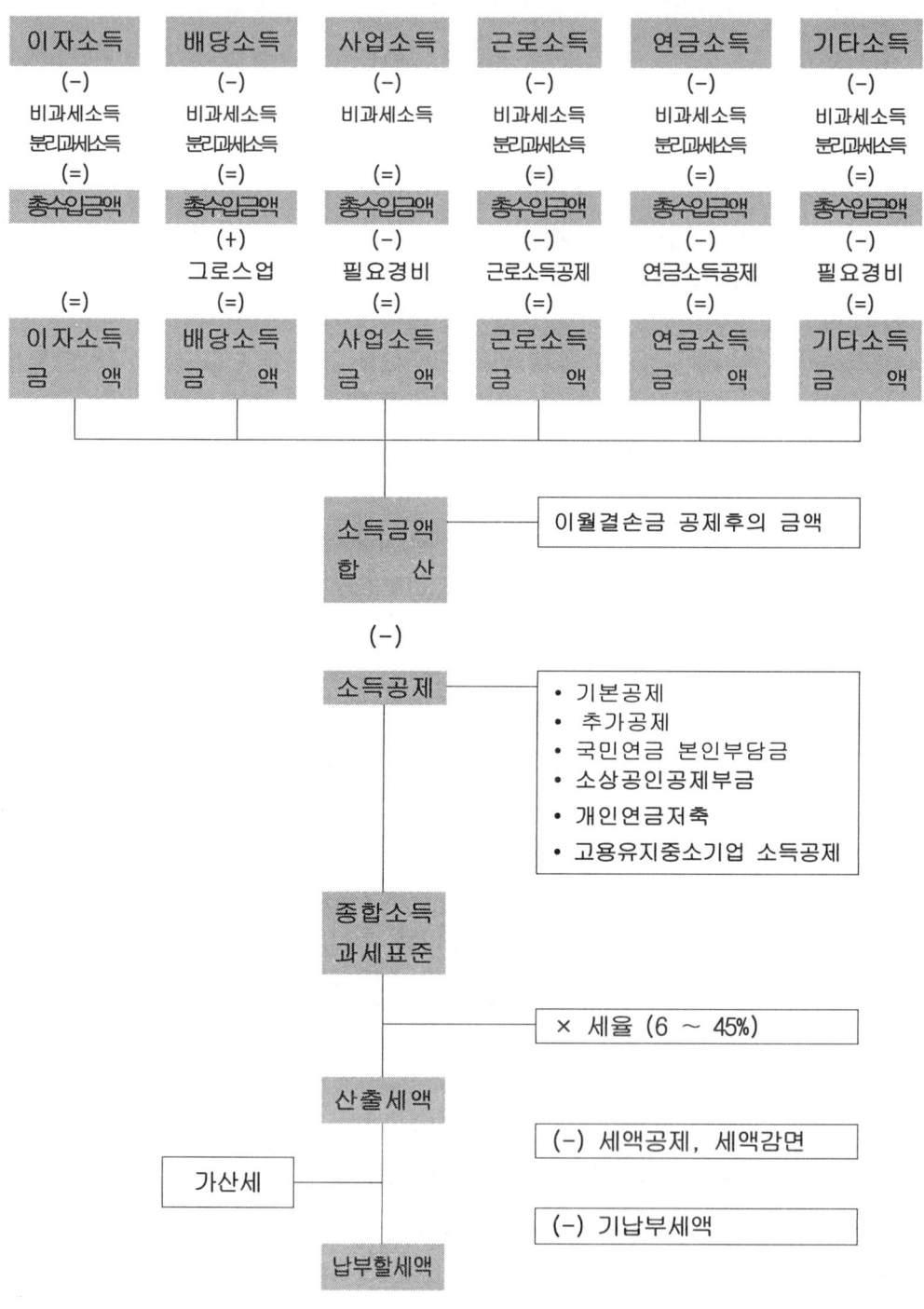

## 3　종합소득금액 및 과세표준 계산

### ❶ 종합소득금액 계산

종합소득금액은 다음의 소득을 합산한 금액으로 계산하며, 종합소득에 합산대상소득이 아닌 경우 종합소득금액에서 제외한다.

**[1] 사업소득금액**
사업소득금액은 사업과 관련한 총수입금액에서 사업과 관련한 필요경비를 공제한 금액으로 계산한다.

**[2] 이자소득금액 및 배당소득금액**
이자소득은 지급받은 금액 전액이 이자소득금액이 되며, 배당소득 또한 그 지급을 받은 금액이 배당소득금액이 된다. 다만, 이자 및 배당소득의 연간 합계액이 2천만원을 초과하는 경우 금융소득에서 2천만원을 차감한 잔액 중 배당소득이 있는 경우 그 금액의 11%를 가산한 금액이 배당소득금액이 된다.

**[3] 근로소득금액**
근로소득금액이란 근로소득에서 비과세근로소득을 제외한 과세대상근로소득에서 근로소득공제를 차감한 이후의 금액을 말한다.

**[4] 기타소득금액**
① 기타소득이란 달리 분류할 수 없는 기타의 소득으로 고용관계 없이 다수인에게 강연을 하고 받는 강연료, 고용관계 없이 지급받는 수당, 원고료 등이 있다.
② 기타소득금액은 기타소득에서 필요경비를 공제한 후의 금액으로 계산한다.
③ 기타소득에는 필요경비로 60%를 일괄 공제하여 주는 기타소득(강연료, 수당, 원고료 등)과 그 이외의 기타소득(실제 소요된 비용만 인정)으로 구분한다.
④ 기타소득금액(기타소득 - 필요경비)이 300만원을 초과하는 경우 종합소득에 합산하여 신고하여야 하며, 300만원 이하인 경우에는 종합소득세 신고대상이 아니다.

예를 들어 근로소득만이 있는 대학교수가 기업체 등에서 강의를 하고 받는 일시적인 강의료(기타소득)가 연간 750만원(기타소득금액 300만원 = 기타소득 750만원 - 필요경비 450만원) 이하인 경우 종합소득세 신고의무는 없는 것이다.

### [5] 연금소득금액
① 연금소득금액이란 연금소득에서 연금소득공제금액을 차감한 금액을 말한다.
② 국민연금, 공무원연금 등 공적연금은 연금 수령액 중 2002년 이후 연금으로 불입한 금액에 대하여만 과세한다.

환산금액 = 총수령액 × (2002. 1. 1. 이후 불입월수 / 총 불입월수)

▶ **[실무] 소득금액이란 소득에서 필요경비로 차감한 금액을 말함**
소득금액이란 해당 소득에서 소득세법에서 정한 필요경비 등을 차감한 금액으로 계산하며, 소득자의 기본공제대상자 대상 여부를 판단함에 있어 기본공제대상자의 소득금액이 100만원 이하라고 규정되어 있으므로 소득과 소득금액을 명확히 이해하여야 한다.

▶ 소득 및 소득금액

| 소득구분 | 소 득 | 소득금액 |
| --- | --- | --- |
| 사업소득 | 총수입금액 | 총수입금액 - 필요경비 |
| 이자소득 | 이자수입 | 이자수입 |
| 배당소득 | 배당수익 | 배당수익 |
| 근로소득 | 과세대상 근로소득 | 근로소득 - 근로소득공제 |
| 연금소득 | 연금소득 | 연금소득 - 연금소득공제 |
| 기타소득 | 기타소득 | 기타소득 - 필요경비 |
| 퇴직소득 | 퇴직소득 | 퇴직소득 - 퇴직소득공제 |
| 양도소득 | 양도소득 | 양도소득 - 필요경비 - 양도소득특별공제 |

## ❷ 소득공제

사업자의 소득금액은 총수입금액에서 필요경비를 차감한 후의 금액으로 계산하여, 종합소득금액에서 이월결손금이 있는 경우 이를 공제한 금액을 '이월결손금공제 후 소득금액'이라고 한다. '이월결손금공제 후 소득금액'에서 다시 일정한 요건을 충족하는 경우 소득공제를 받을 수 있다.

| 구 분 | 계 산 방 법 |
|---|---|
| 사업소득금액 | 총수입금액 - 필요경비 |
| 소 득 금 액 | 소득별 소득금액 - 이월결손금 |
| 과 세 표 준 | 종합소득금액 - 소득공제<br>(인적공제, 소상공인공제부금소득공제 등) |

## ① 인적공제

### [1] 기본공제

| 구 분 | 공제한도 | 공제요건 |
|---|---|---|
| 본 인 공 제 | 150만원 | 모든 사업자 |
| 배 우 자 공 제 | 150만원 | 연간 소득금액이 100만원 이하인 배우자 |
| 부양가족공제 | 150만원<br>(1인당) | 연간 소득금액이 100만원 이하인 부양가족으로 아래의 연령조건을 충족하는 자<br>- 부모 등 직계존속 : 60세 이상<br>- 자녀 등 직계비속 : 20세 이하<br>- 형제자매 : 60세 이상, 20세 이하<br>  단, 형제자매는 주민등록이 같이 되어 있어야 함 |

☞ 직계존속의 경우 주민등록이 달리 되어 있더라도 다른 형제·자매의 근로소득 또는 종합소득(사업자)에서 부양가족공제를 받지 않은 경우 소득공제를 받을 수 있다.

### [2] 추가공제 (2020년 귀속 종합소득세 신고 기준)

| 구 분 | 공제한도 | 공제요건 |
|---|---|---|
| 경 로 우 대 | 100만원 | 공제대상 부양가족 중 70세 이상인 자 |
| 장 애 인 공 제 | 200만원 | 기본공제대상자인 경우 연령에 제한 없이 추가공제를 받을 수 있다. 단, 소득금액이 100만원을 초과하는 경우에는 공제대상에서 제외한다. |
| 한 부 모 공 제 | 100만원 | 해당 거주자가 배우자가 없는 사람으로서 기본공제대상자인 직계비속 또는 입양자가 있는 경우 연 100만원 |
| 부 녀 자 공 제 | 50만원 | •종합소득금액 3천만원 이하의 남편이 있는 여성<br>  (남편의 소득이 있는 경우에도 공제됨)<br>•종합소득금액 3천만원 이하의 배우자가 없는 여성으로서 부양가족이 있는 세대주 |

## 인적공제대상자의 소득금액과 공제대상 여부

기본공제대상자의 연간소득금액이 100만원을 초과하는 경우 배우자공제 및 부양가족공제 뿐만 아니라 추가공제도 받을 수 없다.

연간소득금액이란 종합(이자·배당·사업·근로·연금·기타소득금액)·퇴직·양도소득금액의 연간 합계액을 말한다.

| 소득종류 | 100만원 이하 소득금액 계산 |
|---|---|
| 근로소득자 | 연간근로소득(비과세소득 제외)의 합계금액이 5백만원 이하인 경우<br>[개정 세법] 2016 이후 근로소득만 있는 경우 총급여 500만원 이하 |
| 사업자 및 사업소득자(인적용역사업자 등) | 부양가족의 사업수입금액에 매 년 고시되는 단순경비율을 적용하여 소득금액이 100만원 이하인 경우 부양가족공제를 받을 수 있으며, 이하 다른 소득의 경우에도 동일하게 적용한다. |
| 기타소득자 | 기타소득에 해당하는 강의료, 원고료, 인세 등을 받는 기타소득자인 경우 수입금액에서 60%의 필요경비를 차감한 금액으로 연간 기타소득금액 (기타소득 - 필요경비)이 100만원 이하인 자<br>[기타소득 250만원 이하]<br>단, 60% 필요경비 기타소득이 아닌 경우 실제 발생한 필요경비를 공제한 후의 금액을 기준으로 한다. |
| 일용직근로자 | 공제대상 부양가족이 일용근로자인 경우 소득액에 관계없이 기본공제대상자에 해당된다. |
| 퇴직소득자 | 퇴직금총액을 소득금액으로 본다. 따라서 퇴직금총액이 100만원을 초과하는 경우 부양가족공제대상이 아니다. |
| 이자, 배당소득자 | 이자 및 배당소득의 합계액이 연간 2,000만원 이하인 경우로서 다른 소득이 없는 경우 기본공제대상자에 해당한다. |
| 연금소득자 | 분리과세되는 사적연금소득(총연금액이 연1,200만원 이하)과 공적연금 중 2001.12.31 이전 불입액을 기초로 수령하는 연금은 비과세소득이므로 연간소득금액 100만원에 포함되지 않는다. (연금지급기관에 문의) |
| 양도소득자 | 양도소득금액(양도가액 - 필요경비- 장기보유특별공제액) 이 100만원을 초과하는 경우 부양가족공제대상이 아니다. |

## 2 물적공제

| 공제종류 | 공제내용 및 공제금액 |
|---|---|
| 연금보험료 | 사업주 본인이 납부한 국민연금보험료 전액 |
| 개인연금저축 | (1) 2000.12.31. 이전에 가입한 연금을 개인연금저축이라고 하며, 연금불입액의 40%를 연간 72만원을 한도로 소득공제를 받을 수 있다.<br>(2) 2001년 1월 이후 불입한 연금저축은 불입액(연간 400만원 한도)의 12%를 세액으로 공제를 받을 수 있다. |
| 소기업·소상공인공제부금 소득공제 | 거주자가 소기업·소상공인공제(노란우산 등)에 가입하여 납부하는 공제부금에 대해서는 해당 연도의 소기업·소상공인공제부금 납부액 중 500만원 이내의 금액(사업소득금액 4천만원~ 1억원 300만원, 1억원 초과 200만원)을 종합소득금액에서 공제받을 수 있으며, 연금저축소득공제와 별도로 공제를 받을 수 있다.<br>[개정 세법] 신규사업자로서 2019년 이후 납부액의 경우 부동산임대업에 대해서는 소득공제를 배제함. (조특법 제86조의3) |

### ▶ 개인사업주 4대보험료의 소득공제 또는 필요경비 산입

**(1) 국민연금보험료**
사업자의 국민연금보험료는 필요경비에 산입할 수 없으며, 종합소득금액에서 국민연금보험료로 소득공제를 받을 수 있다.

**(2) 국민건강보험료**
사업자 본인이 직장가입자로 가입하여 부담하는 건강보험료 또는 지역가입자로 부담하는 건강보험료는 필요경비에 산입할 수 있다

## ❸ 과세표준(세금부과 기준이 되는 금액) 계산

과세표준이란 세금을 부과하기 위한 기준이 되는 금액으로 종합소득금액(수입금액 - 필요경비 -이월결손금)에서 각종 소득공제금액(기본공제, 부양가족공제, 국민연금납부액, 소상공인공제부금, 개인연금저축 등)을 차감한 금액으로 계산한다.

## ❹ 산출세액

과세표준에 소득세 기본세율을 곱한 금액이 산출세액이며, 산출세액에서 각종 공제 및 감면세액을 차감한 후의 금액이 종합소득세결정세액이 된다.

■ 소득세 최고세율 조정(소득법 §55①)

| 2018년 ~ 2020년 기본세율 | | | 2021년 기본세율 | | |
|---|---|---|---|---|---|
| 과세표준 구간 | 세율 | 누진공제액 | 과세표준 구간 | 세율 | 누진공제액 |
| 1,200만원 이하 | 6% | | 1,200만원 이하 | 6% | |
| 1,200만원 초과 4,600만원 이하 | 15% | 108만원 | 1,200만원 초과 4,600만원 이하 | 15% | 108만원 |
| 4,600만원 초과 8,800만원 이하 | 24% | 522만원 | 4,600만원 초과 8,800만원 이하 | 24% | 522만원 |
| 8,800만원 초과 1억5천만원 이하 | 35% | 1,490만원 | 8,800만원 초과 1억5천만원 이하 | 35% | 1,490만원 |
| 1억5천만원 초과 | 38% | 1,940만원 | 1억5천만원 초과 | 38% | 1,940만원 |
| 3억원 ~ 5억원 | 40% | 2,540만원 | 3억원 ~ 5억원 | 40% | 2,540만원 |
| 5억원 초과 | 42% | 3,540만원 | 5억원 ~ 10억원 | 42% | 3,540만원 |
| | | | 10억원 초과 | 45% | 6,540만원 |

<적용시기> '21.1.1. 이후 발생하는 소득분부터 적용

## ❺ 세액공제

| 세액공제 종류 | 세액공제 대상금액 및 세액공제액 |
|---|---|
| 자녀세액공제 | 자녀 1명 : 연 15만원, 자녀 2명 : 연 30만원<br>자녀 3명 이상 : 연 30만원 + 2명 초과 1명당 연 30만원<br>[개정 세법] 2019년 이후 만7세 이상 세액공제 |
| 출산·입양<br>세액공제 | 해당 과세기간에 출생하거나 입양 신고한 공제대상자녀가 있는 경우 1명당 연 30만원을 종합소득산출세액에서 공제 |
| 연금계좌<br>세액공제 | <한도액> 400만원 : 저축 납입액의 100분의 12[종합소득금액이 4천만원 이하(근로소득만 있는 경우에는 총급여액 5천 500만원 이하)인 거주자에 대해서는 100분의 15]를 곱한 금액<br><한도액> 300만원 : 종합소득금액 1억원 또는<br>총급여 1.2억원 초과자 (소득세법 제59조의3) |
| 표준세액공제 | 표준세액공제액은 7만원(성실사업자의 경우 12만원) 이며, 근로소득이 없는 자로서 종합소득이 있는 사업자의 경우 공제 |

# 2  원천징수 및 원천징수 유형

## 1  원천징수 대상소득

### ❶ 개요

모든 국민은 납세의 의무가 있으며, 소득이 있는 자는 원칙적으로 소득에 대하여 세법이 정하는 바에 의하여 세금을 납부하여야 한다. 한편, 소득이 있는 모든 거주자에게 해당 소득에 대한 신고납부의무를 규정하는 경우 세법에 대한 지식이 부족한 국민에게 세무신고에 따른 불편을 초래하고, 국가의 세금 징수비용이 과다하게 드는 점 문제점이 있다.

따라서 특정한 소득(이자소득, 배당소득, 근로소득, 인적용역제공 사업소득, 기타소득, 연금소득, 퇴직소득)에 대하여 그 소득을 지급하는 자로 하여금 세법이 정하는 바에 의하여 세금을 징수하고 납부하게 함으로써 소득이 있는 거주자의 납세편의를 제공하고 세금신고누락을 사전에 방지하여 재정수요를 조기에 확보할 수 있으므로 소득을 지급하는 자로 하여금 지급시에 세법의 규정에 의한 세금을 징수하여 납부하도록 규정하고 있으며, 이러한 제도를 원천징수제도라 한다.

### ❷ 원천징수 대상소득

국내에서 거주자 또는 비거주자에게 원천징수대상 소득을 지급하는 경우 그 지급시에 지급금액 또는 소득금액(지급금액 - 필요경비)에 원천징수세율을 적용한 금액 및 지방소득세(원천징수세액의 10%)를 차감하고 지급한 다음, 지급일의 다음 달 10일까지 관할세무서에 신고.납부하여야 하고, 세법에서 정하는 기한까지 지급명세서를 별도로 제출하여야 한며, 지급명세서를 제출하지 않는 경우 지급금액의 100분의 1(2018년 이후 100분의2 → 100분의1)를 가산세로 추가 부담하여야 하므로 지급명세서는 반드시 제출하여야 한다.

▶ 원천징수대상 소득의 종류 및 원천징수세율 요약표

| 소득 종류 | 원천징수세율 | 지급명세서 제출기한 |
|---|---|---|
| • 이자소득 | 14%(금융기관) 25%(기타) | 다음해 2월 말일 |
| • 배당소득 | 지급금액의 14% | 다음해 2월 말일 |
| • 사업소득 | 지급금액의 3% | 다음해 2월 말일 |
| • 사업소득(인적용역) | 지급금액의 3% | 다음해 3월 10일 |
| 사업소득(봉사료) | 지급금액의 5% | 다음해 3월 10일 |
| • 근로소득 | 간이세액표 | 다음해 3월 10일 |
| 근로소득(일용근로) | 150,000원 초과금액 × 2.7% | 매 분기의 다음달 말일, 2월 말일 |
| • 기타소득 | (지급액 - 필요경비)× 20% | 다음해 2월 말일 |
| • 퇴직소득 | 퇴직소득원천징수편 참고 | 다음해 3월 10일 |

[개정 세법] 일용근로자 지급명세서 제출기한 연장(소득법 §164 ①)
분기 마지막 달의 다음달 10일 → 분기 다음달 말일
<적용시기> 2020.1.1. 이후 제출분부터

[세법 개정] 일용근로자의 근로소득공제 인상
2019년 이후 : 100,000원 → 150,000원

▶ 법인에게 이자소득 또는 배당소득을 지급하는 경우 유의할 사항

1. 2015년 이후 법인에게 이자 지급시에도 지방소득세를 징수한다.
2. **법인에게 배당소득을 지급하는 경우 배당소득세를 징수하지 않는다**. 단, 배당소득에 대한 지급명세서는 그 지급일의 다음해 2월 말일까지 관할 세무서에 제출하여야 한다.
3. 법인에게 이자소득을 지급하는 경우 소득세법에 의한 이자소득세를 징수하여 납부하는 것이 아니라 법인세법에 의한 법인세를 징수 및 납부하여야 한다.
   ☐ 법인세법 제73조(원천징수)

## 2  완납적 원천징수 및 예납적 원천징수

### ❶ 완납적 원천징수

완납적 원천징수란 원천징수대상소득을 지급하는 자가 세법의 규정에 의하여 원천징수 및 납부함으로써 원천징수대상소득을 지급받는 자의 납세의무가 종결되는 것으로 종합소득에 합산하지 않는 원천징수제도를 말하며, 분리과세소득이라 한다.
분리과세에는 무조건 분리과세와 선택적 분리과세가 있으며, 무조건 분리과세는 납세자가 해당 소득에 대하여 종합소득에 합산하여 신고를 할 수 없으나 선택적 분리과세의 경우 납세자가 해당 소득에 대하여 종합소득세 신고를 할 수 있다. 예를 들어 연간 1200만원 이하의 사적 연금소득은 분리과세 대상소득이나 납세자가 종합소득세 신고를 할 수 있는 것이다.

#### 1  분리과세되는 원천징수대상소득(소법 14조③)

**[1] 무조건 분리과세**
① 일용근로자의 급여
② 거주자별 연간 2천만원 이하의 이자소득 및 배당소득
③ 복권당첨소득 등

**[2] 선택적 분리과세**
① 기타소득금액(기타소득 - 필요경비)이 연 300만원 이하로 납세자가 원하는 경우
② 연간 1200만원 이하의 사적 연금소득(공적 연금소득은 분리과세소득이 아님)

#### 2  분류과세되는 원천징수대상소득

분류과세되는 원천징수대상소득이란 원천징수대상소득 중 과세기간 단위(1년)의 종합소득이 아닌 소득을 말한다. 예를 들어 퇴직소득의 경우 매년 반복적으로 발생하는

소득이 아니므로 분류과세되는 소득에 해당한다. 퇴직소득은 퇴직소득을 지급하는 자가 퇴직소득세를 징수하여 신고납부함으로써 소득자의 납세의무가 종결된다.

■ **연금소득의 과세방법 및 원천징수세율**

### [1] 공적연금

2013년 1월 1일 이후 소득분부터 공적연금은 공적연금을 지급하는 자가 연금소득 간이세액표[소득세법 시행령 별표3]에 따라 연금소득세를 원천징수납부하고, 연말정산을 함으로써 공적연금 소득자의 납세의무가 종결된다. 단, 공적연금소득자가 종합과세되는 다른 소득인 사업소득 또는 연간 2천만원을 초과하는 금융소득 등이 있는 경우 근로소득과 같이 종합소득에 합산하여 신고를 하여야 한다.

▶ 사적연금 및 공적연금
1. 사적연금 : 보험회사의 연금, 퇴직연금 등
2. 공적연금 : 국민연금, 공무원연금, 군인연금

### [2] 사적연금

사적연금은 사적연금을 지급하는 자가 그 지급금액에 연금소득자의 나이에 따라 다음의 세율을 적용하여 계산한 소득세 및 지방소득세(연금소득세의 10%)를 원천징수한다. 단, 사적연금의 연간 합계액이 1,200만원 이하인 경우 연금을 지급하는 자가 소득세를 징수함으로써 별도의 종합소득세 신고를 하지 않아도 된다.

▶ 사적 연금소득에 대한 원천징수세율

| 연금종류 | | 구 분 | 세 율 |
|---|---|---|---|
| 공적연금 | | 연금소득 | 간이세액표 |
| 사적연금 | 금융기관 연금 등 | 연금수령일 현재 55세 이상 70세 미만 | 5% |
| | | 연금수령일 현재 70세 이상 80세 미만 | 4% |
| | | 연금수령일 현재 80세 이상 | 3% |
| | 퇴직연금 | 퇴직금을 연금으로 수령하는 경우 | 3% |

▶ 2015년 이후 퇴직금을 연금으로 수령하는 경우 세율

이연퇴직소득세 × 연금수령액 ÷ 이연퇴직소득 × 70%

[개정 세법] 이연퇴직소득의 장기 연금수령 시 원천징수세율 인하(소득법 §129)

| 현 행 | 개 정 |
|---|---|
| □ 이연퇴직소득*의 연금수령 시 원천징수세율<br>* 퇴직금을 연금계좌에 이체함으로써 바로 과세되지 않고 퇴직금 인출시점까지 퇴직소득세 과세를 이연받은 퇴직소득<br><br>○ 수령기간과 관계없이<br>  퇴직소득세의 70%<br>  * 연금소득으로 무조건 분리과세 | □ 이연퇴직소득의 장기 연금수령 시 원천징수세율 인하<br><br><br><br>○ 연금수령시점 10년 이하<br>  퇴직소득세의 70%<br>○ 연금수령시점 10년 초과<br>  퇴직소득세의 60% |

<적용시기> 2020.1.1. 이후 연금수령하는 분부터 적용

## ❷ 예납적 원천징수

예납적 원천징수란 원천징수의무자가 소득을 지급하는 때 세법의 규정에 의하여 원천징수하고 납부함으로써 납세의무가 종결되는 것이 아니라 당해 소득을 종합소득에 합산하여 신고하거나 확정정산 절차(연말정산)를 거치는 원천징수를 말한다. 이 경우 종합소득을 신고하는 자는 종합소득세로 납부할 세금에서 원천징수된 세금을 미리 납부한 세액(기납부세액)으로 공제를 받는다. 근로소득, 원천징수대상사업소득, 2천만원을 초과하는 금융소득, 기타소득금액(기타소득 - 필요경비)이 3백만원을 초과하는 경우 등은 예납적 원천징수에 해당한다.

근로소득은 원천징수의무자가 해당 연도의 다음해 2월 말일까지 연말정산을 하여 근로소득세를 확정한 다음 매월 간이세액표에 의하여 징수 및 납부한 세액이 확정된 근로소득세보다 많은 경우 근로자에게 환급을 하여 주거나 다음 연도에 근로소득세로 납부하여야 하는 금액과 상계처리(조정환급세액)한다.

원천징수대상사업소득, 2천만원을 초과하는 금융소득, 기타소득금액(기타소득 - 필요경비)이 3백만원을 초과하는 자의 경우에는 납세자 본인이 다음해 5월 말일까지 종합소득세를 신고 및 납부를 하여야 한다.

# 3. 근로소득 및 비과세소득 근로소득세 신고 및 납부

## 1 근로소득 및 비과세소득

### ❶ 근로소득

근로소득이란 고용관계 기타 이와 유사한 계약에 의하여 근로를 제공하고 지급받는 봉급·상여·수당 등 그 명칭에 관계없이 지급받는 모든 대가를 말한다.

단, 근로소득 중 근로소득으로 보지 아니하는 것과 근로소득 중 비과세되는 것은 과세대상에서 제외된다. 따라서 세법상 비과세급여로 열거된 경우를 제외하고는 그 명칭여하에 관계없이 과세되는 급여로 처리하여야 한다.

▶ **과세대상 근로소득의 범위**
○ **급여, 제 수당**, 기밀비(판공비 포함), 교제비 기타 이와 유사한 명목으로 받는 것으로서 업무를 위하여 사용된 것이 분명하지 아니한 급여
○ **종업원이 받는 공로금, 위로금, 개업축하금, 학자금, 장학금**(종업원의 자녀가 사용자로부터 받는 학자금, 장학금 포함) 기타 이와 유사한 성질의 급여
○ **근로수당, 가족수당, 물가수당, 출납수당, 직무수당 등**
○ 급식수당, 주택수당, 피복수당 기타 이와 유사한 성질의 급여
○ 주택을 제공받음으로써 얻는 이익
○ 종업원이 주택의 구입 또는 임차에 소요되는 자금을 저리 또는 무상으로 대여받음으로써 얻는 이익

○ **기술수당, 보건수당, 연구수당** 기타 이와 유사한 성질의 급여
○ 시간외 근무, 통근·개근수당, 특별공로금 기타 이와 유사한 성질의 급여
○ 여비의 명목으로 받는 연액 또는 월액의 급여
○ 벽지수당, 해외근무수당 기타 이와 유사한 성질의 급여
○ **휴가비** 기타 이와 유사한 성질의 급여
○ 종업원이 계약자이거나 종업원 또는 그 배우자 기타의 가족을 수익자로 하는 보험·신탁 또는 공제와 관련하여 사용자가 부담하는 보험료·신탁부금 또는 공제부금. 다만, 비과세소득으로 정한 보험료등은 제외한다.
○ 퇴직보험 또는 퇴직일시금신탁이 해지되는 경우 종업원에게 귀속되는 환급금. 다만, 종업원이 당해 환급금을 지급받는 때에 퇴직금을 미리 정산하여 지급받는 경우에는 그러하지 아니하다.

□ 법인의 사외이사에게 지급하는 보수의 소득구분 (소득46011-21395, 2000.12.06)
거주자가 고용관계나 이와 유사한 계약에 의하여 그 직무를 수행하고 지급받는 보수는 소득세법 제20조 제1항 제1호의 규정에 의한 근로소득에 해당하는 것임. 따라서 사외이사가 법인으로부터 지급받는 월정액 급여 및 이사회 참석시 별도로 지급받는 수당 등은 근로소득에 포함되는 것임.

▶ **정관 등에서 정하지 않은 임원 상여금은 손금산입할 수 없는 것임**
임원에게 지급하는 상여금은 정관, 주주총회, 사원총회, 또는 이사회의 결의에 의하여 결정된 급여지급기준에 의한 금액을 초과하여 지급하는 금액은 손금에 산입하지 아니한다.

## ❷ 비과세되는 근로소득

### 1 실비변상적인 성질의 급여

#### [1] 비과세 차량보조금(자가운전보조금)
종업원 소유차량을 종업원이 직접 운전하여 사용자의 업무수행에 이용하고 시내출장 등에 소요된 실제여비를 지급받는 대신에 그 소요경비를 당해 사업체의 규칙 등에 의하여 정하여진 지급기준에 따라 지급받는 금액 중 월 20만원 이내의 금액

### ▶ 타인명의 차량을 소유한 임직원의 차량보조금은 비과세처리할 수 없음
타인(배우자 등)명의로 등록된 차량에 대하여는 자가운전보조금 비과세 규정을 적용할 수 없는 것임(법인46013-937,'96.3.25)

### ▶ 부부 공동명의 차량의 차량보조금은 비과세됨
종업원이 부부 공동명의로 된 소유차량을 직접 운전하여 실제 사용자의 업무수행에 이용하는 경우로서 소요된 실제여비를 받는 대신에 그 소요경비를 당해 사업체의 규칙 등에 의하여 정하여진 지급기준에 따라 받는 금액에 대하여 비과세 규정이 적용되는 것임

### [2] 직장내에서 착용하는 피복(공장, 병원, 실험실, 금융기관, 광산 등)
병원·실험실·금융회사 등·공장·광산에서 근무하는 사람 또는 특수한 작업이나 역무에 종사하는 자가 받는 작업복이나 그 직장에서만 착용하는 피복

### [3] 다음에 해당하는 근로자가 받는 연구보조비 중 월 20만원 이내의 금액
「기초연구진흥 및 기술개발지원에 관한 법률 시행령」 제16조 제1항 제1호 또는 제3호에 따른 중소기업 또는 벤처기업의 기업부설연구소와 같은 조 제2항에 따라 설치하는 연구개발전담부서(중소기업 또는 벤처기업에 설치하는 것으로 한정)에서 연구활동에 직접 종사하는 자

## ② 비과세되는 식사대 등 [소령 제17조의2]

### [1] 근로자가 제공받는 식사 또는 기타 음식물
현물식사 및 일률적으로 식사대를 지급하고 야간근무등 시간외근무를 하는 경우에 별도로 제공받는 식사·기타 음식물은 비과세됨

### [2] 식사기타 음식물을 제공받지 않는 근로자의 월 10만원 이하 식사대
식사대를 매월 13만원을 지급받는 경우 10만원은 비과세 하고 3만원은 과세
회사에서 식사를 제공하면서 별도로 식대를 지급하는 경우 식대는 과세됨

## ③ 기타 비과세되는 소득

### [1] 비과세 학자금

다음 요건을 모두 갖춘 근로자 본인의 학자금으로서 초·중등교육법 및 고등교육법에 의한 학교(외국에 있는 이와 유사한 교육기관 포함) 및 「근로자직업능력개발법」에 의한 직업능력개발훈련시설의 입학금·수업료·수강료 기타 공납금 중 당해 연도에 납입할 금액

① 근로자가 종사하는 사업체의 업무와 관련있는 교육·훈련을 위하여 지급받는 학자금으로서,
② 당해 업체의 규칙 등에 정해진 지급기준에 의하여 지급되고,
③ 교육·훈련기간이 6월 이상인 경우에는 교육·훈련후 교육기간을 초과하여 근무하지 않는 경우 반환하는 조건일 것.

▶ 과세대상이 되는 학자금

위의 요건을 충족하지 않는 학자금은 과세대상 근로소득에 해당하므로 학자금을 무상으로 지원하는 경우 근로소득에 합산하여야 한다. 단, 학자금(자녀 학자금 포함)의 무상대여액에 대한 인정이자상당액은 근로소득으로 보지 아니한다.

### [2] 출산·보육수당

근로자 또는 그 배우자의 출산이나 6세 이하의 자녀의 보육과 관련하여 사용자로부터 지급받는 급여로서 월 10만원 이내의 금액

① 맞벌이부부가 6세 이하의 자녀 1인에 대하여 각 근무처로부터 보육수당을 수령하는 경우에는 각각 월10만원 이내의 금액을 비과세함
② 근로자가 6세 이하의 자녀 2인을 둔 경우에는 자녀수에 상관없이 월10만원 이내의 금액을 비과세함
③ 근로자에게 지원하는 보육수당의 비과세 기준을 적용함에 있어서 만 6세 이하 기준의 적용은 해당 과세기간 개시일을 기준으로 판단한다.

### [3] 4대보험료 중 사용자 부담금

건강보험료, 국민연금, 고용보험, 산재보험 사용자부담금

## [4] 실업급여 · 육아휴직급여 · 산전후휴가급여 · 장해급여·유족급여

「고용보험법」에 따라 받는 실업급여, 육아휴직 급여, 육아기 근로시간 단축 급여, 출산전후휴가 급여 등

## [5] 보장성보험료 중 연 70만원 이하의 금액

종업원의 사망·상해 또는 질병을 보험금 지급사유로 하고 종업원을 피보험자와 수익자로 하는 보험으로서 만기에 납입보험료를 환급하지 아니하는 보험(단체순수보장성보험)과 만기에 납입보험료를 초과하지 아니하는 범위안에서 환급하는 보험(단체환급부보장성보험)의 보험료중 **연 70만원 이하의 금액**

## [6] 일정한 요건을 충족하는 사택제공이익

① 주택을 제공받음으로써 얻는 이익은 근로소득의 범위에 포함되는 것이나 주주 또는 출자자가 아닌 임원(주권상장법인 또는 협회등록법인의 주주 중 소액주주인 임원을 포함)과 임원이 아닌 종업원 및 국가·지방자치단체로부터 근로소득을 지급받는 자가 사택을 제공받는 경우에는 근로소득에 포함하지 아니한다.

② 대표이사에게 사택을 제공하는 경우 당해 대표이사가 주주가 아니거나, 소액주주에 해당하는 경우로서 제공받는 사택이 근로소득에서 제외되는 사택의 범위에 해당하는 경우에는 세법상 문제가 없으나, 법인의 출자임원에 해당하는 경우에는 부당행위계산 부인규정에 의하여 사택제공에 따른 이익 등을 계산하여 세무조정시 익금산입하고 상여로 처분하여야 한다.

③ 출자자나 출연자인 임원이 아닌 자가 사택을 제공받은 경우 그 제공받는 이익이 근로소득에서 제외되는 사택의 범위는 다음과 같다.

1. 근무지로부터 통상 출·퇴근 가능지역 내에 자기 소유의 주택이 없는 자 전원을 사택입주대상자로 할 것
2. 사택을 제공받는다는 이유로 사택을 제공받지 아니한 종업원과 급여지급액에 차등을 두지 아니할 것
3. 사택제공에 따른 비용이 통상 임금지급액에 포함되지 아니하고 기업의 추가 부담적인 것일 것

④ 임원이 아닌 종업원이 자기의 주된 생활근거지가 아닌 지역에 소재하는 공장 등에 근무하게 됨으로 부득이 사택을 제공받는 때에는 특정 종업원에 대한 차별적인 우대가 아닌 경우 복리후생적인 지출로 본다.

▶ **기숙사의 전기요금 난방비 등 관리비는 해당 직원의 근로소득임**

사택을 운영하면서 소요되는 관리비, 소모품 등의 교체 비용 중 회사가 부담하여야 하는 부분은 복리후생비로 처리한다. 단, 사택 또는 합숙소의 관리비, 유지비, 사용료 중에서 사택의 사용자가 부담하여야 할 경비인 냉난방비, 전기수도요금, 전화요금, 가스대금 등을 법인이 부담하는 경우 법인의 업무와 관련 있는 비용이 아니므로 복리후생비 등으로 처리한 다음 세무조정시 손금불산입하여야 한다.

## 4 국외근로소득 중 일정금액 [소령 제16조]

① 국외 또는 북한지역에서 근로를 제공(「원양산업발전법」에 따라 허가를 받은 원양어업용 선박 또는 국외 등을 항행하는 선박이나 항공기에서 근로를 제공하는 것 포함)하고 받은 보수 중 월 100만원이내의 금액.
② 원양어업선박, 국외 등을 항행하는 선박 또는 국외 등의 건설현장에서 근로(감리업무 포함)를 제공하고 받는 보수의 경우 월 300만원

## 5 생산직근로자등의 야간근로수당 등 [소령 제17조]

**생산직 및 그 관련직에 종사하는 근로자로서 급여수준 및 직종 등을 고려하여 월정액급여 210만원 이하로서 직전 과세기간의 총급여액이 3천만원 이하인 근로자(일용근로자 포함)가 연장근로.야간 또는 휴일근로를 하여 받는 급여 중 연 240만원(광산근로자 및 일용근로자는 해당 급여 총액) 이내의 금액**

### [1] 생산직 및 그 관련직에 종사하는 근로자
① 공장 또는 광산에서 근로를 제공하는 자로서 통계청장이 고시하는 한국표준직업분류에 의한 생산 및 관련 종사자 중 「소득세법 시행규칙」 별표 2에 규정된 직종에 종사하는 근로자

② 어업을 영위하는 자에게 고용되어 근로를 제공하는 자로서 어선에 승무하는 선원. 다만, 「선원법」 제3조 제2호의 규정에 의한 선장은 포함하지 아니한다.

③ 한국표준직업분류에 의한 운전원 및 관련 종사자와 배달 및 수화물 운반 종사자 중 「소득세법 시행규칙」 별표 2에 규정된 직종에 종사하는 근로자

> **사 례** 공장근로자 중 야간근로수당등에 대하여 비과세되지 아니하는 직종
> - 구내식당 등 취사 관련종사자
> - 보안업무 관련종사자(경비, 수위, 소방, 청원경찰)
> - 건물관리 및 청소 관련종사자(공장, 사택, 건물 등의 관리 또는 청소)
> - 구내이발, 세탁공
> - 소비조합 및 구내매점 등 판매 관련종사자
> - 전화 및 전신기조작원 등 관련종사자
> - 물품 및 창고관리 등 관련종사자
>   물품, 비품, 저장품 또는 원재료의 입고, 출고, 재고의 기록유지, 검사, 인도, 검수하는 자
> - 자재수급 및 생산계획사무원
>   생산계획, 작업계획수립업무, 생산실적 기록 및 정리업무를 하는 자 등
> - 노사관계종사자(노동조합전임자)
> - 수송운용관리자(차량배차담당, 수송영업관리)
> ★ 공장시설의 신설 및 증·개축공사에 종사하는 건설일용근로자는 공장에서 근로를 제공하는 자에 해당하지 아니함

## 보 충  월정액급여의 범위 [소득세법시행령 제13조]

- 월정액급여 = 급여총액 - (상여등 부정기적인급여 + 실비변상적인급여)
- 급여총액 : 매월 지급받는 봉급·급료·보수·임금·수당 기타 이와 유사한 성질의 급여 합계
- 비과세되는 식사대는 실비변상적인 급여가 아니므로 월정액급여에 해당함
- 자가운전보조금은 실비변상적인 급여에 해당하므로 월정액급여에서 제외함
- 상여금을 매월 급여항목으로 지급받는 경우에는 월정액급여에 해당함
- 상여금지급규정에 의하여 2개월에 한번씩 지급받는 상여금은 부정기적인 급여에 해당
- 야간근로수당등 크기가 매월 변동되더라도 매월 계산되는 급여항목인 경우에는 월정액급여에 포함됨

[개정 세법] 야간근로수당 등이 비과세되는 생산직근로자의 총급여액요건(소득령 §17)

| 현 행 | 개 정 |
|---|---|
| □ 생산직 근로자 야간근로수당 등 비과세<br>○ 비과세 기준 금액<br>- (월정액 급여*) 210만원 이하<br>* 봉급·급료·보수 및 이와 유사한 성질의 급여 총액에서 「근로기준법」에 따른 연장근로·야간근로 등으로 받는 급여를 뺀 금액<br>- (총급여액) 직전 과세기간 2,500만원 이하<br>○ 비과세 한도: 연간 240만원 | □ 비과세 기준 금액 상향<br><br>- (좌 동)<br><br><br><br><br>- 2,500만원 → 3,000만원 이하<br><br>○ (좌 동) |

<적용시기> 2020.1.1. 이후 발생하는 소득 분부터 적용

## [2] 야간 근로수당 등의 범위
① 근로기준법에 의한 연장시간·야간 또는 휴일근로로 인하여 통상 임금에 가산하여 지급받는 급여중 연간 240만원 한도내에서 비과세
② 광산근로자 및 일용근로자는 연240만원을 초과하더라도 전액 비과세

▶ **건설업 일용근로자의 연장·야간·휴일근로수당은 과세대상 근로소득임**
공장 또는 광산에서 근로를 제공하는 자에 해당하지 아니하므로 동 건설업 일용근로자에게 지급되는 연장시간근로·야간근로 또는 휴일근로로 인하여 받는 급여는 과세대상 근로소득에 해당한다.

▶ **과세대상 근로소득으로 처리하지 않아도 되는 통신비 보조금**
종업원의 휴대폰 사용료를 회사가 지급하는 경우에는 원칙적으로 근로소득에 해당한다. 다만, 업무용도로 사용한 부분이 있는 경우에는 회사가 정한 규정에 의하여 사회통념상 업무수행에 필요하다고 인정되는 부분은 근로소득으로 과세하지 아니한다. 따라서 통신비 보조금은 '통신비지급규정'에 의하여 지급하여야 하며, 통신비 보조금에 대한 해당 직원 핸드폰 납부영수증이나 자동이체영수증 등을 증빙으로 첨부하여 두어야 한다. 그러나 업무와 관련하여 발생한 휴대폰비 영수증을 제시하

고 지급받는 대신 전직원에 대하여 월정액으로 지급하는 금액인 경우 개인별 근로소득으로 처분하며, 이 때 통신비는 실비변상비적 급여에 해당하지 않으므로 과세소득에 해당한다.

### 6  직무발명보상금

직무발명이란 종업원, 법인의 임원이 그 직무에 관하여 발명한 것이 성질상 사용자·법인의 업무 범위에 속하고 그 발명을 하게 된 행위가 종업원등의 현재 또는 과거의 직무에 속하는 발명을 말한다.

기업이 종업원 등의 직무발명에 대하여 그 보상금을 지급하는 경우 2016년 이전에는 기타소득으로 과세(발명진흥법에 의한 보상금은 비과세)를 하였으나 2017년 소득세법 개정으로 근로소득으로 과세하도록 하였으며, 발명진흥법에 의한 보상금의 경우 500만원[2019년 이후 300만원 → 500만원]만 비과세 적용을 받을 수 있도록 하였다. 단, 퇴직자의 경우 기타소득으로 과세한다.

### [1] 근로소득
「발명진흥법」 제2조제2호에 따른 직무발명으로 받는 다음의 보상금으로서 연 300만원 이하의 금액
1) 「발명진흥법」 제2조제2호에 따른 종업원등이 같은 호에 따른 사용자등으로부터 받는 보상금
2) 대학의 교직원이 소속 대학에 설치된 산학협력단으로부터 받는 보상금

### [2] 기타소득
종업원등이 **퇴직한 후에 지급받는** **직무발명보상금**으로서 연 300만원 이하의 금액

## 2 근로소득세 징수 및 납부

### ❶ 개요

사업자는 자기의 사업을 위하여 고용한 종업원에게 매 월 급여 또는 임금을 지급하는데 이러한 급여 및 임금을 지급할 시 세법의 규정에 의하여 종업원의 근로소득에 대하여 간이세액표에 의한 근로소득세를 징수하여 급여 지급일의 다음달 10일까지 급여의 지급 및 근로소득세 징수내역을 원천징수이행상황신고서에 기재하여 세무서에 신고하고, 종업원으로부터 징수한 근로소득세와 지방소득세(근로소득세의 10%)를 납부하여야 한다.

예를 들어 7월 급여를 7월 31일 지급하는 경우에는 7. 31 근로소득세 및 지방소득세를 직원으로부터 징수하여 두었다가 8. 10 까지 신고·납부하여야 하며, 7월 급여를 8. 10(또는 8월 중)지급하는 경우에는 8. 10 근로소득세 및 지방소득세를 직원으로부터 징수하여 두었다가 9. 10 까지 신고 및 납부하여야 하는 것이다.

갑근세란 갑종근로소득세의 약칭이었으며, 을종근로소득세 이외의 근로소득세를 말한다. 을종근로소득이란 외국기관, 국외에 있는 비거주자 등으로부터 받는 근로소득으로 2010년 이후 그 구분이 폐지되었다.

간이세액표에 의한 근로소득세를 계상함에 있어 근로소득이란 그 명칭에 관계없이 회사로부터 지급받는 모든 급여 및 임금으로 한다. 다만, 비과세되는 근로소득은 제외한다. 매 월 간이세액표에 의하여 납부한 근로소득세는 급여총액이 확정되기 전 미리 납부한 금액으로 당해 연도가 종료된 후 실제 지급한 급여총액을 기준으로 소득세법의 규정에 의하여 납부할 근로소득세를 확정한 다음(결정세액) 미리 납부한 근로소득세(기납부세액)를 차가감하여 납부 또는 환급할 근로소득세를 확정하여야 하며, 이 절차를 연말정산이라 한다.

## ❷ 간이세액표에 의한 근로소득세 징수·납부

직원에게 급여를 지급하는 경우 근로소득간이세액표에 의하여 근로소득세 및 지방소득세(근로소득세의 10%)를 징수하여 둔 다음 급여 지급일의 다음달 10일까지 「원천징수이행상황신고서」를 제출하고, 근로소득세 및 지방소득세를 납부하여야 한다. 단, 반기 신고자의 경우 반기의 다음달 10일까지 신고 및 납부한다.

### 1  간이세액표의 월 급여액

국민연금, 건강보험료, 고용보험료 종업원부담금을 차감하지 아니한 급여총액에 대하여 해당란의 세액을 적용한다. 간이세액표의 월급여액은 그 명칭에 관계없이 회사에서 지급하는 모든 급여를 말한다. 다만, 다음의 비과세소득은 제외한다.

▶ **근로소득세 징수에서 제외되는 주요 비과세소득**
① 종업원이 보유한 차량을 시내출장 등 업무수행에 이용하고, 실제 소요 경비를 지급받는 대신에 지급받는 금액 중 월 20만원 이내의 금액
② 회사가 종업원에게 별도의 식사를 제공하지 않는 경우 종업원에게 지급하는 매월 10만원 이하의 식대
③ 6세 이하 자녀의 보육수당으로 지급받는 월 10만원 이하 금액
④ 직전연도 총급여가 3천만원 이하인 생산직근로자로서 월정액급여가 210만원 이하인 경우 연장, 야간, 휴일근로를 제공하고 지급받는 연장, 야간, 휴일근로수당 및 동 연장·야간·휴일근로 가산금 중 연간 240만원 이내의 금액
[소득세법 시행령 제17조]
⑤ 육아휴직 급여·육아기 근로시간 단축 급여, 출산전후휴가 급여등

### 2  간이세액표의 공제대상가족의 수

공제대상가족의 수는 본인 및 기본공제대상자인 배우자, 부양가족을 각각 1인으로 보아 공제대상 가족수를 계산한다. 다만, 20세 이하 자녀가 있는 경우 공제대상가족 수에 추가한다.

◆ 근로자 본인

◆ 배우자 (연간소득금액이 100만원 이하인 자)

◆ 공제대상 부양가족

근로자(배우자 포함)와 생계를 같이 하는 부양가족으로서 연간소득금액이 100만원 이하자 중 다음의 요건을 갖춘 부양가족만 공제대상가족수에 해당한다.

연령 조건은 직계비속의 경우 과세연도 초일을 기준으로 하며, 직계존속의 경우 과세연도 말일을 기준으로 계산한다. 예를 들어 2020년의 경우 직계비속은 2000. 1. 1. 이후 출생자, 직계비속은 1960. 12. 31. 이전 출생자가 해당된다.

[1] 직계비속(자녀), 입양자 : 20세 이하
▶ 자녀가 있는 경우 공제대상 인원 추가
1. 공제대상가족수가 3명(20세 이하 자녀가 1명)인 경우에는 "4"의 세액을 적용
2. 공제대상가족수가 4명(20세 이하 자녀가 2명)인 경우에는 "6"의 세액을 적용
3. 공제대상가족수가 5명(20세 이하 자녀가 3명)인 경우에는 "8"의 세액을 적용

[2] 직계존속(부모, 조부모 등) : 60세 이상
부모님을 실제 부양하는 경우 부양가족공제는 부모님의 연령이 60세 이상이고, 연간소득금액이 100만원 이하인 경우에 부양가족공제를 적용받을 수 있다.
단, 근로자와 주민등록이 같이 되어 있는 경우 실제 부양 여부를 따지지 아니하고 부모님 각각의 소득금액이 100만원 이하인 경우 부양가족공제를 받을 수 있으나 주민등록이 달리 되어 있는 경우에는 부모님이 독립된 생계능력이 없어 주로 근로자의 소득에 의하여 생계를 유지하는 경우로서 연간소득금액이 100만원 이하이고, 60세 이상이어야 한다.

▶ 기본공제대상 직계존속의 소득금액에 포함하지 않는 소득
1. 기초연금
2. 이자 및 배당소득의 연간 합계액이 2천만원 이하인 경우
3. 공적연금소득 수령액 중 2001년 이전 불입액에 대한 연금수령액(비과세소득)

4. 사적연금의 연간합계액이 1,200만원 이하(분리과세소득)인 경우
5. 일용근로소득

### ▶ 직계존속이 공적연금소득이 있는 경우 부양가족공제 대상 여부

부모님께서 연금소득이 있는 경우 공적연금(국민연금, 공무원연금)의 경우 연금수령액 중 2002년 이후 불입액의 연간 연금소득금액(연금소득 - 연금소득공제)이 100만원을 초과하는 경우 부양가족공제를 받을 수 없는 것이므로 2002년 이후 불입액에 대한 연간 총연금액이 5,166,666원 이하인 경우 연간 연금소득금액(과세대상 연금액 5,166,666원 - 연금소득공제 4,166,666원)이 100만원 이하에 해당되는 것이며, 사적연금일 경우에는 총 연금액이 1200만원 이하인 경우(분리과세되므로 연간소득금액에서 제외함)에 연간 소득금액이 100만원 이하에 해당된다.

| 보 충 | 생계를 같이하는 부양가족의 범위 |

직계비속(자녀)을 제외하고는 주민등록등본상 동거가족으로 근로자의 주소에서 현실적으로 생계를 같이하여야 한다. 다만, 다음의 경우 생계를 같이하는 것으로 본다.
- 직계비속(자녀)이 아닌 동거가족으로서 일시 퇴거자임을 증명하는 경우
- 직계존속(부모)이 주거 형편에 따라 별거하고 있는 경우로서 부모님을 실제로 부양

## [2] 형제자매 : 20세 이하, 60세 이상

형제자매의 경우 주민등록이 같이 되어 있어야 하며, 형제자매 본인만 공제대상에 해당한다. 따라서 형제자매의 배우자등(제수, 형수 등)은 부양가족공제대상가족에 해당하지 않는다.

### ▶ 인적공제대상자의 소득금액과 공제대상 여부

기본공제대상자의 소득이 있으나 금융소득(이자소득 + 배당소득)의 연간 합계액이 2,000만원 이하인 자, 사적연금소득이 연간 1,200만원 이하인 자 및 다음에 정하는 소득금액 또는 소득 이하인 경우 배우자공제 또는 부양가족공제를 받을 수 있다. 단, 2가지 이상의 소득이 있는 경우 근로소득금액, 연금소득금액, 사업소득금액 및 퇴직소득의 합계액이 100만원을 초과하는 경우 공제를 받을 수 없다.

○ 근로소득(총급여액) : 500만원 이하

○ 연금소득금액 : 100만원 (연간 과세대상 공적연금 5,166,666원)
○ 사업소득금액 : 100만원 (총수입금액 - 필요경비)
○ 양도소득금액 : 100만원 (양도소득 - 필요경비 - 장기보유특별공제액)
○ 퇴직소득 : 100만원

◘ 소득종류별 소득 및 소득금액

| 소득종류 | 공 제 | 공제내용 | 소득금액 |
|---|---|---|---|
| 근로소득 | 근로소득공제 | * 급여액 500만원 이하 | 근로소득금액 |
| 사업소득 | 필요경비 | * 총수입금액 × 단순경비율 | 사업소득금액 |
| 기타소득 | 필요경비 | * 기타소득(인적용역) × 60% | 기타소득금액 |
| 연금소득 | 연금소득공제 | * 총연금액 350만원 이하 : 전액<br>* 총연금액 350만원 초과 700만원 이하<br>  350만원 + 350만원 초과금액의 40% | 연금소득금액 |
| 양도소득 | 필요경비 및 장기보유특별공제액 | 장기보유특별공제액<br>소득세법 제95조 ② 참조 | 양도소득금액 |

[개정 세법] <2016.1.1. 이후> 근로소득만 있는 경우 총급여 500만원 이하

▷ 일용근로소득 및 상속소득, 증여소득은 기본공제대상자의 소득에 포함하지 아니하므로 위의 기준소득금액 이하인 경우 배우자 및 부양가족공제를 받을 수 있다.

### 3 간이세액표에 의한 근로소득세 징수 사례

1. 공제대상가족의 수를 산정할 때 본인 및 배우자도 각각 1명으로 보아 계산함.
2. 자녀세액공제 적용 방법
가. 공제대상가족 중 20세 이하 자녀가 있는 경우의 세액은 다음 "나목"의 계산식에 따른 공제대상가족의 수에 해당하는 금액으로 함.
나. 자녀세액공제 적용 시 공제대상가족의 수 = 실제 공제대상가족의 수 + 20세 이하 자녀의 수
< 적용사례 >
1) 공제대상가족의 수가 3명(20세 이하 자녀가 1명)인 경우에는 "4"의 세액을 적용함.

2) 공제대상가족의 수가 4명(20세 이하 자녀가 2명)인 경우에는 "6"의 세액을 적용함.

3) 공제대상가족의 수가 5명(20세 이하 자녀가 3명)인 경우에는 "8"의 세액을 적용함.

### ▶ 근로소득 간이세액표의 적용 [소득세법 시행령 제194조]

원천징수의무자가 소득세를 원천징수할 때에는 근로소득에 대하여 별표 2의 근로소득 간이세액표 해당란의 세액을 기준으로 원천징수한다. 다만, 근로자가 별표 2의 근로소득 간이세액표 해당란 세액의 100분의 120 또는 100분의 80의 비율에 해당하는 금액의 원천징수를 신청하는 경우에는 그에 따라 원천징수할 수 있다.

| 간이세액표 | 홈택스 → 조회/발급 → 기타조회 → 간이세액표 |

**예제** 급여 지급 및 근로소득세 원천징수 및 '원천징수이행상황신고서' 작성

인원 : 15명 / 과세소득 2천 7백만원 / 비과세소득 3백만원 / 근로소득세 8십만원

| 소득자 소득구분 | | 코드 | 원천징수명세 | | | | | ⑨ 당월 조정 환급세액 | 납부 세액 | |
|---|---|---|---|---|---|---|---|---|---|---|
| | | | 소득지급 (과세 미달, 일부 비과세 포함) | | 징수세액 | | | | ⑩ 소득세 등 (가산세 포함) | ⑪ 농어촌 특별세 |
| | | | ④인원 | ⑤총지급액 | ⑥소득세등 | ⑦농어촌 특별세 | ⑧가산세 | | | |
| 개인 | 근로소득 | 간이세액 | A01 | 15 | 30,000,000 | 800,000 | | | | | |
| | | 중도퇴사 | A02 | | | | | | | | |
| | | 일용근로 | A03 | | | | | | | | |
| | | 연말정산 | A04 | | | | | | | | |
| | | 가감계 | A10 | | | | | | | | |

### ▣ 급여 미지급시 근로소득 지급시기 의제 [소득세법 제135조]

① 급여 미지급시 근로소득세를 원천징수할 의무는 없는 것이며, 차후 지급일의 다음 달 10일까지 신고.납부하는 경우 가산세는 해당되지 않는다.

단, 1월부터 11월까지의 급여액을 당해 연도의 12월 31일까지 지급하지 아니한 때에는 그 급여액을 12월 31일에 지급한 것으로 본다.

② 원천징수의무자가 12월분의 급여액을 다음 연도 2월 말일까지 지급하지 아니한 때에는 그 급여액은 **2월 말일에 지급한 것으로** 본다.

# ❸ 상여금 지급과 원천징수

## ① 지급대상기간이 있는 상여금에 대한 근로소득세 원천징수

상여금을 일정 기간마다 정기적으로 지급하는 경우 다음과 같이 세액을 계산하여 추가 납부하여야 한다.

### ▶ 상여 등에 대한 산출세액 =(①× ②)-③

① 상여금 및 상여금 지급대상기간의 급여를 합한 금액을 지급대상기간의 월수로 나누어 매 월 평균 총급여액(상여금 포함급여)에 대한 간이세액표 해당 세액

$$\text{매 월 평균 총급여액} = \frac{\text{상여금 + 지급대상기간의 상여금 이외의 급여}}{\text{지급대상기간의 월수}}$$

* 상여금액과 지급대상기간이 회사의 사규 등에 사전에 정해진 경우 매월분의 급여에 상여금액을 그 지급대상기간으로 나눈 금액을 합한 금액에 대하여 간이세액표를 적용한다.

② 지급대상기간의 월수
③ 지급대상기간의 상여외의 급여에 대한 기 원천징수세액

---

**사 례** 지급대상기간이 있는 상여금 원천징수 계산 사례

◎ 월 급여 300만원, 차량유지비 20만원, 식대보조비 10만원
◎ 가족사항 : 배우자, 자녀 20세 이하 2명(부양가족수 1명 추가)
① 지급대상기간이 있는 상여 100%씩 4회 (1~3월, 4~6월, 7~9월, 10~12월)
② 지급대상기간이 사규에 정해져 있고, 매 분기말에 상여금 지급
[근로소득세 징수] 사전에 지급대상기간이 정해진 경우이므로 상여금을 지급대상기간의 중간에 지급하더라도 상여금을 3월로 나눈 금액을 매월 분 급여에 더하면 4,000,000원이 되고 이에 해당하는 매월분 간이세액은 76,060원이므로 1월부터 3월까지 매월 76,060원을 원천징수한다.

---

## ② 지급대상기간이 없는 상여금에 대한 근로소득세 원천징수

① 상여금을 받은 연도의 1월 1일부터 지급일이 속하는 월까지를 그 지급대상기간으로 하여 지급대상기간이 있는 상여금의 계산방법으로 계산

② 같은 해에 2회 이상 지급받을 때에는 직전에 상여를 지급받은 날이 속하는 달의 다음달부터 그 후에 지급받은 날이 속하는 달까지를 지급대상기간으로 하여 지급대상기간이 있는 상여금의 계산방법으로 계산

| 사 례 | 지급대상기간이 없는 상여금 원천징수 계산 사례 |

◎ 월 급여 300만원, 차량유지비 20만원, 식대보조비 10만원
◎ 가족사항 : 배우자, 자녀 20세 이하 2명(부양가족수 2명 추가)
① 2. 10  1월분 급여 300만원 및 설날 상여금 150만원 지급
② 7. 30  휴가 상여금 100만원 지급
③ 9. 10  8월분 급여 300만원 및 추석 상여금 150만원 지급

[근로소득세 징수] 비과세소득인 차량유지비, 식대는 월급여액에서 제외함
1. 1월분 급여지급시 근로소득(급여 + 상여금) 450만원에 해당하는 간이세액 133,050원을 징수하여 3. 10 까지 납부한다. (납부기일 : 급여지급일의 다음달 10일)
2. 휴가 상여금에 대한 근로소득세 징수
㉠ 휴가 상여금 100만원을 직전 상여금 지급월 1월 다음달인 2월부터 6월분 급여 지급월까지 나눈 금액(100만원 ÷ 5개월 = 20만원)을
㉡ 2월부터 6월 기간 동안 매 월의 급여(300만원)와 합산한 금액(320만원)에 해당하는 간이세액(22,790)을 해당 월수(5개월)와 곱하여 계산한 다음
 (22,790 × 5개월 = 113,950)
㉢ 2월 ~ 6월 기간의 소득세 납부액 85,500원(17,100 × 5개월)을 공제한 금액 28,450원 (113,950 - 85,500)을 상여금 지급시 징수하였다가 7월분 급여 지급일인 8. 10까지 6월분 근로소득세 징수금액과 합하여 납부한다.
3. 추석 상여금에 대한 근로소득세 징수
㉠ 추석 상여금 150만원을 직전 상여금 지급 월 다음달인 7월부터 8월분 급여 지급 월까지 나눈 금액(150만원 ÷ 2개월= 75만원)을
㉡ 7월 ~ 8월 기간 동안 매 월의 급여(300만원)와 합산한 금액(375만원)에 해당하는 간이세액(52,360원)을
㉢ 7 ~ 8월 상여금 포함금액(375만원)에 대한 간이세액을 해당 월수(2월)와 곱한다.
 (52,360원 × 2개월 = 104,720)
㉣ 7월 급여 지급시 납부한 근로소득세 17,100원을 공제한 금액 87,620원(104,720원 - 17,100원)을 8월분 급여 및 추석 상여금 지급시(9월 10일 지급) 징수하였다가 10월 10일까지 납부한다.

# 법인의 임원 급여 및 상여금 지급시 세무상 유의사항

## 1 임원 급여

### [1] 법인세법 규정
임원급여 한도액 등에 대하여 법인세법에서 특별히 정한 내용은 없다. 다만, 법인세법 시행령 제43조 제3항에서 "법인이 지배주주 등(특수관계에 있는 자)인 임원 또는 사용인에게 정당한 사유없이 동일직위에 있는 지배주주 등 외의 임원 또는 사용인에게 지급하는 금액을 초과하여 보수를 지급한 경우 그 초과금액은 이를 손금에 산입하지 아니한다."라고 규정이 되어 있다.

### [2] 세무상 문제
상법의 규정에 의하여 대다수 법인은 이사의 보수(급여 및 상여금) 및 퇴직금을 정관에서 주주총회 결의로 정한다고 명시하고 있다. 그럼에도 불구하고 임원의 보수에 대해서는 아무런 규정도 마련하지 않은 경우가 종종 있다. 이로 인하여 주주총회의 결의 없는 이사회의 결의 또는 특별한 절차없이 임원에게 급여 또는 상여금을 지급한 경우 세무상 중대한 문제가 발생할 수 있다. 예를 들어 세무조사를 받았던 A업체의 경우 대표이사의 급여를 연간 2억원으로 책정하여 지급하였으나 주주총회의 결의 없이 임원의 급여를 임의로 책정하였기 때문에 급여가 가장 많은 근로자의 연간보수액이 1억원이므로 그 차액 1억원을 손금 부인당한 사례가 있으므로 특히 유의하여야 한다.

### [3] 임원 급여를 적법하게 지급하는 방법
임원의 급여 한도액 등에 대한 세법의 규정은 없으나 상법의 규정에 의하여 임원의 보수를 지급하여야 하므로 정관에 그 금액을 정하여 지급하되, 정관에서 주주총회의 결의로 위임한 경우 임원 급여 및 상여금 지급에 대하여 반드시 주주총회 결의가 있어야 하므로 주주총회의 결의내용에 대한 회의록을 작성하여 두어야 한다.

### [4] 임원 급여 인상시 유의할 사항
법인이 지배주주 등(특수관계에 있는 자를 포함)인 임원에게 정당한 사유없이 동일직위에 있는 지배주주 등 외의 임원에게 지급하는 금액을 초과하여 보수를 지급한 경우 그 초과금액은 손금에 산입할 수 없다. 따라서 임원의 급여를 인상하고자 하는 경우 해당 임원의 급여를 인상하는 정당한 사유 등을 주주총회의 결의 또는 주주총회에서 위임한 이사회 결의서 등에 임원 급여 인상의 구체적인 사유를 명시하여 두어야 할 것이다.

주주총회 승인금액 내에서 인상하되, 주주총회에서 임원 급여에 대하여 이사회에 위임한 경우 이사회를 개최하여 인상하여야 하며, 임원 급여 인상에 대한 구체적인 사유를 의결하여야 한다.

## 2 임원 상여금

### [1] 법인세법 규정
상여금의 손금산입 등에 관한 내용은 법인세법 시행령 제43조에서 규정하고 있으며, 법인이 임원에게 지급하는 상여금중 정관·주주총회·사원총회 또는 이사회의 결의에 의하여 결정된 급여지급기준에 의하여 지급하는 금액을 초과하여 지급한 경우 그 초과금액은 이를 손금에 산입하지 아니한다.

### [2] 세무상 문제
법인세법 시행령 제43조제2항의 규정에 의하여 임원에 대한 상여금을 지급하면서 주주총회 등의 결의가 없는 경우 손금에 산입할 수 없다. 그럼에도 불구하고, 다수의 법인들이 임원에 대한 상여금지급규정 없이 상여금을 지급하고 있으며, 이 경우 세무조사 등의 사유로 실사를 받게 되면, 상여금으로 지급한 금액 전액을 손금불산입당하게 될 수 있다. 또한 정관의 위임에 의하여 상여금을 주주총회 결의로 지급하였더라도 그 금액에 대한 개별적이고, 구체적인 지급기준이나 성과평가방법 등이 규정되어 있지 않은 경우 이익처분에 의한 상여금 지급으로 보아 손금불산입당할 수 있으므로 유의하여야 할 것이다.

### [3] 임원 상여금을 적법하게 지급하는 방법
임원의 보수에 대하여 주주총회의 결의를 거치도록 정관에서 위임한 경우 상여금 지급에 대하여 반드시 주주총회 결의가 있어야 하므로 주주총회의 결의내용에 대한 회의록을 작성하여 두어야 한다.

# 3  연말정산

## ❶ 연말정산 개요

매 월 간이세액표에 의하여 납부한 근로소득세는 급여총액이 확정되기 전 미리 납부한 금액으로 당해연도가 종료된 후 실제 지급한 급여총액을 기준으로 세법의 규정에 의하여 납부할 근로소득세를 확정한 다음(결정세액) 미리 납부한 근로소득세(기납부세액)를 차감하여 납부 또는 환급할 근로소득세를 확정하는 것을 연말정산이라 한다.

연말정산에 관한 내용은 안내책자를 각 세무서에서 무료로 배포하고 있고, 국세청 홈페이지에서 책자 원본을 다운로드받아 사용할 수 있으며, 국세청 '연말정산간소화 서비스' 홈페이지에서 연말정산과 관련한 모든 내용을 쉽게 확인할 수 있으므로 본서에서는 환급과 관련한 회계처리 및 연말정산 개요(연말정산 편)만 수록한다.

## ❷ 국세청의 연말정산 서비스

연말정산에 관한 내용은 국세청에서 모든 자료를 제공하고 있으므로 본서에서는 연말정산 개요만을 수록하였으며, 자세한 내용은 국세청 자료를 참고한다.

### [1]「근로소득 간이세액표 해설」책자 발간 및 조회 프로그램 제공
국세청 홈페이지 → 국세신고안내 → 연말정산

### [2]「원천징수이행상황신고서 작성요령」책자 발간
국세청 홈페이지 → 국세정책제도 → 통합자료실 → 국세청발간책자 → 분야별 해설 책자 → (검색) 원천징수

[3] 홈택스 연말정산 신고프로그램 제공

국세청 홈페이지 → 국세신고안내 → 연말정산

[4] 연말정산 신고안내 해설 동영상 제공

국세청 홈페이지 → 국세신고안내 → 연말정산

[5] 연말정산 신고안내 무료교육

국세청 홈페이지 → 국세신고안내 → 연말정산

[6] 연말정산 상담

국세청 고객만족센터 국번없이 ☎ 126

## ❸ 연말정산 환급 회계처리 사례

### [1] 연말정산 환급세액 발생

① 《연말정산 환급세액 발생》 연말정산 결과 간이세액표에 의하여 납부한 근로소득세(기납부세액)가 결정세액을 초과하여 근로소득세 1,200,000원 및 지방소득세 120,000원이 환급발생되다.

| 미수금 | 1,320,000 / 미지급금 | 1,320,000 |
|---|---|---|

- 미수금 : 세무서로부터 돌려받아야 할 금액
- 미지급금 : 세무서에서 돌려받은 금액을 해당 직원에게 지급하여야 할 금액

### [2] 조정환급세액과 납부할 세액 상계처리

① 《연말정산 환급세액을 납부할 금액과 상계》 2월 10일 1월분(급여지급일 1월 31일) 근로소득세 400,000원 및 동 지방소득세 40,000원을 전년도 연말정산 환급금에서 상계처리한 후 원천징수이행상황을 신고하다.

| 미지급금 | 440,000 / 미수금 | 440,000 |
|---|---|---|

② 《연말정산 환급세액을 납부할 금액과 상계》 3. 10 2월 분 근로소득세로 납부하여야 하는 600,000원 및 동 지방소득세 60,000원을 전년도 연말정산 환급금에서 차감 후 원천징수이행상황을 신고하다.

| 미지급금 | 660,000 / 미수금 | 660,000 |
|---|---|---|

③ 《급여지급 및 근로소득세 환급세액 조정》 3월 31일 급여 10,000,000원 지급시 3월 근로소득세 500,000원 및 동 지방소득세 50,000원을 계상하다. 소득세 및 지방소득세 중 연말정산 환급금 미정산금액 220,000원을 차감한 잔액 330,000원 [환급세액(1,320,000) - 1월분조정금액(440,000) - 2월분조정금액(660,000)] 및 국민연금보험료, 건강보험료, 고용보험료 직원부담금 700,000원을 직원으로부터 원천징수하고 차감 잔액 8,970,000원을 보통예금에서 인출하여 지급하다.

| 급여 | 10,000,000 / 예수금(근로소득세) | 300,000 |
|---|---|---|
|  | 예수금(지방소득세) | 30,000 |
|  | 예수금(국민,건강) | 700,000 |
|  | 보통예금 | 8,970,000 |

④ 《근로소득세 및 지방소득세 납부》 4. 10 근로소득세 및 지방소득세 330,000원을 보통예금에서 인출하여 납부하다.

| 미지급금 | 220,000 / 미수금 | 220,000 |
|---|---|---|
| 예수금(근로소득세) | 300,000 / 보통예금 | 330,000 |
| 예수금(지방소득세) | 30,000 |  |

## [3] 환급할 근로소득세를 회사가 미리 대신 지급한 경우 회계처리

① 《연말정산 환급세액 발생》 연말정산 결과 소득세 조정환급세액 1,200,000원 및 지방소득세 120,000원이 발생하다.

| 미수금 | 1,320,000 / 미지급금 | 1,320,000 |
|---|---|---|

② 《연말정산 환급금 발생금액 지급》 연말정산 결과 발생한 근로소득세 조정환급세액 1,200,000원 및 지방소득세 120,000원이 발생하여 환급금액을 회사가 보통예금에서 인출하여 종업원에게 대신 지급하다.

| 가지급금 | 1,320,000 / 보통예금 | 1,320,000 |
|---|---|---|

- 가지급금 : 연말정산 환급금을 회사가 대신 지급한 금액은 당해 연도에 직원에게 원천징수한 근로소득세 및 지방소득세는 회사의 입금(가지급금 회수)으로 처리하고 '소득자별근로소득원천징수부'에는 징수한 것으로 처리한다.

③ 《급여지급 및 근로소득세 등 징수》 2월 10일 1월분 급여 1천만원 지급시 근로소득세 400,000원 및 동 지방소득세 40,000원을 직원으로부터 징수하다.

| 급여 | 10,000,000 / 예수금(근로소득세) | 400,000 |
|---|---|---|
|  | 예수금(지방소득세) | 40,000 |
|  | 보통예금 | 9,560,000 |

④ 《근로소득세 신고시 납부할 금액 상계》 1월분 근로소득세 및 지방소득세를 전년도 연말정산 환급금에서 차감 조정하여 원천징수이행상황을 신고하다.

| 예수금(근로소득세) | 400,000 / 가지급금 | 440,000 |
|---|---|---|
| 예수금(지방소득세) | 40,000 |  |

| 미지급금 | 440,000 / 미수금 | 440,000 |
|---|---|---|

## [4] 연말정산 환급세액 발생 및 환급금 입금

① 《연말정산 환급세액 발생》 연말정산 결과 1,200,000원의 환급금액이 발생하여 2. 10 환급신청을 하다.

| 미수금 | 1,200,000 / 미지급금 | 1,200,000 |
|---|---|---|

② 《근로소득세 환급》 세무서에서 근로소득세 환급금액이 결정되어 법인의 보통예금에 환급금 1,200,000원이 입금되다.

| 보통예금 | 1,200,000 / 미수금 | 1,200,000 |
|---|---|---|

# 4 지방소득세 및 지방세 신고 및 납부

## ❶ 원천징수대상 소득세에 대한 지방소득세 징수 및 납부

### [1] 원천징수대상 소득세 납세의무자 및 신고 납부

소득세법에 의한 원천징수대상소득(이자.배당.근로.기타.퇴직소득)을 지급하는 원천징수의무자는 원천징수할 소득세의 10%를 지방소득세로 징수하여 둔 다음 그 징수일이 속하는 달의 다음 달 10일까지 관할 시·군에 납부하여야 하며, 지방세법에서는 원천징수의무자를 **개인지방소득세의 특별징수의무자**라 한다.

### [2] 지방소득세 납부불성실에 대한 가산세

특별징수의무자가 특별징수하였거나 특별징수하여야 할 세액을 납부기한까지 납부하지 아니하거나 부족하게 납부한 경우에는 그 납부하지 아니한 세액 또는 부족한 세액에 대하여 다음의 금액을 가산세로 부담하여야 한다.

▶ **지방소득세 미납부가산세 (원천분) : 1 + 2 [한도액 : 미납부금액의 10%]**
1. 미납부금액 × 3/100
2. 미납부금액 × 미납일수 × 3(2019.1.1. 이후 3 → 2.5) /10,000

## ❷ 주민세 종업원분 신고·납부

주민세 종업원분이란 종업원의 급여총액을 과세표준으로 하여 신고 및 납부하여야 하는 지방세를 말한다.

### [1] 주민세 종업원분 납세의무자

당해 월을 포함한 12개월간의 급여총액의 월평균금액이 1억35백만을 초과하는 사업소의 사업주로 하며, 12개월간의 급여총액의 월평균금액이 1억35백만을 이하인 사업소의 사업주는 신고 및 납부의무가 없다.

해당 급여지급월을 포함하여 최근 12개월간의 급여총액의 월 평균금액을 산정하여야 하므로 매월 계산하여 신고 및 납부 여부를 판단하여야 한다.

□ 지방세법 제74조(정의) 주민세에서 사용하는 용어의 뜻은 다음 각 호와 같다.
7. "종업원의 급여총액"이란 사업소의 종업원에게 지급하는 봉급, 임금, 상여금 및 이에 준하는 성질을 가지는 급여로서 대통령령으로 정하는 것을 말한다.

제78조의2(종업원의 급여총액 범위) 법 제74조제7호에서 "대통령령으로 정하는 것"이란 사업주가 그 종업원에게 지급하는 급여로서 「소득세법」 제20조제1항에 따른 근로소득에 해당하는 급여의 총액을 말한다. 다만, 「소득세법」 제12조제3호에 따른 비과세 대상 급여는 제외한다.

8. "종업원"이란 사업소에 근무하거나 사업소로부터 급여를 지급받는 임직원, 그 밖의 종사자로서 대통령령으로 정하는 사람을 말한다.

제78조의3(종업원의 범위) ① 법 제74조제8호에서 "대통령령으로 정하는 사람"이란 제78조의2에 따른 급여의 지급 여부와 상관없이 사업주 또는 그 위임을 받은 자와의 계약에 따라 해당 사업에 종사하는 사람을 말한다. 다만, 국외근무자는 제외한다.
② 제1항에 따른 계약은 그 명칭·형식 또는 내용과 상관없이 사업주 또는 그 위임을 받은 자와 한 모든 고용계약으로 하고, 현역 복무 등의 사유로 해당 사업소에 일정 기간 사실상 근무하지 아니하더라도 급여를 지급하는 경우에는 종업원으로 본다.

제84조의4(면세점) ① 「지방세기본법」 제34조에 따른 납세의무 성립일이 속하는 달부터 최근 1년간 해당 사업소 종업원 급여총액의 월평균금액이 대통령령으로 정하는 금액에 50을 곱한 금액 이하인 경우에는 종업원분을 부과하지 아니한다. 〈개정 2015.12.29.〉

② 법 제84조의4제1항에서 "대통령령으로 정하는 금액"이란 270만원을 말한다.

② 제1항에 따른 종업원 급여총액의 월평균금액 산정방법 등 필요한 사항은 대통령령으로 정한다. 〈개정 2015.12.29.〉
[본조신설 2014.1.1.]

제85조의2(종업원 급여총액의 월평균금액 산정기준 등) ① 법 제84조의4제1항에 따른 종업원 급여총액의 월평균금액은 「지방세기본법」 제34조에 따른 납세의무 성립일이 속하는 달을 포함하여 최근 12개월간(사업기간이 12개월 미만인 경우에는 납세의무성립일이 속하는 달부터 개업일이 속하는 달까지의 기간을 말한다) 해당 사업소의 종업원에게 지급한 급여총액을 해당 개월 수로 나눈 금액을 기준으로 한다. 이 경우 개업 또는 휴·폐업 등으로 영업한 날이 15일 미만인 달의 급여총액과 그 개월 수는 종업원 급여총액의 월평균금액 산정에서 제외한다.
[전문개정 2015.12.31.]

지방세기본법 제34조(납세의무의 성립시기) ① 지방세를 납부할 의무는 다음 각 호의 구분에 따른 시기에 성립한다.

**[개정 세법]** 2016년 이후 종업원분 주민세 면세점 (지방세법 제84조의4)
최근 12개월간 해당 사업소 급여총액의 월 평균금액이 1억 3,500만원 이하인 경우

---
**보 충** 주민세 종업원분 종업원수의 계산

---
'종업원수'란 월 통상인원을 말하는 것으로, 월 통상인원이란 월 상시 고용하는 종업원수에 수시 고용하는 종업원의 월 연인원을 당월의 일수로 나눈 평균인원을 합한 인원으로 하여야 한다. 종업원 수를 계산함에 있어 일용근로자는 종업원의 월 연인원을 당월의 일수로 나눈 평균인원수, 상시종업원은 월중 근무일수에 관계없이 종업원수를 합하여 계산하며, 월 통상 인원은 다음 산식에 따라 산정한다.
월통상인원 = 해당 월의 상시고용종업원수 + (해당 월의 수시고용 종업원의 연인원 / 해당 월의 일수)
* 퇴사자는 퇴사 월의 인원수에 포함하며, 신규입사자는 입사 월의 인원수에 포함함

---
**예 제** 주민세 종업원분 월 통상인원수 계산

---
정규직 48명, 일용직 15명 일용직 일수(갑 : 10일  을 : 20일  병 : 30일  정 : 10일  총 70일/월) 정규직원은 각 매월 1명으로 보며, 일용직의 경우에는 일용근로자가 근무한 월 일수의 합계 70일을 30일로 나눈 2.3명이 된다. 따라서 월 통상인원은 정규직원 48명과 일용직원 2.3명의 합인 50.3명이 되므로 사업소세 납부대상이 된다.

[사례] 2020년 3월 급여의 주민세 종업원분
<예제1>
2019년 급여 (단위 : 억원)

| 1월 | 2월 | 3월 | 4월 | 5월 | 6월 | 7월 | 8월 | 9월 | 10월 | 11월 | 12월 | 합계 |
|---|---|---|---|---|---|---|---|---|---|---|---|---|
| 1.2 | 1.2 | 1.2 | 1.2 | 1.2 | 1.2 | 1.3 | 1.3 | 1.3 | 1.3 | 1.4 | 1.4 | 15.2 |

2020년 급여 (단위 : 억원)

| 1월 | 2월 | 3월 | 4월 | 5월 | 6월 | 7월 | 8월 | 9월 | 10월 | 11월 | 12월 | 합계 |
|---|---|---|---|---|---|---|---|---|---|---|---|---|
| 1.6 | 1.8 | 1.8 | 1.2 | | | | | | | | | |

2019년 4월부터 2020년 3월 급여의 합계액을 12로 나눈 금액(월 평균급여액 1.4억원)이 1억35백만원을 초과하므로 주민세 종업원분을 신고 및 납부하여야 한다.
- 2019년 4월부터 2020년 3월 급여의 합계액 16.8억원
- 월 평균급여액 1.4억원
- 주민세 종업원분 900,000원(180,000,000원 × 5/1000)

<예제2> 2020년 4월 급여의 주민세 종업원분
2019년 급여 (단위 : 억원)

| 1월 | 2월 | 3월 | 4월 | 5월 | 6월 | 7월 | 8월 | 9월 | 10월 | 11월 | 12월 | 합계 |
|---|---|---|---|---|---|---|---|---|---|---|---|---|
| 1.2 | 1.2 | 1.2 | 1.2 | 1.2 | 1.2 | 1.3 | 1.3 | 1.3 | 1.3 | 1.4 | 1.4 | 15.2 |

2020년 급여 (단위 : 억원)

| 1월 | 2월 | 3월 | 4월 | 5월 | 6월 | 7월 | 8월 | 9월 | 10월 | 11월 | 12월 | 합계 |
|---|---|---|---|---|---|---|---|---|---|---|---|---|
| 1.6 | 1.8 | 1.8 | 1.2 | | | | | | | | | |

- 월평균 급여 1.4억원 : 16.8 ÷ 12
- 4월분 주민세 종업원분 600,000원 (1.2억원 × 5/1000)

## [2] 주민세 종업원분 과세표준 및 세율

종업원분의 과세표준은 종업원에게 지급한 그 달의 급여 총액으로 종업원에게 지급하는 봉급·임금 등 당해 월에 지급하여야 할 정기급여의 총액과 당해 월에 지급된 상여금·특별수당등 비정기 급여의 총액을 합한 금액에서 비과세소득을 제한 금액을 과세표준으로 하며, 주민세 종업원분 세율은 종업원 급여총액의 1천분의 5로 한다.

### [3] 주민세 종업원분 납부 및 납부불성실에 대한 가산세

주민세 종업원분은 급여 지급일의 다음달 10일까지 납세지를 관할하는 시·군에 신고 및 납부하여야 한다. 종업원분의 납세의무자가 신고 또는 납부의무를 다하지 아니하면 산출한 세액 또는 그 부족세액에 다음 각 호의 가산세를 합한 금액을 세액으로 하여 보통징수의 방법으로 징수한다.

1. 신고불성실가산세 : 산출세액 또는 부족세액의 100분의 20에 해당하는 금액
2. 납부불성실가산세 : 미납부 지방소득세 × 미납일수 × 2.5/10,000

### [4] 중소기업 종업원 추가 고용에 대한 주민세 종업원분 공제

① 「중소기업기본법」제2조에 따른 중소기업의 사업주가 종업원을 추가로 고용한 경우(해당 월의 종업원 수가 50명을 초과하는 경우만 해당)에는 다음의 계산식에 따라 산출한 금액을 종업원분의 과세표준에서 공제한다. 이 경우 직전 연도의 월평균 종업원 수가 50명 이하인 경우에는 50명으로 간주하여 산출한다.
[지방세법 제84조의5]

공제액 = (신고한 달의 종업원 수 - 직전 사업연도의 월평균 종업원 수) × 월 적용급여액

② 다음 각 호의 어느 하나에 해당하는 중소기업에 대해서는 다음 각 호에서 정하는 달부터 1년간만 월평균 종업원 수 50명에 해당하는 월 적용급여액을 종업원분의 과세표준에서 공제한다.
1. 사업소를 신설하면서 50명을 초과하여 종업원을 고용하는 경우: 종업원분을 최초로 신고하여야 하는 달
2. 해당 월의 1년 전부터 계속하여 매월 종업원 수가 50명 이하인 사업소가 추가 고용으로 그 종업원 수가 50명을 초과하는 경우(신고하는 달부터 과거 5년 내에 종업원 수가 1회 이상 50명을 초과한 사실이 있는 사업소의 경우는 제외한다): 해당 월의 종업원분을 신고하여야 하는 달

③ 제1항 및 제2항을 적용할 때 월 적용급여액은 신고한 달의 종업원 급여 총액을 신고한 달의 종업원 수로 나눈 금액으로 한다.

## ❸ 주민세 재산분 신고·납부

① 사업소의 연면적이 **330제곱미터**를 초과하는 경우 사업소 연면적 1제곱미터당 250원을 표준세율로 하여 재산분 주민세를 7월 1일부터 7월 31일까지를 납기로 하여 납세지를 관할하는 지방자치단체의 장에게 신고 및 납부하여야 한다.
② 재산분의 납세의무자가 신고 및 납부하지 않은 경우 해당 산출세액 또는 부족세액의 100분의 20에 해당하는 금액을 신고불성실가산세로 부담하여야 하며, 또한 납부불성실가산세를 부담하여야 한다.

## ❹ 주민세 균등분

주민세 균등분은 사업장 소재지 지방자치단체에서 고지하며, 과세기준일은 매년 8월 1일로 하고, 납기는 매년 8월 16일부터 8월 31일까지이며, 세율은 다음과 같다.

**[1] 지방자치단체에 사업소를 둔 개인의 표준세율 : 5만원**

**[2] 법인의 표준세율**
(1) 500,000원 : 자본금액 또는 출자금액(과세기준일 현재의 자본금액 또는 출자금액을 말한다. 이하 이 조에서 같다) 100억원을 초과하는 법인으로서 과세기준일 현재 해당 사업소의 종업원 수가 100명을 초과하는 법인
(2) 350,000원 : 자본금액 또는 출자금액 50억원 초과 100억원 이하 법인으로서 과세기준일 현재 해당 사업소의 종업원 수가 100명을 초과하는 법인
(3) 200,000원 : 자본금액 또는 출자금액 50억원을 초과하는 법인으로서 과세기준일 현재 해당 사업소의 종업원 수가 100명 이하인 법인과 자본금액 또는 출자금액 30억원 초과 50억원 이하인 법인으로서 과세기준일 현재 해당 사업소의 종업원 수가 100명을 초과하는 법인
(4) 100,000원 : 자본금액 또는 출자금액 50억원 이하 30억원 초과 법인으로서 과세기준일 현재 해당 사업소의 종업원 수가 100명 이하인 법인과 자본금액 또는 출자금액 10억원 초과 30억원 이하 법인으로서 과세기준일 현재 해당 사업소의 종업원 수가 100명을 초과하는 법인
(5) 50,000원 : 그 밖의 법인

# 4 일용근로자 근로소득세 징수·납부
## 일용근로자 노무 및 4대보험 실무

## 1 일용근로자 근로소득세 징수·납부

### ❶ 개요

일용근로자란 근로를 제공한 날 또는 시간에 따라 급여를 계산하거나 근로를 제공한 날 또는 시간의 근로성과에 따라 급여를 계산하여 지급받는 자로 다음에 해당되지 아니하는 자를 말한다.

1. 건설공사 종사자, 하역(항만)작업 종사자가 아닌 자 : 근로자로써 근로계약에 따라 일정한 고용주에게 3월 이상 계속하여 고용되는 자
2. 하역(항만)작업 종사자 : 통상 근로를 제공한 날에 급여를 지급받지 아니하고 정기적으로 근로대가를 받는 자
3. 건설공사 종사자 : 동일한 고용주에게 계속하여 1년 이상 고용된 자

---
**보 충** 건설공사에 종사하는 자의 일용근로자 해당 요건
---
◎ 건설공사에 종사하는 자로서 다음에 해당하지 아니하는 자
① 동일한 고용주에게 계속하여 1년 이상 고용된 자
② 다음의 업무에 종사하기 위하여 통상 동일한 고용주에게 계속 고용되는 자
1. 작업준비를 하고 노무에 종사하는 자를 직접 지휘·감독하는 업무
2. 작업현장에서 필요한 기술적인 업무, 사무, 타자, 취사, 경비 등의 업무
3. 건설기계의 운전 또는 정비업무

## ❷ 일용근로자 근로소득세 및 지방소득세 원천징수

다음의 산식에 의하여 계상한 근로소득세를 원천징수하여 지급일의 다음달 10일까지 관할 세무서에 신고 및 납부하며, 근로소득세 연말정산은 하지 아니한다.

① 일급여액 - 비과세급여 = 과세대상급여
② 과세대상급여 - 근로소득공제(150,000원) = 근로소득과세표준
③ 근로소득과세표준 × 원천징수세율(6%) = 근로소득산출세액
④ 근로소득산출세액 - 근로소득세액공제(산출세액의 55%) = 원천징수세액

[세법 개정] 일용근로자의 근로소득공제 인상(소득법 § 47②)
2019년 이후 발생하는 소득분부터 : 100,000원 → 150,000원

[세법 개정] 일용근로자 지급명세서 제출기한 단축 (소득법 § 164①)
근로장려금 반기별 지급을 위하여 (1분기 ~4분기) 지급일이 속하는 분기의 마지막 달의 다음 달 10일
〈적용시기〉 2019.1.1. 이후 발생하는 소득분부터

[개정 세법] 일용근로자 지급명세서 제출기한 연장(소득법 §164 ①)
분기 마지막 달의 다음달 10일 → 분기 다음달 말일
<적용시기> 2020.1.1. 이후 제출분부터

---

**사 례**  일용근로자 근로소득세 계산 사례[2019년 이후 발생하는 소득]

◎ 하루 일당 200,000원인 일용근로자가 10일을 근로한 경우 원천징수할 금액
① 과세표준(500,000원) = [일 급여액(200,000원) - 근로소득공제(150,000원)] × 10일
② 산출세액(30,000원) = 과세대상급여 (500,000원) × 세율(0.06)
③ 납부할 세액(13,500원) = 산출세액(30,000원) - 세액공제(16,500원)

## ❸ 일용근로자와 일반근로자의 세무신고

| 구 분 | 일용근로자 | 일반근로자 |
|---|---|---|
| 대 상 자 | 근로일수나 시간에 따라 일당계산 | 월급으로 지급 |
| 원천징수 | 일당에서 근로소득공제 후 세율적용 | 간이세액표 적용 |
| 연말정산 | 하지 않음 | 연말정산(종합과세) |
| 지급명세서 | 분기 마지막달의 다음달 말일까지 제출 | 다음해 3월 10일 |

**보 충** 생산직 일용근로자의 연장, 야간근로수당은 비과세되는 것임

생산직 일용근로자의 경우 월정액급여에 관계없이 연장시간근로, 야간근로로 인하여 통상임금에 가산하여 받는 급여(한도 없음)는 비과세 된다. 단, 건설업을 영위하는 업체의 건설현장에서 근로를 제공하는 일용근로자는 "공장 또는 광산에서 근로를 제공하는 자"에 해당하지 아니하므로 연장. 야간 또는 휴일근로로 인하여 받는 급여는 과세대상 근로소득에 해당한다.

**사 례** 일용근로자로서 3개월 이상 근무시 원천징수방법 예시

1. 20×6년 1월 일용근로자로 고용 : 1월 ~ 3월 일용근로자로 원천징수
2. 20×6년 4월부터 : 상용근로자로 간이세액표에 의거 원천징수
3. 20×7년 2월 연말정산 : 20×6년 1월 ~ 12월의 급여액을 합산하여 연말정산
※ 일용근로동안의 원천징수세액은 기납부액에 포함하여 차감함

## ❹ 일용근로자 세무신고 및 증빙

### ① 일용근로자 원천징수이행상황신고서 기재방법

근로소득 일용근로자란(A03)에 인원수, 총지급액 등 해당 내역을 기재한 후 원천세 신고를 한다. 단, 일용근로자를 3개월 이상(건설업은 1년 이상) 계속하여 고용시는 일반급여소득자와 마찬가지로 매월 급여를 지급하는 때에 근로소득간이세액표에 의하여 계산한 세액을 근로소득세로 원천징수하여야 한다.

## 2  일용근로자에 대한 임금 지급과 증빙서류

일용노무비지급명세서에 지급받는 자의 서명 및 날인은 받아두고 일용근로자의 신원을 확인할 수 있는 주민등록등본이나 주민등록증 앞·뒤 사본을 첨부하여 두어야 한다.

## 3  일용근로자 지급명세서 제출

[세법 개정] 일용근로자 지급명세서 제출기한 단축 (소득법 § 164①)
근로장려금 반기별 지급을 위하여 (1~4분기) 지급일이 속하는 분기의 마지막 달의 다음달 10일
〈적용시기〉 2019.1.1. 이후 발생하는 소득분부터

[개정 세법] 일용근로자 지급명세서 제출기한 연장(소득법 §164 ①)
분기 마지막 달의 다음달 10일 → 분기 다음달 말일
<적용시기> 2020.1.1. 이후 제출분부터

### ▶ 근로내역확인신고서 제출시 일용근로자 지급명세서 제출의무 면제
고용노동부의 '근로내용확인신고서'에 국세청 신고항목 일용근로소득신고가 추가됨에 따라 고용노동부에 이미 신고한 내용은 국세청에 일용근로소득지급명세서를 별도 제출하지 않아도 된다. [소득세법 시행령 제213조 제4항]

### ▶ 일용근로자의 '근로내용확인신고서' 제출
일용직근로자의 경우 고용보험 및 산재보험 신고시 근로내역확인서를 작성하여 채용일의 다음달 15일까지 고용노동부에 제출하여야 하며, 제출하지 않는 경우 고용노동부로부터 300백만원 이하의 과태료가 부과될 수 있다.

### ▶ 배우자가 일용근로자인 경우 기본공제대상자에 해당함
공제대상 부양가족이 일용근로자인 경우 소득액에 관계없이 기본공제대상자에 해당한다. 이는 기본공제대상자의 요건 중 연간소득금액 합계액 100만원 판정시 일용근로소득은 분리과세소득으로 제외되므로, 배우자가 일용근로자인 경우 그 금액의 크기에 관계없이 기본공제대상자에 해당한다.

## 2. 일용근로자 노무 및 4대보험 실무

### ❶ 일용근로자의 법정수당 및 퇴직금

#### 1 일용근로자의 주휴일 및 주휴수당

근로기준법상 1주간의 소정근로일수를 개근한 근로자에게는 1일의 유급휴가를 주어야 하는데 1일단위로 근로계약을 체결하는 일용근로자의 경우 1주간의 소정근로일수를 산정할 수 없으므로 유급 주휴일을 부여하지 않는다. 다만, 일용근로자가 계속적으로 근로를 제공하는 경우에는 실제 근로일수를 기준으로 1주일에 소정근로일수를 개근한 경우 주휴일을 부여하여야 한다. 이 경우 주휴수당을 포함하여 임금을 지급하기로 사전에 약정한 경우에는 무급으로 주휴일을 부여하는 것이나 약정이 없는 경우 유급으로 주휴일을 부여하여야 한다.

#### 2 일용근로자의 연장·야간·휴일근로 가산수당

생산직 일용근로자의 경우 연장 및 야간근로에 대하여 가산수당을 지급하여야 한다.

◆ 소득, 서면-2015-소득지원-1440 [소득지원과-514], 2015.09.07
생산직 일용근로자의 연장시간근로·야간근로 또는 휴일근로 수당은 월정액급여와 직전 과세기간의 총급여액과 관계없이 비과세에 해당함

#### 3 1년 이상 근속한 일용근로자에 대한 퇴직금 지급

① 일용근로자의 경우에도 근로기간이 1년 이상인 경우 퇴직금을 지급하여야 한다.
② 퇴직금 산정의 기준이 되는 일용직근로자의 평균임금은 통상근로자와 동일하게 퇴사일로부터 역산하여 3개월 동안의 임금을 기준으로 계산한다.
다만, 근로일수가 통상의 근로와 달리 현저히 적을 때에는 통상근로계수(0.73)를 적용하여 평균임금을 산정할 수 있다. (1일 임금 × 통상근로계수)

## ❷ 일용근로자 4대보험 신고대상 여부

세법에는 통상 3개월 미만의 기간 동안 근로를 제공하는 자를 일용근로자로 규정하고 있으나 4대보험의 경우 각 법령에 그 가입을 제외하는 일용근로자의 범위를 각각 규정하고 있는바 동 규정에 따라 4대보험 가입여부를 판단하여야 한다. 따라서 세법상 일용근로자에 해당한다 하더라도 4대보험 각 법령에 의하여 가입을 하여야 하는 경우에는 4대보험에 가입하여야 한다.

### 1 국민연금 가입대상 근로자에서 제외되는 자

① 1월 미만의 기한부로 사용되는 근로자. 다만, 1월 이상 계속 사용되는 경우에는 자격 취득신고 대상임
② 비상임이사, 1월간의 근로시간이 60시간 미만인 시간제 근로자 등 사업장에서 상시 근로에 종사할 목적으로 사용되는 자가 아닌 자

[개정] 2018. 8. 1. 이후 건설업종 일용근로자 국민연금 가입대상 기준일수
20일 → 8일 [국민연금법 시행령 제2조(근로자에서 제외되는 사람) 제1호 가목 단서]

### 2 건강보험 가입대상 근로자에서 제외되는 자

① 1월 미만의 기한부로 사용되는 근로자. 다만, 1월 이상 계속 사용되는 경우에는 자격 취득신고 대상임
② 1월간의 근로시간이 60시간 미만인 시간제 근로자 등 사업장에서 상시 근로에 종사할 목적으로 사용되는 자가 아닌 자

### 3 고용보험 및 산재보험 가입대상근로자에서 제외되는 자

**[1] 고용보험 가입제외자**
1월의 근로시간이 60시간 미만인 시간제근로자

**[2] 산재보험 가입제외자**
근무일수와 시간에 관계없이 전 근로자 가입

#  이자소득 및 이자소득세 원천징수

## 1  이자소득

### ❶ 개요

이자소득이란 예금, 적금, 저축성보험등에 대한 이자 또는 금전등을 대여하고 그 대가로 지급받는 이자 등의 소득으로 다음과 같은 이익을 말한다.

① 국내에서 받는 예금(적금·부금·예탁금 및 우편대체 포함)의 이자
② 「상호저축은행법」에 따른 신용계(信用契) 또는 신용부금으로 인한 이익
③ 비영업대금(非營業貸金)의 이익
④ 국가나 지방자치단체가 발행한 채권 또는 증권의 이자와 할인액
⑤ 내국법인이 발행한 채권 또는 증권의 이자와 할인액
⑥ 채권 또는 증권의 환매조건부 매매차익
⑦ 저축성보험의 보험차익(보험계약에 따라 만기에 받는 보험금·공제금 또는 계약기간 중도에 해당 보험계약이 해지됨에 따라 받는 환급금에서 납입보험료 또는 납입공제료를 뺀 금액) 단, 과세되지 아니하는 것으로 정한 보험차익은 제외한다.
⑧ 외국법인의 국내지점에서 발행한 채권 또는 증권의 이자와 할인액
⑨ 외국법인이 발행한 채권 또는 증권의 이자와 할인액
⑩ 국외에서 받는 예금의 이자

▶ 이자소득이 과세되지 않는 보험차익
다음의 어느 하나에 해당하는 보험계약(보험계약을 체결한 후 해당 요건을 충족하지

못하게 된 경우의 보험계약은 제외하되, 제2항 및 제3항에 해당하는 보험계약이 그 보험계약을 체결한 후 해당 요건을 충족하지 못하게 된 경우라도 제1항의 요건을 충족하는 경우 그 보험계약은 포함한다)이나 보험금의 보험차익

① 계약자 1명당 납입할 보험료 합계액[계약자가 가입한 모든 저축성보험(제2항 및 제3항에 따른 저축성보험은 제외한다)의 보험료 합계액을 말한다]이 2억원 이하인 저축성보험계약으로서 최초로 보험료를 납입한 날부터 만기일 또는 중도해지일까지의 기간이 10년 이상인 것

② 다음 각 호의 요건을 모두 충족하는 월적립식 저축성보험계약
1. 최초납입일부터 만기일 또는 중도해지일까지의 기간이 10년 이상일 것
2. 최초납입일로부터 납입기간이 5년 이상인 월적립식 계약일 것
3. 최초납입일부터 매월 납입하는 기본보험료가 균등하고, 기본보험료의 선납기간이 6개월 이내일 것

③ 다음 각 호의 요건을 모두 충족하는 종신형 연금보험계약
1. 계약자가 보험료 납입 계약기간 만료 후 55세 이후부터 사망시까지 보험금·수익 등을 연금으로 지급받는 계약일 것
2. 연금 외의 형태로 보험금·수익 등을 지급하지 아니하는 계약일 것
3. 사망시 보험계약 및 연금재원이 소멸할 것
4. 계약자와 피보험자 및 수익자가 동일한 계약으로서 최초 연금지급개시 이후 사망일 전에 계약을 중도해지할 수 없을 것

④ 피보험자의 사망·질병·부상 그 밖의 신체상의 상해로 인하여 받거나 자산의 멸실 또는 손괴로 인하여 받는 보험금

### ▶ 환매조건부 매매차익
금융회사 등으로부터 양도성예금증서(CD) 등을 매수한 자가 금융회사 등에 채권을 되팔면서 발생하는 차익으로 기간에 따른 사전약정이자율을 적용한다.

## ❷ 이자소득으로 보지 아니하는 소득

### 1 매출 관련 발생액

① 물품을 매입할 때 대금의 결제방법에 따라 에누리되는 금액
② 외상매입금이나 미지급금을 약정기일 전에 지급함으로써 받는 할인액
③ 물품을 판매하고 대금의 결제방법에 따라 추가로 지급받는 금액
④ 외상매출금이나 미수금의 지급기일을 연장하여 주고 추가로 지급받는 금액

▶ **이자소득으로 보는 경우**
1. 외상매출금이나 미수금이 소비대차로 전환된 경우
2. 당초 계약내용에 의하여 매입가액이 확정된 후 그 대금의 지급지연으로 실질적인 소비대차로 전환된 경우

☞ **개인사업자가 매출채권의 지급기일을 연장하여 주고 추가로 지급받는 금액에 대한 세무처리**
개인사업자가 외상매출금이나 미수금의 지급기일을 연장하여 주고 추가로 지급받는 금액은 이자소득이 아니라 사업소득에 해당하는 것이므로 총수입금액에 포함하는 것이나 외상매출금이나 미수금이 소비대차로 전환된 경우에는 이자소득 (비영업대금의 이익)이므로, 이자를 지급하는 자가 이자소득에 대하여 이자소득세를 원천징수하여 다음 달 10일까지 원천징수이행상황신고 및 납부를 하는 것이며, 해당 이자소득은 개인사업자의 사업소득에 포함되지 않는다.

### 2 손해배상금에 대한 법정이자

① 법원의 판결 및 화해에 의하여 지급받는 손해배상금에 대한 법정이자
② 위약 또는 해약을 원인으로 법원의 판결에 의하여 지급받는 손해배상금에 대한 법정이자

# 2. 이자소득세 원천징수 및 지급명세서 제출

## ❶ 개요

금전대부업을 영위하지 아니하는 개인으로부터 금전 등을 차입하고 그 이자를 지급하는 자는 소득세법의 규정에 의하여 이자소득세 및 지방소득세를 징수하여 납부하여야 하며, 금전대부업을 영위하지 아니하는 법인으로부터 금전 등을 차입하고 그 이자를 지급하는 자는 법인세법의 규정에 의하여 법인세 및 지방소득세를 징수하여 납부하여야 한다. **단, 대부업을 영위하는 금융기관 등(개인 및 법인)으로부터 금전을 차입한 자가 금융기관 등에 이자를 지급하는 경우에는 이자소득세를 징수납부하지 아니한다.** 이는 거주자가 금융기관 등에 지급하는 이자는 대부업자의 사업소득에 해당하므로 이자를 지급하는 자는 이자소득세를 징수하지 않는 것이다.

## ❷ 금융기관 등이 예금이자를 지급하는 경우

이자로 지급하는 금액의 14%를 이자소득세로 이자소득세의 10%를 지방소득세로 징수하여 납부한다. 따라서 예금이자를 지급받는자는 이자수익에서 이자소득세 및 지방소득세를 공제한 후의 금액을 지급받게 된다. 법인의 경우 예금이자 수입에 대하여 원천징수당한 법인세(이자소득세)는 선납세금으로 처리한 다음 납부할 법인세에서 공제를 받을 수 있다. (2015.1.1. 이후 법인에게 이자를 지급하는 경우에도 지방소득세를 징수함)

▶ 이자소득에 대한 원천징수세율

| 지급자 | 지급받는자 | 원천징수 | 지방소득세 |
|---|---|---|---|
| 개인 | 개인 | 이자소득세 25% | 이자소득세의 10% |
| | 법인 | 법인세 25% | 법인세의 10% |
| | 금융기관 등에 이자 지급 | 징수하지 않음 | 징수하지 않음 |
| 법인 | 개인 | 이자소득세 25% | 이자소득세의 10% |
| | 법인 | 법인세 25% | 법인세의 10% |
| | 금융기관 등에 이자 지급 | 징수하지 않음 | 징수하지 않음 |

## ❸ 금융기관이 아닌 자에게 이자지급시 원천징수

### 1  개인사채(私債)에 대한 이자지급

기업이 개인으로부터 차입한 차입금에 대한 이자를 지급하여야 하는 경우 그 지급금액의 25%(금전대부업을 영위하지 아니하는 자가 개인 등에게 금전을 차입하고 이자를 지급하는 경우 이자소득세 원천징수세율) 및 지방소득세(이자소득세의 10%)를 원천징수하여 징수일의 다음달 10일까지 관할세무서에 납부하여야 한다.

**법인에게 이자를 지급하는 경우 지방소득세는 징수하지 아니하였으나 지방세법 개정으로 2015.1.1. 이후에는 지방소득세도 같이 징수하여 신고·납부하여야 한다.**

☞ **금융기관이 아닌 법인에게 이자 지급시 법인세 원천징수 및 원천징수이행상황신고서 작성방법**
개인기업 또는 법인이 다른 법인으로부터 자금을 차입하고, 그 이자를 지급하는 경우 소득세법에 의한 이자소득세가 아닌 법인세법에 의한 법인세를 원천징수하여 납부를 하여야 하며, 원천징수이행상황신고서 작성방법은 다음과 같다 그리고 다음해 2월 말일까지 지급명세서를 제출하여야 한다.

### 2  원천징수 대리신고 및 납부

개인이 법인에게 이자를 지급하는 경우 법인세(총지급액의 25%)를 원천징수하여 지급일의 다음 달 10일까지 관할세무서에 원천징수이행상황신고서를 제출하고 금융기관에 납부하여야 한다.

이 경우 원천징수이행상황신고서의 원천징수의무자란에는 사업자등록번호를 기재하되, 사업자등록번호가 없는 개인인 경우에는 주민등록번호를 기재하여 제출한다. 단, 법인이 개인으로부터 원천징수신고에 대한 사항을 위임받은 경우 해당 법인이 원천징수신고 및 납부를 대리할 수 있다.

## ③ 비영업대금 이자의 지급시기 의제

비영업대금의 이익(비영업대여금의 이자)의 수입시기는 다음과 같으며, 수입시기에 이자를 미지급한 경우에는 이자를 지급한 것으로 보아 원천징수 후 다음달 10일까지 관할세무서에 원천징수이행상황신고 및 납부를 하여야 한다.

① 이자지급에 대한 약정이 있는 경우 이자 지급 약정일
② 이자지급에 대한 약정이 없거나 약정 이자 지급일 전에 지급한 경우 실제 이자 지급일

□ 소득세법 시행령 제45조(이자소득의 수입시기) 이자소득의 수입시기는 다음 각 호에 따른 날로 한다. <개정 2012. 2. 2., 2013. 2. 15., 2015. 2. 3.>
9의2. 비영업대금의 이익
약정에 의한 이자지급일. 다만, 이자지급일의 약정이 없거나 약정에 의한 이자지급일전에 이자를 지급 받는 경우 또는 제51조제7항의 규정에 의하여 총수입금액 계산에서 제외하였던 이자를 지급 받는 경우에는 그 이자지급일로 한다.

**사례** 법인에 대한 이자 지급

20×6. 2. 28 법인 거래처로부터 회사의 운영자금 2억원을 연리 6%로 차입하고, 1개월분 차입금 이자 1,000,000원을 지급하면서 법인세 250,000원 및 지방소득세 25,000원을 차감한 725,000원을 보통예금 계좌에서 이체하여 지급하다.

| 이자비용 | 1,000,000 | / | 보통예금 | 725,000 |
|---|---|---|---|---|
|  |  |  | 예수금 | 275,000 |

[이자를 수취한 법인의 회계처리]

| 보통예금 | 725,000 | / | 이자수익 | 1,000,000 |
|---|---|---|---|---|
| 선납세금 | 275,000 |  |  |  |

## ❹ 이자소득 원천징수영수증 교부 및 제출

이자소득을 지급하는 원천징수의무자는 이를 지급하는 때에 이자소득 및 기타 필요한 사항을 기재한 지급명세서(원천징수영수증)을 이자소득을 지급받는 자에게 교

부하여야 하며, 그 지급일이 속하는 연도의 다음연도 2월 말일까지 관할세무서에 제출하여야 한다.

### ▶ 개인사업자 및 법인사업자의 이자수입 세무처리 차이
(1) 개인사업자의 경우 이자소득은 이자소득으로 별도로 과세되므로 사업수입금액에 포함하지 아니한다. 따라서 이자수익은 사업소득과 관련한 장부에는 기장하지 아니한다. 한편, 이자소득 및 배당소득의 연간 합계액이 2천만원 이하인 경우 종합소득에 합산하지 아니하나 이자 및 배당소득금액이 연간 2천만원을 초과하는 경우에 종합소득에 별도로 합산하여 신고하여야 한다.
(2) 법인은 이자수익을 법인의 이자수익으로 계상하며, 원천징수된 법인세는 납부할 법인세에서 기납부세액으로 공제한다.

## ❺ 법인 지방소득세 특별징수명세서 제출의무

### [1] 제출의무
법인지방소득세를 원천징수하여 납부한 경우 법인지방소득세 특별징수명세서(지방세법 시행규칙 별지 42호4)를 제출하여야 한다.

▶ 대상 : 법인지방소득세(이자 배당소득) 특별징수의무자
▶ 근거 : 지방세법 시행령 제100조의 19
▶ 제출자료 : 법인지방소득세 특별징수명세서(지방세법 시행규칙 별지 42호4)
▶ 제출기한 : 다음해 2월 말일까지 제출

☐ 지방세법 제100조의19(특별징수의무)
② 특별징수의무자는 납세의무자별로 행정안전부령으로 정하는 법인지방소득세 특별징수명세서를 특별징수일이 속하는 해의 다음 해 2월 말일(특별징수의무자가 휴업, 폐업 및 해산한 경우에는 휴업, 폐업 및 해산일이 속하는 달 말일의 다음 날부터 2개월이 되는 날)까지 특별징수의무자 소재지 관할 지방자치단체의 장에게 제출하여야 한다.

### [2] 특별징수명세서를 미제출한 경우
미제출에 대한 별도의 가산세 규정은 없으나 관할 지방자치단체에서 제출을 요구하게 되므로 제출기한내 제출을 하여야 한다.

# 6 배당소득 및 배당소득세 원천징수

## 1 배당소득

### ❶ 개요

배당소득이란 법인에서 발생한 이익을 법인의 주주(출자자)에게 출자지분에 따라 배분하는 경우 발생하는 소득 등으로 배당소득에는 일반적인 이익배당 외에 배당으로 간주하는 의제배당과 법인세법에 의하여 배당으로 처분된 소득 등이 있으며, 당해 연도에 발생한 다음의 소득을 말한다.

### ❷ 소득세법에 의한 배당소득

#### 1 법인으로부터 받는 잉여금의 배당 또는 분배금

① 내국법인이 다른 법인으로부터 받는 배당 또는 분배금은 법인의 수익으로 계상을 하여야 한다.

② 개인기업의 경우 배당소득은 별도로 과세되므로 사업수입금액에 포함하지 아니한다. 따라서 배당소득은 사업소득과 관련한 장부에는 기장하지 아니한다.

## 2  의제배당

① 의제배당이라 함은 배당금으로 의제하는 다음의 금액을 말하며 이를 당해 주주·사원 기타 출자자에게 배당한 것으로 본다.
② 주식의 소각이나 자본의 감소로 인하여 주주가 취득하는 금전 기타 재산의 가액 또는 퇴사·탈퇴나 출자의 감소로 인하여 사원이나 출자자가 취득하는 금전 기타 재산의 가액이 주주·사원이나 출자자가 당해 주식 또는 출자를 취득하기 위하여 소요된 금액을 초과하는 금액
③ 법인의 잉여금의 전부 또는 일부를 자본 또는 출자의 금액에 전입함으로써 취득하는 주식 또는 출자의 가액. 다만, 자본준비금 및 자산재평가법에 의한 재평가적립금을 자본에 전입하는 경우를 제외한다.

## 3  법인세법에 의하여 배당으로 처분된 금액

주주가 법인의 잉여금 처분 이외에 받는 다음의 이익 등은 법인으로부터 배당금을 받은 것으로 본다. 따라서 이 경우 법인은 세무조정에서 ①의 경우 익금산입하고, ②의 경우 손금불산입한 다음 해당 주주에 대한 배당으로 처분하고 배당소득세를 징수하여 다음달 10일(12월말 법인의 경우 4월 10일)납부하여야 한다.

① 주주가 법인의 자금을 무상 또는 세법에서 정하는 이자율(당좌대출이자율 또는 가중평균차입이자율) 보다 낮은 이자율로 대출을 받음으로서 얻게 되는 이익
② 법인의 비용으로 계상한 금액 중 주주가 가져간 것으로 보는 금액

## ❸  법인세법에 의한 배당소득

집합투자기구(펀드자금운용회사)가 이익 중 투자신탁의 이익으로 내국법인에게 지급하는 금액은 그 지급시 법인세를 징수하여 납부하여야 하며, 지급을 받는 내국법인은 배당금수익으로 법인의 익금에 산입하고, 원천징수된 법인세는 법인세 과세표준 신고시 기납부세액으로 납부할 세액에서 공제를 받을 수 있다.

# 2   배당소득세 원천징수 등

## ❶ 배당소득 원천징수세율

**[1] 거주자에게 배당소득 등을 지급하는 경우**
① 배당소득에 대하여 100분의 14
② 출자공동사업자의 배당소득에 대하여는 100분의 25

**[2] 비거주자에게 배당소득 등을 지급하는 경우**
① 조세조약이 체결된 국가의 거주자인 경우 : 조세조약상 제한세율
② 조세조약이 체결되지 않은 국가의 거주자인 경우 : 20% (지방소득세 별도)

## ❷ 배당소득에 대한 배당소득세 원천징수시기

배당소득에 대한 배당소득세 원천징수는 원천징수의무자가 배당소득을 지급하는 때에 배당소득세를 징수한 후 지급일의 다음달 10일까지 신고 및 납부를 하여야 한다. 단, 배당금 지급이 지연되거나 소득처분에 의한 배당금의 경우 다음의 배당소득 지급시기 의제일에 배당금을 지급한 것으로 보아 배당소득세를 징수하여 다음달 10일까지 신고 및 납부를 하여야 한다.

① 법인이 이익 또는 잉여금의 처분에 의한 배당소득을 그 처분을 결정한 날로부터 3월이 되는 날까지 지급하지 하니 한 때는 3월이 되는 날
② 소득처분에 의한 배당소득의 지급시기 : 소득금액변동통지서를 받은 날
③ 법인소득을 신고함에 있어서 처분되는 배당소득 : 법인세의 신고기일

☐ 소득세법 제131조(이자소득 또는 배당소득 원천징수시기에 대한 특례) ① 법인이 이익 또는 잉여금의 처분에 따른 배당 또는 분배금을 그 처분을 결정한 날부터 3개월이 되는 날까지 지급하지 아니한 경우에는 그 3개월이 되는 날에 그 배당소득을 지급한 것으로 보아 소득세를 원천

징수한다. 다만, 11월 1일부터 12월 31일까지의 사이에 결정된 처분에 따라 다음 연도 2월 말일까지 배당소득을 지급하지 아니한 경우에는 그 처분을 결정한 날이 속하는 과세기간의 다음 연도 2월 말일에 그 배당소득을 지급한 것으로 보아 소득세를 원천징수한다.

## ❸ 배당소득 원천징수영수증 교부 및 제출

국내에서 배당소득을 지급하는 원천징수의무자는 이를 지급하는 때에 그 배당소득 및 기타 필요한 사항을 기재한 원천징수영수증을 배당소득을 지급받는 자에게 교부하여야 하며, 원천징수의무자는 지급명세서를 그 지급일이 속하는 연도의 다음연도 2월 말일까지 관할 세무서에 제출하여야 한다.

♣ 법인이 법인에게 배당금 지급시 배당소득세는 징수하지 아니하나 지급명세서는 제출하여야 함

## ❹ 배당소득 분리과세 및 종합과세

### 1 분리과세

이자소득 및 배당소득의 연간 합계액이 2,000만원 이하인 경우 분리과세되어 납세의무가 종결된다. 분리과세란 특정한 소득에 대하여 일정한 세액을 원천징수함으로써 납세의무를 종결하고, 종합소득에 합산하지 아니하는 과세방식을 말한다.

### 2 종합과세

배당소득은 금융소득(이자소득 + 배당소득)으로 금융소득의 연간 합계액이 2,000만원을 초과하는 경우 종합소득에 별도 합산하여 신고를 하여야 한다.

[1] 배당소득 종합과세
법인기업이 주주에게 배당금을 지급하는 경우 법인은 그 지급액의 14%를 배당소득세로 배당소득세의 10%를 지방소득세로 징수하여 (법인에게 배당금 지급시에는

배당소득세 징수하지 않음) 관할 세무서에 신고 및 납부를 하게 되며, 배당금을 지급받는 주주는 법인이 원천징수한 배당소득세를 차감하고 지급받게 된다.

한편, 소액의 배당금을 받는 경우에도 종합소득세 신고를 하도록 법률이 정한다면, 납세자는 불편하고 세무당국은 납세관리를 위하여 많은 행정력이 필요하게 될 것이므로 연간 금융소득(이자소득 + 배당소득)이 2천만원 이하인 경우 그 지급을 하는 자가 소득세를 징수함으로써 납세의무를 종결하도록 하는 것이다. 단, 금융기관에서 지급받는 이자소득 및 법인의 배당소득에 대한 세율은 14%인데 최고 38%의 세율을 적용받는 다른 소득자와 과세형평에 문제가 있으므로 금융소득이 2천만원을 초과하는 경우 종합소득세 신고를 하도록 있는 것이다.

### [2] 종합과세되는 배당소득의 배당세액공제

개인사업자는 사업소득에 대하여 종합소득세가 과세되어 납세가 종결되나 법인 사업자는 법인에서 발생한 소득에 대하여 법인세가 과세되고 법인세가 과세된 소득을 출자자인 주주등에게 배당하는 경우 다시 배당소득이 과세됨으로서 이중과세문제가 발생한다. 따라서 이중과세를 경감하기 위하여 주주단계의 소득세에서 일정한 세액을 차감하여 공제하여 주는 것을 배당세액공제라 하며 각 소득자별로 배당세액을 공제하는 계산방식은 다음과 같다.

### [3] 배당소득금액 가산 및 배당소득세액공제

① 종합소득을 계산함에 있어 종합과세되는 배당소득이 있는 경우 당해연도의 총수입금액에 배당소득의 100분의 11에 상당하는 금액을 가산한 금액으로 한다.
다만, 배당소득중 배당세액공제가 배제되는 의제배당은 제외한다.
② 거주자의 종합소득금액에 배당소득의 100분의 11에 상당하는 금액(Gross-Up)이 합산되어 있는 경우 당해연도의 총수입금액에 가산한 금액(Gross- Up)에 상당하는 금액을 종합소득산출세액에서 공제한다.
③ 금융소득금액은 배당소득에 대한 귀속 법인세를 가산하고, 종합소득공제와 결손금을 공제하기 전의 금액이다.

▶ **배당세액공제액 (①과 ② 중 적은 금액)**
① Gross - up 금액
② 산출세액 - 원천징수세율 방법의 산출세액

□ 금융소득금액이 2천만원을 초과하는 경우 산출세액의 계산특례

종합과세되는 금액이 2천만원을 초과하는 경우에는 종합과세로 인하여 기본세율이 적용되는 금융소득금액(금융소득금액 중 2천만원을 초과하는 금융소득금액)에 대한 산출세액이 최소한 분리과세시 납부하는 원천징수세액 이상이 되도록 하기 위하여 다음과 같이 산출세액을 계산한다.

□ 종합소득산출세액 = ①과 ② 중 큰 금액
① 일반산출세액 = (종합소득과세표준 - 2,000만원) × 기본세율 + 2,000만원 × 14%
② 비교산출세액 = (종합소득과세표준 - 금융소득금액) × 기본세율 + 금융소득 × 원천징수세율

| 사 례 | 배당소득이 2천만원 초과시 그로스업 및 배당세액공제 |

- 근로소득금액    50,000,000원
  근로소득금액 = 근로소득 - 근로소득공제
- 사업소득금액    100,000,000원
  [총수입금액 500,000,000원 - 필요경비 400,000,000원]
- 이자소득       10,000,000원
  배당소득       200,000,000원(국내 비상장법인의 배당소득)
  배당소득가산액  20,900,000원(210,000,000원 - 10,000,000원 - 10,000,000원) × 11%
- 배당소득합계   220,900,000원
  [배당소득 200,000,000원 + 배당가산액 20,900,000원]
- 종합소득금액   380,900,000원
- 소득공제       30,000,000원(가정)
- 과세표준       350,900,000원
- 비교산출세액   109,142,000원
- 배당세액공제   20,900,000원 [MIN : 20,900,000원, 52,642,000원(① - ②)]
  (산출세액에서 배당소득 그로스업 금액을 배당세액공제)

▶ 비교산출세액(109,142,000원) = ①과 ② 중 큰 금액
① 종합과세 산출세액 = (종합소득과세표준 350,900,000원 - 20,000,000원) × 기본세율 + 2,000만원 × 14% = 109,142,000원
② 분리과세 산출세액 = [금융소득(210,000,000원) × 원천세율(14%)] + [금융소득을 제외한 종합소득과세표준(150,000,000원) - 소득공제(30,000,000원)] × 기본세율 = 29,400,000원 + 27,100,000원 = 56,500,000원

# 3 법인의 이익 배당 및 세무실무

## ❶ 주주 및 주주에 대한 이익 배당

법인기업의 주주는 배당을 받을 목적으로 출자를 한다. 따라서 주주는 출자한 기업에서 이익이 발생하는 경우 배당을 받을 권리를 가지게 된다.

이익이란 수익에서 비용을 차감한 것을 말하며, 이익이 발생하면, 이익이 발생한 만큼 기업의 순자산이 증가하게 된다. 예를 들어 회사의 사업연도 초 순자산총액이 10억원이고, 1년간 사업을 하여 3억원의 이익이 발생하였다면, 회계연도 말 순자산총액은 13억원으로 3억원의 순자산이 증가하게 되는 것이며, 이 증가한 자산의 원인은 이익으로 얻어 진 것으로 이익잉여금이라고 하며, 증가한 자산은 배당 등의 절차를 통하여 사외에 유출하지 않을 경우 회사내에 자산의 형태로 계속 남게 되며, 차후 새로운 시설투자 등을 할 경우 차입을 하지 않고도 회사자금으로 투자를 할 수 있는 것이다.

배당이란 기업의 사업활동으로 증가한 자산을 주주총회의 결의를 거쳐 주주들에게 분배하는 것으로 배당처분을 하는 경우 주주에게 현금등을 지급하게 되므로 자산이 감소(유출)되고, 자본(이익잉여금)이 유출된다.

그리고 이익배당은 주주총회의 결의로 정하지만, 재무제표를 이사회가 승인하는 경우에는 이사회의 결의로 로 정할 수 있으며, 회사는 대차대조표의 순자산액으로부터 다음의 금액을 공제한 금액을 한도로 하여 이익배당을 할 수 있다.

1. 자본의 액
2. 그 결산기까지 적립된 자본준비금과 이익준비금의 합계액
3. 그 결산기에 적립하여야 할 이익준비금의 액
4. 자산 및 부채에 대한 평가로 인하여 증가한 미실현이익

## 1 결산배당 및 중간배당

배당금이란 기업이 영업활동을 통하여 획득한 이익을 주주들에게 분배하는 것을 말하며, 배당의 종류에는 여러 가지가 있으나 우리나라 상법에서는 현금배당과 주식배당만을 인정하고 있다.

상법 규정에서는 연 1회의 결산기를 정한 회사는 결산주주총회에서 손익을 확정한 후에 이익배당을 하는 것이 원칙이지만 정관에 정함이 있는 경우에는 이사회의 결의에 의하여 영업연도 중 1회에 한하여 일정한 날을 정하여 그 날의 주주에게 금전에 의한 중간배당을 실시할 수 있다. 라고 규정되어 있다.

중간배당은 금전에 의한 배당이므로 주식배당은 하지 못하며, 결산배당과 동일하게 결산시점에서 중간배당에 상당하는 이익준비금을 적립하여야 하며 원칙적으로 중간배당은 중간배당을 실시하는 회계연도의 직전 회계연도말 배당가능 이익이므로 직전 회계연도말에 이월결손금이 있는 경우에는 중간배당을 할 수 없으며, 당해 회계연도에 결손이 발생하여 배당가능이익이 발생하지 아니할 우려가 있는 경우에는 중간배당을 하지 못한다.

## 2 이익잉여금 처분

미처분이익잉여금은 주주총회의 의결로 이익잉여금을 처분하며, 일반적으로 다음과 같은 내용으로 처분한다.

① 미처분이익잉여금 ~ 당기순이익은 미처분이익잉여금으로 대체하며, 이익의 처분 후 이익잉여금으로 대체된다.

② 현금배당 ~ 이익잉여금 중 일부를 주주들에게 출자금액에 비례하여 현금으로 배당하는 것을 말하며, 배당결의 후 배당금 지급전까지 미지급배당금이란 명칭으로 재무제표에 공시되며, 현금배당시 미지급배당금과 상계처리한다.

③ 이익준비금 ~ 상법에서는 주식회사가 현금배당을 할 경우 그 배당액의 10분의 1이상을 이익준비금으로 적립하도록 규정하고 있다. 왜냐하면, 법인에서 발생한 이익금을 모두 배당하게 되면, 기업의 재무구조를 악화시킬 수 있기 때문에 일정 금액의 처분을 제한하는 것이다.

④ 이월이익잉여금 ~ 이익잉여금 중 처분하지 않은 금액은 그대로 차기 이후로 이월되며, 이를 이월이익잉여금이라고 한다.

### ▶ 미지급배당금

회사는 사업활동 결과 발생한 이익을 임의대로 처분하는 것이 아니라 이사회의 결의 또는 주주총회의 결정으로 이익을 처분한다. 그러나 주주총회는 통상 당해 사업연도의 다음해 3월에 개최한다. 따라서 당해 회계연도의 이익발생에 관한 처분사항을 이익잉여금처분계산서에 반영할 수 없게 됨에 따라 기업의 재무정보이용자들은 재무제표를 통하여 회사의 이익 처분에 관한 중요한 정보를 알 수 없게 된다. 한편, 이사회에서는 주주총회 전 이익잉여금의 처분계획을 의결할 수 있고, 이사회에서 의결한 처분계획은 대부분 주주총회에서 수용하게 되므로 이사회의 의결사항을 재무제표에 공시하게 되면, 정보이용자들은 당기순이익의 처분에 관한 정보를 제공받을 수 있을 것이다.

따라서 당기순이익에 대한 이사회의 결의사항을 반영한 재무제표를 작성할 수 있으며, 이 경우 나중에 지급할 배당금을 미지급배당금으로 한다. 즉, 미지급배당금이란 주주들에게 지급할 배당금에 대하여 회계기말에 부채로 계상한 금액을 말하며, 미지급배당금 계상시 이익잉여금과 대체처리한다.

### ▶ 배당기준일

배당기준일이란 배당을 받을 권리가 있는 주주를 확정짓는 날이다. 따라서 배당기준일에 주주명부에 기록된 자에 한하여 배당금이 지급되며, 배당기준일 이후에 취득한 주식의 주주는 권리락(權利落)된 상태로 배당을 받을 수 없다. 배당기준일은 통상 회계연도말이며, 배당기준일에는 별도의 회계처리를 하지 않는다.

### ③ 이익잉여금처분계산서

이익잉여금처분계산서란 기업이 당해 사업연도 영업활동 결과 발생한 이익(손익계산서의 당기순이익)과 전년도까지 매 년 장부상 발생한 이익을 처분하지 아니하여 이월되어 온 전기이월이익잉여금을 합한 금액을 당기에 어떻게 처분하였는가를 나타내는 계산서이다.

## ❷ 배당금 지급 회계처리 사례

① 《미지급배당금 계상》 결산결과 당기순이익 3억원이 발생하였으며, 전기에 이월되어 온 잉여금 5억원이 있다. 회계기말에 이사회에서 당기에 처분할 수 있는 잉여금(미처분이익잉여금) 8억원을 아래와 같이 처분하기로 결의하다.
  ○ 배당  1억원
  ○ 이익준비금 1천만원
  ○ 차기이월 6억 9천만원

| 이월이익잉여금 | 500,000,000 | / | 미처분이익잉여금 | 800,000,000 |
|---|---|---|---|---|
| 당기순이익 | 300,000,000 | | | |

\* 이월이익잉여금 및 당기순이익을 미처분이익잉여금으로 대체한 다음 처분한다.

| 미처분이익잉여금 | 800,000,000 | 미지급배당금 | 100,000,000 |
|---|---|---|---|
| | | 이익준비금 | 10,000,000 |
| | | 이월이익잉여금 | 690,000,000 |

\* 미지급배당금 : 주주에 대하여 현금배당할 금액으로 기말 현재 미지급한 부채계정이다.

② 《배당결의일》 주주총회에서 이익잉여금 중 1억원을 배당결의하다.
배당결의일이란 주주총회에서 배당결의를 한 날로 회계연도말 이사회에서 결의한 사항에 대하여 이미 미지급배당금을 계상한 경우(①)에는 별도의 회계처리를 하지 않지만, 이사회에서 배당결의를 한 날 미지급배당금을 계상하지 않은 경우에는 미지급배당금을 계상하여야 한다.

③ 《배당금지급 및 배당소득세 원천징수》 3월 10일 주주에 대한 배당금 1억원을 지급하기 위하여 배당소득세 14,000,000원(배당소득세율 : 14%) 및 지방소득세 1,400,000원을 공제한 84,600,000원을 보통예금에서 인출하여 주주에게 지급하다.

| 미지급배당금 | 100,000,000 | / | 보통예금 | 84,600,000 |
|---|---|---|---|---|
| | | | 예수금 | 15,400,000 |

④ 《배당소득세 및 지방소득세 납부》 배당금 지급일의 다음달 10일 배당소득세 14,000,000원 및 지방소득세 1,400,000원을 보통예금에서 인출하여 납부하다.

| 예수금 | 15,400,000 | / | 보통예금 | 15,400,000 |
|---|---|---|---|---|

### 참고 배당 결의 이전 및 이후의 재무상태표 변동

아래 표는 배당이 자본에 미치는 영향을 이해하기 쉽도록 하기 위하여 작성한 것으로 실제 재무제표는 다음과 같이 작성되는 것이 아니다.

| 과 목 | 배당 결의 전 | 배당 결의일 | 배당금 지급 후 |
|---|---|---|---|
| [자 산 총 계] | 3,300,000,000 | 3,300,000,000 | 3,200,000,000 |
| [유 동 부 채] | 1,000,000,000 | 1,100,000,000 | 1,000,000,000 |
| 미지급배당금 | | 100,000,000 | |
| [비 유 동 부 채] | 1,000,000,000 | 1,000,000,000 | 1,000,000,000 |
| [자 본] | 1,300,000,000 | 1,200,000,000 | 1,200,000,000 |
| 자 본 금 | 500,000,000 | 500,000,000 | 500,000,000 |
| 자 본 준 비 금 | | 10,000,000 | 10,000,000 |
| 이 익 잉 여 금 | 800,000,000 | 690,000,000 | 690,000,000 |
| 미처분이익잉여금 | 800,000,000 | | |
| 이월이익잉여금 | | 690,000,000 | 690,000,000 |
| (당기순이익) 300,000,000 | | | |
| [부채와자본총계] | 3,300,000,000 | 3,300,000,000 | 3,200,000,000 |

현금배당을 하는 경우 기업의 순자산이 유출되고 자본(잉여금)이 감소하는 결과가 되어 부채비율이 증가하므로 기업의 재무상태에는 나쁜 영향을 초래한다.
배당 전 부채비율 : 153.85% (부채 20억원 ÷ 자본 13억원)
배당 후 부채비율 : 166.67% (부채 20억원 ÷ 자본 12억원)

### 이익잉여금처분계산서

제□기 20×5년 01월 01일부터  제□기 20×4년 01월 01일부터
20×5년 12월 31일까지   20×4년 12월 31일까지
처분예정일 : 20×6년 3월 10일  처분확정일 : 20×5년 3월 10일

업체명 : (주)한국페인트 (단위 원)

| 과 목 | 제 (당)기 | | 제 (전)기 | |
|---|---|---|---|---|
| | 금 | 액 | 금 | 액 |
| Ⅰ 이월이익잉여금 | | 800,000,000 | | |
| 1. 전기이월미처분결손금 | 500,000,000 | | | |
| 2. 전기오류수정이익 | | | | |
| 3. 전기오류수정손실 | | | | |
| 4. 당 기 순 이 익 | 300,000,000 | | | |
| Ⅱ 임의적립금등의이입액 | | | | |
| 합 계 | | 800,000,000 | | |
| Ⅲ 이익잉여금처분액 | | | | |
| 1. 이 익 준 비 금 | 10,000,000 | | | |
| 2. 배 당 금 | 100,000,000 | | | |
| Ⅳ 차기이월미처분이익잉여금 | | 690,000,000 | | 500,000,000 |

### 🅠 회계기말에 이익처분에 대한 결의를 하지 않는 경우의 이익처분

① 《이익잉여금 처분》 결산결과 당기순이익 2천만원이 발생하였다. 20×5년 3월 15일 주주총회에서 당기에 처분할 수 있는 잉여금(미처분이익잉여금) 2천만원을 아래와 같이 처분하기로 결의하다.

• 현금배당 10,000,000원  • 이익준비금 1,000,000원  • 차기이월 9,000,000원

| 미처분이익잉여금 | 20,000,000 / | 미지급배당금 | 10,000,000 |
|---|---|---|---|
| | | 이익준비금 | 1,000,000 |
| | | 이월이익잉여금 | 9,000,000 |

② 《배당금 지급》 3월 31일 주주에 대한 배당금을 보통예금에서 인출하여 지급하면서 배당금 10,000,000원에 대한 배당소득세(배당금액의 14%) 1,400,000원 및 지방소득세(배당소득세의 10%) 140,000원을 차감한 8,460,000원을 지급하다.

| 미지급배당금 | 10,000,000 / | 보통예금 | 8,460,000 |
|---|---|---|---|
| | | 예수금 | 1,540,000 |

③《배당소득세 및 지방소득세 납부》배당금 지급일의 다음달 10일 배당소득세 및 지방소득세를 보통예금에서 인출하여 납부하다.

| 예수금 | 1,540,000 | / | 보통예금 | 1,540,000 |

## ❸ 배당과 관련한 세무실무

### 1 배당소득세 원천징수

주주에게 배당소득을 지급하는 경우 그 지급액의 100분의 14를 배당소득세로 배당소득세의 10%를 지방소득세로 징수하여 징수일의 다음달 10일까지 관할 세무서에 신고 및 납부를 하여야 한다.

단, 법인에게 배당소득을 지급하는 경우에는 배당소득세를 원천징수하지 않는다.

### 2 배당소득 지급시기 의제

배당소득은 원천징수의무자가 배당소득을 지급하는 때를 지급시기로 한다. 다만, 배당소득을 실제 지급하지는 않았으나 세법의 규정에 의하여 일정한 시점에 배당소득을 지급한 것으로 간주하여 배당소득세를 원천징수하는 것을 배당소득 지급시기 의제라 하며, 다음의 시기에 배당소득을 지급한 것으로 의제한다.

1. 법인이 이익 또는 잉여금의 처분에 따른 배당 또는 분배금을 그 처분을 결정한 날부터 3개월이 되는 날까지 지급하지 아니한 경우에는 그 3개월이 되는 날에 그 배당소득을 지급한 것으로 보아 소득세를 원천징수한다. 다만, 11월 1일부터 12월 31일까지의 사이에 결정된 처분에 따라 다음 연도 2월 말일까지 배당소득을 지급하지 아니한 경우에는 그 처분을 결정한 날이 속하는 과세기간의 다음 연도 2월 말일에 그 배당소득을 지급한 것으로 보아 소득세를 원천징수한다. 한편, 법인세법에 따라 처분되는 배당소득은 해당 법인이 법인세 과세표준 및 세액의 신고기일에 지급한 것으로 보아 소득세를 원천징수하고, 지급명세서는 다음연도 2월 말일까지 제출하여야 한다.

2. 소득처분에 의한 배당소득의 지급시기 : 소득금액변동통지서를 받은 날
3. 법인소득을 신고함에 있어서 법인세법시행령 제106조의 규정에 의하여 처분되는 배당소득(소령 131 ②) : 당해 법인의 법인세 과세표준 및 세액의 신고기일

## ③ 이익잉여금을 자본금으로 전입하는 경우의 세무적인 문제

이익잉여금을 자본금으로 전입하는 것을 무상증자라고 하며, 무상증자는 기업의 이익을 주주들에게 현금배당을 하는 것이 아니라 주주총회의 결의에 의하여 기존의 주주에게 주식을 추가로 배정하는 것으로 주주의 입장에서는 주식 추가 배정금액만큼 이익을 얻게 되는 것이다. 따라서 이와 같은 배당을 의제배당이라고 하며, 소득세법 제17조 제3호의 규정에 의한 의제배당에 해당되어 배당소득세(주식배당금액의 14%) 및 지방소득세(배당소득세의 10%)를 납부하여야 한다.

주식배당은 주주총회의 결의에 의하여 이익의 배당을 새로이 발행하는 주식으로 할 수 있다. 그러나 주식에 의한 배당은 이익배당총액의 2분의 1에 상당하는 금액을 초과하지 못한다.

무상증자는 법정준비금(이익준비금, 자본준비금)으로 증자하는 것을 원칙으로 한다. 다만, 예외적으로 임의적립금을 주주총회의 결의에 의하여 이를 이익준비금으로 항목변경을 통해 무상증자의 재원으로 활용이 가능하다.

## ④ 배당권리 포기

주주총회에서 특정주주는 배당을 받지 않고 다른 주주들은 주식수에 따라 배당을 받기로 결의한 경우 주주총회에서 배당을 결의한 금액 중 배당을 받지 않은 주주의 지분에 상당하는 금액에 대하여 배당을 받지 않는 주주가 다른 주주들에게 증여한 것으로 보아 증여세가 부과된다. 예를 들어 주주인 대표이사에게만 배당을 하는 경우 다른 주주는 배당권리를 포기한 것이므로 배당을 받을 금액에 상당하는 금액을 대표이사에게 증여한 것으로 보아 대표이사는 증여세를 부담하여야 하므로 배당시 유의하여야 할 것이다.

2016.1.1 이후 배당부터 ①법인의 최대주주 등이 본인이 지급받을 배당 등의 전부를 포기하거나 보유지분에 비하여 과소하게 배당을 받음으로써 ②그 최대주주 등의 특수관계인이 ③본인의 보유지분을 초과하여 배당을 받았을 때 이러한 초과배당을 증여로 보아 초과 금액에 증여세를 부과하되, 해당 초과배당금액에 대한 소득세 상당액은 증여세산출세액에서 공제한다.

◆ 서면-2017-상속증여-0274, 2017.03.09
상속세 및 증여세법 제41조의2 제1항에 따른 "초과배당금액"은 ① 최대주주등의 특수관계인이 배당 또는 분배(배당 등)를 받은 금액에서 본인이 보유한 주식등에 비례하여 배당등을 받을 경우의 그 배당등의 금액을 차감한 가액에 ② 보유한 주식등에 비하여 낮은 금액의 배당등을 받은 주주등이 보유한 주식등에 비례하여 배당등을 받을 경우에 비해 적게 배당등을 받은 금액(과소배당금액) 중 최대주주등의 과소배당금액이 차지하는 비율을 곱하여 계산하는 것임

## 5 배당소득 원천징수영수증 교부 및 제출

① 국내에서 배당소득을 지급하는 원천징수의무자는 이를 지급하는 때에 그 배당소득 기타 필요한 사항을 기재한 원천징수영수증을 배당소득을 지급받는 자에게 교부하여야 한다.
② 원천징수의무자는 지급명세서를 그 지급일이 속하는 연도의 다음연도 2월 말일까지 관할세무서에 제출하여야 한다.

▶ 법인의 배당금 지급에 대한 지급명세서 작성 코드
- 과세구분 : G 일반과세 Gross-up
- 소득의종류 : 51 내국법인 배당 분배금, 건설이자의 해당
- 조세특례등 : NN 조세특례 등을 적용받지않고 원천징수한 경우
- 금융상품코드
　A52 [법인배당-대주주] 내국법인 비상장
　B52 [법인배당-소액주주] 내국법인 비상장

# 퇴직금 및 원천징수
# 임원 퇴직금, 퇴직금 중간정산

## 1 퇴직소득 및 퇴직소득 지급시기 의제

### ❶ 퇴직소득

퇴직소득은 거주자·비거주자 또는 법인의 종업원이 현실적으로 퇴직함으로 인하여 받는 퇴직소득으로 당해 연도에 발생한 다음 소득의 합계액을 말한다.

① 사용자 부담금을 기초로 하여 현실적인 퇴직을 원인으로 지급받는 소득

② 퇴직소득의 일부 또는 전부를 지연하여 지급하면서 지연지급에 대한 이자를 함께 지급하는 경우 해당 이자

③ 「건설근로자의 고용개선 등에 관한 법률」 제14조에 따라 지급받는 퇴직공제금

④ 기타 퇴직소득에 포함되는 것
1. 불특정다수의 퇴직자에게 적용되는 퇴직급여지급규정·취업규칙 또는 노사합의에 의하여 지급 받는 퇴직수당·퇴직위로금 기타 이와 유사한 성질의 급여
2. 퇴직급여지급규정·취업규칙의 개정 등으로 퇴직금지급제도가 변경됨에 따라 퇴직금정산액을 지급하면서 퇴직금지급제도 변경에 따른 손실보상을 위하여 지급되는 금액
3. 명예퇴직수당, 해고예고수당

## ❷ 퇴직소득 해당 여부

① 정리해고시 급여에 가산하여 추가로 지급하는 퇴직위로금은 퇴직소득이다.
② 명칭 여하에 관계없이 퇴직을 원인으로 받는 소득인 퇴직공로금, 퇴직위로금 기타 이와 유사한 성질의 급여는 퇴직소득에 해당한다.
③ 임원의 퇴직금으로서 2012년 이후 분 중 정관의 규정이 있더라도 3년간 평균급여의 10분의 1에 상당하는 금액의 3배수(2020년 이후 2배수)를 초과하는 금액은 근로소득으로 본다.
④ 법인이 임원 또는 사용인에게 지급하는 퇴직급여는 임원 또는 사용인이 현실적으로 퇴직하는 경우에 지급하는 것에 한하여 이를 손금에 산입한다.
⑤ 현실적인 퇴직이 아님에도 퇴직금을 지급한 경우 지급일부터 현실적인 퇴직시까지 해당 임직원에 대한 무상 대여금으로 보아 법인의 경우 가지급금인정이자를 계상하여 익금에 산입하고 해당 임직원에 대한 상여로 처분을 하여야 한다.

▶ **해고예고수당은 퇴직금에 해당하는 것임 [소득세법기본통칙 22-2]**
사용자가 30일전에 예고를 하지 아니하고 근로자를 해고하는 경우 근로자에게 지급하는 근로기준법 제32조의 규정에 의한 해고예고수당은 퇴직소득으로 본다.

## ❸ 현실적인 퇴직

임·직원에게 퇴직금을 지급하여 적법한 비용으로 처리하기 위해서는 세법의 규정에 의한 임·직원이 현실적인 퇴직에 해당하여야 하며, 현실적인 퇴직에 해당하지 아니함에도 퇴직금을 지급하는 경우 세법에서는 인정하지 아니한다.

▶ **퇴직금 지급사유에 해당하는 현실적인 퇴직에 해당하는 경우**
1. 법인의 사용인이 당해 법인의 임원으로 취임한 때
2. 법인의 상근임원이 비상근임원으로 된 경우
3. 법인의 임원 또는 사용인이 그 법인의 조직변경·합병·분할 또는 사업양도에 의하여 퇴직한 때
4. 「근로자퇴직급여 보장법」에 따라 퇴직급여를 중간정산하여 지급한 때(중간정산시점부터 새로 근무연수를 기산하여 퇴직급여를 계산하는 경우에 한정)

5. 정관 또는 정관에서 위임된 퇴직급여지급규정에 따라 장기 요양 등 다음에 정하는 사유로 그 때까지의 퇴직급여를 중간정산하여 임원에게 지급한 때(중간정산시점부터 새로 근무연수를 기산하여 퇴직급여를 계산하는 경우에 한정한다)

### 📌 법인의 임원 급여를 연봉제로 전환하고 향후 퇴직금을 지급하지 않더라도 현실적인 퇴직에 해당하지 않음

2016년 이후 세법개정으로 법인의 임원에 대한 급여를 연봉제 전환에 따라 향후 퇴직급여를 지급하지 아니하는 조건으로 그 때까지의 퇴직급여를 정산하여 지급하는 경우에도 현실적으로 보지 아니한다.

### 📌 현실적인 퇴직이 아님에도 퇴직금을 지급한 경우 세무처리

법인의 종업원이 현실적으로 퇴직함으로 지급받는 소득으로 현실적으로 퇴직하지 아니한 임직원에게 지급한 퇴직금은 당해 임직원이 현실적으로 퇴직할 때까지 이를 퇴직금으로 보지 아니하고 업무와 관련 없는 자금의 대여액으로 본다.

예를 들어 법인의 임원 또는 사용인에게 중간정산 사유에 해당하지 아니함에도 중간정산을 하여 퇴직금을 지급하고, 손금산입한 경우 세무조정에서 손금불산입하고, 해당 임원 또는 사용인에 대한 상여로 처분하거나, 유보로 처분한 다음 퇴직금 지급일부터 현실적인 퇴직시점까지 가지급금 인정이자를 계상하여 법인의 익금에 산입하고 임원 또는 사용인에게 상여처분을 하여야 하는 것이다.

## ❹ 퇴직금 중간정산

### 1 개요

2012년 7월 26일 이후 퇴직금중간정산제도를 원칙적으로 폐지하였으나 퇴직금제도를 채택하고 있는 기업은 다음에 정하는 사유가 있는 경우 중간정산을 할 수 있으며, 확정기여형퇴직연금의 경우 같은 사유가 있을시 전액 중도인출을 할 수 있다. 단, 확정급여형퇴직연금의 경우 중간정산 또는 중도인출을 할 수 없다.

## 2  근로자에 대하여 퇴직금중간정산을 할 수 있는 사유

1. 무주택자인 근로자가 본인 명의로 주택을 구입하는 경우
2. 무주택자인 근로자가 주거를 목적으로 전세금 또는 보증금을 부담하는 경우. 이 경우 근로자가 하나의 사업에 근로하는 동안 1회로 한정한다.
3. 6개월 이상 요양을 필요로 하는 근로자 본인, 근로자의 배우자, 근로자 또는 그 배우자의 부양가족에 해당하는 사람의 질병이나 부상에 대한 요양 비용을 근로자가 부담하는 경우
4. 퇴직금 중간정산을 신청하는 날부터 역산하여 5년 이내에 근로자가 「채무자 회생 및 파산에 관한 법률」에 따라 파산선고를 받은 경우
5. 퇴직금 중간정산을 신청하는 날부터 역산하여 5년 이내에 근로자가 「채무자 회생 및 파산에 관한 법률」에 따라 개인회생절차개시 결정을 받은 경우
6. 사용자가 기존의 정년을 연장하거나 보장하는 조건으로 단체협약 및 취업규칙 등을 통하여 일정나이, 근속시점 또는 임금액을 기준으로 임금을 줄이는 제도를 시행하는 경우
7. 사용자가 근로자와의 합의에 따라 소정근로시간을 1일 1시간 또는 1주 5시간 이상 변경하여 그 변경된 소정근로시간에 따라 근로자가 3개월 이상 계속 근로하기로 한 경우
8. 그 밖에 천재지변 등으로 피해를 입는 등 고용노동부장관이 정하여 고시하는 사유와 요건에 해당하는 경우 [근로자퇴직급여보장법 시행령 제3조]

## 3  임원에 대하여 퇴직금중간정산을 할 수 있는 사유

① 중간정산일 현재 1년 이상 주택을 소유하지 아니한 세대의 세대주인 임원이 주택을 구입하려는 경우(중간정산일부터 3개월 내에 해당 주택을 취득하는 경우만 해당한다)
② 임원(임원의 배우자 및 생계를 같이 하는 부양가족 포함)이 3개월 이상의 질병 치료 또는 요양을 필요로 하는 경우
③ 천재·지변, 그 밖에 이에 준하는 재해를 입은 경우

### ▶ 중도정산 퇴직금 합산과세 [소득세법 제148조]

근로제공을 위하여 사용자와 체결하는 계약으로서 사용자가 같은 하나의 계약을 한 경우로써 이미 중간정산을 한 근로자가 퇴직을 하는 경우에는 중간정산분 퇴직소득 + 최종 퇴직소득에 대하여 퇴직소득세를 계산하거나, 최종 퇴직소득에 대하여만 퇴직소득세를 계산하거나 선택할 수 있다.

#### ☞ 퇴직금 중간정산후 동일연도에 현실적인 퇴직을 하는 경우 퇴직소득 합산

(서이46011-10014 , 2001.08.27.) 퇴직금 중간정산후 동일연도에 현실적인 퇴직을 하는 경우, 퇴직소득과세표준은 중간정산시 이미 지급한 퇴직소득금액과, 현실적인 퇴직으로 인하여 지급할 퇴직소득금액의 합계액에서 퇴직소득공제를 하여 계산하는 것임.

## ❺ 법인의 임원 퇴직금

### 1  임원 퇴직금 한도액

법인의 임원(법인의 회장, 사장, 부사장, 이사장, 대표이사, 전무이사 및 상무이사 등 이사회의 구성원 전원과 청산인 및 감사)으로서 근로기준법상의 근로자에 해당하지 않는 경우 근로자퇴직급여보장법에 의한 퇴직금 지급의무는 없다. 다만, 현실적인 퇴직을 하는 경우 퇴직금을 지급할 수 있으나 법인이 임원에게 지급한 퇴직급여 중 다음의 어느 하나에 해당하는 금액을 초과하는 금액은 손금에 산입하지 아니한다.

① **정관**에 퇴직급여(퇴직위로금 등 포함)로 지급할 금액이 정하여진 경우에는 정관에 정하여진 금액으로 하며, 정관에서 위임된 퇴직급여지급규정이 따로 있는 경우에는 해당 규정에 의한 금액에 의한다. 단, 2012년 이후 발생한 퇴직금은 임원의 퇴직금에 대하여 정관의 규정이 있더라도 퇴직한 날부터 소급하여 3년 동안 지급받은 총급여액 연평균환산액의 10분의1을 곱한 금액의 3배를 초과하는 금액은 근로소득으로 본다.

> 1. 입사일부터 2011년 12월 31일 기간에 대하여 정관의 규정(배수제한 없음)에 의한 퇴직소득(2011년 12월 31일에 퇴직하였다고 가정할 때 지급받을 퇴직소득)
> 2. 퇴직한 날부터 소급하여 3년 동안 지급받은 총급여의 연평균환산액 × 1/10 × 2012년 1월 1일 이후의 근속연수(월수로 계산, 1개월 미만 올림) × 3배

근속연수의 3배수 규정은 정관에 규정한 퇴직금이 3배를 초과하는 경우 근로소득으로 과세한다는 의미이며, 법인세법에 의한 손금불산입을 한다는 의미는 아니다. 따라서 정관에서 3배를 초과하여 퇴직금 지급에 관한 규정을 둘 수 있으며, 이 경우 법인의 손금으로 산입할 수 있는 것이다.

▶ 개정 세법에 의한 임원 퇴직소득 한도액
19년 이전 3년간 평균급여 × 1/10 × '12년~'19년 근속연수 × 지급배수(3배)
+ 퇴직전('20년 이후) 3년간 평균급여 × 1/10 × '20년 이후 근속연수 × 지급배수(2배)
※ '12.1.1.~'19.12.31까지 적립한 퇴직
소득에 대해서는 현행 지급배수인 3배수 유지
<적용시기> 2020.1.1. 이후 퇴직하여 지급받는 소득분부터 적용

□ 정관에서 위임된 퇴직급여지급규정 (서면2팀-1455, 2004.7.13.)
정관에서 위임된 퇴직금 지급규정은 당해 위임에 의한 임원 퇴직금 지급규정의 의결내용 등이 정당하고, 특정임원의 퇴직시마다 퇴직금을 임의로 지급할 수 없는 일반적이고 구체적인 기준을 말하는 것으로, 당해 지급규정의 내용에 따라 임원 퇴직시마다 계속·반복적으로 적용하여 온 규정이라야 할 것으로, 만약, 정관에 퇴직금 지급규정에 대한 구체적인 위임사항을 정하지 아니하고 "별도의 퇴직금 지급규정에 의한다"라고만 규정하면서 특정임원의 퇴직시마다 임의로 동 규정을 변경·지급할 수 있는 경우에는 법인세법상 손금으로 용인할 수 있는 적정한 퇴직금 지급규정이라 할 수는 없는 것임.

② 제1항 외의 경우 그 임원이 퇴직하는 날부터 소급하여 1년 동안 해당 임원에게 지급한 총급여액의 10분의 1에 상당하는 금액에 근속연수(1년 미만의 기간은 월수로 계산하되, 1개월 미만의 기간은 이를 산입하지 아니한다.)를 곱한 금액. 이 경우 해당 임원이 사용인에서 임원으로 된 때에 퇴직금을 지급하지 아니한 경우에는 사용인으로 근무한 기간을 근속연수에 합산할 수 있다.

[개정 세법] 임원 퇴직소득 한도 축소를 통한 과세 합리화(소득법 §20의3)
지급배수 하향 조정 : 3배 → 2배
<적용시기> 2020.1.1. 이후 퇴직하여 지급받는 소득 분부터 적용

임원의 퇴직금 중 일정 한도를 초과하는 소득은 근로소득으로 과세되는바, 2020년 1월 1일 이후 적립분에 해당하는 임원의 퇴직소득에 대해서는 임원의 퇴직소득금액의 한도를 계산할 때 적용되는 지급배수를 급여의 연평균환산액을 기초로 산정한 기준금액의 3배에서 2배로 하향 조정하여 임원 퇴직소득 한도를 축소함(소득세법 제22조제3항).

<부칙> 제1조(시행일) 이 법은 2020년 1월 1일부터 시행한다. 다만, 제94조제1항제4호다목 및 제108조의 개정규정은 2020년 7월 1일부터 시행한다.
제3조(임원의 퇴직소득금액 한도에 관한 적용례) 제22조제3항의 개정규정은 이 법 시행 이후 퇴직하여 지급받는 소득분부터 적용한다.
제14조(임원의 퇴직소득금액 한도에 관한 경과조치) 이 법 시행 전에 퇴직한 자의 퇴직소득이 이 법 시행 이후 지급되는 경우 해당 퇴직소득에 대해서는 제22조제3항의 개정규정에도 불구하고 종전의 규정에 따른다.

[개정] 소득세법 제22조(퇴직소득) ① · ② (현행과 같음)
③퇴직소득금액은 제1항 각 호에 따른 소득의 금액의 합계액(비과세소득의 금액은 제외한다)으로 한다. 다만, 대통령령으로 정하는 임원의 퇴직소득금액(제1항제1호의 금액은 제외하며, 2011년 12월 31일에 퇴직하였다고 가정할 때 지급받을 대통령령으로 정하는 퇴직소득금액이 있는 경우에는 그 금액을 뺀 금액을 말한다)이 다음 계산식에 따라 계산한 금액을 초과하는 경우에는 제1항에도 불구하고 그 초과하는 금액은 근로소득으로 본다.

2019년 12월 31일부터 소급하여 3년(2012년 1월 1일 부터 2019년 12월 31일까지의 근무기간이 3년 미만인 경우에는 해당 근무기간으로 한다) 동안 지급받은 총급여의 연평균환산액 × 1/10 × 2012년 1월 1일부터 2019년 12월 31일까지의 근무기간/12 × 3 + 퇴직한 날부터 소급하여 3년(2020년 1월 1일부터 퇴직한 날까지의 근무기간이 3년 미만인 경우에는 해당 근무기간으로 한다) 동안 지급받은 총급여의 연평균환산액 × 1/10 × 2020년 1월 1일 이후의 근무기간/12 × 2

## 2  임원 확정기여형퇴직연금 한도액 및 한도초과액 손금불산입

임원에 대하여 확정기여형 퇴직연금(D/C형)에 가입하고 법인이 그 부담금을 계속 불입한 경우 그 부담금 총액을 임원의 퇴직급여로 보아 그 전액을 불입 시점에 일

단 법인의 손금으로 처리하되, 해당 임원이 현실적으로 퇴직하는 사업연도에 퇴직시까지 납부된 회사부담금의 누계액을 퇴직급여로 보아 아래의 손금산입한도를 초과하는 경우 퇴직일이 속하는 사업연도의 회사부담금에서 손금부인하되, 그 한도초과액이 퇴직일이 속하는 사업연도의 회사부담금을 초과하는 경우 그 초과액을 익금산입하여야 한다. [법령 제44조의2 ③ 단서 조항]

1. **정관** 또는 정관에서 위임된 퇴직급여지급규정(퇴직위로금 포함)으로 지급할 금액이 정하여진 경우 : 그 정관에 정하여진 금액 단, 2012년 이후 발생한 임원퇴직금의 경우 정관의 규정에 있더라도 2호 금액의 3배를 한도로 한다.
2. 위 1호외의 경우 : 퇴직전 1년간 총급여 × 1/10 × 근속연수

| 사 례 | 임원 퇴직금 한도초과액을 확정기여형퇴직연금으로 불입한 경우 세무조정 | |
|---|---|---|
| 20×4년 확정기여금불입액 | 20,000,000원 | |
| 20×5년 확정기여금불입액 | 22,000,000원 | |
| 20×6년 확정기여금불입액 | 25,000,000원 | |
| 20×7년 확정기여금불입액 | 28,000,000원 | |
| 총불입액 | 95,000,000원 | |
| 20×7년 현실적인 퇴직 | | |
| 퇴직금한도액 | 60,000,000원 | 한도초과액 35,000,000원 |
| 손금불산입 | 28,000,000원 | (20×7년 퇴직연금불입액) |
| 익금산입 | 7,000,000원 | (퇴직일이 속하는 사업연도의 회사부담금 28,000,000원을 초과하는 금액) |

## ❻ 퇴직소득 지급시기 의제 등

① 퇴직소득을 지급하여야 할 원천징수의무자가 1월부터 11월까지의 사이에 퇴직한 자의 퇴직급여액을 당해 연도의 12월 31일까지 지급하지 아니한 때에는 그 퇴직급여액은 12월 31일에 지급한 것으로 본다.
② 원천징수의무자가 12월에 퇴직한 자의 퇴직급여액을 다음 연도 2월 말일까지 지급하지 아니한 때에는 그 퇴직급여액은 **2월 말일**에 지급한 것으로 본다. 이 경우 지급명세서는 **퇴직금 귀속연도의** 다음해 3월 10일까지 제출하여야 한다.
③ 퇴직소득의 귀속시기는 실제 퇴사한 경우 퇴직일, 중간정산의 경우 지급하기로 한 날이다.

## 2 퇴직소득세 계산

### ❶ 개요

① 임·직원에게 퇴직금을 지급하는 경우 퇴직금을 지급하는 경우 소득세법의 규정에 의하여 퇴직소득세를 징수하여 신고 및 납부하여야 한다.

○ 과세표준 = 퇴직소득금액(퇴직급여액) - 퇴직소득공제
○ 산출세액 = [(퇴직소득과세표준 ÷ 근속연수) × 기본세율] × 근속연수
○ 총결정세액 = 산출세액 - 세액공제 + 가산세

② 퇴직금을 개인형 퇴직연금계좌 등으로 이전하는 경우 퇴직소득세는 과세이연되어 연금수령시 연금소득세로 과세된다.

### ❷ 퇴직소득

① 퇴직금규정에 의하여 지급받는 퇴직금(퇴직위로금, 퇴직공로금 등 포함)
② 근로기준법에 의한 해고예고수당
③ 퇴직금 규정이 없는 경우 임원은 법인세법상 임원퇴직금 한도액, 사용인은 근로기준법에 의한 퇴직금

### ❸ 퇴직소득공제

▶ 근속연수별 소득공제

| 근속연수 | 공제금액 |
|---|---|
| 5년 이하 | 30만원 × 근속연수 |
| 5년 초과 10년 이하 | 150만원 + 50만원 × (근속연수 - 5년) |
| 10년 초과 20년 이하 | 400만원 + 80만원 × (근속연수 - 10년) |
| 20년 초과 | 1천200만원 + 120만원 × (근속연수 - 20년) |

▶ **근속연수별 소득공제시 근속연수 계산**

취업한 날의 익일부터 기산하여 퇴직한 날까지의 기간을 연수에 의하여 계산하고 근속기간이 1년 미만인 때에는 1년으로 한다.

## ❹ 퇴직소득세 계산 방법

▶ **2016년 이후 퇴직소득세 계산 방법 개정**

| 종 전 | 개 정 |
|---|---|
| □ 퇴직소득 과세방식<br>(①~④순서로 계산)<br><br>① 퇴직소득 - 근속공제<br>　- 정률공제(40%)<br>② (연분) ① × 5* ÷ 근속연수<br>　* 연분연승 적용비율<br>③ ② × 기본세율(6~38%) | □ 퇴직소득 과세방식 개선<br><br>① 퇴직소득 - 근속공제<br>　* 정률공제(40%) 폐지<br>② (연분) ① × 12 ÷ 근속연수<br><br>③ (② - 차등공제) × 기본세율(6~38%) |
| | <table><tr><td>환산급여</td><td>공제액</td></tr><tr><td>8백만원 이하</td><td>환산급여의 100%</td></tr><tr><td>8백만원 초과<br>7천만원 이하</td><td>8백만원+(8백만원 초과분의 60%)</td></tr><tr><td>7천만원 초과<br>1억원 이하</td><td>4천520만원+(7천만원 초과분의 55%)</td></tr><tr><td>1억원 초과<br>3억원 이하</td><td>6천170만원+(1억원 초과분의 45%)</td></tr><tr><td>3억원 초과</td><td>1억5천170만원+(3억원 초과분의 35%)</td></tr></table> |
| ④ (연승) ③×근속연수÷5 | ④ (연승) ③ × 근속연수 ÷ 12 |

○ 2016.1.1. 이후 퇴직하여 지급받는 소득분부터 적용

**[퇴직소득세 계산 프로그램] 국세청 홈페이지**

**국세정책제도 → 국세정책제도 → 통합자료실 → 국세청프로그램**

# ③ 퇴직소득세 과세이연

## ❶ 개요

2012년 7월 26일 이후 확정급여형퇴직연금제도 및 확정기여형퇴직연금제도를 운용하는 사용자의 경우 근로자 퇴직시 퇴직금을 의무적으로 개인형퇴직연금계좌(IRP)로 이전하여야 하며, 이 경우 퇴직소득세는 징수하지 않는다. 단, 개인형퇴직연금 이전 이후 근로자는 개인형퇴직연금을 해지할 수는 있으며, 해지시 퇴직연금사업자가 퇴직소득세를 계산하여 징수 및 납부한다.

## ❷ 확정급여형퇴직연금 과세이연

① 확정급여형의 경우 사용자가 근로자 퇴직금 지급에 대한 퇴직소득세 원천징수 및 납부, 지급명세서등의 원천징수업무를 처리하여야 한다. 단, 퇴직금은 전액 개인형퇴직연금계좌로 이전하여야 하며, 퇴직금상당액을 개인형퇴직연금에 이전하는 경우 퇴직소득세 징수 및 납부를 일단 보류(과세이연이라 한다.)한 후 나중에 연금을 지급받는 시점에 퇴직연금사업자가 연금소득세를 징수 및 납부한다.

② 과세이연으로 퇴직소득세를 원천징수하지 않는 경우에도 사용자는 '퇴직소득지급명세서'를 작성하여 과세이연계좌를 취급하는 퇴직연금사업자에게 즉시 통보하고, 다음연도 3월 10일까지 세무서에 '퇴직소득지급명세서'를 제출하여야 한다.

③ 개인형퇴직연금계좌로 이전한 이후 퇴사자가 개인형퇴직연금을 해지하는 경우 퇴직연금사업자가 퇴직소득세를 징수 및 납부하며, 연금으로 지급하는 경우 연금소득에 대하여 연금소득세(지급금액의 3.%, 지방소득세 0.3% 별도)를 징수하여 납부한다.

[개정 세법] 2015.1.1. 이후 이연된 퇴직소득세에 대한 연금소득세 산정방법 변경
이연퇴직소득세 × 연금수령액/이연퇴직소득 × 70%

[개정 세법] 이연퇴직소득의 장기 연금수령 시 원천징수세율 인하(소득법 §129)
[종전] 수령기간과 관계없이 퇴직소득세의 70%
[개정]
　ㅇ 연금수령시점 10년 이하 → 퇴직소득세의 70%
　ㅇ 연금수령시점 10년 초과 → 퇴직소득세의 60%
<적용시기> 2020.1.1. 이후 연금수령하는 분부터 적용

## ❸ 확정기여형퇴직연금 과세이연

### 1  퇴직연금계좌 이전 및 퇴직소득세 과세이연

① 확정기여형퇴직연금제도에서 가입자가 퇴사하는 경우 가입자는 퇴직할 때에 받을 급여를 갈음하여 그 운용 중인 자산을 가입자가 설정한 개인형퇴직연금제도의 계정으로 이전해 줄 것을 해당 퇴직연금사업자에게 요청할 수 있으며, 가입자의 요청이 있는 경우 퇴직연금사업자는 그 운용 중인 자산을 가입자의 개인형퇴직연금제도 계정으로 이전하여야 한다.

② 거주자가 퇴직으로 인하여 지급받는 퇴직금을 퇴직한 날로부터 **60일 이내**에 개인형퇴직연금제도의 계정으로 이체 또는 입금하거나 과세이연계좌를 다른 금융회사의 과세이연계좌로 이체를 통하여 이전하는 경우 당해 퇴직급여액은 실제로 지급받기 전까지 퇴직소득으로 보지 아니한다. 이 경우 퇴직소득세는 연금지급시 연금소득세로 과세이연되어 퇴직소득세를 징수 및 납부하지 않는다. 단, 퇴직금 중 일부 금액만 과세이연계좌로 이체한 경우 그 금액에 상당하는 퇴직소득세(퇴직소득세 × 과세이연계좌로 이체한 퇴직소득금액/퇴직소득금액)만 과세이연된다.

### 2  확정기여형퇴직연금외 퇴직금 추가 지급액이 있는 경우

확정기여형퇴직연금제도를 채택하고 있는 사업자의 경우 퇴직소득세 원천징수와 관련한 모든 업무를 퇴직연금사업자가 부담하므로 사용자는 근로자 퇴사기 별도로 처리할 업무는 없으나 추가 지급액이 있는 경우에는 다음과 같이 처리한다.

**[1] 퇴직금 추가 지급액을 퇴직연금계좌로 이전하는 경우**

퇴직금 추가 지급액을 퇴직연금계좌로 이전하는 경우 과세이연되며, 이 경우 사용자는 퇴직소득지급명세서를 퇴직연금사업자에게 통보하여야 하며, 다음연도 3월 10일까지 관할 세무서에 퇴직소득지급명세서를 제출하여야 한다.

**[2] 퇴직금 추가 지급액을 회사가 직접 지급하는 경우**

근로자 퇴사시 사용자가 추가로 퇴직금을 지급하는 경우, **회사 지급분**에 대하여 회사가 별도로 퇴직소득세 및 지방소득세를 원천징수하고 '퇴직소득지급명세서'를 퇴직연금사업자에게 통보하여야 하며, 사용자는 다음연도 3월 10일까지 관할 세무서에 '퇴직소득지급명세서'를 제출하여야 한다.

**[3] 퇴직금 지급일 이후 퇴직금을 회사가 직접 지급하는 경우**

퇴직금 지급 이후 추가 지급하는 퇴직금이 있는 경우에는 퇴직연금일시금과 추가 지급하는 금액을 합산하여 퇴직소득세를 정산하여 원천세 신고.납부 및 퇴직소득지급명세서를 제출하여야 한다. 이 경우 회사는 추가 지급액에 대한 원천징수의무를 지며, 기지급한 퇴직연금일시금을 합산하여 정산하여야 한다. 따라서 회사가 퇴직연금사업자로부터 퇴직소득원천징수내역 통보받아 이를 회사에서 지급한 퇴직금과 합산하여 원천징수세액을 계산해야 할 것이며, 퇴직소득원천징수영수증 작성시 퇴직연금사업자 지급분은 종(전)근무지란에 기재하고 회사 지급분은 주(현)근무지란에 기재한다.

### ③ 퇴직금 추가 지급액에 대한 원천징수방법

이미 퇴직연금사업자가 지급한 퇴직소득과 회사에서 지급하는 퇴직소득을 합한 퇴직급여액에서 퇴직소득공제를 차감한 후 퇴직소득 과세표준을 계산하고 원천징수세율을 적용하여 산출세액, 결정세액을 구한 후 이미 지급한 퇴직소득에 대하여 원천징수된 세액을 공제하여 계산한다.

## ❹ 기존의 퇴직금 지급방법

기존의 퇴직금지급방법을 채택하고 있는 회사의 경우 퇴직으로 인하여 지급받는 퇴직급여액(명예퇴직수당, 단체퇴직보험금 포함)을 퇴직한 날부터 60일 이내에 개인형퇴직연금계정(IRP)으로 이전하는 경우 퇴직소득세 중 개인형퇴직연금으로의 이전비율에 상당하는 금액(퇴직소득세 × 이전한 퇴직소득금액/퇴직소득금액)은 과세이연된다. 이 경우 사업자는 '퇴직소득지급명세서'를 작성하여 개인형퇴직연금계좌를 취급하는 퇴직연금사업자에게 즉시 통보하여야 하며, 또한 다음연도 3월 10일까지 관할세무서에 '퇴직소득지급명세서'를 제출하여야 한다.

### ▶ 퇴직금 지급에 대한 '원천징수이행상황신고서' 작성방법

퇴직소득세를 개인퇴직연금계좌에 입금하여 퇴직소득세를 과세이연한 경우 원천징수이행상황신고서상 퇴직소득란의 인원과 총지급액란에 해당 퇴직소득 지급금액을 기재하고 징수세액의 소득세 등란에는 '0'원으로 기재하는 것이며, 퇴직소득 원천징수의무자가 회사인 회사지급분 및 확정급여형퇴직연금을 지급하는 경우에는 'A22'란에 기재한다.

[원천징수이행상황신고서 일부]

| 소득자 소득구분 | | 코드 | 원천징수명세 | | | | |
|---|---|---|---|---|---|---|---|
| | | | 소 득 지 급 (과세 미달, 일부 비과세 포함) | | 징수세액 | | |
| | | | ④인원 | ⑤총지급액 | ⑥소득세등 | ⑦농어촌특별세 | ⑧가산세 |
| 퇴직소득 | 연금계좌 | A21 | | | | | |
| | 그 외 | A22 | 1 | 10,000,000 | 0 | | |
| | 가감계 | A20 | | | | | |

연금계좌(DC형 퇴직연금. IRP)를 취급하는 금융기관만 연금계좌(A21)란에 기재를 하는 것으로 일반사업자가 지급하는 퇴직금 및 DB형 퇴직연금은 그 외(A22)란에 기재한다.

# 기타소득 및 기타소득세 원천징수

## 1 원천징수대상 기타소득

### ❶ 개요

기타소득이란 이자소득·배당소득·사업소득·근로소득·연금소득·퇴직소득·양도소득 외의 소득으로 일시적이고, 우발적으로 발생하는 소득을 말한다.

### ❷ 원천징수대상 기타소득

① 다음의 1에 해당하는 인적용역을 일시적으로 제공하고 지급받는 대가
1. 고용관계 없이 다수인에게 강연을 하고 강연료 등의 대가를 받는 용역
2. 라디오·텔레비전방송 등을 통하여 해설·계몽 또는 연기의 심사 등을 하고 보수 또는 이와 유사한 성질의 대가를 받는 용역
3. 변호사·공인회계사·세무사·건축사·측량사·변리사 기타 전문적 지식 또는 특별한 기능을 가진 자가 당해 지식 또는 기능을 활용하여 보수 또는 기타 대가를 받고 제공하는 용역
4. 기타의 용역으로서 고용관계 없이 수당 또는 이와 유사한 성질의 대가를 받고 제공하는 용역

② 문예·학술·미술·음악 또는 사진에 속하는 창작품에 대한 원작자로서 받는 소득으로서 다음의 1에 해당하는 것
1. 원고료 및 저작권사용료인 인세
2. 미술·음악 또는 사진에 속하는 창작품에 대하여 받는 대가
③ 저작자 또는 실연자·음반제작자·방송사업자외의 자가 저작권 또는 저작인접권의 양도 또는 사용의 대가로 받는 금품
④ 광업권·어업권·산업재산권 및 산업정보, 산업상 비밀, 상표권·영업권(점포임차권 포함), 토사석의 채취허가에 따른 권리, 지하수의 개발·이용권 그 밖에 이와 유사한 자산이나 권리를 양도하거나 대여하고 그 대가로 받는 금품
⑤ 물품(유가증권 포함) 또는 장소를 일시적으로 대여하고 사용료로서 받는 금품
⑥ 계약의 위약 또는 해약으로 인하여 받는 위약금과 배상금
⑦ 거주자·비거주자 또는 법인과 특수관계에 있는 자가 그 특수관계로 인하여 당해 거주자·비거주자 또는 법인으로부터 받는 경제적 이익으로서 급여·배당 또는 증여로 보지 아니하는 금품.
⑧ 재산권에 관한 알선수수료 및 사례금
⑨ 소기업·소상공인공제부금의 해지일시금

[개정 세법] 2019년 이후 통신판매중개업자를 통해 대여하는 일정규모(연 수입금액 500만원) 이하 대여소득은 기타소득에 해당함

## ▶ 기타소득, 사업소득 구분

(1) 소득구분은 대가를 지급하는 지급자의 입장이 아닌 용역을 제공하고 그 대가를 받는 사람 기준으로 판단한다. 따라서 동일 회사에 여러 번 또는 여러 회사나 용역공급의뢰처에 인적용역을 제공하는 경우 계속 반복적인 용역제공으로 보아 사업소득으로 보아야 한다.

(2) 사업소득과 기타소득 여부는 그 일에 대해 상대방이 계속성이 있느냐, 없느냐에 따라 적용이 달라진다. 즉 그 지급을 받는 자가 일시적으로 용역을 제공하는 것이라면, 기타소득으로 보아 인적용역의 경우 그 지급금액의 80%를 필요경비로 공제한 금액에 대하여 20%(지방소득세 별도)의 세율을 적용하여 기타소득세를 원천징수하여야 하며, 지급받는 자가 계속적으로 용역을 제공한다면 사업소득으로 보아 지급받는 금액에 대하여 3%(지방소득세 별도 : 사업소득세의 10%)의 세율을 적용하여 사업소득세를 원천징수하여야 한다.

# 2 기타소득세 원천징수 및 지급명세서 제출

## ❶ 기타소득세 원천징수

기타소득을 지급하는 때는 기타소득 총지급액에서 필요경비를 공제한 기타소득금액에 원천징수세율 20%(지방소득세 별도)를 적용하여 소득세를 원천징수하여 다음달 10일까지 기타소득세를 납부하여야 한다.

### ▶ 기타소득금액이 5만원 이하인 경우 기타소득세를 원천징수하지 아니함

기타소득금액이 5만원 이하인 경우에는 기타소득 과세최저한 규정에 의하여 원천징수하지 아니한다. 또한 원천징수세액이 1천원 미만인 경우에는 징수하지 아니한다.

## ❷ 기타소득 필요경비

기타소득금액은 당해 연도의 총수입금액에서 이에 소요된 필요경비를 공제한 금액으로 한다. 단, 지급금액의 80% 또는 60%를 필요경비로 공제받을 수 있는 기타소득의 경우 별도의 증빙없이 기타소득 지급금액의 80% 또는 60%를 필요경비로 하여 기타소득금액을 계산한다. [소득세법 시행령 제87조(기타소득의 필요경비계산)]

### 1 지급금액의 80%를 필요경비로 공제받을 수 있는 기타소득

① 공익법인이 주무관청의 승인을 얻어 시상하는 상금과 부상
② **다수가 순위 경쟁하는 대회에서 입상자가 받는 상금 및 부상**
③ 지역권 또는 지상권을 대여하고 받는 금품
④ 계약의 위약 또는 해약으로 인하여 받는 위약금과 배상금 중 주택입주 지체상금

### 2 지급금액의 60%를 필요경비로 공제받을 수 있는 기타소득

① 다음에 해당하는 인적용역을 일시적으로 제공하고 지급받는 대가

1. 고용관계없이 다수인에게 강연을 하고 강연료 등의 대가를 받는 용역
2. 라디오·텔레비전방송 등을 통하여 해설·계몽 또는 연기의 심사 등을 하고 보수 또는 이와 유사한 성질의 대가를 받는 용역
3. 변호사·공인회계사·세무사·건축사·측량사·변리사기타 전문적 지식 또는 특별한 기능을 가진 자가 당해 지식 또는 기능을 활용하여 보수 또는 기타 대가를 받고 제공하는 용역
4. 기타의 용역으로서 고용관계없이 수당 또는 이와 유사한 성질의 대가를 받고 제공하는 용역
5. 계약의 위약 또는 해약으로 인하여 받는 위약금과 배상금 중 주택입주 지체상금계약의 위약 또는 해약으로 인하여 받는 위약금과 배상금 중 주택입주자가 주택건설업자로부터 받은 주택입주 지체상금을 말한다.
② 문예·학술·미술·음악 또는 사진에 속하는 창작품에 대한 원작자로서 받는 소득으로서 다음의 하나에 해당하는 것
1. 원고료
2. 저작권사용료인 인세
3. 미술·음악 또는 사진에 속하는 창작품에 대하여 받는 대가
③ 광업권·어업권·산업재산권 및 산업정보, 산업상 비밀, 상표권·영업권(점포임차권 포함), 토사석의 채취허가에 따른 권리, 지하수의 개발·이용권 그 밖에 이와 유사한 자산이나 권리를 양도하거나 대여하고 그 대가로 받는 금품으로서 필요경비가 확인되지 아니하거나 수입금액의 100분의 60에 미달하는 것

[개정 세법] 원고료, 인세, 일시적 강연료 등(①, ②, ③) 필요경비율 조정 등
1. 2018. 4. 1. ~ 2018.12.31. 지급분 : 필요경비율 70%
2. 2019. 1. 1. 이후 지급분 : 필요경비율 60%

[개정 세법] 2018년 이후 지역권, 지상권을 대여하고 받는 금품은 사업소득으로 전환

### ③ 증빙서류로 확인되는 금액만 필요경비가 인정되는 기타소득

지급금액의 80%를 필요경비로 공제받을 수 있는 기타소득외의 기타소득은 증빙서류에 의하여 확인되는 실제 필요경비만을 공제받을 수 있다.

### ❸ 원천징수할 세액(지급받는 자가 개인인 경우에만 징수)

○ 기타소득 원천징수세액 = 기타소득금액 (총지급액 - 필요경비)× 20%
○ 지방소득세 10% 별도 징수 및 납부

### ❹ 기타소득 원천징수영수증 교부 및 제출

① 원천징수의무자가 기타소득을 지급하는 때에는 그 기타소득금액에 원천징수세율을 적용하여 계산한 기타소득세를 원천징수하여야 한다.
② 원천징수의무자는 원천징수세액을 그 징수일이 속하는 달의 다음 달 10일까지 납부하여야 하며, 원천징수이행상황신고서를 관할세무서장에게 제출하여야 한다.
③ 기타소득을 지급하는 원천징수의무자는 이를 지급하는 때에 그 소득금액 기타 필요한 사항을 기재한 원천징수영수증을 그 받는 자에게 교부하고 다음 해 2월 말일까지 관할 세무서에 기타소득 원천징수영수증을 제출하여야 한다.

▶ **지급명세서 제출의 면제 [소득세법 시행령 제214조]**
다음 각 호의 어느 하나에 해당하는 소득에 대하여는 지급명세서 제출의무가 없다.
1. 비과세되는 기타소득 [소득세법 제12조제5호]
2. 기타소득으로서 1건당 당첨금품의 가액이 10만원 이하인 경우
   [소득세법 시행령 제214조 제1항 제2호]

### ❺ 기타소득자의 종합소득세 신고

기타소득금액(기타소득 - 필요경비)이 연간 300만원을 초과하는 경우에는 종합소득세 확정신고를 하여야 하며, 300만원 이하인 경우에는 분리과세와 종합과세 중 선택할 수 있다. 예를 들어 대학교수가 외부강의 등 일시적인 인적용역을 제공하고 지급받는 연간 강의료 등이 750만원 이하인 경우 근로소득외 다른 소득이 없는 경우 기타소득금액(750만원 - 450만원)이 300만원 이하이므로 종합소득세 신고의무가 없다.

# 사업소득 및 사업소득세 원천징수

## 1 원천징수대상 사업소득

### ❶ 개요

일반적인 사업소득이란 재화 또는 용역을 반복적으로 공급하는 자가 그 사업과 관련하여 얻는 이익을 말하며, 사업자로부터 재화 또는 용역을 제공받고 그 대금을 지급하는 경우 세금계산서(면세의 경우 계산서)를 수취하여야 한다. 다만, 다음의 원천징수대상 사업소득을 지급하는 경우에는 사업소득세를 징수하여 신고 및 납부하여야 한다.

### ❷ 원천징수대상 사업소득

원천징수대상 사업소득이란 개인이 물적 시설 없이 근로자를 고용하지 아니하고 독립적으로 일의 성과에 따라 수당 또는 이와 유사한 성질의 대가를 받는 용역으로 용역을 제공하는 자가 독립된 자격으로 인적용역 또는 의료보건용역을 계속·반복적으로 제공하고 지급받는 대가를 말한다.

원천징수대상 사업소득은 아래에 열거하는 사업소득을 지급하는 경우에 한하는 것으로 소득세법에서 통칭하는 사업소득과 구분되며, 법인에게 아래에 열거하는 사업소득을 지급하는 경우에는 계산서 등 정규영수증을 수취하여야 한다.

① 개인이 물적 시설 없이 근로자를 고용하지 아니하고 독립된 자격으로 용역을 공급하고 대가를 받는 다음에 규정하는 인적용역

1. 저술.서화.도안.조각.작곡.음악.무용.만화.배우.성우.가수 이와 유사한 용역
2. 연예에 관한 감독.각색.연출.촬영.녹음.장치.조명과 이와 유사한 용역
3. 건축감독.학술용역.기술용역과 이와 유사한 용역
4. 음악.재단.무용(사교무용을 포함한다).요리.바둑 교수와 이와 유사한 용역
5. 직업운동가.역사.기수.운동지도가(심판을 포함한다)와 이와 유사한 용역
6. 보험가입자의 모집, 저축의 장려 또는 집금 등을 하고 실적에 따라 보험회사 또는 금융기관으로부터 모집수당.장려수당.집금수당
7. 저작자가 저작권에 의하여 사용료를 받는 용역
8. 교정.번역.고증.속기.필경.타자.음반취입과 이와 유사한 용역
9. 고용관계 없는 자가 다수인에게 강연을 하고 강연료.강사료 등의 대가를 받는 용역
10. 라디오.텔레비전방송 등을 통하여 해설.계몽 또는 연기를 하거나 심사를 하고 사례금 또는 이와 유사한 성질의 대가를 받는 용역
11. 개인이 일의 성과에 따라 수당 또는 이와 유사한 성질의 대가를 받는 용역

② 의료보건용역

③ 개인.법인 또는 법인격 없는 사단.재단 기타 단체가 독립된 자격으로 용역을 공급하고 대가를 받는 인적용역

▶ **사업소득과 기타소득 구분**

사업소득과 기타소득 여부는 그 일에 대해 상대방이 계속성이 여부에 따라 판단한다. 다만, 계속성이란 것이 어느 정도 기간 또는 회수를 말하는 것인지 여부에 대하여 구체적인 해석사례가 없으므로 실무적으로 판단하기 어려운 점이 있다.

## ❸ 원천징수대상 사업소득자 사업자등록 및 종합소득세 신고

부가가치세가 면세되는 인적용역을 제공하는 자유직업소득자의 경우 사업자등록은 필요하지 않으나 소득세법에 의한 면세사업자등록은 할 수 있는 것이며, 면세사업

자등록을 하지 않은 경우에도 사업소득을 지급하는 자가 원천징수하게 되므로 특별한 불이익은 없다. 단, 사업소득자는 자신의 수입에 대하여 종합소득세 신고를 하여야 한다.

## ▶ 근로자에 해당함에도 원천징수대상 사업소득자로 하여 사업소득세를 징수하는 경우 문제점

1) 프리랜서가 계약 기간 종료 후 퇴직금을 지급하지 아니하였음을 이유로 고용노동부에 진정을 하는 경우 퇴직금을 지급하여야 한다.
2) 4대보험 관련 공단에서 현지 확인을 하는 경우 근로자로 보아 4대보험료를 징수할 수 있다.
3) 과세당국에서 세무조사를 하는 과정에서 사업소득자가 아닌 근로자로 보는 경우 근로소득세를 징수할 수 있다. 다만, 종합소득세로 납부한 금액이 근로소득세로 계산한 금액보다 많은 경우라면, 세무상 중대한 문제는 발생하지 않는다.
4) 위와 같은 문제점이 있더라도 근로자가 이의를 제기하지 않은 경우 특별한 문제가 없을 수도 있으나 적법하게 처리를 하시는 것이 바람직하다.

## ▶ 근로자 해당 여부

① 근로자라 함은 근로기준법 제14조에 규정된 근로자로서 당해 사업장에 계속 근무하는 근로자 뿐만 아니라 일용근로자를 포함한다(대판 1987. 7. 21, 87다카831).
② 임시고용원으로 사실상 계속 1년 이상 근무하였다면 근로기준법상의 퇴직금을 지급하여야 한다(대판 1978. 3. 23, 78다195).
③ 민법상의 고용계약이든 도급계약이든 계약의 형식이 어떠하든지 간에 실질에 있어 근로자가 임금을 목적으로 종속적인 관계에서 사용자에게 근로를 제공하였다면, 그는 근로기준법 제14조 소정의 근로자에 해당한다(대판 1991. 12. 13, 91다24250).
④ 도급계약의 형식을 빌렸다 하더라도 그 계약 내용이 사용자와의 사이에 사용종속관계를 유지하면서 도급인의 사업 또는 사업장에 특정한 노무제공만을 그 목적으로 하고 있고 그 노무제공에 대하여 능률급 내지 성과급을 지급받기로 하는 것이라면 이에 따라 노무를 제공한자는 근로기준법제14조 소정의 근로자에 해당된다(대판 1987. 5. 26, 87도604).

## 2 사업소득세 원천징수 및 지급명세서 제출

### ❶ 사업소득세 원천징수

원천징수대상 사업소득을 지급하는 경우 사업소득세를 원천징수하여 그 징수일의 다음달 10일까지 납부하여야 한다.

사업소득은 기타소득과는 달리 그 지급을 받는 자가 소득세법에 열거되어 있는 용역을 독립된 자격으로 계속적으로 제공하는 개인이며, 원천징수대상 사업소득을 지급하는 자는 사업소득세를 원천징수하여야 하는 것이다.

### ❷ 사업소득에 대한 원천징수세율

① 사업소득 수입금액의 100분의 3 및 지방소득세(사업소득세의 10%)
② 봉사료의 경우 100분의 5 및 지방소득세(사업소득세의 10%)

▶ **프리랜스에게 용역 대가를 지급하는 경우 사업소득세 원천징수**
1. 프리랜스에게 용역을 제공받고, 그 대가를 지급하는 경우 제공받는 용역이 부가가치세 과세대상인 경우에는 세금계산서를 발급받아야 한다.
2. 면세용역으로 사업소득세 원천징수대상소득에 해당하는 경우는 사업소득세(지급금액의 3%) 및 지방소득세를 징수하여 다음달 10일까지 신고·납부하여야 한다.

▶ **원천세 소액부징수**
1. 원천징수세액(이자소득세 제외)이 **1천원 미만**인 경우 납부할 의무는 없다. 단, 원천징수세액외의 세금은 금액에 관계없이 납부를 하여야 한다.
2. 반면, 원천징수세액에 대한 지방소득세는 특별징수분(원천세분)에 대한 소액부징수제도가 없으므로 금액에 관계없이 납부를 하여야 하나 법인지방소득세 등의 소득분 지방세는 그 세액이 **2천원 미만**인 경우 납부의무를 면제하고 있다.

## ❸ 사업소득세 원천징수납부 및 원천징수영수증 제출

① 원천징수대상 인적용역을 제공받고 그 대가를 지급하는 자는 사업소득세를 원천징수하여 징수일의 다음달 10일까지 세무서에 신고·납부하여야 한다.
② 사업소득을 원천징수하는 자는 사업소득을 지급받는 자에게 원천징수영수증을 교부하여야 하며, 그 지급일(지급의제일에 대한 규정은 없음)이 속하는 연도의 다음연도 3월 10일까지 원천징수영수증을 관할세무서에 제출하여야 한다.

## ❹ 사업소득을 지급받는 자의 종합소득세 신고

당해 연도의 사업소득이 있는 거주자는 당해 연도의 다음연도 5월 1일부터 5월 31일까지 납세지 관할세무서장에게 신고하여야 한다. 사업소득을 지급받는 자는 종합소득세 확정신고를 하여야 하며, 신고시 납부할 세액에서 사업소득을 지급하는 자로부터 원천징수당한 사업소득세는 기납부세액으로 공제한다.

## ❺ 사업소득 지급 및 원천징수에 대한 회계처리 사례

① 《직무교육 강사료 지급》 직원 직무교육과 관련하여 전문강사에게 강사료 300,000원 지급시 사업소득세 9,000원(지급금액의 3%) 및 동 지방소득세 900원(사업소득세의 10%)을 공제한 잔액 290,100원을 보통예금통장에서 이체 지급하다.

| 교육훈련비 | 300,000 | / | 보통예금 | 290,100 |
|---|---|---|---|---|
|  |  |  | 예수금 | 9,900 |

② 《사업소득세 납부》 사업소득세 9,000원 및 지방소득세 900원을 현금 납부하다.

| 예수금 | 9,900 | / | 현금 | 9,900 |
|---|---|---|---|---|

## ■ 연말정산 사업소득의 원천징수

### 1 개요

다음 각 호의 어느 하나에 해당하는 소득을 연말정산 사업소득이라고 하며, 연말정산 사업소득의 경우 소득세법 제144조의2(과세표준확정신고 예외 사업소득세액의 연말정산)의 규정에 의하여 별도의 종합소득세 신고·납부절차 없이 해당 소득에 대하여 연말정산을 할 수 있다.

1. 독립된 자격으로 보험가입자의 모집 및 이에 부수되는 용역을 제공하고 그 실적에 따라 모집수당 등을 받는 자
2. 「방문판매 등에 관한 법률」에 의하여 방문판매업자를 대신하여 방문판매업무를 수행하고 그 실적에 따라 판매수당 등을 받거나 후원방문판매조직에 판매원으로 가입하여 후원방문판매업을 수행하고 후원수당 등을 받는 자
3. 독립된 자격으로 일반 소비자를 대상으로 사업장을 개설하지 않고 음료품을 배달하는 계약배달 판매 용역을 제공하고 판매실적에 따라 판매수당 등을 받는 자

### 2 연말정산 사업소득의 연말정산

해당 사업소득을 지급하는 원천징수의무자는 해당 과세기간의 다음 연도 2월분의 사업소득을 지급할 때(2월분의 사업소득을 2월 말일까지 지급하지 아니하거나 2월분의 사업소득이 없는 경우에는 2월 말일로 한다.) 또는 해당 사업자와의 거래계약을 해지하는 달의 사업소득을 지급할 때에 해당 과세기간에 연말정산사업소득의 소득률을 곱하여 계산한 금액에 그 사업자가 종합소득공제를 적용한 금액을 종합소득과세표준으로 하여 종합소득산출세액을 계산하고, 그 산출세액에서 세액공제를 적용한 후 해당 과세기간에 이미 원천징수하여 납부한 소득세를 공제하고 남은 금액을 원천징수한다.

◆ 연말정산사업소득의 소득률 = (1-단순경비율)

# 3 비거주자에 대한 원천징수

## ❶ 국내원천소득에 대해서만 과세함

비거주자라 함은 국적에 관계없이 거주자가 아닌 자를 말한다. 비거주자의 경우 국내 원천소득에 대하여 과세하는 것으로 비거주자로부터 국외에서 인적용역을 제공받고 그 대가를 지급하는 경우 국내에서 원천징수를 하지 않는다.

거주자란 국내에 주소를 두거나 2과세기간[개정 세법 2018년 이후 1과세기간] 중 183일 이상 거소를 둔 개인을 말한다.

▶ **외국에서 비거주자에게 용역대가를 지급하는 경우 세금을 징수하지 않음**

예를 들어 국내기업의 수출과 관련하여 해외 현지의 비거주자로부터 알선 중개용역을 제공받고 그에 대한 대가로 지급하는 커미션은 국내원천소득에 해당되지 않으므로 국내에서 커미션 송금시 원천징수하지 않으며, 세무서에 별도로 신고할 내용은 없다. 다만, 기업의 비용으로 처리하기 위해서는 지급사실을 증명하여야 하므로 계약서, 송금영수증 등을 증빙으로 구비하여 두어야 한다.

국내원천소득에 대하여 비거주자에게 지급을 하는 경우 해당 국가와의 조세조약이 있는 경우 조세조약에 의하여 원천징수세율(**지방소득세가 포함되는 경우와 제외되는 경우로 구분**)을 적용하여 신고 및 납부하여야 하며, 조세조약이 없는 경우 소득세법 제156조(비거주자의 국내원천소득에 대한 원천징수의 특례)에 따라 원천징수하여 신고 및 납부하되, 지방소득세는 별도로 납부를 하여야 한다.

## ❷ 비거주자에게 지급하는 사용료소득 등 원천징수

비거주자에게 다음의 사용료 소득을 지급하는 경우 원천징수세율은 20%(지방소득세 별도)이나, 미국·영국·캐나다·일본 등 우리나라와 조세조약이 체결된 국가인 경우 해당 국가와의 조세조약에서 정하는 세율을 적용하여 원천징수하여야 한다.

## 1  사용료소득 [소법 제119조]

다음의 어느 하나에 해당하는 권리·자산 또는 정보를 국내에서 사용하거나 그 대가를 국내에서 지급하는 경우의 그 대가 및 그 권리등의 양도로 발생하는 소득. 다만, 소득에 관한 이중과세 방지협약에서 사용지(使用地)를 기준으로 하여 그 소득의 국내원천소득 여부를 규정하고 있는 경우에는 국외에서 사용된 권리등에 대한 대가는 국내에서 지급되더라도 국내원천소득으로 보지 아니한다.

1. 학술 또는 예술과 관련된 저작물(영화필름을 포함한다)의 저작권, 특허권, 상표권, 디자인, 모형, 도면, 비밀의 공식(公式) 또는 공정(工程), 라디오·텔레비전방송용 필름·테이프, 그 밖에 이와 유사한 자산이나 권리
2. 산업·상업 또는 과학과 관련된 지식·경험에 관한 정보 또는 노하우

## 2  조세조약

조세조약은 국세청 홈페이지 → 국세법령정보시스템 → 법령 → 조세조약에서 찾아볼 수 있다. (영문도 같이 확인할 수 있음)

▶ **사용료소득에 대한 주요 국가별 원천징수세율 [국가별 조세조약 참조]**
1. 미국 : 15%(지방소득세 별도) 또는 10%(저작권료, 지방소득세 별도)
2. 영국 : 10%(지방소득세 포함, 국세 9.09%, 지방소득세 0.91%)
3. 일본 : 10%(지방소득세 포함, 국세 9.09%, 지방소득세 0.91%)
4. 캐나다 : 10%(지방소득세 포함, 국세 9.09%, 지방소득세 0.91%)
5. 중국 : 10%(지방소득세 포함, 국세 9.09%, 지방소득세 0.91%)

▶ **지방소득세를 별도로 징수하여 납부하는 국가**
미국, 필리핀, 남아프리카공화국, 베네수엘라, 카타르, 에스토니아 및 이란 7개국 조세조약에서는 지방세인 주민세(지방소득세)가 적용대상 조세에서 제외되어 있으므로 원천징수시 지방소득세를 제한세율과는 별도로 추가징수 하여야 한다.

# 10 원천세 신고·납부 수정신고 및 가산세

## 1 원천징수대상소득의 납세지 및 신고·납부

### ❶ 원천징수대상소득의 납세지

① 원천징수하는 자가 거주자인 경우에는 그 거주자의 주된 사업장의 소재지
② 소득세를 원천징수하는 자가 법인인 경우에는 그 법인의 본점 소재지
③ 소득세를 원천징수하는 자가 법인으로서 그 법인의 지점, 기타 사업장이 독립채산제에 의하여 독자적으로 회계사무를 처리하는 경우 그 사업장의 소재지

### ❷ 원천세 신고·납부기한

원천징수대상소득을 지급하는 원천징수의무자는 그 소득을 지급하는 때에 해당 소득세를 원천징수하여 그 징수일이 속하는 달의 다음달 10일까지 납부하여야 하고, 원천징수영수증을 제출하여야 한다.

### ❸ 원천징수이행상황신고서의 작성 및 제출

#### 1 원천징수이행상황신고서 제출의무자

원천징수대상소득을 지급하는 거주자는 그 지급일의 다음달 10일까지 관할 세무서

에 '원천징수이행상황신고서'를 제출하여야 하며, 그 지급일의 다음달 10일까지 납부하여야 한다. 한편, 근로소득이외의 다른 원천징수대상소득이 있는 경우 이를 해당란에 기재하여 제출하여야 한다.

## 2 원천징수이행상황신고서의 작성 및 제출

① 급여에 대한 근로소득세는 급여 지급일에 징수하는 것으로 예를 들어 7월분 급여를 7월에 지급하는 경우에는 급여지급일에 근로소득세 등을 징수하여 8월 10일까지 원천징수이행상황신고서를 제출하여야 하며, 7월 분 급여를 8월 달에 지급하는 경우에는 9월 10일까지 원천징수이행상황신고서를 제출하고, 근로소득세 및 지방소득세를 납부하여야 한다.
② 원천징수대상소득을 지급하는 원천징수의무자는 납부(환급)세액의 유무와 관계없이 원천징수이행상황신고서를 제출하여야 한다.

### ☞ 귀속월과 지급월이 다른 각각 별지로 신고를 하여야 함
귀속연월이 다른 소득을 당월분과 함께 원천징수하는 경우에는 신고서를 귀속월별로 각각 별지로 작성하여 제출하여야 한다.

| 구 분 | 귀속연월 | 지급연월 | 제출연월일 |
|---|---|---|---|
| 신고서 (1) | 20×6년 8월 | 20×6년 9월 | 20×6년 10월 10일 |
| 신고서 (2) | 20×6년 9월 | 20×6년 9월 | 20×6년 10월 10일 |

## 3 원천징수이행상황신고서 부표 작성

다음의 지급액이 있는 경우에만 부표를 별도로 작성하여 원천징수이행상황신고서에 첨부하여 제출한다.
○ 이자소득(A50), 배당소득(A60), 법인원천(A80)
○ 사업소득(A25, A26, A30), 기타소득(A40) 중 비거주자분에 대한 원천징수내역

■ 소득세법 시행규칙 [별지 제21호서식]                                                                                    (1 쪽)

| ①신고구분 | | | | | | ■원천징수이행상황신고서 □원천징수세액환급신청서 | ②귀속연월 | 20×6년 7월 |
|---|---|---|---|---|---|---|---|---|
| 매월 | 반기 | 수정 | 연말 | 소득처분 | 환급신청 | | ③지급연월 | 20×6년 12월 |

| 원천징수 의무자 | 법인명(상호) | | 대표자(성명) | | 일괄납부 여부 | 여, 부 |
|---|---|---|---|---|---|---|
| | | | | | 사업자단위과세 여부 | 여, 부 |
| | 사업자등록번호 | | 사업장 소재지 | | 전화번호 | |
| | | | | | 전자우편주소 | @ |

❶ 원천징수 명세 및 납부세액 (단위 : 원)

| 소득자 소득구분 | | | 코드 | 원 천 징 수 명 세 | | | | | 납부 세액 | | |
|---|---|---|---|---|---|---|---|---|---|---|---|
| | | | | 소 득 지 급 (과세미달, 일부 비과세 포함) | | 징수세액 | | | ⑨당월 조정 환급세액 | ⑩소득세 등 (가산세 포함) | ⑪농어촌 특별세 |
| | | | | ④인원 | ⑤총지급액 | ⑥소득세등 | ⑦농어촌 특별세 | ⑧가산세 | | | |
| 개인 (거주자·비거주자) | 근로소득 | 간이세액 | A01 | 5 | 60,000,000 | 300,000 | | | | | |
| | | 중도퇴사 | A02 | 1 | 5,000,000 | △50,000 | | | | | |
| | | 일용근로 | A03 | 5 | 2,000,000 | | | | | | |
| | | 연말정산 합계 | A04 | | | | | | | | |
| | | 분납신청 | A05 | | | | | | | | |
| | | 납부금액 | A06 | | | | | | | | |
| | | 가감계 | A10 | 11 | 6,700,000 | 250,000 | | | | 250,000 | |
| | 퇴직소득 | | A20 | 1 | 6,000,000 | 100,000 | | | | 100,000 | |
| | 사업소득 | 매월징수 | A25 | | | | | | | | |
| | | 연말정산 | A26 | | | | | | | | |
| | | 가감계 | A30 | | | | | | | | |
| | 기타소득 | | A40 | | | | | | | | |
| | 연금소득 | 매월징수 | A45 | | | | | | | | |
| | | 연말정산 | A46 | | | | | | | | |
| | | 가감계 | A47 | | | | | | | | |
| | 이자소득 | | A50 | | | | | | | | |
| | 배당소득 | | A60 | | | | | | | | |
| | 저축해지 추징세액 등 | | A69 | | | | | | | | |
| | 비거주자 양도소득 | | A70 | | | | | | | | |
| 법인 | 내·외국법인원천 | | A80 | | | | | | | | |
| 수정신고(세액) | | | A90 | | | | | | | | |
| 총 합 계 | | | A99 | | | 350,000 | | | | 350,000 | |

❷ 환급세액 조정 (단위 : 원)

| 전월 미환급 세액의 계산 | | | 당월 발생 환급세액 | | | | ⑱조정대상 환급세액 (⑭+⑮+⑯+⑰) | ⑲당월조정 환급세액계 | ⑳차월이월 환급세액 (⑱-⑲) | ㉑환급 신청액 |
|---|---|---|---|---|---|---|---|---|---|---|
| ⑫전월 미환급세액 | ⑬기환급 신청세액 | ⑭차감잔액 (⑫-⑬) | ⑮일반 환급 | ⑯신탁재산 (금융 회사 등) | ⑰그밖의 환급세액 | | | | | |
| | | | | | 금융 회사 등 | 합병 등 | | | | |

원천징수의무자는 「소득세법 시행령」 제185조제1항에 따라 위의 내용을 제출하며, 위 내용을 충분히 검토하였고 원천징수의무자가 알고 있는 사실 그대로를 정확하게 적었음을 확인합니다.

20×7년 1월 10일

신고인            (서명 또는 인)

세무대리인은 조세전문자격자로서 위 신고서를 성실하고 공정하게 작성하였음을 확인합니다.

| 신고서 부표 등 작성 여부 ※ 해당란에 "○" 표시를 합니다. | | |
|---|---|---|
| 부표(4~5쪽) | 환급(7쪽~9쪽) | 승계명세(10쪽) |

| 세무대리인 | |
|---|---|
| 성 명 | |
| 사업자등록번호 | |
| 전화번호 | |

국세환급금 계좌신고
※ 환급금액 2천만원 미만인 경우에만 적습니다.

## 4  원천징수이행상황신고서 및 납부서 작성 방법

### [1] 기본사항 및 소득구분
① 신고구분 : 매월분 신고서는 [매월], 반기별 신고서는 [반기], 수정신고서는 [수정]란에 ○표시하며, 매월분 신고서에 계속근무자의 연말정산분이 포함된 경우에는 [매월], [연말]란 두 곳에 모두 ○표시한다.

② 귀속연월 : 소득발생 연월을 기재한다.
반기별납부자는 반기 개시월(상반기 : ××년 1월, 하반기 : ××년 7월)

③ 지급연월 : 지급한 월(지급의제월)
반기별납부자는 반기 종료월(상반기는 ××년 6월, 하반기 : ××년 7월)

### [2] 원천징수내역 및 납부세액
① [소득지급(1. 2.)]란에는 과세미달분과 비과세를 포함한 총지급액과 총인원을 기재한다.

② [징수세액(3. 4. 5.)]란에는 각 소득별로 발생한 납부 또는 환급할 세액을 기재하되, 납부할 세액의 합계는 총합계[3.4.5의 A99]에 기재하고, 환급할 세액은 해당란에 "△"표시하여 기재한 후 그 합계액은 Ⅱ."D"의 [①일반환급]란에 기재 한다.
※ "△"표시된 세액은 어떠한 경우에도 총합계[3.4.5.7.8의 A99]란에는 기재하지 않음

③ 납부 또는 환급세액의 계산 : 근로소득 및 사업소득의 경우 납부할 세액 또는 환급할 세액의 계산은 코드별 가감계[A10 또는 A30]의 금액을 기준으로 한다.
○ [징수세액(3.4.5.)]란에 납부할 세액만 있는 경우에는 소득별로 [납부세액(7.8.)]란에 옮겨 적는다.
○ [징수세액(3.4.5.)]란에 환급할 세액만 있는 경우에는 그 합계를 Ⅱ.[D.당월발생환급세액]의 [①일반환급] 란에 기입한다.
○ [징수세액]란에 각 소득종류별 납부할 세액과 환급할 세액이 각각 있는 경우
1. 납부할 세액의 합계가 Ⅱ.[E.조정대상환급세액]보다 많은 경우에는 Ⅱ.[E.조정대상환급세액]란의 금액을 [6.당월조정환급세액]란에 코드[A10, A20,..]순서대로 기입하여 조정환급하고, 잔액은 [납부세액(7. 8.)]란에 기재한다.

2. 납부할 세액의 합계보다 환급할 세액[E.조정대상환급세액]이 많은 경우에는 위와 같이 조정환급하고, [E.조정대상환급세액]의 나머지는 [납부세액 (7. 8.)]란에 기재하지 아니하며, Ⅱ.[G.차월이월환급세액]란에 기재한다.
3. Ⅰ 원천징수세액 및 납부세액의 [6.당월조정환급세액]의 합계액[A99]을
Ⅱ 환급세액조정의 [F.당월조정환급세액계]란에 옮겨 적는다.

④ 납부서는 소득종류별(근로소득세, 퇴직소득세 등)로 별지 작성하여 납부한다.

▶ 세목별 코드분류표

| 세 목 | 코드 | 세 목 | 코드 | 세 목 | 코드 |
|---|---|---|---|---|---|
| 종합소득세 | 10 | 기타소득세 | 16 | 상속세 | 32 |
| 이자소득세 | 11 | 퇴직소득세 | 21 | 증여세 | 33 |
| 배당소득세 | 12 | 양도소득세 | 22 | 개별소비세 | 42 |
| 사업소득세 | 13 | 법인세 | 31 | 주세 | 43 |
| 근로소득세 | 14 | 부가가치세 | 41 | 증권거래세 | 45 |

## ❹ 원천징수이행상황신고서 수정신고서 작성 방법

① 수정신고서는 별지로 작성하여 제출하며, 귀속연월과 지급연월은 반드시 당초 신고서와 동일하게 기재한다.

② 당초의 모든 숫자는 상단에 빨강색으로, 수정 후 모든 숫자는 하단에 검정색으로 기재한다.

③ 수정신고로 인한 납부세액 또는 환급세액은 **당월분 원천징수이행상황신고서의 수정신고(A90)란에 옮겨 적어 조정 환급하여야 한다.** 즉, 수정신고서의 수정신고(세액) A90란은 기재하지 않으며 수정신고서의 총합계(A99)란의 차액은 수정신고 월의 정기신고서 '수정신고(A90)'란에 옮겨 기재한다. 따라서 수정신고는 수정신고용 원천징수이행상황신고서와 함께 당월분 신고서를 제출하여야 한다.

④ 별지 작성한 수정 신고서의 총합계(A99)의 납부세액 차액(수정신고 납부할 세액 - 당초신고.납부세액)은 당월 신고서 수정신고(A90)란의 징수세액란에 옮겨 적고, 신고 및 납부하여야 한다.

## 2  지급명세서 제출 및 원천세 가산세

### ❶ 일반적인 경우 지급명세서 제출기한

소득세 납세의무가 있는 개인에게 이자소득, 배당소득, 원천징수대상 사업소득 및 봉사료, 근로소득 또는 퇴직소득, 연금소득, 기타소득에 해당하는 소득을 국내에서 지급하는 자(법인 등 포함)는 지급명세서를 그 지급일이 속하는 과세기간의 다음 연도 2월 말일(사업소득, 근로소득, 퇴직소득의 경우에는 다음 연도 3월 10일, 휴업 또는 폐업한 경우에는 휴업일 또는 폐업일이 속하는 달의 다음다음 달 말일)까지 원천징수 관할 세무서장에게 제출하여야 한다. 다만, 근로소득 중 일용근로자의 근로소득의 경우에는 그 지급일이 속하는 분기의 마지막 달의 다음 달 말일(4분기에 지급한 근로소득은 다음 과세기간 2월 말일)까지 지급명세서를 제출하여야 한다.

### ❷ 원천징수시기 특례가 적용되는 경우

다음의 소득에 대해서는 해당 소득에 대한 **과세기간 종료일**을 기준으로 다음해 2월 말일 또는 3월 10일까지 지급명세서를 제출하여야 한다.

#### 1 이자소득 또는 배당소득 원천징수시기에 대한 특례

① 법인이 이익 또는 잉여금의 처분에 따른 배당 또는 분배금을 그 처분을 결정한 날부터 3개월이 되는 날까지 지급하지 아니한 경우에는 그 3개월이 되는 날에 그 배당소득을 지급한 것으로 보아 소득세를 원천징수한다. 다만, 11월 1일부터 12월 31일까지의 사이에 결정된 처분에 따라 다음 연도 2월 말일까지 배당소득을 지급하지 아니한 경우에는 그 처분을 결정한 날이 속하는 과세기간의 다음 연도 2월 말일에 그 배당소득을 지급한 것으로 보아 소득세를 원천징수한다.
② 「법인세법」 제67조에 따라 처분되는 배당에 대하여는 다음 각 호의 어느 하나에 해당하는 날에 그 배당소득을 지급한 것으로 보아 소득세를 원천징수한다.

1. 법인세 과세표준을 결정 또는 경정하는 경우: 소득금액변동통지서를 받은 날
2. 법인세 과세표준을 신고하는 경우: 그 신고일 또는 수정신고일

## 2  근로소득 원천징수시기에 대한 특례

① 근로소득을 지급하여야 할 원천징수의무자가 1월부터 11월까지의 근로소득을 해당 과세기간의 12월 31일까지 지급하지 아니한 경우에는 그 근로소득을 12월 31일에 지급한 것으로 보아 소득세를 원천징수한다.
② 원천징수의무자가 12월분의 근로소득을 다음 연도 2월 말일까지 지급하지 아니한 경우에는 그 근로소득을 다음 연도 2월 말일에 지급한 것으로 보아 소득세를 원천징수한다.
③ 법인이 이익 또는 잉여금의 처분에 따라 지급하여야 할 상여를 그 처분을 결정한 날부터 3개월이 되는 날까지 지급하지 아니한 경우에는 그 3개월이 되는 날에 그 상여를 지급한 것으로 보아 소득세를 원천징수한다.

## 3  연말정산 사업소득의 원천징수시기에 대한 특례

① 연말정산 사업소득을 지급하여야 할 원천징수의무자가 1월부터 11월까지의 사업소득을 해당 과세기간의 12월 31일까지 지급하지 아니한 경우에는 12월 31일에 그 사업소득을 지급한 것으로 보아 소득세를 원천징수한다.
② 원천징수의무자가 12월분의 연말정산 사업소득을 다음 연도 2월 말일까지 지급하지 아니한 경우에는 다음 연도 2월 말일에 그 사업소득을 지급한 것으로 보아 소득세를 원천징수한다.

## 4  퇴직소득 원천징수시기에 대한 특례

① 퇴직소득을 지급하여야 할 원천징수의무자가 1월부터 11월까지의 사이에 퇴직한 사람의 퇴직소득을 해당 과세기간의 12월 31일까지 지급하지 아니한 경우에는 그 퇴직소득을 12월 31일에 지급한 것으로 보아 소득세를 원천징수한다.
② 12월에 퇴직한 사람의 퇴직소득을 다음 연도 2월 말일까지 지급하지 아니한 경우 그 퇴직소득을 다음 연도 2월 말일에 지급한 것으로 보아 소득세를 원천징수한다.

## ❸ 지급명세서 제출방법

① 지급명세서를 제출하여야 하는 자는 지급명세서의 기재 사항을 정보통신망에 의하여 제출하거나 디스켓 등 전자적 정보저장매체로 제출하여야 한다.
② 법인 또는 복식부기의무자가 아닌 개인사업자로서 직전 과세기간에 제출한 지급명세서의 매수가 50매 미만인 자 또는 상시 근무하는 근로자의 수가 10명 이하인 자의 경우 문서로 제출할 수 있다

## ❹ 원천세 가산세

### [1] 납부불성실가산세 1과 2를 합한 금액 (한도액 : 미납부금액의 10%)
1. 미납부금액의 3%
2. 미납기간 1일 1만분의 2.5 (미납부금액 × 미납일수 × 2.5/10,000)

[세법 개정] 2019. 2. 12. 이후 신고·납부분부터 : 1일 1만분의 3 → 1만분의 2.5

### [2] 지급명세서 미제출에 대한 가산세

지급명세서를 그 지급일이 속하는 연도의 다음 연도 2월 말일(이자소득, 배당소득, 기타소득) 또는 3월 10일(근로소득, 퇴직소득, 원천징수대상사업소득)까지 관할세무서에 제출하지 아니한 경우 및 불분명한 경우 지급금액의 1%를 가산세로 부담하여야 한다. 단, 제출기한경과 후 **3개월 이내**에 제출하는 경우 지급금액의 0.5%로 한다.

### [3] 신고불성실가산세
신고불성실가산세는 적용되지 않는다.

### [4] 원천세 지방소득세 가산세
1과 2를 합한 금액 (한도액 : 미납부금액의 10%)
1. 미납부금액의 3%
2. 미납기간 1일 1만분의 2.5(미납부금액 × 미납일수 × 3/10,000)

[세법 개정] 2019년 이후 신고·납부분부터 : 1일 1만분의 3 → 1만분의 2.5

# 3  근로소득간이지급명세서 제출의무 [신설]

## ❶ 근로소득간이지급명세서 제출

2019년 이후 소득세 납세의무가 있는 개인에게 다음 각 호의 어느 하나에 해당하는 소득을 국내에서 지급하는 자는 근로소득간이지급명세서를 그 지급일이 속하는 반기의 마지막 달의 다음 달 10일(휴업, 폐업 또는 해산한 경우에는 휴업일, 폐업일 또는 해산일이 속하는 달의 다음 달 10일)까지 원천징수 관할 세무서장에게 제출하여야 한다. [소득세법 제164조의3(근로소득간이지급명세서의 제출)] 신설
1. 「고용정책 기본법」제17조의 고용구조 및 인력수요 등에 관한 통계에 따른 상용근로자에게 지급하는 근로소득
2. 원천징수대상 사업소득

[세법 개정] 근로소득간이지급명세서 제출대상 소득 범위 조정(소득칙 §100)

| 현 행 | 개 정 |
|---|---|
| □ 근로소득간이지급명세서 제출대상 소득<br><br>ㅇ 반기 근무분에 대한 소득 | □ 제출대상 소득 범위 조정<br><br><br>ㅇ 반기 동안 지급한 소득 |

<적용시기> 2020.1.1. 이후 제출하는 분부터 적용

## ❷ 근로소득간이지급명세서 미제출 가산세

해당 근로소득간이지급명세서를 그 기한까지 제출하지 아니한 경우: 제출하지 아니한 분의 지급금액의 1천분의 5(제출기한이 지난 후 3개월 이내에 제출하는 경우에는 지급금액의 1만분의 25로 한다). 다만, 2019년 1월 1일이 속하는 과세기간에 발생한 소득분에 대해서는 본문에 따라 계산한 금액의 100분의 50으로 한다.

#  반기별 신고 및 납부

## 1  반기별 신고·납부

### ❶ 개요

근로소득 등을 지급하는 사업자는 매 월 근로소득세를 신고하고 납부하여야 하나 소규모 사업자의 납세편의를 제공하기 위하여 직전연도 상시고용인원이 20인 이하인 사업장의 경우 6개월에 한 번씩 신고·납부를 할 수 있도록 한 제도이다. 단, 반기 신고를 원하지 않는 경우 매 월 신고 및 납부를 할 수 있다.

### ❷ 반기별 신고·납부 대상자

직전 과세기간(신규로 사업을 개시한 사업자 또는 신설된 종교단체의 경우 신청일이 속하는 반기를 말한다.)의 상시고용인원이 20명 이하인 원천징수의무자(금융 및 보험업을 경영하는 자는 제외)로서 원천징수 관할세무서장으로부터 원천징수대상소득에 대한 원천징수세액을 매 반기별로 납부할 수 있도록 승인을 받거나 국세청장이 정하는 바에 따라 지정을 받은 자로 한다.

▶ **원천징수대상소득**
이자소득, 배당소득. 기타소득, 근로소득, 연금소득, 원천징수대상 사업소득. 퇴직소득

## ❸ 반기별 납부 승인신청

직전 과세기간(신규로 사업을 개시한 사업자의 경우 신청일이 속하는 반기)의 상시 고용인원이 20명 이하인 사업장으로서 반기별 납부 승인을 얻고자 하는 자는 원천 징수세액을 반기별로 납부하고자 하는 **반기의 직전 월의 1일부터 말일까지** 관할세 무서장에게 신청하여야 한다.

▶ 원천세 반기별 신고 승인신청기한

| 승인신청기한 | 승인통지기한 | 적용기간 | 신고기한 |
|---|---|---|---|
| 12월 1일 ~ 31일 | 1월 31일 | 상반기(1월 ~ 6월) | 7월 10일 |
| 6월 1일 ~ 30일 | 7월 31일 | 하반기(7월 ~ 12월) | 다음해 1월 10일 |

## ❹ 반기별 납부 승인철회 및 포기

당해 연도의 평균 상시고용인원수가 20인을 초과하는 경우 다음연도 1월징수분부 터 원천징수세액을 월별로 납부하여야 한다. 세무서장은 원천징수세액을 월별로 납 부하도록 「원천징수세액반기별납부제외통지서」를 통지한다.

반기별 납부 승인을 얻은 자는 원천징수대상 소득의 **지급일을 기준**으로 상반기분 (1월 1일부터 6월 30일까지 지급분)은 7월 10일까지, 하반기분(7월 1일부터 12월 31일까지 지급분)은 다음연도 1월 10일까지, 6개월 동안의 원천징수내역을 기재한 「원천징수이행상황신고서」를 관할세무서에 제출하고 징수한 세액을 은행에 납부하 여야 한다.

▶ **반기별 신고·납부자의 폐업시 퇴직소득 및 근로소득신고와 연말정산**
반기별 납부자가 폐업하는 경우 폐업일이 속하는 반기 동안의 원천징수세액을 폐업 일이 속하는 달의 다음달 10일까지 신고 및 납부하여야 한다.

## ❺ 반기별 원천징수이행상황신고서 제출 및 납부

2019년 하반기 원천징수이행상황신고서에는 2019년 7월 1일부터 12월 31일까지 원천징수대상소득의 지급분에 대하여 2020년 1월 10일까지 신고 및 납부한다.

▶ **원천징수이행상황신고서 작성방법**
① 신고구분 ~ 반기 체크
② 귀속연월 ~ **2019년 7월** ③ 지급연월 ~ **2019년 12월**
④ 인원 및 ⑤ 총지급액
○ 간이세액(A01) : 2019년 12월의 마지막 달의 인원 기재
○ 중도퇴사(A02) : 2019년 하반기(6개월) 중 중도퇴사자의 총인원 기재
○ 일용근로(A03) : 2019년 월별 순인원의 6개월 합계인원 기재

## ❻ 반기별 원천징수이행상황신고서 수정신고서 작성 방법

① 수정신고서는 정기신고서(상반기 또는 하반기)와 별지로 작성하며, 귀속연월과 지급연월은 반드시 수정 전 신고서와 동일하게 기재하고, 원천징수이행상황신고서의 신고구분 란의 '수정'에 "O" 표시를 한다.

② 수정신고로 인한 납부세액 또는 환급세액은 정기의 반기신고분 원천징수이행상황신고서의 'A90 수정신고' 란에 기재한다.

## 2 반기별 신고납부자 연말정산 등

### ❶ 반기별 신고·납부자 연말정산 관련 신고 기한

① 근로소득원천징수영수증(지급명세서)제출기한 : 3월 10일
② 원천징수이행상황신고서 제출기한 : 다음연도 7월 10일
③ 근로소득세등 원천세 납부기한 : 7월 10일

**[1] 연말정산 및 지급명세서 제출(2019년 귀속분)**
① 2020년 2월 28일 ~ 내부적인 연말정산 완료
② 2020년 3월 10일 ~ 연말정산 지급명세서 제출

**[2] 2020년 상반기 원천징수이행상황신고서 작성**
2020년 7월 10일까지 다음의 내용을 기재한 원천징수이행상황신고서를 작성하여 제출하고, 납부하여야 한다.
① 2019년 귀속분 연말정산에 대한 신고 및 납부
② 2020. 1. 1. ~ 2020. 6. 30. 기간 동안 지급한 원천징수대상소득 신고·납부

▶ **반기별 신고자 연말정산 원천징수이행상황신고서 작성방법**
① 신고구분 ~ 반기 체크
② 귀속연월 ~ **2020년 1월**
③ 지급연월 ~ **2020년 7월**
④ 인원 및 ⑤ 총지급액
○ 간이세액(A01) : 2020년 6월의 마지막 달의 인원 기재
○ 중도퇴사(A02) : 2020년 상반기(6개월) 중 중도퇴사자의 총인원 기재
○ 일용근로(A03) : 2020년 월별 순인원의 6개월 합계인원 기재

## ❷ 반기별 신고·납부자 연말정산 환급금 발생과 업무처리

① 연말정산을 실시하여 환급이 발생한 경우 7월 10일에 납부할 원천세에서 조정환급하여 납부할 세액에서 차감하고 납부할 수 있다.
② 회사 전체적으로 연말정산에 의한 환급세액이 많은 경우로서 세무서로부터 환급을 받고자 하는 경우 환급신청을 하여 환급을 받을 수 있으며, 이 경우 3월 10일까지 '원천징수이행상황신고서'를 신고하여야 한다.
1. 3월 10일 원천징수이행상황신고시 2020년 1월 및 2월분과 연말정산분을 같이 신고하여야 한다.
2. 2020년 7월 10일 신고시에는 3월부터 6월 지급분에 해당하는 내역만 신고한다.

## ❸ 반기별 신고·납부자 유의사항

### [1] 지급명세서 제출기한 [소법 제164조]

반기별 신고·납부자의 지급명세서 제출기한은 일반 신고자와 동일하며, 그 제출기한은 월별 원천징수이행상황신고자의 지급명세서 제출기한을 참고한다.

### [2] 법인의 인정상여처분에 대한 소득세 신고 및 납부기한

반기별납부자의 경우에도 법인세 신고·결정(경정)에 의하여 처분된 상여 등에 대하여는 월별 납부자와 동일하게 법인세 신고기일 또는 소득금액변동통지서를 받은 날이 속하는 달의 다음달 10일까지 신고·납부하여야 한다. 즉, 반기별 원천신고대상 사업자의 경우에도 인정상여로 소득처분된 금액이 있는 경우 원천징수는 매월 납부자와 같이 소득처분으로 인한 원천징수 시기일이 속하는 달(정기 법인세 신고의 경우 그 신고일로 12월 말 법인의 경우 3월)의 다음달(4월) 10일까지 원천징수 이행상황신고 및 납부를 하여야 한다.

한편, 원천징수이행상황신고서는 귀속연월별, 지급연월별로 각각 작성하는 것으로 소득처분분에 대하여는 귀속연월 2월, 지급연월 3월로 하여 '원천징수이행상황신고서'를 작성하여 제출하여야 하며, 1월, 2월, 3월 급여지급에 대한 내용은 반기 신고에 반영하거나 별도의 신고서를 작성하여 제출할 수 있다.

# 제4부

## 정규영수증 & 지출증빙

# 정규영수증 및 정규영수증 수취대상

## 1 정규영수증

### ❶ 개요

기업은 사업과 관련한 각종 경비지출시 반드시 그 지출을 입증할 수 있는 증빙서류를 첨부하여 보관하여야 한다. 지출에 대한 증빙서류에 대한 법적규제가 없는 경우 사업자가 실제 사용하지 않은 비용에 대하여 사용한 것으로 처리하여

비용을 과다 계상하여 사업과 관련한 소득을 줄여 탈세 수단으로 이용할 수 있으므로 세법은 지출에 대한 증빙을 5년간 보관하여 둘 것을 규정하고 있다.

한편, 비용에 대한 영수증으로 수취하는 **세금계산서, 면세 계산서, 신용카드매출전표, 현금영수증** 등은 그 발급내용이 전부 국세청 전산시스템으로 연계되어 매출자의 매출신고내용 및 매입자의 비용 정당성 여부를 동시에 통제할 수 있다. 따라서 이러한 영수증을 '정규영수증'이라고 하며, 세법에서는 사업자의 비용지출에 대하여 정규영수증을 수취하도록 하여 매출자의 매출신고 누락을 방지하고 매입자가 가짜로 비용처리하는 것을 철저히 관리하는 것이다.

일반적인 지출의 경우 거래금액이 3만원을 초과할 시 세법에서 정규영수증 수취 예외거래를 제외하고는 반드시 **세금계산서 또는 계산서, 현금영수증**을 수취하거나, **신용카드를 사용**하여 지출하여야 적법한 증빙으로 인정하고 있으며, 비용 지출에 대

하여 정규영수증을 수취하지 않은 경우 그 거래금액의 **100분의 2**에 해당하는 금액을 가산세로 징수하도록 규정하고 있다.

### ▣ 정규영수증 미수취시에도 비용처리는 할 수 있음

법인 또는 개인사업자가 업무와 관련하여 지출한 비용에 대하여 지출증빙서류를 수취하지 아니한 경우에도 다른 객관적인 자료에 의하여 그 지급사실이 확인되는 경우에는 손금 또는 필요경비에 산입할 수 있다.

## ❷ 정규영수증 종류

### [1] 세금계산서

부가가치세법에 의하여 사업자등록을 한 일반과세자가 발급한 세금계산서를 말하며, 다음의 필요적 기재사항의 전부가 기재되어 있는 세금계산서를 말한다. 따라서 정규증빙의 효력을 갖는 세금계산서는 부가가치세법에 의하여 적법하게 발급한 세금계산서를 의미하며, 미등록사업자나 간이과세자 또는 면세사업자가 발급한 세금계산서는 적법한 증빙이 될 수 없다.

① 공급하는 사업자의 등록번호와 성명 또는 명칭
② 공급받는자의 등록번호와 성명 또는 명칭
③ 공급가액 및 세액
④ 작성연월일

### ▣ 위장 매입세금계산서 및 가공 매입세금계산서

위장거래(실제 매입자와 세금계산서상 명의자가 다른 경우)에 의한 매입시 매입세액은 불공제되며, 증빙불비가산세가 적용된다. 단, 소득금액계산상 손금으로는 인정된다. 가공거래(실물거래 없이 가공세금계산서만 수취한 경우)에 의한 가공세금계산서는 실제 지출로 보지 않으므로 그 매입세액은 불공제되고, 손금으로도 인정되지 아니하므로 증빙불비가산세는 적용되지 아니한다.

## [2] 계산서

면세 재화 또는 용역의 매입과 관련하여 정규증빙으로서 효력을 갖는 계산서는 소득세법 및 법인세법에 의하여 적법하게 발급된 계산서를 의미하며 다음의 필요적 기재사항의 전부가 기재되어 있는 계산서를 말한다.

① 공급하는 사업자의 등록번호와 성명 또는 명칭
② 공급받는자의 등록번호와 성명 또는 명칭
③ 공급가액
④ 작성연월일

## [3] 신용카드매출전표

여신전문금융업법에 의한 신용카드매출전표 및 직불카드, 외국에서 발행된 신용카드 및 선불카드, 백화점카드현금영수증 등을 포함한다.

| 구 분 | 내 용 |
|---|---|
| 법인카드 | 법인의 신용으로 발급되며, 카드에 법인의 이름만 기재되고, 법인계좌에서 출금되며, 법인의 임직원이 공용으로 사용할 수 있는 카드 |
| 직불카드 | 직불카드회원과 신용카드가맹점간에 전자 또는 자기적 방법에 의하여 금융거래계좌에 이체하는 등의 방법으로 물품 또는 용역의 제공과 그 대가의 지급을 동시에 이행할 수 있도록 신용카드업자가 발행한 증표 |
| 백화점카드 | 기획재정부장관으로부터 신용카드업의 허가를 받은 백화점운용사업자가 발행하여 금융기관을 통하여 이용대금을 결제하는 카드 |
| 선불카드 | 신용카드업자가 대금을 미리 받고 이에 상당하는 금액을 전자 또는 자기적 방법으로 기록하여 발행한 증표로서 그 소지자의 제시에 따라 신용카드가맹점이 그 기록된 범위 내에서 물품 또는 용역을 제공할 수 있도록 한 카드 |

☞ **임직원개인명의 신용카드를 업무용으로 사용한 경우 정규영수증으로 인정된다. 단, 법인의 접대비는 손금산입할 수 없는 것임**

신용카드의 명의와 관련하여 법인사업자의 법인명의나 개인사업자의 대표자 명의의 신용카드를 사용하여야 하나 종업원 개인명의의 신용카드를 사용하고 매출전표를 수취한 경우에도 정규증빙으로 인정된다. 단, 법인 접대비의 경우로서 **1만원**을 초과하는 접대비는 법인카드로 사용한 경우에만 인정된다. 이 때 법인개별카드(개인형 법인카드)는 법인카드로 간주한다.(법인 46012 - 2098, 2000.10.12)

☞ **임직원 개인명의카드를 업무용도로 사용한 경우 임직원 개인은 연말정산시 신용카드소득공제는 받을 수 없음**

임직원 개인명의의 신용카드를 법인의 비용 지출에 대한 결제수단으로 사용한 경우 임직원 개인은 신용카드사용금액에 대하여 연말정산시 신용카드소득공제를 받을 수 없다.

### [4] 현금영수증

현금영수증이란 현금영수증가맹점이 재화 또는 용역을 공급하고 그 대금을 현금으로 받는 경우 당해 재화 또는 용역을 공급받는자에게 물품 등의 판매시 현금영수증 발급장치에 의해 발급하는 것으로서 거래일시. 금액 등 결제내역이 기재된 영수증을 말하며, 현금영수증 지출증빙효력은 신용카드매출전표와 동일하다.

## ❸ 지출증명서류 합계표 작성 및 보관의무

직전 사업연도의 수입금액이 20억원(사업연도가 1년 미만인 법인의 경우 20억원에 해당 사업연도의 월수를 곱하고 12로 나누어 산출한 금액) 이상으로서 법 제116조(지출증명서류의 수취 및 보관)에 따라 지출증명서류를 수취하여 보관한 법인은 기획재정부령으로 정하는 지출증명서류 합계표를 작성하여 보관하여야 한다.
<신설 2016.2.12.>
[시행일 : 2017.1.1.] 법인세법 시행령 제158조 제6항

♣ 서식 : 국세법령정보시스템 → 별표서식 → 법령서식

## ❹ 정규영수증 과소 수취에 대한 해명 요구

국세청은 법인의 법인세신고 및 개인사업자의 종합소득세 신고내용에 대하여 손금 또는 필요경비로 계상한 금액과 정규영수증을 제출한 금액을 분석하여 손금 또는 필요경비 대비 정규영수증 제출비율이 상대적으로 낮은 사업자에 대하여 실제 경비를 지출하지 않았음에도 경비를 지출한 것처럼 허위로 법인세 또는 소득세를 신고한 혐의가 있는 것으로 보고, 손금산입한 금액과 정규영수증 제출금액에 중대한 차이

가 경우 그 사유를 사업자에게 소명요구를 하거나 수정신고를 하도록 하고 있다. 그리고 관할 세무서는 사업자가 지출에 대한 증빙을 제출하지 못한 금액에 대하여 사업자가 소득을 누락한 것으로 보고 법인세 또는 소득세를 추징함으로써 사업자가 소득을 정당하게 신고하지 않으면 안되도록 시스템을 만들었다.

한편, 소규모 사업자의 경우 어려운 현실을 감안하여 소득세 신고시 비용처리란 금액과 정규영수증 제출 내용에 대하여 해명요구를 유보하여 왔지만, 최근 국세청은 소상공인에 대해서도 종합소득세 신고 내용을 분석하여 사업자가 비용처리한 금액과 정규영수증 제출금액을 대비하여 정규영수증 제출비율이 상대적으로 낮은 업체로서 그 차이 금액이 중요한 경우 해명자료를 요구하고 있으며, 사업자가 이와 같이 정규영수증 없이 경비처리한 금액에 대한 해명자료를 받은 경우 정말 어려운 문제가 발생할 수 있다. 이 경우 사업자는 지출에 대한 증빙이 없다하여 이미 간편장부 또는 복식부기기장에 의하여 신고한 내용에 대하여 추계에 의한 종합소득세 신고도 할 수 없고, 관할 세무서에서는 사업자가 장부 및 증빙이 부족하다하여 추계에 의한 결정을 하지 않음으로 사업자가 지출에 대한 명확한 증빙서류를 소명할 수 없는 경우 소명하지 못한 금액을 소득으로 추정하여 감당하기 어려운 세금을 부과할 수도 있다 보니 이러한 소명요구를 받은 사업자가 겪어야 하는 어려움은 매우 심각한 문제다.

뿐만 아니라 소상공인의 거래처가 소득세 또는 법인세를 줄이기 위하여 소상공인에게 실제 거래금액보다 세금계산서를 더 발행하여 줄 것을 요구하거나 압박하는 경우 소상공인은 거래처와의 거래에 생존권이 달려 있다 보니 부득이 실제 거래없이 세금계산서를 발행하는 경우가 있고, 이 경우 거래처는 소득을 줄여 세금을 줄일 수 있으나 소상공인 자신은 종합소득세신고를 함에 있어 가공 매출로 인하여 가공 매출분에 대한 경비가 부족하여 정규영수증 없이 실제 지출하지 않은 것을 지출한 것처럼 장부에 계상하여 소득세 신고를 하게 되는 경우가 있다.

그런데 국세청은 이제 소상공인의 경우에도 소득세 신고서의 경비금액과 정규영수증 제출비율을 분석하여 그 금액이 중요한 경우 해명자료를 요구함으로써 소상공인은 세금문제로 치명적인 어려움을 겪게 되는 것이다. 이러한 국세청의 압박은 향후에도 계속될 것이므로 소규모사업자라 하더라도 지출에 대한 증빙없이 필요경비로 계상하는 일은 없도록 종합소득세 신고시 유의를 하여야 하며, 경비 영수증이 없는 금액이 중요한 경우 종합소득세를 추계로 신고를 하여야 할 것이다.

## 2  정규영수증 수취대상 및 수취대상이 아닌 경우

### ❶ 정규영수증 수취대상 거래

#### 1  건별 거래금액이 3만원 초과 거래

재화 또는 용역의 거래 건당 공급대가(부가세 포함)가 3만원을 초과하는 거래인 경우 정규영수증을 수취하여야 한다. 따라서 거래 건당 3만원 이하인 거래의 경우 정규영수증을 수취하지 않아도 가산세는 적용되지 아니한다.

한편, 공급대가가 3만원을 초과하는 동일거래에 대해서 여러 장의 간이영수증을 분할하여 수취하는 경우 적격증빙수취의무에 위반되는 것으로 적격증빙을 수취하지 못한 것으로 보아 증빙불비가산세가 적용된다.

#### 2  사업자와의 거래

정규지출증빙에 관련된 규정은 거래상대방이 아래의 사업자인 경우에 적용되며 거래상대방이 사업자가 아닌 경우에는 적용되지 아니한다. 다만, 거래상대방이 사업자등록을 하지 않았다하더라도 사업의 계속성이 있는 경우 재화 또는 용역을 공급받은 사업자는 정규영수증 미수취에 대한 가산세를 부담하여야 한다.

#### [1] 법인사업자
내국법인 및 수익사업을 영위하는 비영리법인(외국법인을 포함한다.)

#### [2] 개인사업자
영수증 발행대상사업자 및 간이과세자를 제외한 모든 개인사업자

## ❷ 정규영수증 수취대상이 아닌 경우

### ① 정규영수증 수취대상 제외사업자와의 거래

아래 사업자와의 거래시에는 세금계산서, 계산서, 신용카드매출전표, 현금영수증 등 정규영수증을 수취하지 아니하고 일반영수증을 수취하여도 적격증빙미수취 가산세가 적용되지 아니한다.

#### [1] 비영리법인
비영리법인과의 거래 단, 법인세법시행령 제2조 제1항의 규정에 해당하는 수익사업과 관련된 부분은 정규영수증을 수취하여야 한다.

○ 지출사례 : 비영리법인에 지출하는 조합비, 협회비, 기부금 등

#### [2] 국가 및 지방자치단체
국가 및 지방자치단체에 납부하는 각종 세금은 정규영수증 수취의무가 없으며, 납부영수증을 증빙으로 갖추어 되면 된다.

○ 지출사례 : 각종 세금과공과금, 벌과금 등

#### [3] 금융보험업을 영위하는 법인(금융·보험용역 제공에 한함)
거래상대방 공급자가 금융보험업자인 경우 적격증빙수취대상이 아니므로 해당 기관이 발행하는 영수증을 증빙으로 보관하면 된다. 단, 금융보험업자로부터 금융보험용역이 아닌 임대용역을 제공받는 경우에는 반드시 세금계산서 등 정규영수증을 수취하여야 한다.

○ 지출사례 : 보증보험료, 어음할인료, 대출이자, 할부이자, 송금수수료, 환전수수료, 신용카드수수료, 보험료(손해, 화재보험, 보증보험, 해상보험 등), 리스료

#### [4] 읍·면지역에 소재 간이과세자로서 신용카드가맹점이 아닌 사업자
읍·면지역(도농복합 시지역의 읍면지역 포함)에 소재하는 간이과세자로 신용카드가

맹점이 아닌 사업자인 경우 해당 사업자가 발행하는 간이영수증 등을 지출증빙으로 수취하면 된다. 시지역의 간이과세자인 경우 정규영수증인 현금영수증을 수취하거나 신용카드로 결제하여야 정당한 증빙으로 인정이 된다.

### [5] 국내사업장이 없는 외국법인
국내사업장이 없는 외국법인과의 거래시 정규영수증 수취의무가 없으며, 이 경우 지출에 대한 증빙으로 영수증(형식은 무관함)을 갖추어 두면 된다.

## ❸ 정규영수증을 수취하지 않아도 되는 거래

### [1] 거래 건당 공급대가(부가세 포함)가 3만원 이하인 거래
거래 건 당 3만원 이하인 거래의 경우 정규영수증을 수취하지 않아도 가산세는 적용되지 아니한다. 3만원 초과 거래 여부의 판단은 거래 1건별 영수증금액(부가세 포함)을 기준으로 판단하며, 동일한 거래에 대하여 영수증을 분할하여 발급받은 경우에도 합산한 금액을 1건의 거래로 본다.

### [2] 건당 공급대가가 3만원 초과 거래로서 농·어민과의 거래 등
① 농·어민(농업중 작물재배업·축산업·복합농업, 임업 또는 어업에 종사하는자를 말하며, 법인을 제외한다)으로부터 재화 또는 용역을 직접 공급받은 경우

② 재화의 공급으로 보지 아니하는 사업의 양도(사업의 포괄양도.양수)에 의하여 재화를 공급받은 경우 단, 사업의 포괄양도.양수에 대하여 정규증빙의 수취의무는 없으나 양도.양수계약서 등의 증빙은 갖추어야 한다.

③ 부가가치세법 제26조 제1항 제8호의 규정에 의한 방송용역을 제공받은 경우

④ 전기통신사업법에 의한 전기통신사업자로부터 전기통신용역을 공급받은 경우

⑤ 국외에서 재화 또는 용역을 공급받은 경우(세관장이 세금계산서 또는 계산서를 발급한 경우를 제외한다)

⑥ 공매.경매 또는 수용에 의하여 재화를 공급받은 경우

⑦ 토지 또는 주택을 구입하거나 주택의 임대업을 영위하는 자(법인을 제외한다)로부터 주택임대용역을 공급받은 경우
건축물이 없는 토지와 주택의 매매는 소유권이전등기를 경료하며 검인계약서를 작성.제출하여야 하므로 그 거래내용이 파악되고, 주택임대는 부가가치세가 면제되고 임대자가 대부분 개인이므로 정규증빙수취대상에서 제외된다.

⑧ 택시운송용역을 제공받은 경우

⑨ **건물 또는 토지 구입**
건물 또는 토지를 구입하는 경우로서 거래내용이 확인되는 매매계약서 사본을 법인세과세표준신고서에 첨부하여 납세지 관할세무서장에게 제출하는 경우
단, 과세대상 건물을 구입하는 경우로서 그 매입세액을 공제받고자하는 경우에는 세금계산서를 수취하여야 한다.(법인세법 제121조 ④, 법인세법시행령 제164조 ③)

⑩ 금융.보험용역을 제공받은 경우

⑪ 국세청장이 정하여 고시한 전산발매통합관리시스템에 가입한 사업자로부터 입장권.승차권.승선권 등을 구입하여 용역을 제공받은 경우

⑫ 항공기의 항행용역을 제공받는 경우
항공기의 항행용역을 제공받는 경우로서 국내구간이든 국제구간이든 불문한다. 부가가치세법상 항공기에 의한 외국항행용역은 국내사업장 유무에 관계없이 세금계산서 발급의무가 면제됨으로 증빙수취 특례사항으로 규정하고 있다.
그러나 선박에 의한 외국항행용역의 경우에는 공급받는자가 국내사업자인 경우 세금계산서를 발급하여야 하며 증빙수취의무도 발생한다.

⑬ 부동산임대용역을 제공받은 경우로서 부가가치세법시행령 제49조의 2 제1항의 규정을 적용받는 전세금 또는 임대보증금에 대한 부가가치세액(간주임대료에 대한 부가가치세액)을 임차인이 부담하는 경우

⑭ 재화공급계약.용역제공계약 등에 의하여 확정된 대가의 지급지연으로 인하여 연체이자를 지급하는 경우

⑮ 「유료도로법」에 따른 유료도로를 이용하고 통행료를 지급하는 경우

> 다음의 하나에 해당하는 경우로서 공급받은 재화 또는 용역의 거래금액을 금융
> 기관을 통하여 지급한 경우로서 법인사업자는 법인세과세표준신고서에 송금
> 사실을 기재한 경비 등의 '송금명세서'를 개인사업자는 영수증수취명세서
> 를 관할 세무서장에게 제출하는 경우

① 간이과세자로부터 부동산임대용역을 제공받은 경우

□ 간이과세자로부터 부동산임대용역을 공급받은 경우 증빙수취방법
부가가치세법 제25조의 규정을 적용받는 간이과세자로부터 부동산임대용역을 공급받은 경우에 그 거래금액을 금융기관을 통하여 지급하고 과세표준확정신고서에 그 송금명세서를 첨부하여 관할세무서장에게 제출한 경우에는 소득세법 제81조 제8항 단서 및 소득세법시행규칙 제95조의 2 제9호의 규정에 의하여 증빙불비가산세를 적용하지 아니하는 것임. 따라서 그 거래금액을 금융기관을 통하지 아니하고 지급한 경우에는 증빙불비가산세의 적용대상이 되는 것이나, 그 거래금액을 지급하지 아니하여 송금명세서를 첨부하지 못한 경우에는 증빙불비가산세의 적용대상에 해당하지 아니하는 것임(제도 46011-11294, 2001.6.1)

② 임가공용역을 제공받은 경우(법인과의 거래를 제외한다)

□ 가정주부로부터 임가공용역을 제공받는 경우(법인 46012-77, 2000.1.11)
법인이 가정주부로부터 소득세법기본통칙 14-1에 해당하는 가내부업적인 용역을 제공받고 소득세법 제14조 제3항 제2호에 해당하는 대가를 지급하는 경우에는 법인세법 제116조 제2항의 지출증빙서류수취대상에서 제외됨.

③ 운수업을 영위하는 간이과세자가 제공하는 운송용역을 공급받은 경우

□ 화물운송대행용역의 지출증빙(법인 46012-3828, 1999.10.28)
법인세법시행규칙 제79조 제10호 다목의 규정에 의하여 지출증빙서류의 수취특례가 적용되는 운수업을 영위하는 자(부가가치세법상 간이과세자에 한함)가 제공하는 운송용역에는 직접 화물운수사업체를 갖지 아니하고 수수료 또는 계약에 의하여 화물운송에 관한 책임을 지고 탁송자로부터 수령자에게 화물을 운송하는 화물운송대행용역은 포함되지 아니함.

④ 간이과세자로부터 재활용폐자원 등이나 재활가능자원을 공급받은 경우

⑤ 항공법에 의한 상업서류 송달용역을 제공받는 경우

⑥ 부동산중개업법에 의한 중개업자에게 수수료를 지급하는 경우

⑦ 기타 국세청장이 정하여 고시하는 경우
1. 인터넷, PC통신 및 TV홈쇼핑을 통하여 재화 또는 용역을 공급받는 경우
2. 우편송달에 의한 주문판매를 통하여 재화를 공급받는 경우

## [3] 재화 또는 용역의 공급으로 보지 아니하는 거래

재화 또는 용역의 공급으로 보지 아니하는 거래는 정규영수증 수취대상이 아니므로 예를 들어 다음에 예시하는 거래는 해당 거래사실을 입증할 수 있는 증빙을 갖추어 두면 된다.

○ 조합 또는 협회에 지출하는 경상회비,
○ 판매장려금(현금 지급) 또는 포상금 등 지급
○ 거래의 해약으로 인한 위약금, 손해배상금 등
○ 기부금

## [4] 원천징수대상 소득을 지급하는 경우

원천징수대상 소득(근로소득, 퇴직소득, 이자소득, 기타소득, 원천징수대상 사업소득을 지급하는 경우 그 지급에 대한 명세서를 기재한 지급명세서를 제출하여야 하며, 이 경우 지급명세서가 그 지출에 대한 증빙이 되므로 별도의 정규영수증 수취의무는 없으며, 자세한 내용은 원천징수 편을 참고한다.

## ③ 정규영수증 미수취에 대한 가산세 등

### ❶ 정규영수증 미수취에 대한 가산세

#### ① 개인사업자

**[1] 증빙불비가산세**
① 적용대상 ~ 소규모사업자가 아닌 사업자
* 소규모사업자란 직전연도 수입금액이 4,800만원 미만인 사업자 및 신규사업자를 말한다.

② 가산세 ~ 정규증빙서류 미수취금액의 100분의 2

**[2] 영수증수취명세서 미제출가산세**
① 적용대상 ~ 소규모사업자(직전연도 수입금액이 4,800만원 미만)가 아닌 사업자

② 가산세 ~ 영수증수취명세서를 과세표준확정신고기한 내에 제출하지 아니하거나, 제출한 영수증수취명세서가 불분명한 경우 미제출 거래금액의 100분의 1

#### ② 법인사업자

① 정규증빙서류 미수취금액의 100분의 2

② 법인은 '경비등의 송금명세서'를 법인세 신고시 제출하여야 하나 제출하지 않는 경우에도 가산세는 없다.

## ❷ 정규영수증 수취시 사업자 주의사항

### 1 개인과의 거래

**[1] 개인(사업자 미등록자)으로부터 과세재화를 공급받는 경우**

사업자등록이 없는 개인으로부터 과세재화를 공급받는 경우 당해 개인이 물품 또는 재화를 계속적으로 공급하는 사업성을 가진 자가 아닌 경우에는 정규영수증 수취대상이 아니다. 따라서 사업자등록이 없는 개인으로부터 물품 등을 구입하는 경우 그 지급사실을 증명할 수 있는 영수증(형식은 무방하나 공급자의 인적사항과 연락처, 금액 등을 기재한 영수증)을 수취하고, 금융기관을 통하여 송금한 송금영수증을 보관하면 된다. (개인으로부터 중고자동차 매입 등) 다만, 사업자등록이 없는 개인이라도 사업성이 있고, 물품 등을 계속적으로 공급하는 경우(미등록 부동산임대업자 등)로서 3만원을 초과하는 거래에 대하여 정규영수증을 수취하지 않은 경우 증빙불비가산세(거래금액의2%)를 부담하여야 한다.

**[2] 개인으로부터 일용노무를 제공받는 경우**

개인으로부터 일용노무를 제공받는 경우 통상 '잡급'으로 처리하며, 지출증빙서류 수취대상은 아니나 그 지급에 대한 송금영수증, 작업일지(일용노무비대장 등) 등을 보관하여 두고, 그 지급일이 속하는 분기의 다음달 말일까지 지급명세서를 관할 세무서에 제출하여야 한다.

일용근로자의 일당이 10만원을 초과하는 경우 근로소득세를 원천징수하여 그 징수일의 다음 달 10일까지 납부하여야 한다.

**[3] 정규영수증 수취의무 면제 거래**

사업자가 아닌 자와의 거래로서 아래에 해당하는 경우 정규영수증이 없더라도 증빙불비가산세는 적용되지 아니한다. 단, 그 거래사실을 입증할 수 있는 입금증, 송금영수증, 계약서등은 보관하여야 한다.

1. 폐업한 사업자로부터 폐업시 잔존재화를 공급받는 경우
2. 개인으로부터 중고자동차를 취득하거나 종업원 개인 소유차량을 취득하는 경우

## 2  면세사업자와의 거래

사업자가 면세재화 또는 용역을 거래할 때에는 거래상대방이 계산서를 발급할 수 있으므로 이들과 거래시에는 반드시 계산서를 발급받거나 신용카드로 결제하여야 하며,(단, 지출증빙수취 특례규정에 해당하는 경우는 제외함) 발급받은 계산서는 매입처별계산서합계표를 작성하여 다음 해 2월 10일까지 제출하여야 하며, 법인 또는 복식부기의무자인 개인사업자가 수취한 계산서합계표를 익연도 2월 10일까지 제출하지 아니할 경우 공급가액의 1%를 가산세로 부담하여야 한다.

## 3  간이과세자와의 거래

거래상대방이 간이과세자인 경우 간이과세자는 부가가치세가 과세되는 거래에 대하여 세금계산서를 발급할 수 없기 때문에 지출증빙서류 특례규정에 해당하는 경우를 제외하고, 신용카드로 결제하여야 한다. 단, 간이과세자가 신용카드가맹점이 아닌 경우 신용카드결제가 불가능하므로 간이과세자와의 거래금액이 3만원을 초과할 시 부득이 증빙불비가산세를 부담할 수밖에 없을 것이다. (단, 읍, 지역에 소재하는 간이과세자가 신용카드가맹점이 아닌 경우 증빙불비가산세는 해당되지 아니한다.) 그러나 신용카드가맹점이 아닌 간이과세자와의 거래시 증빙불비가산세는 별개로 하더라도 손금으로 인정을 받기 위해서는 해당 증빙(간이영수증 등)은 반드시 수취하여야 한다.

### ▶ 간이과세자와의 거래시 증빙수취 방법
(1) 간이과세자가 읍, 면지역에 소재한 경우로서 신용카드가맹점이 아닌 경우에는 간이영수증을 증빙으로 수취하면 된다.
(2) 간이과세자가 도시지역에 소재한 경우에는 신용카드로 결제하고, 신용카드매출전표를 수취하여야 한다.
(3) 간이과세자가 도시지역에 소재한 사업자로 신용카드가맹점이 아닌 경우 거래금액을 금융기관을 통하여 지급하고 과세표준확정신고서에 그 송금명세서를 첨부하여 관할세무서장에게 제출한 경우 손금인정은 되지만, 증빙불비가산세는 적용된다.

# 정규영수증 관리 장부보관기한 및 전자장부

## 1 정규영수증 관리 및 보관

### ❶ 매출 및 매입 세금계산서 관리 및 보관

#### 1 매출세금계산서

개인사업자가 종이로 발행한 매출세금계산서는 작성일자순으로 제1기(1.1 ~ 6.30)와 제2기 (7.1 ~ 12.31)를 구분하여 별도로 철하여 보관한다. 단, 매출세금계산서가 많은 경우 월별 또는 3개월 단위로 철하여도 되지만, 다른 과세기간의 세금계산서를 같이 철하여서는 안된다.

[1] 월합계 세금계산서
계속 거래처의 경우 매 번의 거래시에는 '거래명세서'를 발급하고 1개월간의 거래를 합한 '월합계 세금계산서'를 발급할 수 있으며, 월합계로 세금계산서를 발행하는 경우 매 번의 거래에 관한 명세인 거래명세서를 작성하여야 한다.

[2] 거래명세서 관리 및 보관방법
거래명세서란 거래에 관한 내역서를 말하며, 거래명세서는 거래에 관한 내역서로 영수증은 아니며, 거래명세서는 해당 업체별로 월별로 별도 철하여 보관하여야 한다.

## 2 매입세금계산서

종이로 발급받은 매입세금계산서는 작성일자순으로 제1기(1.1 ~ 6.30)와 제2기 (7.1. ~ 12.31.)를 구분하여 별도로 철하여 보관하여야 한다. 단, 매입세금계산서가 많은 경우 월별 또는 3개월 단위로 철하여도 되지만, 다른 과세기간의 세금계산서를 같이 철하여서는 안된다.

▶ **세금계산서 수취 및 월합계 세금계산서**

세금계산서는 원칙적으로 매 번의 거래시마다 발급받아야 한다. 다만, 한 달 동안 두 번 이상의 거래가 있는 계속 거래처의 경우 매 번의 거래시에는 '거래명세서'를 발급받고 1개월간의 거래를 합한 '월합계세금계산서'를 발급받을 수 있다. 월합계로 세금계산서를 발급받는 경우 매 번의 거래에 관한 명세인 거래명세서를 수취하여야 한다. 거래명세서는 거래에 관한 내역서로 영수증은 아니며, 거래명세서는 업체별로 월별로 별도 철하여 보관하여야 한다.

## 3 전자세금계산서 관리

법인사업자 및 개인사업자로부터 매입과 관련하여 전자세금계산서를 발급받은 경우 별도의 종이세금계산서를 수취할 의무는 없으며, 전자세금계산서로 발급받은 세금계산서는 국세청 '홈택스'에서 확인할 수 있다. 실무에서 관리상의 편의를 위하여 전자세금계산서를 발급한 사업자가 종이세금계산서를 발급하기도 한다. 이 경우 종이로 발급받은 전자세금계산서는 별도로 구분하여 관리하여야 한다.

## ❷ 면세 계산서 관리 및 보관

① 계산서란 면세사업자(쌀집, 정육점, 수목 도.소매업, 서점, 학원, 정화조사업자 등)가 면세되는 물품 또는 서비스를 공급하고 발행하는 계산서로 세금계산서 양식에 세액란이 없는 것을 말한다. 면세 계산서를 수취한 경우 세금계산서와 같은 방법으로 철하여 보관한다.

② 면세사업자가 면세 계산서를 발급한 경우 다음해 2월 10일까지 매출처별계산서 합계표를 작성하여 관할 세무서에 제출하여야 한다. 면세사업자가 면세 계산서를 발급받은 경우 다음해 2월 10일가지 매입처별계산서 합계표를 작성하여 관할 세무서에 제출하여야 한다.

③ 과세사업자가 면세 계산서를 발급한 경우 부가가치세 신고서 뒷장의 면세사업수입금액 및 계산서 발급 및 수취명세에 기재한 다음 매출처별계산서 합계표를 작성하여 관할 세무서에 제출하여야 한다.

④ 과세사업자가 면세 계산서를 발급받은 경우 부가가치세 신고서 뒷장의 계산서 발급 및 수취명세에 기재한 다음 매입처별계산서 합계표를 작성하여 관할 세무서에 제출하여야 한다.

| | | 업 태 | 종 목 | 코드번호 | 금 액 |
|---|---|---|---|---|---|
| 면세사업 수입금액 | (78) | | | | |
| | (79) | | | | |
| | (80) | 수입금액 제외 | | | |
| | | | | (81)합 계 | |
| 계산서 발급 및 수취 명세 | (82) 계산서 발급금액 | | | | |
| | (83) 계산서 수취금액 | | | | |

⑤ 복식부기기장의무자가 면세 계산서를 발행 또는 수취하였으나 작성일자가 속하는 다음연도 2월 10일까지 계산서합계표를 제출하지 않는 경우 공급가액의 100분의 1에 해당하는 금액을 가산세로 부담하여야 한다. 단, 다음연도 2월 11일 이후 1개월 이내(3월 10일)에 제출하는 경우에는 가산세의 50%가 감면된다.

▶ **간이과세자로부터 면세 계산서 수취한 경우 정규영수증에 해당함**

간이과세자의 경우 세금계산서를 발급할 수는 없으나 간이과세자가 면세되는 재화 또는 용역을 공급하는 경우 면세 계산서는 발급할 수 있다. 따라서 간이과세자로부터 면세되는 물품 등을 매입하는 경우 계산서를 수취하면 정규영수증이 된다.

## ❸ 신용카드매출전표 및 현금영수증 관리 및 보관

### 1 신용카드매출전표

신용카드매출전표 중 매입세액을 공제받는 것은 별도로 구분하여 거래일자별로 1기 (1.1 ~ 6.30)와 2기(7.1 ~ 12.31)로 나누어 철한다. 단, 신용카드매출전표가 많은 경우 1개월 또는 3개월 단위로 구분하여 철하여 두면 된다.

▶ **신용카드매출전표를 분실한 경우**

신용카드매출전표 등을 분실했을 때 「여신전문금융업법」에 의한 신용카드업자로부터 교부받은 신용카드 월별이용대금명세서 및 「조세특례제한법」 제126조의 2 제1항의 규정에 의한 선불카드·현금영수증의 월별이용대금명세서를 보관하고 있는 경우에는 신용카드매출전표 등을 수취하여 보관하고 있는 것으로 보는 것임.
(서면1팀-527, 2006 .04.26)

### 2 현금영수증 관리 및 보관방법

① 현금영수증 중 매입세액을 공제받는 것과 매입세액을 공제받지 못하는 것(신용카드매출전표와 동일함)을 구분하여야 하며, 매입세액을 공제받는 것은 별도로 전표 등에 첨부하여 보관하고, 거래일자를 기준으로 과세기간별로 '현금영수증수취명세서'를 작성하여 둔다.

| 현금영수증 수령금액 명세서(매입세액공제분) | | | | | | |
|---|---|---|---|---|---|---|
| 기간 ; 20×5. 1.1 ~ 20×5. 6.30 | | | | | | |
| 거래일자 | 적 요 (사용내역) | 거래처 상호 | 공급가액 | 세액 | 합계 (공급대가) | 비고 |
|  |  |  |  |  |  |  |
|  |  |  |  |  |  |  |
|  |  |  |  |  |  |  |

② 매입세액을 공제받지 못하는 것은 영수증으로 전표 등에 일반영수증과 같이 첨부하여 두면 된다.

## ❹ 기타 영수증 관리 및 보관방법

정규영수증외의 영수증인 간이영수증, 각종 수수료 납부영수증, 세금납부영수증, 금전등록기 영수증 등을 수취한 경우 영수증의 종류나 규격, 형태에 상관없이 전표 또는 지출결의서 뒷면에 첨부하여 보관한다.

### 1 일반영수증 및 간이영수증

세법에서 특정한 거래에 대하여는 정규영수증을 수취하지 아니한 경우에도 적법한 증빙서류로 인정되며, 이러한 영수증은 전표 등에 첨부하여 보관한다.

### 2 지로 영수증

지로영수증이란 매출자가 매출하는 공급처가 많은 경우 수금 관리를 효율적으로 운용하기 위하여 매출자가 금융기관의 승인을 얻어 지로영수증을 만들어 대금을 청구하고, 공급받는자(매입자)는 지로영수증으로 금융기관에 납부하는 방식으로 세금계산서나 간이영수증을 발급받지 않고, 지로영수증을 수취한 경우 지로영수증은 일종의 간이영수증으로 전표 등에 첨부하여 보관한다.

### 3 영수증 보관기간

① 법인은 각 사업연도에 그 사업과 관련된 모든 거래에 관한 증빙서류를 작성 또는 수취하여 법인세 신고기한이 지난 날부터 5년간 보관하여야 한다.

② 개인사업자의 경우 각 과세연도에 그 사업과 관련된 모든 거래에 관한 증빙서류를 작성 또는 수취하여 소득세 신고기한이 지난 날부터 5년간 보관하여야 한다.

## 2  장부 및 증빙의 보관기한 및 전자장부

### ❶ 개요

장부란 기업에서 발생하는 거래를 일정한 원칙에 의하여 연속적으로 기록하고, 기록한 거래를 근거로 작성하는 재무제표를 통칭하는 것으로 전표, 분개장, 총계정원장, 보조장부 등이 있으며, 장부에는 전자적 장치에 의하여 처리하는 전자장부를 포함한다.

한편, 기업의 거래에 대한 내부통제 및 해당 거래 사실을 증명하기 위하여 반드시 증빙서류를 수취하여 보관하여야 하며, 특히 수익 및 비용거래, 감가상각대상 자산의 취득과 관련한 증빙은 기업의 손익계산에 대한 정당성을 증거하는 자료이므로 세법의 규정에 의한 지출증빙서류를 보관하여야 한다.

### ❷ 장부 또는 지출증빙의 보존연한

#### [1] 상법
장부의 보존연한은 10년(전표 또는 이와 유사한 서류는 5년)

#### [2] 법인세법에 의한 지출증빙서류
법인세 신고기한이 지난 날부터 5년간

#### [3] 국세기본법에 의한 국세부과의 제척기간
1) 적법하게 신고를 하고, 부정행위가 없는 소득세, 법인세, 부가가치세의 경우 해당 국세를 부과할 수 있는 날부터 5년간
2) 소득세, 법인세, 부가가치세를 납세자가 법정신고기한까지 과세표준신고서를 제출하지 아니한 경우에는 해당 국세를 부과할 수 있는 날부터 7년간

# ❸ 장부 및 증빙 보존에 대한 규정

## 1 지출증빙

사업자는 각 사업연도에 그 사업과 관련된 모든 거래에 관한 증명서류를 작성하거나 받아서 신고기한이 지난 날부터 5년간 보관하여야 한다. 다만, 각 사업연도 개시일 전 5년이 되는 날 이전에 개시한 사업연도에서 발생한 결손금을 각 사업연도의 소득에서 공제하려는 사업자는 해당 결손금이 발생한 사업연도의 증명서류를 공제되는 소득의 귀속사업연도의 신고기한부터 1년이 되는 날까지 보관하여야 한다.

## 2 전자기록 등에 의한 장부 등의 보존

### [1] 국세기본법에 의한 규정
① 납세자는 각 세법에서 규정하는 바에 따라 모든 거래에 관한 장부 및 증거서류를 성실하게 작성하여 갖춰 두어야 한다.
② 제1항에 따른 장부 및 증거서류는 그 거래사실이 속하는 과세기간에 대한 해당 국세의 법정신고기한이 지난 날부터 5년간 보존하여야 한다. 다만, 해당 기간이 끝난 날이 속하는 과세기간 이후의 과세기간에 이월결손금을 공제하는 경우에는 그 결손금이 발생한 과세기간의 소득세 또는 법인세는 이월결손금을 공제한 과세기간의 법정신고기한으로부터 1년간 보관하여야 한다.
③ 납세자는 제1항에 따른 장부와 증거서류의 전부 또는 일부를 전산조직을 이용하여 작성할 수 있다. 이 경우 그 처리과정 등을 다음에 정하는 기준[국세기본법 시행령 제65조의7(장부 등의 비치와 보존)]에 따라 자기테이프, 디스켓 또는 그 밖의 정보보존 장치에 보존하여야 한다.
1. 자료를 저장하거나 저장된 자료를 수정·추가 또는 삭제하는 절차·방법 등 정보보존 장치의 생산과 이용에 관련된 전자계산조직의 개발과 운영에 관한 기록을 보관할 것
2. 정보보존 장치에 저장된 자료의 내용을 쉽게 확인할 수 있도록 하거나 이를 문서화할 수 있는 장치와 절차가 마련되어 있어야 하며, 필요시 다른 정보보존 장치에 복제가 가능하도록 되어 있을 것

3. 정보보존 장치가 거래 내용 및 변동사항을 포괄하고 있어야 하며, 과세표준과 세액을 결정할 수 있도록 검색과 이용이 가능한 형태로 보존되어 있을 것

### ③ 내부 품의서류 및 기타 증빙서류

내부 품의서류 및 기타 증빙서류 등에 대하여 법인세법 등 타법령에서 별도의 특례규정을 두고 있지 아니한 경우에는 국세기본법 제85조의3조 및 관련규정(국세기본법 관련통칙 포함)의 규정에 따라 증빙을 비치 보관한다.

#### ▶ [참고] 제척기간과 소멸시효, 국세체납액의 소멸

제척기간이란 일정한 권리에 대해 법률관계를 빨리 확정하려고 하는 목적으로 법률이 예정한 존속기간을 말하며, 제척기간이 경과한 후에는 국세부과권이 소멸된다. 예를 들어 법인세를 정당하게 신고한 경우 과세당국은 신고내용의 적법성 여부에 대하여 세무조사 등을 실시하여 과세권을 행사할 수 있으나 신고기한일로부터 5년이 경과하면, 국세부과권이 소멸되는 것으로 제척기간은 소멸시효와 달리 중단 등의 사유는 발생하지 않는다.

소멸시효란 권리를 행사할 수 있는 자가 일정한 기간 동안 그 권리를 행사하지 않는 경우 법률 안정을 위하여 권리를 소멸시키는 것을 말한다. 국세징수권의 경우 소멸시효기간은 5년(5억원 이상의 국세 : 10년)이다. 다만, 소멸시효의 경우 제척기간과 달리 체납세금에 대해 재고지를 하거나 독촉, 교부청구, 압류 등을 하는 경우 소멸시효가 중단된다. 따라서 과세관청은 조세권 확보를 위하여 소멸시효 완성전 계속 고지·독촉·최고를 하여 소멸시효를 중단시킴으로서 세금을 체납한 납세자가 소멸시효에 의하여 체납세금을 면제받을 길은 없는 것이다.

# 법인 관리 & 세금 폭탄 사례
# 가산세 세무실무 & 절세전략

## ▶ 발행처 경영정보사

### ➡ 제1부 법인관리
상법의 규정에 의한 법인관리, 정관 작성, 주주총회 및 이사회를 개최하여야 하는 사안, 주주총회의사록, 이사회회의록의 작성, 등기부등본 기재사항의 변경에 대한 내용, 이사·감사의 선임 및 공증, 자본금 총액 10억원 미만 주식회사의 상법 적용 등에 대한 내용 수록

### ➡ 제2부 자본관리·이익배당, 주식이동·주식평가
주주명부 및 주권관리, 자본금 변동에 관한 내용 및 자본금 변동시 세무상 유의하여야 하는 사항, 가수금의 출자전환, 법인의 이익배당 및 배당과 관련한 세무실무, 비상장법인의 자기주식 취득과 관련한 세무 문제, 주식 양도양수와 관련한 유의사항, 주식이동시 반드시 검토하여야 할 사항, 비상장주식의 평가 및 평가방법

### ➡ 제3부 임원 급여·상여금·퇴직금 보험료·가지급금 세무문제
임원 급여, 상여금, 퇴직금 지급시 유의하여야 하는 상법 및 법인세법 규정, 임원 및 근로자 퇴직금 중간정산, 법인의 임직원 인적보험료 불입액에 대한 세무상 문제 등 수록

### ➡ 제4부 세금폭탄 사례
세법에 대한 지식 부족, 업무 착오, 의사 결정 및 사실 판단의 오류, 의도적인 탈세 등에 의하여 과세당국으로부터 세금이 추징되는 다양한 사례 등을 수록

### ➡ 제5부 세금절세 전략
근로·배당·퇴직소득의 세금 비교 및 절세 효과, 연구인력개발비의 세액공제, 중소기업에 대한 조세지원 및 세법의 중소기업, 각종 감면제도

### ➡ 제6부 사례별 세무회계 리스크 관리
대손상각 및 대손세액공제. 회생계획인가에 따른 매출채권 정리, 퇴직연금 손금산입 방법, 국고보조금 세무회계, 리스자산의 세무회계, 업무용 승용자동차의 손금산입 범위 등

**<저자> 이진규 이지분개 세무회계 상담 및 삼일아이닷컴 재경실무 컨설턴트**

**부가가치세 및 근로소득세
원천세 & 지출증빙 세무실무**

2021. 1. 05. 개정판 발행
저　　자 : 이 진 규
발 행 인 : 이 소 영
발 행 처 : 경영정보사
신고번호 :　제344-2020-000001호

주소 :　대구시 달서구 월배로 11길
전화 :　080 - 250 - 5771

홈페이지 :　www.ruddud.co.kr